Les Trois Grâces de Courlande

Rosalynd Pflaum

Les Trois Grâces de Courlande

L'histoire véridique de trois femmes hors du commun : la duchesse de Courlande et deux de ses filles

Traduit de l'américain
par Dominique Le Bourg

Albin Michel

L'auteur remercie les Éditions Doubleday & Company de l'avoir autorisée à reproduire des extraits du livre suivant : *Metternich and the Duchess*, par Dorothy Guies McGuigan.

Edition originale américaine :
BY INFLUENCE AND DESIRE
The True Story of Three Extraordinary Women. The Grand Duchess of Courland and Her Daughters
M. Evans and Company, Inc., New York, 1984

Traduction française

22, rue Huyghens, 75014 PARIS

ISBN 2-226-02632-0

à S., qui n'y croyait pas;
à P., qui semblait avoir des doutes;
à M. et L., qui ont eu confiance.

« La politique, c'est les femmes. »

Talleyrand

Au sujet d'Anne-Dorothée von Medem, duchesse de Courlande :

« Je ne crois pas qu'il y ait eu sur terre une femme plus digne d'être adorée. »

Talleyrand

Lettre à Wilhelmine de Courlande, duchesse de Sagan :

« Si jamais le monde se perd et que tu me restes, il ne m'en faudra pas davantage. »

Metternich

Lettre à Dorothée de Courlande, duchesse de Dino :

« C'est si rare d'avoir quelqu'un tout à soi, sans une arrière-pensée, sans un secret, sans un intérêt séparé. »

Talleyrand

NOTE DE L'AUTEUR

SELON LE MOT D'UN GRAND BIOGRAPHE AMÉRICAIN, « une biographie n'est pas une encyclopédie ». L'auteur du présent livre n'a pas délibérément pris de libertés avec les faits historiques, sauf quand il s'agit d'incidents mineurs, dont nous savons qu'ils ont dû se passer, mais sur lesquels n'existe aucune documentation précise. Cela vaut en particulier pour les premières années de la duchesse de Courlande, dont certains événements connus ne se trouvent éclairés, dans le détail, d'aucun commentaire : le journal intime d'Anne-Dorothée s'est malheureusement perdu. Comme il en est souvent pour ces essais de reconstitution du passé, nous n'avons nul moyen de savoir quels mots exacts ont été prononcés en telle ou telle circonstance, mais l'auteur a pris soin d'être fidèle à l'esprit et aux sentiments des situations. L'importante correspondance de certains protagonistes lui a été d'un grand secours à cet égard.

REMERCIEMENTS

IL EST TANT DE PERSONNES auxquelles je suis redevable ! Je citerai en premier lieu le regretté Theodore Purdy, qui m'a encouragée lorsque, pour la première fois, je lui ai exposé le sujet de ce livre. Mes remerciements tout particuliers vont ensuite à Mrs. Katherine Taylor Rood, qui m'a aidée de ses inlassables conseils pour la mise au point du manuscrit ; à Mrs. Gisella Amberg, qui a collaboré aux traductions initiales, et à Mrs. Jenny Holtzermann, toujours prête à m'assister quand il s'agissait de documents en allemand. J'exprime ma vive gratitude à Mme Gaston Palewski, descendante directe de la duchesse de Courlande, et à son mari, pour leur aimable accueil et pour leur autorisation de citer des lettres de Talleyrand extraites de leur collection personnelle — lettres que M. Palewski, membre de l'Institut, a publiées sous le titre *Le Miroir de Talleyrand : Lettres inédites à la duchesse de Courlande pendant le congrès de Vienne*.

Je suis aussi infiniment redevable au Dr Maria Ullrichova, éminente spécialiste littéraire tchécoslovaque, qui a éveillé mon intérêt pour les dames de Courlande il y a une quinzaine d'années, lorsqu'elle m'écrivit, sans me connaître, pour me proposer d'échanger nos derniers livres, en m'envoyant le sien : *Clemens Metternich-Wilhelmine von Sagan, Ein Briefwechsel, 1813-1815* (la correspondance de Metternich et de la princesse de Sagan), dont je cite de très nombreux extraits. C'est Mme Ullrichova qui a découvert cette correspondance (désormais déposée aux Archives nationales de Prague), laquelle a révélé le caractère jusque-là insoupçonné des relations entre ces deux personnages. J'exprime aussi ma gratitude à Dorothy Gies McGuigan, dont le livre, *Metternich and the Duchess*, est le seul qui rassemble des lettres inédites puisées dans les archives nationales de différents pays d'Europe centrale, et dont la valeur est inestimable ; même si l'on utilise des sources identiques aux siennes — ainsi que ma Bibliographie sommaire indique que je l'ai fait en grande partie moi-même —, il faut rendre grâce à Mrs. McGuigan de ses recherches érudites, de ses connaissances encyclopédiques et de son intuitive compréhension de cette période.

L'autorisation de citer un extrait de la lettre écrite par la princesse de Sagan et le baron d'Armfelt à leur fille Vava m'a été aimablement accordée par l'une des descendantes de Vava, Mme Wava von Essen*.

Jamais ce livre n'aurait pu être écrit sans l'aimable assistance du personnel de la Wilson Library de l'université du Minnesota, en particulier d'Erika Linke, chef du service des prêts interbibliothèques, ainsi que de ses prédécesseurs et collègues. De l'autre côté de l'océan, j'ai bénéficié de l'aide précieuse du personnel de la Bibliothèque nationale de Paris, où j'ai poursuivi pendant plusieurs années la majeure partie de mes recherches et où j'ai reçu le meilleur accueil à la salle de Lecture, à la salle des Périodiques et au cabinet des Estampes.

Ce livre, enfin, n'aurait pu être publié sans la compétence de Jeanne Bernkopf, qui a révisé le manuscrit ; sans la persévérance de Mary Schmidt, qui en a dactylographié quatre versions différentes ; sans l'enthousiasme de Mary Kling, de Paris, et de Jacques de Spoelberch ; sans la patience de Millicent Jacka, ni sans la sagacité de Gertrude Howland, qui m'a orientée dans la bonne direction.

* La traductrice remercie Mmes Ann-Louise Wilelund et Gunvor Söderling, parentes de la regrettée Mme von Essen, de lui avoir communiqué le texte français original de ce document.

GÉNÉALOGIE

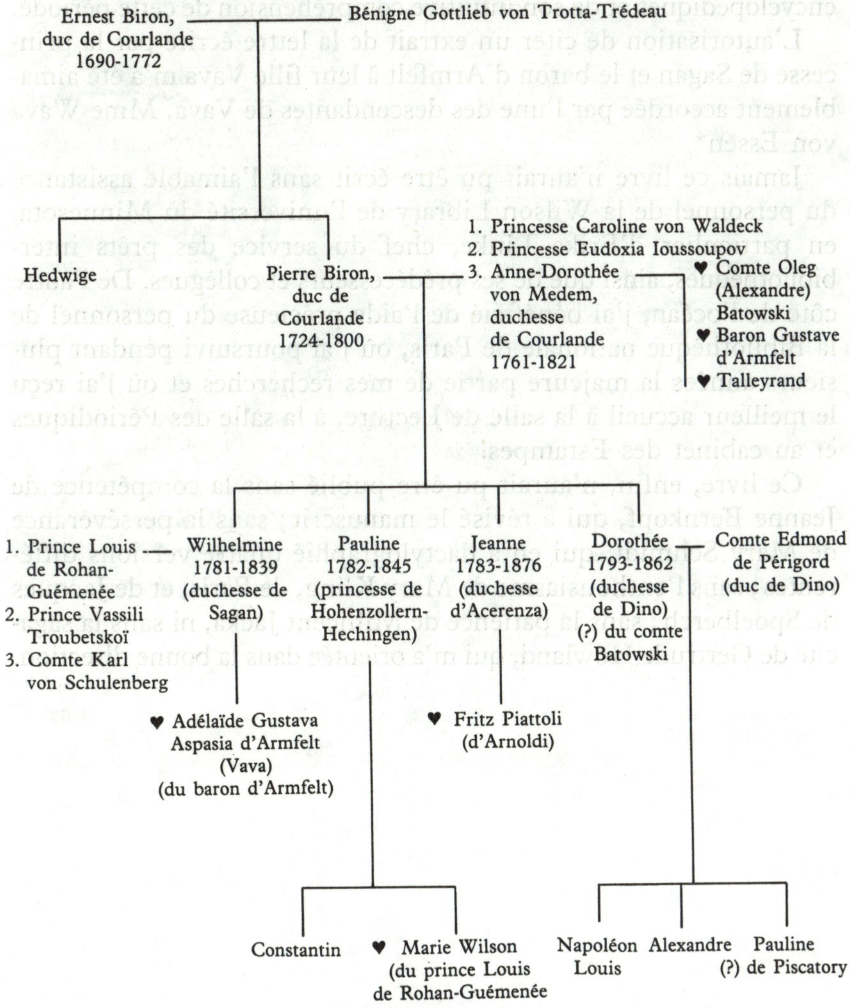

LÉGENDE ♥ liaison ou enfant illégitime
(?) père naturel possible

L'EUROPE CENTRALE 1763

L'EUROPE CENTRALE 1812

LE GRAND [illegible]
[illegible]
[illegible] retour [illegible]
[illegible]
[illegible] et [illegible]
[illegible] et [illegible]
[illegible] alors [illegible]
[illegible] en Russie, [illegible] qui marquèrent les [illegible] données [illegible] d'Anna, [illegible] le mariage d'[illegible] le nain favori du souverain. Y assistèrent soixante-douze nains costumés à l'allemande [illegible] de Pierre le Grand et de la tsarine [illegible] dans les plus lointaines provinces. Comme il l'avait fait pour sa propre nièce, le tsar, dont la taille approchait deux mètres, tint la couronne traditionnelle au-dessus de la tête de la minuscule mariée pendant la bénédiction nuptiale, qui se déroula avec le même apparat que le mariage princier.

Comme Anna Ivanovna (qui allait plus tard devenir elle-même tsarine) était la première princesse impériale russe à épouser un étranger depuis plus de deux siècles, et que son mariage était aussi la première cérémonie officielle célébrée à Saint-Pétersbourg — la ville que le tsar avait fait surgir du delta marécageux de la Neva —, Pierre le Grand avait ordonné de fastueuses réjouissances. De [illegible] cortèges s'offrirent à l'admiration du peuple. Lapons, [illegible] et délégués de toutes les autres provinces de Russie défilèrent dans leurs costumes multicolores ; il y eut des chars traînés par des ours, des sangliers et des chiens, et l'on applaudit même un énorme serpent de mer en toile, supporté par une file de wagonnets qui imitaient

PROLOGUE

1710

EN CE JOUR DE FIN D'AUTOMNE, le tsar Pierre le Grand présidait le banquet des noces de sa nièce Anna Ivanovna. Lorsqu'il coupa les deux énormes pâtés qui servaient de centre de table, on en vit jaillir deux nains comiquement accoutrés, qui se mirent à danser le menuet parmi la vaisselle d'or, les cristaux et les chandeliers de l'immense table. A la vue de leurs pirouettes et de leurs mines, le tsar partit d'un grand rire. Les nains étaient alors fort prisés en Russie, et l'une des distractions qui marquèrent les festivités données en l'honneur d'Anna fut le mariage d'Ekime Volkov, le nain favori du souverain. Y assistèrent soixante-douze nains costumés à l'allemande, provenant des maisonnées de Pierre le Grand et de la tsarine douairière, ou recrutés dans les plus lointaines provinces. Comme il l'avait fait pour sa propre nièce, le tsar, dont la taille approchait deux mètres, tint la couronne traditionnelle au-dessus de la tête de la minuscule mariée pendant la bénédiction nuptiale, qui se déroula avec le même apparat que le mariage princier.

Comme Anna Ivanovna (qui allait plus tard devenir elle-même tsarine) était la première princesse impériale russe à épouser un étranger depuis plus de deux siècles, et que son mariage était aussi la première cérémonie officielle célébrée à Saint-Pétersbourg — la ville que le tsar avait fait surgir du delta marécageux de la Neva —, Pierre le Grand avait ordonné de fastueuses réjouissances. De brillants cortèges s'offrirent à l'admiration du peuple. Lapons, Bachkirs et délégués de toutes les autres provinces de Russie défilèrent dans leurs costumes multicolores ; il y eut des chars traînés par des ours, des sangliers et des chiens, et l'on applaudit même un énorme serpent de mer en toile, supporté par une file de wagonnets qui imitaient la progression sinueuse d'un reptile. Des feux d'artifice illuminèrent la nuit. A la cour se succédèrent orgies, mascarades et bals jusqu'à l'aube.

Pierre le Grand avait quelque raison d'être d'excellente humeur. L'été précédent, sa retentissante victoire de Poltava sur la Suède, jusqu'alors maîtresse du Nord, avait modifié l'axe politique de l'Europe. Les hommes d'État, qui considéraient le tsar de Russie — quand il leur arrivait d'y penser — comme un lointain potentat oriental, s'aperçurent qu'ils devraient désormais tenir compte des intérêts de Sa Majesté Impériale. Et, déjà, ces intérêts se manifestaient par l'union de la nièce de Pierre Ier, âgée de dix-sept ans, avec le jeune duc de Courlande. Celui-ci, à seize ans, était le souverain titulaire d'une pièce stratégique du domaine balte — une bande de territoire aride formant État-tampon, située en Lettonie actuelle. Le mariage d'Anna Ivanovna amenait la Courlande et ses ports d'eau profonde, libres de glaces, dans la sphère d'influence de la Russie, bien que ce duché fût attaché par des liens de vassalité à la couronne de Pologne.

Pendant toute la semaine de célébrations, le jeune marié démontra ses remarquables capacités de buveur et de débauché, mais le malheur voulut qu'il vînt à mourir deux jours après son départ de Saint-Pétersbourg, sur le chemin du retour en Courlande, dans le village de Doderhof.

Pierre Ier n'allait pas laisser cette fin prématurée contrarier ses plans. La jeune veuve reçut l'ordre de poursuivre son voyage et de prendre possession de son duché, à Mitau, capitale de la Courlande (aujourd'hui Ielgava). Mais le véritable maître de ce petit État devint le comte Alexeï Petrovitch Bestoujev, ministre résident russe, que le tsar avait placé comme conseiller auprès de sa nièce.

Anna était une grande femme sans beauté, aux molles boucles blondes, qui se teignait les cils et les sourcils en noir pour ressembler aux brunes beautés du folklore russe. Nonchalante et d'une instruction négligée, elle passait son temps à rêvasser en s'ennuyant sur une peau d'ours, et elle devint bientôt la maîtresse du ministre résident, conformément aux prévisions de son oncle. A l'insu de la jeune duchesse, Bestoujev partageait ses faveurs avec une Westphalienne d'origine modeste, qui profita de son influence pour faire entrer son frère au service du ministre russe. Ernest Bühreir (qui, plus tard, adopta l'orthographe « Biron », afin de suggérer une parenté avec l'illustre famille française des Gontaut de Biron) était

un superbe colosse, doué d'un grand pouvoir de séduction e
ambition bien déterminée. Il s'éleva rapidement, devint le
taire personnel d'Anna — puis son amant. S'étant révélé u
nistrateur avisé, il assuma le poste de ministre résident
Bestoujev fut rappelé, et, pendant dix ans, gouverna habi
et le duché et la duchesse.

Pour étouffer le scandale, Anna maria son amant à Bénign
lieb von Trotta-Trédeau, une de ses dames d'honneur, noble
fortune. Celle-ci, une petite bossue défigurée par la variol
folle du bel Ernest. Il en résulta un ménage à trois, qui se
sait chaque jour pour les repas, et dont les appartements
contigus pendant toute la vie d'Anna — d'abord à Annenh
palais aux portes de Mitau, puis dans les diverses résidence
riales de la duchesse devenue tsarine.

Anna n'avait pas d'enfants, et elle traita Pierre, l'aîné
çons Biron, comme son propre fils. L'était-il ? Elle lui pro
tendresse et son temps, ainsi qu'à son frère et à sa sœur
nes ; elle les gâtait outrageusement, faisant venir pour eux d
de Moscou et des toupies de Hollande, et allant jusqu'à
leurs parties de volant ou de ballon. Les jours de cérém
l'étiquette prescrivait à la tsarine de dîner seule, Pierre ava
neur insigne de la servir et, seul, il avait la permission de f
tir les mousquets postés à toutes les fenêtres du palais
Peterhof.

Si Pierre était un Romanov, il ne le sut sans doute ja
Anna, Bénigne et Ernest moururent sans en rien révéler.
l'enfant ne dut-il sa faveur qu'au rôle qu'on lui fit jouer l
crise qui faillit menacer l'autorité d'Anna. Lorsque les
du Conseil suprême l'appelèrent à monter sur le trône v
tsars, Leurs Sublimités tentèrent de la circonvenir en l'is
crètement dans une aile du palais impérial de Moscou.
grâce aux messages dissimulés dans la doublure des vête
petit Pierre, qui venait la voir tous les jours, qu'Anna pu
leurs manœuvres visant à limiter ses pouvoirs avant so
nement.

Dans l'histoire de la Russie, aucun favori impérial, P
excepté, ne détint autant d'influence que Biron. Ce fut
que les dix années du règne d'Anna Ivanovna sont encore
sous le nom d'« ère Biron ». Du souverain, il ne lui man
le titre. Il ne se trouvait jamais loin de la tsarine et, qu

dans la terrible forteresse-prison de Schüsselburg. La mère du petit tsar Ivan VI fut proclamée régente, et les Biron furent expédiés en exil à Pelim, en Sibérie.

Ernest avait été régent vingt-deux jours ; il passa vingt-deux ans dans l'enfer sibérien. Mais, en 1762, un nouveau et sanglant coup d'État élimina le tsar Pierre III et porta son épouse Catherine II au pouvoir. La tsarine gracia Ernest Biron, lui restitua son duché de Courlande et tous ses biens, y compris les bijoux de Bénigne. Comme Pierre Ier, Catherine la Grande rêvait de rendre la Russie maîtresse de la Baltique, et la gratitude du proscrit libéré l'assurait de sa docilité.

Ernest Biron vécut encore neuf ans. Mais ce furent des années marquées par de graves difficultés que lui opposèrent les membres de la noblesse siégeant à la diète et occupant les postes administratifs : tous sans exception considéraient les Biron comme des parvenus. Pendant les vingt-deux années d'exil de la famille ducale, ils avaient renforcé leur position politique aux dépens du maître absent, qu'ils escomptaient bien ne jamais revoir. Maintenant, ils refusaient de se dessaisir de leurs privilèges usurpés.

Pierre Biron succéda à son père, mais il lui manquait l'expérience politique indispensable en temps de crise. Il restait fermé aux exigences et aux nécessités de l'époque, n'avait aucun sens diplomatique et se laissait emporter par la violence de son caractère.

Veuf en premières noces d'une douce princesse allemande, Pierre Biron s'était remarié. Quand il eut divorcé de cette deuxième épouse — partie pour un voyage en Russie, elle avait négligé de revenir en Courlande —, la sage duchesse douairière Bénigne pensa qu'une alliance avec l'une des plus anciennes familles du duché, mieux qu'un mariage étranger, effacerait la roture des Biron et renforcerait l'autorité de Pierre sur la rebelle aristocratie courlandaise. Anne-Dorothée de Medem, cadette d'une vieille et noble famille, lui parut la fiancée idéale.

CHAPITRE 1

Le duc et la duchesse de Courlande 1779-1790

ON SAIT PEU DE CHOSE des premières années de la « divine Anna », comme l'appelait son époux. La famille des Medem, l'une des plus riches et des plus cosmopolites de Courlande, s'enorgueillissait de « sept cents ans » de sang bleu pur et descendait, comme la plupart des lignées de la cour, des chevaliers de l'ordre Teutonique. (En fait, l'ordre avait été fondé six cents ans plus tôt, mais la fille d'Anne-Dorothée, dans ses mémoires, s'arrangea pour remonter encore un siècle plus haut.)

Anne-Dorothée ne devait pas avoir plus de trois ou quatre ans quand elle parut pour la première fois à la cour ducale, où elle dansa le menuet avec d'autres enfants de l'aristocratie. Sa beauté, même à cet âge tendre, frappa le duc Pierre, qui insista pour qu'on la fît dîner à sa table.

Anne-Dorothée n'avait qu'un an lorsqu'elle perdit sa mère. Elle-même et sa sœur Élisa, de cinq ans son aînée, furent élevées à la campagne, chez leur grand-mère maternelle, épouse d'un riche propriétaire terrien. Le plus vif souvenir qu'Anne-Dorothée garda de cette période était l'obligation de se prosterner aux pieds de cette sévère aïeule pour demander pardon de la moindre peccadille. Les coups pleuvaient dru sur les serfs, et aussi sur les petites-filles. Elles apprirent tout de même à lire et à écrire, selon le vœu de leur père, bien que la *Starostikha* (la vieille châtelaine) se plût à répéter : « Trop de lecture abêtit les femmes. » Qu'eût-elle dit si elle avait su que ses petites-filles utilisaient leur savoir pour entretenir les affaires de cœur de leur nourrice ? Celle-ci étant la seule personne du vaste domaine qui donnât un peu de chaleur et d'affection à ces enfants sans mère, les deux sœurs l'en remerciaient en lui lisant les lettres passionnées de son amoureux et en écrivant pour elle ses réponses.

Leur père se remaria avec une veuve qui avait déjà deux fils, et les fillettes furent rappelées au foyer. Elles partagèrent désormais leur temps entre l'hôtel des Medem, à Mitau, capitale du duché et siège de la cour, et le château familial d'Alt Aultz, situé entre d'impénétrables marais et des forêts de bouleaux et de pins centenaires. Ces deux demeures étaient bâties non en bois, mais en pierre, luxe rare dans le Nord. La nouvelle Mme de Medem prit ses belles-filles en main et leur fit donner une instruction bien supérieure et beaucoup plus diversifiée que celle de la plupart de leurs contemporaines, même en Europe occidentale. Elle leur enseignait elle-même certains sujets. Esprit d'avant-garde, elle avait longuement séjourné à Paris et en était revenue fervente disciple de Jean-Jacques Rousseau. Elle apprit aux enfants à être indépendantes ; à demander les choses, non à les exiger ; à ne jamais considérer un service comme un dû ; à ne pas attendre des gens plus qu'ils ne peuvent donner. Cette dernière règle, tout à fait novatrice, allait influencer Anne-Dorothée sa vie durant.

La famille avait un maître de musique et un maître à danser. Tous les Medem, jeunes ou vieux, devaient chanter ou jouer d'un instrument — Anne-Dorothée chantait —, afin de participer aux soirées musicales qui animaient les longs mois d'hiver. Les deux sœurs écrivaient aussi, en excellent français, des madrigaux et des bouts-rimés, à l'intention de leurs demi-frères aînés, lorsque ceux-ci revenaient en vacances de leurs académies de Königsberg et de Strasbourg. La vie de l'aristocratie, sur les rives de la Baltique, était en effet étonnamment raffinée et fort imprégnée de culture française, en raison des liens du duché, depuis les temps féodaux, avec Varsovie, le Paris de la Vistule.

La ville de Mitau constituant un relais de poste sur la route de Saint-Pétersbourg, les voyageurs qui se rendaient en Russie ne manquaient pas de faire halte dans la capitale ducale. La formule d'hospitalité courlandaise, « Restez donc pour le thé », sous-entendait souvent une invitation de plusieurs semaines, car tout voyageur qui rompait la monotonie des jours était le bienvenu. C'est ainsi que Casanova séjourna à Mitau : son passage, signalé dans ses *Mémoires*, fut aussi marqué à la cour, neuf mois plus tard, par la naissance de divers rejetons. Lorsque le célèbre aventurier sicilien Cagliostro arriva en Courlande, il se présenta comme un franc-maçon de rite égyptien, doué de pouvoirs magiques, et il fut accueilli chez les Medem, dans leur résidence de la Bachstrasse, l'oncle d'Anne-Dorothée étant le grand maître de la loge maçonnique locale.

Les hommes de la famille furent ébahis par les cabinets cabalistiques de Cagliostro, par ses fourneaux et ses alambics, par sa prétention de transformer le métal vil en or — et charmés par son épouse, une spirituelle jeune femme, canaille aussi consommée que son mari. Anne-Dorothée, alors adolescente, ne fut pas dupe et fit remarquer qu'une « comtesse » ne saurait se tenir aussi mal à table et que nul « comte » n'écorcherait ainsi le français. Non moins méfiante, Mme de Medem prit l'habitude de dormir avec la clef du coffre familial sous son oreiller.

Mais Élisa se montra plus crédule. Mariée au baron von der Recke, avare, grincheux et assez vieux pour être son grand-père, elle venait de perdre l'unique enfant qu'elle aurait jamais. Cette naissance avait été la seule joie d'une triste union, dissoute peu après par un divorce. Cagliostro lui fit miroiter que, loin du monde, à la campagne — à Alt Aultz par exemple, où il espérait faire main basse sur quelque trésor des Medem —, il la mettrait en contact avec l'âme de l'enfant disparu. Elle partit avec lui, mais les ombres de l'au-delà se montrèrent récalcitrantes.

Cagliostro scandalisa les deux sœurs en proposant à la frêle baronne von der Recke de l'accompagner jusqu'à Saint-Pétersbourg, en qualité d'acolyte admise à partager sa couche. Par la suite, Élisa rédigea sur Cagliostro un exposé où elle dénonçait les mystifications de ce charlatan. Ce travail fit pour la première fois connaître son nom dans les cercles littéraires et lui valut une pension de la Grande Catherine, l'une des plus illustres victimes de l'escroc, qui déclarait que « les mains lui démangeaient de le fouetter ».

Quand le duc Pierre rencontra Anne-Dorothée, elle avait dix-huit ans. De proportions parfaites pour sa petite taille — elle ne dépassait pas un mètre cinquante —, elle avait la peau délicate et le teint d'ivoire si prisé chez les femmes du Nord, une jolie bouche, une dentition sans défaut, de doux yeux verts et un nez aquilin — légèrement trop long comme celui de tous les Medem. Son ovale pur s'encadrait dans une abondante chevelure auburn. La duchesse douairière Bénigne insista adroitement pour que la jeune fille eût des rôles dans les pièces et les opéras représentés au théâtre ducal de Courlande.

Il ne fut pas nécessaire de beaucoup persuader le duc. Il s'éprit de cette sylphide, en espérant qu'elle lui donnerait des héritiers ;

il avait déjà trois enfants illégitimes reconnus. Anne-Dorothée tint le rôle principal le soir de la fête donnée en l'honneur de l'anniversaire de la duchesse douairière; un peu plus tard, le duc entraîna la jeune fille dans l'orangerie et lui demanda sa main.

On ignore la nature des sentiments d'Anne-Dorothée pour le duc de Courlande. Élevée comme elle le fut, dans l'attente d'un mariage de convenance, elle dut être satisfaite. Le duc lui offrait une couronne, et il n'avait pas exigé qu'elle maintînt sa main au-dessus du fourneau rougeoyant de sa pipe pour éprouver son obéissance, comme son propre grand-père l'avait ordonné à sa grand-mère, avant leurs fiançailles. De carrure massive, le duc avait hérité en partie l'avantageux et rude physique de son père Ernest, et sa belle prestance démentait ses cinquante-cinq ans. Il aimait la danse : la tsarine Anna Ivanovna avait fait venir de Paris le célèbre Landé, pour apprendre aux trois jeunes Biron et à la cour les grâces du menuet.

Anne-Dorothée dut aussi penser que la sollicitude et la tendresse dont le duc entourait sa vieille mère bossue et disgraciée compensaient largement ses accès de colère et ses jours d'humeur noire, où il n'adressait la parole à âme qui vive. Elle se réjouit sans doute de voir son père chéri, Jean de Medem, élevé au rôle d'intermédiaire officieux entre le trône et les opposants de la noblesse. Le duc, en outre, dépêcha à Vienne un courrier spécial, afin d'acheter pour M. de Medem le titre envié de comte du Saint Empire romain. Mme de Medem se félicitait : désireuse de conserver les terres de son mari pour ses propres fils, elle avait depuis longtemps inculqué à ses belles-filles que « les vieux maris font les jeunes veuves ». Elle avait réussi à marier d'abord Élisa et bientôt Anne-Dorothée à des hommes âgés, riches — et qui les prenaient sans dot.

Il était essentiel de garder secrètes les fiançailles, en raison du divorce encore équivoque de Pierre. C'était Catherine II qui avait forcé son union avec Eudoxia Ioussoupov, l'une de ses dames d'honneur, car la tsarine poursuivait son projet d'absorber la Courlande, pour s'ouvrir un débouché sur la Baltique. Le mariage avait eu lieu au palais d'Hiver, en sa présence, honneur insigne qui soulignait ses desseins politiques. Mais la deuxième épouse de Pierre buvait immodérément et se conduisit de façon déshonorante : le jour de l'inauguration de l'Académie Petrina, à Mitau, il fallut la transporter chez elle avant la fin des cérémonies; une autre fois, dans une crise de rage éthylique, elle fracassa les précieuses porcelaines de Meissen de la duchesse Bénigne. Peut-être avait-elle l'excuse du caractère violent de son mari et de la façon dont il la traitait. Quoi qu'il en fût, au bout de quatre ans de mariage, elle se rendit à Saint-Pétersbourg pour le baptême du petit-fils de Catherine II, et elle ne revint pas. Le duc prononça le divorce. Mais ce divorce n'était reconnu ni par l'Église grecque orthodoxe, qui avait célébré le rite nuptial, ni par la redoutable tsarine, qui voyait une offense personnelle dans le mépris où était tenue sa dame d'honneur.

Comment réagirait la Grande Catherine, si elle apprenait à temps la nouvelle ? Le duc s'entoura de mille précautions et précipita son troisième mariage avec une hâte malséante.

L'assemblée des nobles et des dignitaires de la cour fut convoquée sous un délai d'une insolente brièveté et en des termes qui ressemblaient à une sommation. Des quatre coins de la Courlande, des carrosses se mirent en route, et, par un neigeux après-midi de novembre 1779, ils déchargèrent la fleur de l'aristocratie dans la grande cour du palais ducal, au bord de l'Aa. Perplexes, indignés du procédé, les gentilshommes se demandaient l'un à l'autre la raison de leur présence à Mitau. Ils gravirent l'escalier d'honneur entre deux haies de gardes et attendirent.

Ils n'eurent pas à attendre longtemps. A cinq heures et demie, le grand chambellan frappa trois fois le parquet de sa canne et cria d'une voix forte : « Son Altesse le duc de Courlande ! » La rumeur des voix s'éteignit. Les portes de la salle du Trône s'ouvrirent à deux battants, et le duc Pierre parut. La main levée pour exiger le silence, il annonça que son mariage allait être célébré. Anne-Dorothée le rejoignit dans un petit salon contigu. Un haut fonctionnaire de la cour procéda aux formalités sous le dais ducal ; un ministre luthérien donna la bénédiction, et, sur le registre, la jeune épouse signa d'une main ferme : Anne-Dorothée de Medem, duchesse de Courlande.

Elle dut pousser un soupir de soulagement. Depuis ses fiançailles, elle sentait l'ombre de la tsarine présente à ses côtés et s'attendait presque à la voir faire irruption dans la pièce pour interrompre la cérémonie. Le mariage était maintenant un fait accompli, et même la Grande Catherine ne pouvait le dissoudre.

Le dîner fut servi dans une longue galerie ornée de tableaux représentant les batailles navales de Pierre le Grand, qu'Anna Ivanovna y avait fait disposer quand elle était duchesse de Courlande. Le repas fut interminable, les Koures, comme tous les Baltes, étant de grands mangeurs et buveurs devant l'Éternel. Puis, conformément au protocole, la mariée fut dévêtue par les dames d'honneur de la duchesse douairière. Une sonnerie traditionnelle de trompettes et de hautbois annonça qu'elle approchait : la duchesse Bénigne en personne la conduisant à son mari, dans la vaste chambre nuptiale. Le couple se coucha dans le lit à baldaquin, surélevé par une estrade. De l'ombre surgirent des prêtres et leurs acolytes avec des encensoirs ; ils firent avec solennité le tour de la couche, afin de la consacrer, selon les rites immémoriaux, à la sainte et importante affaire qu'était la procréation de rejetons ducaux. Quand le dernier courtisan se fut retiré, le chambellan fit signe à un page d'éteindre les chandelles presque consumées, et il tira lui-même les lourds rideaux du lit.

Anne-Dorothée connaissait son devoir et, un an et demi plus tard, après plusieurs fausses couches, elle reposait, épuisée mais rayonnante, sur ses oreillers : une dame d'honneur lui mettait dans les bras un petit paquet vagissant. C'était une fille. Une fille robuste et très jolie, ni rougeaude ni ridée, avec un teint de fleur, des traits parfaitement formés et des mèches de soie pâle.

Bien que l'enfant ne fût pas attendu avant huit jours, la sage-femme et la nourrice — à la requête de Pierre Biron, qui ne voulait courir aucun risque — se trouvaient installées au palais depuis des semaines. Pendant les douze heures que dura l'accouchement, le duc arpenta la pièce voisine, nerveux et s'épongeant le front, comme tout père digne de ce nom. Dès la venue au monde du bébé, il fut si impatient de voir Anne-Dorothée qu'il se précipita dans la chambre en bousculant la dame d'atour qui le suppliait de laisser aux caméristes le temps de refaire la toilette de la jeune mère. Il se pencha pour l'embrasser. Précautionneusement, Anne-Dorothée souleva un pan de la couverture bordée de dentelle, afin qu'il pût voir sa fille. Les dames d'honneur se rapprochèrent, aussi anxieuses que leur maîtresse de connaître la réaction du duc. Serait-il déçu, voire mécontent, que son premier-né ne fût pas un garçon ?

« En vérité, ma chère, c'est une petite beauté, proclama-t-il, radieux, en tendant un doigt hésitant vers un poing minuscule.

— Ne soyez pas en souci, dit Anne-Dorothée, déjà rassurée. Le prochain sera un garçon. Comment voulez-vous l'appeler ?

— Choisissez vous-même, ma chère ; il me semble qu'elle vous ressemble déjà. »

Cette réponse toucha la jeune femme ; elle traduisait l'amour que le duc lui vouait. C'était la prérogative du père de choisir le nom d'un enfant, affaire d'importance quand il pouvait s'agir d'un futur souverain régnant. Elle regarda son mari pour voir s'il parlait sérieusement. Debout, auprès du lit, il lui tenait la main en lui caressant les cheveux. Encouragée par son sourire, elle hasarda :

« Appelons-la Catherine, pour complaire à Sa Majesté, et aussi Wilhelmine, en l'honneur de notre cher prince Frédéric-Guillaume. »

Le prince héritier de Prusse — Friedrich-Wilhelm, futur Guillaume Ier — était un proche ami du couple. La prompte réponse d'Anne-Dorothée montrait qu'elle avait déjà réfléchi à la question.

La duchesse douairière Bénigne entra brusquement dans la pièce. Sans un regard pour son fils ou sa bru, elle examina de ses yeux myopes l'enfant qu'on emportait vers sa nourrice.

« Oh ! dit-elle d'un ton désappointé, c'est une fille.

— Une princesse, Altesse », corrigea respectueusement la première dame d'honneur.

Le lendemain, lorsque les différents corps de l'État se présentèrent, Pierre se tenait fièrement au chevet du grand lit ducal, près d'Anne-Dorothée, soutenue par d'innombrables coussins. Chapeau sous le bras, épée de cérémonie au côté, constellés de décorations, les notables vinrent s'incliner devant la nouvelle héritière, qui dormait dans son berceau sculpté, sous une couverture de dentelle blanche barrée d'un ruban de soie rouge, où brillait la croix en diamants de l'ordre de Courlande.

La famille ducale résidait dans le palais de Mitau, au bord de l'Aa, qui abritait aussi les services administratifs du duché et sa cour de justice. « Imaginez un peu, écrivit le prince héritier de Prusse à sa famille, pendant un séjour en Courlande : le palais a trente-deux mètres de plus que notre palais de Berlin, et il compte cent quatre-vingts pièces ! »

Le père de Pierre, Ernest Biron, avait fait raser le château des chevaliers Teutoniques, du XIIIe siècle, qui s'élevait à cet emplacement, pour y construire ce palais, que Rastrelli, l'architecte de la tsarine Anna, avait conçu et dessiné — jusqu'aux fresques à l'italienne qui ornaient les murs. L'édifice tout entier se ressentait de l'influence du goût français, qui régnait à la cour de Varsovie et, par contagion, à celle de Mitau. Il était décoré de meubles, d'un style Louis XVI revu à Saint-Pétersbourg, que le duc Ernest avaient rapportés de Russie, et de tentures murales brodées par la duchesse Bénigne pendant son long exil, et représentant des scènes et des métiers du peuple de Sibérie. On y voyait également des miroirs de Venise, des lustres de Vienne et de Hambourg, des œuvres de grands ébénistes allemands, dont plusieurs bureaux à secrets de David Roentgen, semblables à ceux que lui avait commandés Marie-Antoinette.

Plus de vingt ans passés dans les désolations sibériennes avaient laissé à Ernest et à Pierre Biron une soif inextinguible de beauté, et leurs acquisitions faisaient l'ornement des innombrables salons : portraits — dont plusieurs de la tsarine Anna, bienfaitrice de la famille —, statues, spécimens minéraux, coupes et gobelets Renaissance sculptés dans le plus bel ambre de la Baltique, émaux de Limoges, objets rares de l'Orient et de l'Occident. Et, au milieu de tant de splendeurs, trônait un simple coffre clouté, qui avait appartenu à la grand-mère paternelle d'Anne-Dorothée, seule possession vraiment personnelle qu'elle avait emportée comme porte-bonheur.

Le confort des appartements ducaux était loin d'égaler cette somptuosité. « Papa considérait qu'une pièce était meublée, écrivit plus tard Wilhelmine, quand elle renfermait une table et douze chaises. »

A intervalles rapprochés, Anne-Dorothée mit encore deux filles au monde : Pauline et Jeanne. Mais la tsarine refusait toujours d'admettre son existence. Pour complaire à sa petite duchesse, Pierre réussit à soudoyer le prince Potemkine, l'amant de la Grande Catherine, et celle-ci, sèchement, finit par la reconnaître.

Le duc décida d'installer sa famille agrandie dans le château de Würzau, l'un de ses vastes domaines ruraux, à une douzaine de kilomètres des portes de la capitale. Il espérait, par cet éloignement, dissuader une partie des espions et des informateurs de l'opposition, se soustraire au formalisme de la vie de cour et s'assurer une relative intimité. Prétextant que, dans cette demeure blanche, de style rococo, la place manquait pour loger les gens de sa suite personnelle et ceux de la duchesse, il réduisit le plus possible la domesticité.

Anne-Dorothée était résolue à tenir avec honneur son rôle de duchesse. Elle en aimait le faste et le prestige, et le trouva plus aisé à apprendre que ceux qu'on lui attribuait naguère au théâtre ducal — divertissement maintenant au-dessous de son rang. Il lui fallut peu de temps pour savoir, avec grâce, saluer de la main ses loyaux sujets quand elle parcourait en voiture les rues de sa capitale, et adresser un signe de tête aux gardes qui lui présentaient les armes, chaque fois que les tambours annonçaient son arrivée ou son départ à la porte du palais de Mitau, quand il lui arrivait de s'y rendre.

Les longues faces compassées des courtisans assombrissaient la jeune femme. Elle se mit en tête de redonner un peu de vie à cette cour momifiée et arracha au duc l'autorisation de rompre avec le protocole et d'accueillir, à Mitau comme à Würzau, les plus éminents des nombreux voyageurs qui faisaient halte en Courlande, sur la route de Saint-Pétersbourg. Pierre s'abstint donc de froncer le sourcil quand Anne-Dorothée, suivant les idées avancées de sa belle-mère, étendit ses invitations à des artistes et à des écrivains. Ils n'étaient d'ailleurs pas les seuls nouveaux venus à la cour.

Intelligente et ambitieuse, Anne-Dorothée s'était vite lassée de présider des cérémonies, d'inaugurer des hôpitaux et des écoles. Elle savait combien son père, désireux d'apaiser les discordes qui opposaient les nobles à la couronne, avait mis d'espoirs dans l'union de son illustre famille avec la roturière dynastie des Biron. Réparer les brèches de la politique de Pierre semblait à la jeune duchesse une tâche à sa mesure, et elle ne ménagea aucun effort pour attirer à la cour un nombre croissant d'aristocrates — y compris les nombreux membres du clan des Medem —, qui n'avaient jamais franchi le seuil du palais depuis l'avènement d'Ernest Biron. Mais le climat de détente qu'elle réussit à instaurer fut d'assez courte durée.

Les ministres protestèrent contre la décision de Pierre d'établir sa résidence permanente à Würzau, se plaignant de la difficulté de communiquer avec lui. Ils prirent peu à peu l'habitude d'éluder ses ordres ou d'omettre de l'informer de leurs initiatives. En principe, le duc devait donner son approbation à toutes les résolutions du conseil privé, mais, son autorité faiblissant, les ministres s'arrangèrent pour s'en dispenser.

Une grande agitation régnait à la diète, au sujet d'un nouvel impôt sur la farine, qui provoqua le soulèvement des meuniers. Le duc eut une séance particulièrement orageuse avec ses conseillers et ses ministres le matin du troisième anniversaire de Wilhelmine. Le déroulement des festivités prévues en l'honneur de la petite héritière n'en fut cependant en rien modifié. Il y eut des feux d'artifice, une parade militaire et des bals dans les rues, le soir, malgré le froid de février. Le duc ouvrit le bal de la cour en dansant la polonaise avec la mignonne princesse.

Anne-Dorothée désapprouvait. A mesure qu'elle mûrissait, devenant plus sûre d'elle-même et de son emprise sur son mari, elle exprimait plus fréquemment son opinion sur les sujets qui lui tenaient à cœur, du moins en privé. Ne pouvant intervenir sur la façon d'élever ses filles, elle se contint jusqu'à ce qu'elle fût seule avec Pierre. Celui-ci, à la vue du visage tendu de sa femme, devina qu'elle avait à lui parler. Mais il était las et aspirait à dormir. Anne-Dorothée avait préparé sa phrase :

« A cette heure, dit-elle, la place de Wilhelmine est à la nursery, avec sa gouvernante et ses sœurs, même le jour de son anniversaire. Il n'est pas bon, pour une enfant de cet âge, de se coucher si tard. »

Le duc ne releva pas l'âpreté de sa voix. Après une journée de discussions avec un cabinet récalcitrant, il n'avait pas envie de recommencer une séance avec son épouse. Il se contenta de dire sèchement :

« Wilhelmine ferait aussi bien de prendre dès maintenant l'habitude d'horaires irréguliers.

— Et pourquoi, je vous prie ?

— J'ai décidé que nous allions partir en voyage à l'étranger. Ici, rien ne semble aller comme il conviendrait. Je suis assailli de problèmes et d'hostilité. Quand ce n'est pas la noblesse, c'est le cabinet, ou la diète, ou le Premier ministre. Il est temps que je m'éloigne. Je n'ai guère exploré le monde, et vous, ma chère, n'êtes jamais sortie de Courlande. Votre père peut gouverner en mon nom. Peut-être mon absence calmera-t-elle les esprits. Et quelle joie pour moi — ajouta-t-il en l'enlaçant — de présenter dans les cours ma ravissante épouse !

— Je ne vois pas le rapport avec Wilhelmine, répliqua Anne-Dorothée, poursuivant son propos.

— J'ai l'intention d'emmener Wilhelmine avec nous.

— Mais elle n'a que trois ans ! Ce serait folie ! protesta la duchesse.

— Je ne puis supporter l'idée de me séparer d'elle. Ma décision est prise. Inutile de vous mettre dans cet état. »

Il y avait pourtant lieu de s'alarmer. Si le duc avait résolu d'emmener Wilhelmine, rien de ce que pourrait dire ou faire Anne-Dorothée ne le ferait céder, pas plus qu'elle ne réussirait à lui faire modifier la direction de leur itinéraire. Le bon sens commandait de se diriger vers l'est, afin de rendre visite à leur puissante voisine Catherine II et d'obtenir soutien et assistance de la Russie contre les troubles intérieurs qui menaçaient le duché. La décision irrévocable de Pierre d'aller vers l'ouest témoignait combien peu, déjà, lui importait le sort de la Courlande.

A cette époque, les difficultés et l'inconfort des longs voyages faisaient qu'on se déplaçait rarement très loin, surtout par pur agrément. Les préparatifs du voyage ducal furent considérables, d'autant que nulle date fixe de retour n'était prévue. Il fallait donc emporter des vêtements adaptés à tous les climats et à toutes les circonstances imaginables : des fourrures comme des mousselines, des toilettes et des uniformes de cour comme des tenues de chasse et d'équitation. Un énorme matériel domestique suivait : une cuisine entièrement équipée, jusqu'aux boîtes d'épices et aux tonneaux de vin ; des services de table ; des caisses de livres et de cartes géographiques ; une écritoire et tous ses accessoires ; la coiffeuse de la duchesse, avec ses flacons à bouchons d'or, ses nécessaires de toilette, ses parfums et ses fards ; une pharmacie complète, en charge d'un médecin (Wilhelmine étant du voyage) ; d'innombrables coffres et malles — sans oublier une chaise percée.

Arriva enfin le jour du départ, qui devait marquer pour Anne-Dorothée ses débuts sur la scène européenne et un profond changement dans sa vie. Un courrier rapide précédait le cortège, afin de prendre les dispositions nécessaires pour les étapes. Anne-Dorothée et Pierre voyageaient dans un confortable carrosse, dont l'intérieur doré se relevait de médaillons représentant des figures mythologiques — Pallas Athéna ou Europe —, encadrées de rinceaux. Les sièges étaient de velours rouge, rouge aussi le siège du cocher, et partout, jusque sur les couvertures de selle, se retrouvaient les armoiries des Biron. Suivaient la berline de Wilhelmine et de la dame d'honneur attachée à son service ; puis les voitures des gentilshommes et dames d'honneur des deux maisons ducales ; enfin, les chefs de cuisine et leurs assistants, les laquais et les caméristes — au total onze voitures et cinquante-quatre chevaux. Peu sûr de lui en son for intérieur, Pierre n'avait voulu négliger aucun attribut de son rang ni laisser ignorer aux étrangers qu'il était un souverain régnant — et beaucoup plus riche que ceux de tous les petits États allemands réunis.

L'allure fut lente, car rien ne pressait. Il y eut des arrêts obligatoires dans les cours amies, et, au long de la route, les châteaux accueillirent avec empressement les nobles voyageurs, les visiteurs de marque étant fort rares. Ils longèrent la Baltique et ses vastes étendues de sable gris, passèrent par Königsberg, où Anne-Dorothée avait de la famille, et finirent par arriver à Berlin. Le vieux roi de Prusse Frédéric le Grand étant souffrant, ce fut son neveu et héritier présomptif, le prince Frédéric-Guillaume, qui fit au couple ducal les honneurs de la capitale. Il emmena ses hôtes prendre le thé au château de Sans-Souci, près de Potsdam, résidence préférée du souverain. Ce grand militaire était alors un tout petit vieillard au visage parcheminé et fardé de rouge à la mode française. Il demanda à Pierre s'il n'avait pas besoin d'un veilleur, dont il serait sûr qu'il ne s'endormirait jamais. « Dans ce cas, je serais votre homme », dit-il avec amertume. Le roi septuagénaire passait des nuits d'insomnie assis droit dans un fauteuil, car il souffrait cruellement chaque fois qu'il s'allongeait.

Frédéric le Grand fut le premier d'une longue galerie de souverains d'Europe qui succombèrent au charme d'Anne-Dorothée. Elle l'entoura de prévenances, et, bien que la santé du roi ne s'améliorât pas durant tout leur séjour, les visiteurs courlandais furent fréquemment invités à Sans-Souci. En outre, chaque jour, un aide de camp arrivait à Friedrichsfeld (la résidence royale qu'ils avaient louée aux portes de Berlin), porteur des plus rares fleurs et des plus beaux fruits des serres de Sa Majesté.

Sur les instances du roi, Pierre et Anne-Dorothée différèrent leur départ, afin d'assister à la grande parade militaire annuelle de Tempelhof. Montés sur des chevaux empruntés aux écuries royales, ils firent partie du groupe qui suivait la calèche de Frédéric II, celuici souffrant encore trop de la goutte pour se tenir à cheval. Selon la coutume, Pierre Biron, invité d'honneur, parut en uniforme d'officier prussien. Anne-Dorothée, cavalière émérite, fit de même — bien que ce ne fût pas l'usage pour les femmes —, dans une adaptation personnelle du superbe costume des hussards de la garde, en dolman à boutons et brandebourgs d'or, à haut col droit brodé de bleu, accompagnant une amazone chamois ; elle portait à l'épaule la peau de panthère doublée de rouge, attachée sur la poitrine par des chaînes à quatre cœurs d'or, et elle avait posé sur sa chevelure auburn la haute coiffure de martre à galons rouges et jugulaire dorée. Elle fit sensation.

Les voyageurs quittèrent enfin Berlin et se dirigèrent vers le sud. Partout, on les reçut en souverains. Pierre tenait son rôle point par point, distribuant généreusement les cadeaux attendus de sa munificence : tabatières précieuses aux notabilités de Venise, Florence et des autres villes de leur itinéraire ; montres en or aux gardes d'honneur que les municipalités ou les États alignaient aux portes de leurs résidences.

Plus le duc s'éloignait de la Courlande, plus rares se faisaient les lettres d'instructions qu'il envoyait à son gouvernement et moins il se souciait de son duché. Tel n'était pas le cas d'Anne-Dorothée. Si captivée qu'elle fût par la nouveauté changeante des paysages, des mœurs et des costumes, elle gardait sans cesse à l'esprit les problèmes de son pays et harcelait son père, le vieux comte Jean de Medem, pour qu'il la tînt au courant de la situation. Afin de bien faire comprendre à la noblesse rebelle que le duc absent avait à cœur les intérêts de la Courlande, même dans la lointaine Italie, Anne-Dorothée persuada Pierre de fonder à Bologne, à l'intention des jeunes artistes de la cour, une bourse d'études administrée par l'Accademia Clementina de la ville. Elle écrivit à son père de faire en sorte que cette décision fût largement publiée et commentée à Mitau.

Elle s'inquiétait aussi des deux petites filles laissées à Würzau et entreprit de rédiger, pour Pauline et Jeanne, un journal où se mêlaient l'histoire et la géographie; elle le leur envoyait régulièrement, en priant sa sœur Élisa de le lire à haute voix aux enfants. Cette sollicitude n'était guère dans les usages. De longues séparations se produisaient couramment dans les familles aristocratiques, et les mères du rang d'Anne-Dorothée consacraient fort peu de temps à leurs enfants, jusqu'à ce qu'ils fussent en âge de se marier.

Comme il était de rigueur pour tout mécène, le duc Pierre, lors de son séjour à Rome, commanda à Angelika Kauffmann, l'artiste en renom du moment, un portrait en double grandeur nature de sa femme et de sa fille. De même que tous les voyageurs de qualité, ils passèrent l'hiver à Naples. Ni Pierre ni Anne-Dorothée n'apprécièrent Ferdinand Ier, le gros et nonchalant Bourbon qui occupait le trône napolitain, mais le duc trouva charmante la reine Marie-Caroline, sœur de Marie-Antoinette, qu'Anne-Dorothée jugea sans intérêt. Elle lui préféra la compagnie plus divertissante de l'ambassadeur de Grande-Bretagne, sir William Hamilton, et de sa maîtresse, la belle Emma, qu'il devait bientôt épouser. (C'est cette même lady Hamilton qui fut plus tard passionnément aimée par l'amiral Nelson.) L'ambassadeur, collectionneur et archéologue amateur, fit visiter à la duchesse les fouilles entreprises à Pompéi. Puis Anne-Dorothée, son mari et la petite Wilhelmine, tous trois solidement attachés sur des mules au pied sûr, firent l'aventureuse ascension du Vésuve.

Les jours s'écoulèrent dans l'insouciance, et les Biron s'attardèrent jusqu'au printemps en Italie du Sud. De son père, Pierre avait hérité, à défaut d'habileté politique, un sens aigu des affaires, et il jugeait sage de diversifier son patrimoine pour assurer l'avenir. Les financiers d'Europe faisaient alors des investissements considérables aux Pays-Bas, entre Utrecht et Amsterdam. Le duc suivit leur exemple. Il lui prit l'envie d'aller voir ce qu'il en était de ses importantes acquisitions, et, en avril, il donna l'ordre d'atteler une fois de plus les chevaux.

Tandis que les voyageurs se dirigeaient vers Leyde et Delft, des rumeurs les précédaient, propageant des anecdotes sur le vieux duc riche comme Crésus et sur sa divine Anne-Dorothée qui avait ensorcelé les cours de Prusse et de Naples. Trois comtes allemands effrontés résolurent de voir de près cette beauté slave, dont l'image souriait aux vitrines de quelques boutiques de luxe — peinte à la main sur un service à dessert fabriqué en peu d'exemplaires. Dans une auberge, près de Hanovre, où les illustres voyageurs devaient faire halte, ils soudoyèrent des valets afin de prendre leur place. Quand la grande voiture ducale fit son entrée, les trois chenapans, vêtus d'une livrée extravagante, ruisselante de galons d'or et d'argent, de rubans et de dentelles, se précipitèrent en se bousculant les uns les autres pour déployer le marchepied. Anne-Dorothée les remarqua aussitôt :

« Pierre, murmura-t-elle, avez-vous jamais vu laquais de plus belle mine ?

— Quels laquais ? répondit distraitement le duc ; franchement non, ma chère, je n'y avais pas prêté attention. »

Sa pensée était à des lieues de là, vers l'ouest, supputant la valeur des nouvelles propriétés qu'il allait inspecter.

Les jeunes galants servirent le dîner dans les appartements ducaux, avec un tel panache que la jeune femme fut de nouveau alertée.

« Pierre, ces laquais ! Regardez-les ! Je n'en ai jamais vu d'aussi admirablement stylés ni d'une telle élégance de manières. Croyez-vous que nous pourrions les persuader d'entrer à notre service ?

— Comme vous voulez, ma chère. Comme vous voulez... »

L'esprit alourdi par une fricassée de gibier arrosée de vin du Rhin, les mains croisées sur un estomac qui prenait de l'ampleur, le duc somnolait déjà. Le lendemain matin, les imposteurs continuèrent leurs bons offices et leurs ronds de jambe, firent mousser le chocolat d'Anne-Dorothée avec de larges envolées de manchettes, et le versèrent dans de transparentes tasses de Meissen en tenant la chocolatière à une hauteur prodigieuse. Leur manège intrigua de plus en plus la duchesse, qui, au moment du départ, glissa à l'oreille de son mari :

« J'ai le sentiment qu'il y a quelque supercherie là-dessous, mais ne gâchons pas leur plaisir et donnez-leur de généreux pourboires. »

Finalement de retour à Berlin, le duc, plutôt que de louer de nouveau le palais de Friedrichsfeld, décida de l'acheter — signe manifeste de son désintérêt pour la Courlande. Mais Anne-Dorothée ne s'en alarma pas sur le moment, car son mari ne cessait d'acheter des propriétés, ayant successivement acquis depuis peu les domaines de Wartenburg en Silésie, de Holstein en Kreis Sprottau, et la principauté de Sagan en Basse-Silésie, achetée aux héritiers du duc de Lobkovic.

Les chariots de statues et d'objets d'art que Pierre avait commandés ou achetés en Italie arrivaient de semaine en semaine, et il prenait plaisir à les cataloguer et à les disposer. Il se découvrit aussi un certain talent de peintre et, pour un service de soixante pièces, de style néo-classique, fabriqué par la manufacture royale de Potsdam, il dessina le « décor Courlande », avec une bordure de mosaïque dorée et un monogramme composé de minuscules fleurs polychromes. Promenades en traîneau, bals à la cour, représentations théâtrales et concerts se succédaient en l'honneur de Pierre et d'Anne-Dorothée, hôtes de marque de cette saison mondaine berlinoise. Le duc était maintenant le plus grand propriétaire terrien de Prusse, et même un souverain ne pouvait prévoir s'il n'aurait un jour besoin de lui emprunter quelque argent.

Berlin se trouvait assez loin de la Courlande pour que, des bruyantes discordes qui s'intensifiaient à Mitau, ne parvînt aux oreilles de Pierre qu'un faible écho. Mais Anne-Dorothée y restait attentive. Elle ne s'en inquiétait pas excessivement tant qu'elle savait son père en place. Mais le vieux comte de Medem mourut, et avec lui disparut le principal allié politique de Pierre. Le Premier ministre et le conseil se comportèrent comme si le duc n'existait plus. On lisait à peine ses lettres, quand il en écrivait, et ses ordres étaient, au mieux, exécutés à contrecœur, mais le plus souvent ignorés. Au début, la diète avait regimbé contre les interventions de Pierre et s'était réjouie de son départ ; maintenant, par esprit de contradiction, les mêmes députés s'indignaient de l'absence prolongée de leur duc et de sa négligence à remplir ses fonctions.

Personne, excepté la baronne Élisa von der Recke, la sœur d'Anne-Dorothée, n'avait le courage d'envoyer aux voyageurs un rapport objectif de la situation, et elle seule les adjurait de revenir en Courlande. Mais, chaque fois qu'Anne-Dorothée abordait le sujet, Pierre refusait de l'écouter et s'en allait bouder ailleurs. La Courlande ! Elle n'avait que ce mot à la bouche ! S'il ne s'en inquiétait pas, pourquoi s'en souciait-elle ? Était-ce son trône à elle ou le sien qui était en jeu ? A Berlin, du moins, on le traitait avec le respect dû à son rang ; ce n'était plus le cas à Mitau, et il n'avait nulle intention d'y retourner. L'idée que sa femme épousait le point de vue d'Élisa l'exaspérait, et leurs rapports conjugaux se ressentirent de ce désaccord. Plusieurs personnes de leur entourage remarquèrent les progrès de leur mésentente.

Plus se multipliaient les insistances pour qu'il reprît conscience de ses devoirs, et plus il se renfermait dans un mutisme morose, pianotant avec humeur sur les vitres et sur les meubles. Il n'éprouvait même plus de fierté des succès d'Anne-Dorothée à la cour, et, à la fin d'une des soirées musicales données le jeudi par Leurs Altesses Royales, le prince héritier et son épouse, il y eut même une scène publique embarrassante.

Les dernières mesures de Händel s'éteignaient. Les musiciens sortaient un à un, et Anne-Dorothée se leva, rejetant en arrière, d'un coup de pied gracieux, la traîne de sa robe rose pâle. Cette couleur faisait valoir l'éclat de ses yeux verts et celui des flamboyantes opales qu'elle portait en collier de chien. (C'était un cadeau de la tsarine Anna à la défunte duchesse douairière, pour la remercier d'avoir soigné et guéri son lapin apprivoisé.) Le prince héritier Frédéric-Guillaume la vit s'avancer dans le salon, où il se tenait, près d'une table de loto. Il lui fit signe de venir prendre place à son côté et lui présenta un plateau de cartes pour le jeu. Anne-Dorothée était sur le point de remplir sa deuxième carte, quand elle vit approcher le duc Pierre, apparemment de méchante humeur.

Il aimait la musique et s'était réjoui de cette soirée, mais la cantatrice lui avait déplu et il ruminait sombrement deux lettres, reçues au courrier de l'après-midi, où Élisa, une fois de plus, implorait son retour. Il était excédé. Il se pencha à l'oreille d'Anne-Dorothée et murmura entre ses dents :

« Je désire me retirer.

— Déjà ! s'exclama la jeune femme, incrédule.

— Immédiatement, oui. »

Anne-Dorothée eut un sourire suave (ce fut remarqué) et, sans protester, s'excusa et prit congé. La famille royale observa le couple d'un œil critique, admirant la docilité de la jeune femme, tandis qu'un murmure scandalisé s'élevait dans l'assistance. Anne-Dorothée garda la tête haute et réussit à se contenir jusqu'au moment où ils furent seuls dans leur voiture, roulant dans les rues enneigées. Elle éclata enfin :

« Quel manquement à l'étiquette ! Quitter la soirée ainsi, avant la famille royale ! Et parler à voix basse, en courlandais et à la cour ! Devant le prince !

— Je ne souhaitais pas que votre admirateur le prince héritier entendît ce que j'avais à vous dire, répondit Pierre avec irritation.

— Le prince s'est soucié de mon état [Anne-Dorothée était de nouveau enceinte] et m'a priée de m'asseoir près de lui. Refuseriez-vous de m'accorder cette attention ?

— Je crois surtout qu'il apprécie votre compagnie. »

Surprise par l'intonation de son mari, la duchesse s'arrêta court. Elle connaissait bien son caractère et ses humeurs : il était jaloux de ce gros Frédéric-Guillaume qui perdait ses cheveux !

Quand les conseillers de la Courlande apprirent que la duchesse attendait un enfant, le Premier ministre lui adressa une lettre — à elle, non à Pierre — pour lui recommander respectueusement, au cas où la santé du duc son mari ne lui permettrait pas de l'accompagner (prétexte fallacieux), de revenir à Mitau sans lui. Pour la perpétuation de la dynastie des Biron, il était essentiel que l'enfant à naître vît le jour en Courlande, surtout si ce devait être un garçon. Hautement consciente de ses responsabilités, Anne-Dorothée résolut de passer à l'action. Ils devaient regagner Mitau sans délai.

Pierre refusa. Il en avait assez des problèmes de la Courlande. La plupart de ceux qui les soulevaient étaient soit des parents soit des amis de la famille d'Anne-Dorothée. Il avait la plus grande confiance en sa diplomatie. Qu'elle y aille seule et fasse pour le mieux !

A la différence de ses contemporains, Pierre avait de bonnes raisons de ne pas sous-estimer le pouvoir des femmes. C'était sa tante qui avait obtenu, pour Ernest Biron, son premier emploi à la Cour, et c'est ainsi que la tsarine et Ernest s'étaient rencontrés. Par ailleurs, sans sa sœur Hedwige, tous les Biron, Pierre inclus, seraient peut-être encore en Sibérie : soutenue par l'épouse d'un fonctionnaire local, elle avait réussi à se faire gracier ; revenue à Saint-Pétersbourg et presque seule à la cour à parler allemand, elle avait gagné les faveurs du duc de Holstein, de naissance allemande, héritier et neveu de la tsarine (celui-là même à qui, jadis, elle avait été fiancée la nuit du coup de force qui avait chassé les Biron du pouvoir). Une fois le duc de Holstein monté sur le trône des Romanov sous le nom de Pierre III, elle avait obtenu de lui le retour d'exil de toute sa famille.

Toute sa vie, Anne-Dorothée aima relever les défis. Elle dut penser d'ailleurs que son mari, toujours empressé à lui plaire avant leur désaccord sur la Courlande, viendrait rapidement la rejoindre à Mitau et que, dans l'intervalle, elle saurait sauvegarder leur précaire situation politique.

Toutefois, s'il était facile pour le duc de rester paisiblement à Berlin pendant que son épouse assumait la charge d'agir en son nom, il était risqué pour une jeune femme, surtout enceinte de sept mois, d'entreprendre ce hasardeux voyage vers l'est, en plein cœur de l'hiver. Durant les longues et tristes heures de la route, elle eut le temps de réfléchir à l'étrange renversement de leurs rôles. Comme elle l'avait écrit à Élisa, elle trouvait « sans excuse la négligence de Pierre à l'égard de la Courlande », mais, chose curieuse, elle lui reconnaissait des circonstances atténuantes, sachant combien il avait été marqué par l'ascension et la chute vertigineuses de son père et par les épreuves dramatiques de sa propre adolescence.

Toute petite, Anne-Dorothée avait entendu raconter par des membres de sa famille des anecdotes sur la jeunesse incroyablement privilégiée de Pierre. Un de ses oncles Medem avait été présent quand, dans les appartements de la tsarine Anna, Pierre et son frère avaient joué à être des Cosaques rassemblant un troupeau de chevaux sauvages ; galopant parmi la multitude de nains, de négrillons, de chiens et de cages à oiseaux qui encombraient la salle, les deux garçons turbulents foncèrent sur le vieux prince Nariatinski, commandant en chef des armées impériales, et lui firent, d'un coup de fouet, sauter sa perruque. Aux protestations de ce haut dignitaire, le duc Ernest répliqua : « Si vous n'êtes pas content, cessez de paraître à la cour. Démissionnez ! Votre démission sera acceptée. » Un cousin Medem rappelait aussi volontiers le temps où Pierre, âgé de onze ans et déjà colonel d'un régiment de cuirassiers, utilisait la garde impériale pour diriger un simulacre de bataille, le corps diplomatique tout entier ayant consigne de figurer une assistance captivée. Puis, brusquement, à seize ans, son univers écroulé, Pierre avait été expédié en Sibérie : tous les Biron s'étaient retrouvés dans une cabane en rondins, serrés autour d'un poêle qui ne cessait de s'éteindre, presque sans lumière, car on ne leur allouait qu'une seule chandelle par jour, et ils calfeutraient toutes les ouvertures pour essayer de conserver leur maigre chaleur. Avec un tel passé, Anne-Dorothée arrivait à comprendre les bizarreries de son mari.

La cordialité de l'accueil réservé à la duchesse de Courlande lui fit oublier les fatigues du voyage. Une garde d'honneur envoyée à la frontière l'accompagna jusqu'à sa petite capitale, illuminée pour son arrivée. Sa position, cependant, n'était pas aisée. On pouvait comprendre que le duc négligeât provisoirement ses obligations, mais plus difficilement que son épouse ne se satisfît pas d'un rôle de représentation et prît les choses en mains. En outre, il était impératif de ne pas laisser les Courlandais deviner que le duc se désintéressait totalement du trône.

Tous les dimanches, Anne-Dorothée organisait une réception non protocolaire à Würzau, où elle prit soin d'inviter tour à tour les différents groupes de députés. Elle ne voulut aucune célébration officielle de son propre anniversaire, en février, et, douze jours plus tard, pour celui du duc absent, elle ordonna une revue militaire qu'elle honora de son unique apparition en public. Lorsque, menacée par un début de crise — la bourgeoisie grandissante réclamant des prérogatives —, Anne-Dorothée adopta une attitude ferme et s'y maintint sans tergiverser comme Pierre, les nobles, pour une fois regroupés autour d'elle, lui assurèrent leur appui. Par son action habile et son doigté, elle triompha et gagna ainsi à sa cause un certain nombre des ennemis de Pierre.

Le duc n'arriva pas à temps pour la naissance de l'enfant et perdit ainsi une occasion unique de se rallier le duché, dont la population unanime se réjouit de la venue tant espérée d'un héritier mâle. Huit semaines plus tard, Anne-Dorothée, assise dans le grand carrosse à six chevaux, sa sœur Élisa en face d'elle, conduisit le cortège qui se rendit à la cathédrale de Mitau pour le baptême du petit duc Pierre; suivait la voiture particulière du héros de la fête, qui dormait sous ses dentelles et ses rubans bleus, dans les bras d'une dame d'honneur.

Ce soir-là, le baron Howen, Premier ministre, sollicita de la duchesse une audience privée. Lorsqu'elle l'avait vu pour la première fois, quelques années auparavant, Anne-Dorothée avait éprouvé une antipathie instinctive pour ce petit homme au dos rond, au regard fuyant et à la bouche pincée, et elle avait mis Pierre en garde. C'était cet homme qui lui avait adressé personnellement la lettre qui avait précipité son retour de Berlin. Depuis, à plusieurs reprises, elle avait refusé de le voir seul, mais, malgré sa répugnance, elle s'y voyait maintenant contrainte. Contrairement à son habitude, le baron ne perdit pas son temps en insinuations cauteleuses et alla droit au but : des ambitieux, dit-il, cherchaient à profiter de la situation anormale créée dans le pays par l'absence prolongée du duc Pierre. Prétendument soucieux d'épargner à son souverain les pénibles problèmes de gouvernement qu'il ne semblait plus disposé à assumer, le Premier ministre pensait que ce serait agir pour son bien que de le persuader d'abdiquer en faveur de son fils. Bien entendu, jusqu'à ce que l'héritier fût en âge de régner, la duchesse prendrait la direction des affaires au titre de régente. Lui-même, le Premier ministre, lui servirait de conseiller personnel ; entre ses mains, elle pourrait déposer les tracasseries — et l'autorité — de la régence et vivre à l'étranger auprès de son époux. Le baron Howen lui garantissait un avenir sans nuages, car il était en position de réduire les opposants.

Indignée par cette odieuse proposition, Anne-Dorothée contint sa colère, et, pour gagner du temps, elle promit d'y réfléchir. La voiture du Premier ministre n'était pas au bout de l'allée que déjà elle écrivait à Pierre une lettre véhémente pour le rappeler d'urgence. L'avenir du duché était en jeu.

Pierre arriva. Maladroit comme toujours, au lieu de ménager les alliés que s'était faits Anne-Dorothée, il réussit à se les aliéner en un minimum de temps. Le duc fit une scène violente au Premier ministre, le jour où celui-ci vint de Mitau pour solliciter une convocation extraordinaire du cabinet. Anne-Dorothée, qui était présente, remarqua que les plumes du chapeau que le baron serrait sous son bras tremblaient quand le duc eut terminé ses invectives. Mais Howen insista, et Pierre, de mauvais gré, finit par céder. Cet épisode ne fut pas de nature à améliorer ses rapports avec ses ministres — ni, d'ailleurs, avec sa femme.

Leurs relations personnelles avaient commencé à se dégrader à Berlin ; elles avaient souffert aussi du retour différé et réticent de Pierre, plus lunatique que jamais, et de la façon dont il avait gâché inconsidérément les résultats de ses patients efforts. Mais le duc gardait ses droits d'époux, et, cette année-là, la jeune femme mit au monde des jumelles. L'accouchement fut difficile. Anne-Dorothée était encore trop faible pour les distinguer l'une de l'autre, quand elles tombèrent malades et moururent. Peu après, son fils, le petit Pierre fut pris de la même fièvre et dépérit. Malgré son épuisement, sa mère veilla nuit et jour à son chevet. Le duc envoya d'urgence chercher des spécialistes à Prague et à Varsovie, mais rien n'y fit. La mort de son seul héritier mâle rendit plus précaire encore la position de Pierre.

La volonté bien arrêtée de Catherine II de mettre la main sur les ports courlandais de la Baltique compliquait encore la situation. La tsarine manipulait les événements au gré de son intérêt et contribuait à saper l'autorité du duc. Celui-ci venait d'avoir la confirmation que certains des plus virulents opposants de la cour avaient reçu de l'impératrice de munificents pots-de-vin : de vastes domaines avec des centaines de serfs.

Anne-Dorothée eut du mal à recouvrer ses forces. Une autre fille lui naquit, Charlotte, qui elle aussi mourut prématurément. Les mois passaient, et elle demeurait si prostrée par la perte de ses quatre derniers enfants et par le triste état du duché que les médecins de la cour, jugeant sa santé en danger, lui conseillèrent une diversion, une cure à Carlsbad, par exemple.

Pierre la pressa de partir et lui suggéra de s'arrêter, sur la route du retour, à Varsovie. Il méditait depuis quelque temps d'en appeler au roi de Pologne, Stanislas Auguste, pour faire rentrer dans l'obéissance les nobles turbulents. En raison de son éloignement de Varsovie, la Courlande, depuis des générations, était devenue pratiquement autonome sous l'autorité de ses ducs, mais, en principe, elle demeurait un fief dépendant de la couronne polonaise, et ses nobles étaient, d'honneur, tenus de se plier aux décisions de leur suzerain, le roi de Pologne. Mais celui-ci, d'après la constitution polonaise, ne pouvait trancher lui-même le problème de la Courlande ; il devait le soumettre à la Grande Diète quadriennale des députés de la noblesse.

L'honneur et l'avenir de la famille étant en jeu, il ne fallait rien négliger pour obtenir un verdict favorable de cette assemblée. Anne-Dorothée y réussirait, Pierre en était certain, en devenant la reine de Varsovie, comme elle avait été celle de Berlin, et en se conciliant les votes des députés.

Certes, le recours à la Pologne était l'une de ces mesures constructives qu'Anne-Dorothée espérait voir prendre à son mari, mais elle resta interdite en apprenant qu'il n'avait pas l'intention de l'accompagner. On ignore pour quelles raisons Pierre voulut demeurer à Mitau, ville où il avait souhaité ne jamais revenir. Une chose est sûre : la duchesse accepta de partir sans lui.

À son insu, Pierre lui avait montré le chemin de la liberté, en la laissant revenir seule de Berlin en Courlande, afin d'apaiser ses ministres ; cette fois, il lui en donnait la clef. Elle allait, à vingt-neuf ans, dans l'éclat bientôt retrouvé de sa beauté, livrer de nouveau bataille à sa place.

En se déchargeant sur elle de ses responsabilités, il renonçait aussi tacitement à ses prérogatives d'époux. L'un et l'autre devaient savoir qu'ils étaient arrivés à un tournant de leur vie.

CHAPITRE 2

La duchesse et le comte Batowski
1790-1799

MÊME SI LA DUCHESSE VOYAGEAIT sans son mari, elle devait être traitée selon son rang. Elle partit, accompagnée de sa sœur Élisa, et Pierre lui donna une suite digne d'une souveraine : une file interminable de voitures s'ébranlèrent derrière la sienne.

Avril avait, cette année-là, la douceur de juin, et le voyage vers l'ouest fut agréable. La cure thermale de Carlsbad se révéla, pour Anne-Dorothée, à la hauteur de sa réputation. Elle but les eaux malodorantes et prit des bains chauds, décemment couverte d'un drap des pieds au menton. Toute sa vitalité coutumière lui revint bientôt. Mais elle commença à s'ennuyer. Dans le cercle restreint de l'aristocratie qui fréquentait cet élégant rendez-vous du Saint Empire romain, rares furent les personnes qui l'intéressèrent.

Un changement, toutefois, se produisait en elle, et sa sœur le remarqua. La pâle et sentimentale Élisa, affligée d'un rhume et d'un larmoiement perpétuels (elle était à la fois allergique et asthmatique), s'était trouvé un « ami de cœur » en la personne du comte Karl Kessler, ambassadeur de Prusse en Saxe. Mais la jeune duchesse ne dédaignait pas de coqueter avec le diplomate, et la pauvre baronne von der Recke découvrit un jour Anne-Dorothée en train d'égrener vaguement à la harpe une sonate de Haydn d'une main, tandis que l'ambassadeur lui tenait l'autre.

Les deux sœurs prirent le chemin de Varsovie. Elles passèrent par Weimar, l'« Athènes allemande », où Anne-Dorothée fit cette fois des conquêtes littéraires. Elle charma par son esprit le célèbre écrivain Wieland — et aussi l'illustre Goethe, au point que des intimes de ce dernier écrivirent : « La duchesse est comme un souffle d'air frais qui passe dans la maison du vieillard ; il y a longtemps que nous ne l'avions pas entendu rire ainsi. »

En cahotant sur les routes défoncées de Pologne, les deux sœurs observèrent partout des signes de la déplorable situation économique du pays. Dans les auberges, Anne-Dorothée, qui connaissait les travaux des champs pour avoir vécu chez sa grand-mère, s'étonna de voir des grains perdus dans la mauvaise paille sur laquelle on posait son matelas personnel, alors que les paysans hagards, dans les campagnes, semblaient mourir de faim. Elle ne s'habitua jamais au spectacle omniprésent des mendiants scrofuleux ou estropiés, qui se disputaient des bribes de nourriture sur des tas de détritus. Elle en vit même sur les piles d'ordures accumulées dans la cour de Pod Blacha, le palais inclus dans les fortifications de Varsovie, que le roi Stanislas mit à sa disposition pendant la durée de son séjour.

Les femmes, surtout jolies, qui se mêlaient de politique ou qui servaient d'émissaires à leurs époux étaient rares, et, au Zamek, le palais royal, la cour tout entière attendait avec impatience l'arrivée d'Anne-Dorothée. Élisa étant mal remise de leur dernier accident de voiture — elles avaient versé deux fois en une semaine, mésaventure courante à l'époque —, la duchesse se présenta seule. Elle avait drapé autour de ses épaules une somptueuse étole d'hermine (fourrure si rare qu'elle était réservée à la royauté), que le souverain lui avait envoyée comme cadeau de bienvenue.

En haut de l'escalier d'honneur, la porte de la salle de bal s'ouvrit à deux battants, comme il convenait pour une duchesse régnante ; on n'ouvrait qu'un seul battant pour les plus humbles mortels. Anne-Dorothée pénétra dans une assemblée nombreuse, que les jeux de miroirs multipliaient à l'infini. Le vieux roi se hâta à sa rencontre, sa stature, jadis imposante, courbée par les rhumatismes. Il était vêtu d'un habit de velours vert-de-gris à boutons de diamants et portait des talons rouges, comme sous Louis XIV. Puisqu'il daignait l'accueillir comme une souveraine — attention qui augurait bien de la mission de la jeune femme —, Anne-Dorothée ne plongea pas dans une révérence, mais lui donna sa main à baiser.

La petite duchesse était émue, car elle se trouvait seule, dans une ville étrangère, au milieu d'une cour inconnue, le point de mire d'un millier d'yeux. Elle tremblait si fort qu'un bouton de rose de son bouquet se détacha et tomba. Aussitôt, un jeune officier qui se tenait dans l'ombre du roi le ramassa et le lui rendit d'un geste chevaleresque, un genou en terre.

« Chacun dit, Madame, que vous êtes belle comme une rose. Mais je proclame que cette rose n'est belle que parce qu'elle vous ressemble.

— Bien dit, mon neveu ! » observa le roi Stanislas, avec une lueur d'amusement dans les yeux.

Il y avait longtemps que le souverain n'avait pas eu le charmant spectacle d'une femme rougissante. Il ouvrit une grande tabatière en or, ornée d'une miniature sertie de diamants, prit une pincée de tabac et en offrit à un vieux poète de la cour qui se trouvait à côté de lui.

« Vous êtes bien sombre, mon cher, dit-il. Craignez-vous d'avoir un rival ?

— Ah, Sire ! Comment s'étonner que la Vénus de la Courlande ait fait naître un nouveau poète ? Moi qui suis vieux, j'en perds mes rimes. »

Sur un balcon, à l'autre extrémité de la salle, les musiciens avaient fini d'accorder leurs instruments, et ils attaquèrent un morceau au rythme enlevé. Le neveu du roi, le prince Poniatowski, claqua des talons et s'inclina très bas devant Anne-Dorothée.

« Votre Excellence me ferait-elle l'honneur de m'accorder cette danse ? »

Anne-Dorothée acquiesça ; elle adorait danser. Le prince l'entraîna.

« Prenez garde, Madame, dit le roi. Pour la mazurka, je ne connais pas de cavalier plus dangereux que mon neveu ! »

Les gentilshommes et les dames de la cour s'écartèrent pour leur faire place. Certains, emportés par la musique, osèrent taper des mains en cadence, et d'autres crièrent : « Bravo ! Plus vite ! » Anne-Dorothée oublia quelques minutes qu'elle était une duchesse venue à Varsovie pour consolider le trône de son vieil époux, et ne fut plus qu'une jeune femme ravie, tournoyant entre les bras d'un bel étranger en uniforme blanc. La musique endiablée prit possession du couple. A plusieurs reprises, le prince l'attira brusquement contre lui, puis la relâcha pour la tenir à bout de bras, tourbillonnante autour de lui. La musique cessa aussi abruptement qu'elle avait commencé. Anne-Dorothée essaya de reprendre son souffle, tandis que son cavalier tirait de sa manchette un mouchoir de dentelle pour s'éponger le front.

Insouciante et folle de danse, la cour de Varsovie ressemblait peu à celle, gourmée et enrégimentée, de Berlin, où régnait le morne jeu de loto. Le palais, avec ses porcelaines de Sèvres et de Vincennes, ses tentures en soie de Lyon, ses meubles et ses objets d'art importés de Paris, évoquait un bijou dans un écrin à la française. La Pologne maintenait en effet des liens étroits avec la France depuis plus de deux siècles — depuis le temps où le duc d'Orléans, troisième fils de Catherine de Médicis et futur Henri III de France, avait été élu roi de Pologne.

Il y eut tant de bals en l'honneur d'Anne-Dorothée et d'Élisa, que l'ambassadeur de Grande-Bretagne se plaignit d'avoir mal aux pieds, à cause d'« un excès d'entrechats et de mazurkas », et sollicita un congé. Quand la chaleur suave de l'été enveloppa Varsovie, on alla visiter les rhinocéros et les panthères du jardin zoologique privé de la sœur du roi, et l'on passa des après-midi charmants, avec le roi et son épouse morganatique la comtesse Grabowska, dans leur minuscule maison-musée de Lazienski, aux abords de la ville. Là, le souverain, excellent linguiste et qui avait longuement séjourné à Paris, aimait lire à haute voix des passages du *Candide* de Voltaire.

Ces divertissements variés masquaient temporairement les maux dont l'évolution rapide allait causer la perte du pays. Comme la Courlande, la Pologne se trouvait prise sous les tirs croisés de puissances étrangères impatientes d'intervenir et des complots de l'aristocratie rebelle. Mais, à la différence du duché, elle souffrait aussi d'un régime hybride, ni monarchie ni république. Un abîme séparait les riches des pauvres. Une vingtaine de familles possédaient vingt millions de serfs, et certains membres de la caste privilégiée voyaient déjà approcher les écueils d'un prévisible naufrage.

La Prusse et la Russie étant en guerre contre la Turquie, l'élite polonaise éclairée avait l'occasion unique, sans crainte d'ingérences immédiates, de remettre de l'ordre dans les affaires et d'introduire d'indispensables réformes parlementaires. La Grande Diète venait déjà de perdre deux années en discussions stériles sur un projet de révision de la Constitution. Mais le flamboiement républicain, symbolisé à Paris par la prise de la Bastille, l'été précédent, en 1789, avait ranimé les ardeurs des libéraux. Ils proposaient des changements qui, partout où allait Anne-Dorothée, alimentaient les conversations, entre deux digressions sur la philosophie ou les arts, entre une partie de whist et un tour de danse — voire pendant les paris suscités par une course incongrue entre un Bachkir unijambiste et une grosse tortue.

La petite duchesse travaillait de son mieux à se faire des amis et à gagner des notables à la cause de Pierre, mais l'affaire courlandaise se trouvait bloquée à la Grande Diète par des débats infinis — et prioritaires — sur la révision de la Constitution. Des mois passèrent. L'automne inclina vers l'hiver ; d'énormes nuages noirs déchaînèrent des tempêtes de vent du nord, qui présageaient l'arrivée de la neige. Anne-Dorothée et Élisa n'avaient fait que préparer le terrain, et il leur faudrait être de nouveau présentes lors de la prochaine session de l'Assemblée, qui devait marquer la fin des travaux constitutionnels. En attendant, elles rentreraient en Courlande.

Le duc Pierre fut heureux de revoir sa femme et la félicita de ses efforts, mais ses accès d'humeur empiraient. Cet hiver-là, Mitau sembla bien provincial et hostile à la jeune femme : sa parenté et ses amis lui reprochaient de trahir son propre clan en soutenant le combat impopulaire de son mari pour sauvegarder des prérogatives abusives.

Aussi attendit-elle avec impatience le printemps qui la ramènerait à Varsovie. Elle avait à tenir un grand premier rôle dans une capitale brillante, auprès d'un roi qui l'entourait d'affectueuses prévenances. Si elle avait aimé, naguère, se mêler de politique à l'échelle de la Courlande, combien plus exaltante était la mission d'influencer les esprits à la cour de Pologne, en vue d'obtenir une décision essentielle.

Quand elle repartit, elle emmena, dans ses bagages, un plein chariot de mousquets finement ouvragés, chacun dans son étui, qu'elle devait remettre individuellement aux membres de la Grande Diète, en témoignage de l'estime de son époux. Pierre avait découvert que les nobles de l'opposition venaient d'envoyer une délégation en Pologne pour rallier les députés à leur cause, et il ne voulait rien laisser au hasard.

Contrairement aux prévisions, le deuxième séjour de deux sœurs à Varsovie ne fut pas plus décisif que le premier et se passa dans l'attente de la mise à l'ordre du jour de l'affaire courlandaise. Tandis que la Grande Diète s'attardait à d'autres problèmes, Anne-Dorothée se laissa gagner par la contagion des mœurs aimables et faciles de la cour polonaise. La file de ses admirateurs ne cessait de s'allonger partout où elle se trouvait. Ils se disputaient âprement la faveur de lui tendre une tasse de thé, de lui apporter son châle, de lui ramasser son éventail ou son mouchoir, et heureux s'estimait celui qui avait obtenu l'un des sourires charmeurs de la duchesse.

Anne-Dorothée poursuivait assidûment ses efforts de propagande en faveur de la souveraineté de Pierre, et tant de hauts personnages se pressaient dans ses appartements de Pod Blacha qu'on les considéra bientôt comme le quartier général officieux du « parti patriotique ». Le roi Stanislas Auguste, suivi de son chien Kiopeck, y venait familièrement, souvent accompagné de son secrétaire et confident l'abbé Scipio Piattoli. Celui-ci, un religieux florentin sécularisé, était un petit bout d'homme que le roi présentait comme « son très cher ami, une encyclopédie vivante » ; il avait eu la haute main sur les changements constitutionnels proposés. L'abbé se plaisait à converser avec deux personnes intelligentes et cultivées comme les sœurs Medem.

À force de manœuvres — la majorité de ses plus farouches opposants étant rentrés chez eux pour les fêtes de Pâques —, la Constitution fut enfin votée le 3 mai 1791. Le lendemain à l'aube, toutes les cloches des églises se mirent à sonner, et l'artillerie royale fit tonner ses canons. Quand le roi et ses ministres, en robes d'apparat médiévales, s'avancèrent dans le passage qui reliait le Zamek à la cathédrale Saint-Jean, pour célébrer l'événement par un *Te Deum*, une intense émotion s'empara de l'assistance. Au premier rang des courtisans avec l'abbé Piattoli, Anne-Dorothée, emportée par l'enthousiasme, se prosterna elle aussi, comme tout le monde, devant le cortège.

Homme du monde autant que d'Église, l'abbé n'était pas insensible aux charmes des jolies femmes, et il prit à cœur les affaires d'Anne-Dorothée. Mais ce fut alors le roi Stanislas lui-même qui désira différer la mise en discussion du problème courlandais : il ne voulait pas que l'exemple de Mitau pût créer un précédent dont pourraient se réclamer des nobles polonais animés de prétentions analogues. En vue de renforcer la position du duc Pierre, il nomma une commission chargée d'étudier la situation en Courlande, avant de présenter le dossier à la Grande Diète. Il s'ensuivit un nouveau délai.

Cette fois, pendant l'ajournement des sessions pour l'été, Anne-Dorothée, au lieu de regagner son duché, accepta, sur l'invitation du roi de Prusse, d'assister au mariage de deux de ses filles. Un sillage de cœurs brisés suivit la duchesse tout au long de son voyage vers l'ouest, qu'elle fit avec sa sœur, à petites étapes, passant par Prague et empruntant des voies fluviales. Lorsqu'elle pénétra dans la chapelle de Berlin pour la double cérémonie et qu'elle se vit conduire à une place, parmi les membres de la famille royale, elle crut à une erreur : c'était le siège que seules la tsarine ou l'impératrice du Saint Empire romain auraient dû occuper, si l'une ou l'autre avait été présente — sinon, il aurait dû rester vide. Mais le roi de Prusse avait eu ses raisons d'en décider autrement. Anne-Dorothée n'eut pas à s'interroger longtemps.

La princesse d'Orange, sœur de Frédéric-Guillaume II et mère de l'un des deux mariés, fit savoir à la duchesse qu'elle aimerait voir Wilhelmine devenir l'épouse de son troisième fils. Anne-Dorothée écrivit aussitôt à son mari :

> Certes, Wilhelmine n'a que dix ans, mais elle est en âge d'être fiancée. Frédéric-Guillaume II approuve chaleureusement le projet de sa sœur et serait heureux que notre fille entrât dans sa famille. Mais Sa Majesté désire avoir l'assurance qu'en l'absence d'un héritier mâle, le trône de Courlande reviendra à Wilhelmine et à son mari.

La duchesse avait cependant trop l'expérience des problèmes de l'étranger pour ignorer que, dans le cas où la succession reviendrait à Wilhelmine, ni la Pologne ni la Russie ne laisseraient la Courlande tomber sous la coupe de la Prusse. Aussi ne fut-elle pas autrement surprise d'apprendre, par la suite, que Catherine II avait opposé son veto à ce projet matrimonial.

Le devoir, pour la troisième fois, rappela Anne-Dorothée à Varsovie. L'hiver, avec ses ciels bas et sombres, ses jours brefs, s'appesantissait déjà sur la ville, qui se dessinait blanche et noire au bord de la Vistule. La Grande Diète était en session. Le roi Stanislas avait en main le rapport favorable de sa commission, et l'affaire de Courlande, peu à peu, se rapprochait de sa date de mise en discussion.

L'abbé Piattoli, cependant, restait préoccupé, car les jeunes députés opposants se tenaient ostensiblement à l'écart des réceptions si recherchées du palais de Pod Blacha ; ils évitaient Anne-Dorothée et Élisa comme si elles étaient les avocates du diable. C'étaient eux, pourtant, qui décideraient du vote. Leur chef, le comte Oleg (Alexandre) Batowski, l'un des membres les plus influents de la Grande Diète, détenait la clef du problème. Il devait ses idées libérales et l'élégance de ses manières à un long séjour en France, où il avait été capitaine dans le régiment mercenaire du Royal Suédois. A maintes reprises, Piattoli tenta de le présenter à la duchesse, mais le comte lui répondit vertueusement qu'il jugeait malséant, pour un membre de la Grande Diète appelé à statuer sur le différend entre le duc de Courlande et sa noblesse, de fréquenter les salons de la duchesse. Si Batowski n'était pas homme à se laisser manipuler, Piattoli n'était pas homme à s'avouer battu — et il finit par l'emporter.

Il n'est pas difficile d'imaginer comment Anne-Dorothée gagna Batowski à sa cause. Une partie de sa séduction consistait dans l'art d'en jouer au moment opportun, et elle sut d'instinct à quelle stratégie recourir pour subjuguer le beau comte. Presque du même âge que la duchesse, il avait des yeux de braise, d'épais sourcils noirs qui soulignaient la pâleur de son visage, et il portait, non poudrés, ses cheveux de jais longs jusqu'aux épaules pour afficher son non-conformisme à l'égard des modes et des idées d'un autre âge.

Désireux de marquer publiquement son soutien aux maîtres de la Courlande, le roi Stanislas, le jour des débats, accompagna en personne Anne-Dorothée au parlement. Au son des fifres et des tambours, Sa Majesté et la duchesse firent leur entrée dans la salle. A quelques pas (même avec sa sœur, Anne-Dorothée était pointilleuse sur les questions de protocole), suivaient Élisa, puis une dame d'honneur porteuse d'un coussin et d'un petit sac contenant divers objets nécessaires au bien-être de Son Excellence pendant une séance qui promettait d'être longue. Avec une lenteur calculée, afin que chacun prît conscience de ses attentions, le roi escorta la duchesse jusqu'à la loge provisoire qu'il avait fait installer pour elle, juste en face de la sienne et dominant la grande salle où les députés siégeaient en hémicycle.

Le comte Batowski avait choisi de prendre la parole en dernier, juste avant le scrutin, et il prononça un éloquent plaidoyer en faveur du duc Pierre. Mais même l'effet de surprise causé par le passage du bouillant libéral dans le camp des Biron fut insuffisant pour influencer les esprits.

Les trompettes sonnèrent ; le président de l'assemblée abattit son marteau et annonça d'une voix forte : « Messieurs, le vote ! » Les députés se mirent en file pour déposer dans les urnes respectives les fatidiques boules blanches ou noires, et les cohortes du comte se rallièrent à leur chef. Mais les députés des campagnes — qui étaient encore si vieux jeu qu'ils ne parlaient que latin, s'habillaient à l'orientale et se rasaient le crâne comme des Turcs — bouleversèrent les prévisions de Piattoli : au lieu de prendre le parti du duc, selon les calculs de l'abbé et le vœu du roi, ils se rangèrent comme un seul homme du côté de leurs cousins et pairs de Courlande.

Anne-Dorothée, penchée au balcon de sa loge dans l'attente des résultats, perdit connaissance en entendant leur proclamation. Deux aides de camp de Sa Majesté la transportèrent dans le vestibule de la loge du roi. Tandis que sa dame d'honneur tour à tour se tordait les mains et l'éventait sottement de son chapeau, la baronne Élisa — déjà furieuse contre ce comte qui s'était tant fait prier — appliquait des compresses humides sur les tempes de sa sœur, en répétant entre ses dents : « Je vous l'avais bien dit ! »

Batowski n'avait pas perdu tout espoir. Se précipitant à la tribune, il se lança dans un nouveau et vibrant plaidoyer. Puis, en parlementaire averti, il exigea un second scrutin, alors que les députés quittaient déjà la salle pour la suspension de séance. Et, cette fois, il gagna.

Si la duchesse était devenue la maîtresse du comte avant le vote décisif de la Grande Diète ou si elle ne succomba qu'après — on l'ignore. Ce que l'on sait, c'est qu'au lendemain de ce triomphe, le roi Stanislas se rendit à cheval à Pod Blacha pour faire ses adieux à Anne-Dorothée. En lui glissant à l'index une émeraude incisée de son profil, le souverain lui murmura, les yeux humides : « Ma chère fille, il me semble qu'avec vous la joie et le plaisir me quittent. » Puis il l'embrassa, et la voiture des deux sœurs s'éloigna dans le plat paysage du Nord, sous un soleil de début d'été.

Le duc Pierre accueillit son épouse et sa belle-sœur comme des héroïnes. Bientôt, pour Anne-Dorothée, la vie reprit son cours à Würzau, comme avant ses trois mémorables séjours en Pologne. Pierre passait son temps parmi ses massifs de fleurs et ne cessait de changer ses statues de place, de même qu'il modifiait constamment l'accrochage de ses tableaux dans la galerie ; il s'adonnait aussi aux joies de la peinture. Malgré la difficile victoire de sa femme à la Grande Diète, il continuait à ne consacrer qu'un minimum de temps aux affaires de son duché.

Six semaines ne s'étaient pas écoulées que le comte Batowski faisait son apparition à Mitau, au titre de nouveau ministre résident de Pologne ; comme son prédécesseur n'avait été en fonctions que quelques mois, on peut penser que le bel Oleg avait un peu forcé sa propre nomination.

Extérieurement, les relations du couple ducal demeurèrent aussi courtoises que par le passé. Ce mariage, de stricte convenance, n'exigeait pas une fidélité absolue, mais il fallait sauvegarder les apparences. Les obligations du protocole et la surveillance aiguë de dizaines de curieux ne facilitaient pas les rencontres intimes des amants. Un jour, un courtisan raconta qu'il les avait vus galoper tous les deux comme des fous à travers les feuillages flamboyants de la forêt d'automne. Une autre fois, une cousine Medem déclara en famille d'un ton plein de sous-entendus : « Notre duchesse est littéralement rayonnante. Avez-vous remarqué ? Depuis son retour — et depuis l'arrivée de cet Apollon polonais... »

Élisa agissait au mieux pour sauver la situation, soulignant que sa sœur ne faisait que son devoir et qu'il était essentiel, « pour des raisons d'État », que le duc et la duchesse fussent dans les meilleurs termes avec le suzerain de la Courlande, le roi de Pologne — et donc avec son représentant.

Si elle prenait loyalement la défense d'Anne-Dorothée en public, elle l'accablait de reproches en privé, maudissait le jour où elles avaient mis le pied à Varsovie et priait chaque soir pour que « Monsieur Vaurien » fût rappelé dans son pays. La baronne ne désignait jamais le comte par un autre nom, et, dans sa volumineuse correspondance, elle refusa obstinément d'admettre qu'il existait un homme appelé Batowski.

Au début, seule, peut-être, la gratitude attira Anne-Dorothée vers le comte, mais, au cours de l'hiver 1792, elle se trouva enceinte, et ses sentiments envers lui durent s'approfondir. Cependant, de lourds nuages s'amoncelaient dans le ciel politique de la Courlande, et de la lointaine Pologne parvenaient des roulements de tonnerre annonciateurs de tempêtes. La même année, à Iassy, en Moldavie, la Russie et la Turquie avaient signé un traité qui mettait fin à leur conflit, en sanctionnant l'annexion de la Crimée par Catherine II. Celle-ci pouvait de nouveau donner libre cours à ses ambitions vers l'ouest. Quand elle s'empara de Varsovie, l'histoire se répéta : vingt ans auparavant, la Russie, la Prusse et l'Autriche s'étaient partagé les plus riches provinces de la Pologne — plus d'un tiers du pays ; cette fois, au printemps 1793, seules la Russie et la Prusse s'arrachaient les dépouilles du territoire polonais, en se contestant mutuellement leurs droits.

Le duc Pierre avait déjà officiellement annoncé que la duchesse attendait un nouvel enfant. Il n'était pas le premier mari de soixante-neuf ans dont la jeune épouse portait l'enfant d'un autre, et il avait résolu de ne pas laisser le scandale éclabousser le nom des Biron. Vers la mi-été, des Cosaques ayant été observés près de la frontière orientale de la Courlande, la diète exprima ses craintes de voir la tsarine prendre l'héritier éventuel en otage, s'il voyait le jour à Mitau. Pierre décida le départ d'Anne-Dorothée. Qui pouvait pénétrer les desseins de la redoutable Catherine ? Le bruit courait qu'elle était résolue à supprimer tous les descendants mâles de Pierre Biron ; on avait déjà vu des souverains russes enlever les héritiers des territoires qu'ils convoitaient. Ou peut-être croyait-elle que Pierre était lui aussi un Romanov, et elle ne voulait qu'aucun bâtard mâle, même très éloigné, pût prétendre au trône de Russie.

Pierre annonça donc au conseil des ministres que, pour la sauvegarde du duché, la duchesse allait prochainement se retirer à Friedrichsfeld, son domaine situé aux portes de Berlin. Anne-Dorothée en fut certainement heureuse, car c'est la présence d'Oleg, non celle de Pierre, qu'elle désirait lors de la naissance de l'enfant.

Le lendemain matin, elle prenait paisiblement son bain dans sa baignoire d'argent et s'était fait frotter des pieds à la tête d'un savon spécial importé de Vienne, que sa femme de chambre, au préalable, fouettait en mousse avec un fouet à beurre. Elle fit signe à son négrillon de grimper dans le cabinet situé au-dessus d'elle, pour lui verser de l'eau chaude. C'est le moment que choisit Élisa, tremblante d'indignation à la nouvelle qu'elle venait d'apprendre, pour faire irruption dans la pièce.

« Si vous croyez que je vais vous accompagner, où que vous alliez, pour mettre au monde l'enfant de Monsieur Vaurien, vous vous trompez lourdement ! Tout ce que je désire, c'est mettre le plus de distance possible entre vous et moi !

— Élisa, je vous en prie ! Nous ne nous sommes jamais disputées... commença Anne-Dorothée d'une voix suppliante, tandis qu'elle sortait de l'eau et qu'une femme de chambre l'enveloppait d'une serviette chaude. D'ailleurs, ajouta-t-elle, où iriez-vous ? »

Il n'y eut pas de réponse. La baronne était sortie en claquant la porte. Avant la fin de la journée, elle avait pris le chemin de la cour princière danoise d'Augustenborg, où elle était invitée en permanence et à sa convenance.

Anne-Dorothée elle-même partit quarante-huit heures plus tard, escortée jusqu'à la frontière par le duc, toujours soucieux du qu'en-dira-t-on et qui se conduisit en parfait époux. Le voyage de Mitau à Berlin était fort pénible, même en des circonstances favorables, surtout par la route du nord que la duchesse avait choisie pour éviter le plus possible les mouvements de troupes. Mais ces difficultés s'aggravaient d'une chaleur accablante et de la crainte perpétuelle où vivait la jeune femme, pendant la traversée de la Pologne, de tomber entre les mains des Russes et d'être reconnue. Une fois de plus, comme au moment de son mariage, elle dut se sentir menacée par la présence invisible de la tsarine ; elle-même et l'enfant qu'elle portait avaient tout à redouter de la malveillance impériale.

Pour aller plus vite, Anne-Dorothée voyageait en léger équipage, dans une seule voiture, avec une dame d'honneur et l'un des aides de camp de son mari. Une fois seulement, ils aperçurent au loin quelques troupes dispersées de soldats. Dès qu'ils eurent franchi la frontière, les chemins défoncés d'ornières de la Pologne firent place aux excellentes routes prussiennes, jalonnées de relais de poste bien entretenus, et Anne-Dorothée se trouva bientôt saine et sauve à destination.

Le comte Batowski arriva à temps pour la naissance de l'enfant. Comme on pouvait s'y attendre après les épreuves de ces dernières semaines, le bébé — une fille, toute petite mais robuste — vint au monde bien avant la date prévue. On la prénomma Dorothée. Elle avait des cheveux de jais et d'immenses yeux noirs. Il était difficile de la prendre pour une Biron — Wilhelmine, Pauline et Jeanne étaient blondes comme les blés —, mais le duc Pierre la reconnut immédiatement. Pendant toute l'enfance de sa fille, Anne-Dorothée la garda près d'elle, dans les diverses résidences qu'elle occupa, et elle déclara même un jour que sa benjamine était sa préférée.

A la grande joie de la duchesse, Frédéric-Guillaume II et son épouse autorisèrent la princesse Louise de Prusse, leur nièce, à être la marraine de l'enfant ; Anne-Dorothée s'en était fait une amie pendant son précédent séjour à Berlin. La jeune princesse prussienne venait régulièrement la voir à Friedrichsfeld, qui était d'ailleurs son ancienne maison de famille, et lui rapportait les derniers bavardages de la capitale. Elle était sa seule visiteuse. Prenant prétexte de son état de santé, Anne-Dorothée ne se rendait pas à la cour, un discret effacement lui semblant momentanément préférable. Deux fois par semaine, par courrier spécial, le duc Pierre lui faisait parvenir des nouvelles de ses enfants et de sa famille et la tenait au courant des affaires de la Courlande.

On ne sait rien des vingt mois qui suivirent et que la duchesse passa en une existence retirée auprès d'Oleg. Mais, quand un nouveau printemps fit refleurir les violettes dans les bois de bouleaux, Anne-Dorothée, qui avait une constitution de fer, se plaignit de se sentir faible. En insistant un peu auprès de son médecin, elle se fit prescrire une cure pour ses « humeurs stagnantes » et décida de se rendre à Carlsbad.

Ce choix est assez révélateur. Certes, les eaux de Carlsbad lui avaient précédemment réussi à merveille, mais cette station, située en Bohême, se trouvait justement dans un pays où Oleg et les autres patriotes polonais figurant sur la liste noire de Catherine II étaient interdits de séjour sous peine de mort. Était-ce la raison qui avait dicté la préférence d'Anne-Dorothée, dans la pensée qu'une brève séparation leur serait salutaire à tous deux ? Il est vraisemblable que la vie loin de toute cour — ne fût-elle que ducale — avait perdu de ses enchantements pour la jeune femme, réduite à la compagnie d'un amant au caractère assombri. Le deuxième partage de la Pologne, survenu un mois après la naissance de la petite Dorothée, et les nouvelles désastreuses qui lui parvenaient de sa malheureuse patrie accablaient Oleg. De mois en mois, il s'enfonçait un peu plus dans le désespoir, rongé par son inaction et par son impuissance à servir sa cause. En outre, le deuxième hiver qu'ils avaient passé dans la campagne prussienne avait été l'un des plus longs et des plus rigoureux qu'on eût connus et les avait contraints à rester confinés pendant des semaines.

Pour fournir à Oleg un projet d'avenir et l'empêcher de trop s'appesantir sur son absence et sur le sort de la Pologne, Anne-Dorothée le chargea de rechercher pour eux deux une résidence qui deviendrait leur vrai foyer. Oleg s'inclina. La jalousie le poignait dès qu'il s'éloignait d'elle, mais il allait passer docilement presque deux années à battre les grands et les petits chemins de la moitié des États allemands et d'une bonne partie de la Suisse, en quête du jardin des Hespérides d'Anne-Dorothée.

De nouveau, la duchesse fut la reine de la saison de Carlsbad. Que ce fût aux thermes, à la promenade ou au casino, elle attirait les hommes comme une fleur les bourdons, et les autres dames — y compris la princesse Esterhazy, la favorite adulée de la cour des Habsbourg — se plaignirent bientôt de l'inconstance de leurs admirateurs. Peu avant son départ, la duchesse organisa un grand déjeuner champêtre dans une vallée voisine. On servit le déjeuner par tables de huit. Puis survint un orchestre de cuivres, et les invités, entraînés par Anne-Dorothée dans une polonaise improvisée, serpentèrent parmi les arbres, à la lisière de la clairière. On dansa ensuite de vives mazurkas. Les robes de mousseline tournoyant dans la lumière verdie se fondirent en un arc-en-ciel de couleurs vaporeuses. Quelques-uns des jeunes dandys jurèrent de commémorer la fête en élevant un petit temple de l'Amour en marbre, dédié à Anne-Dorothée. Ce temple existait encore, envahi par les rosiers grimpants, à la fin du XIXe siècle. Anne-Dorothée revint à Friedrichsfeld avec une nouvelle jeunesse.

De nouveau l'automne, avec son odeur de feuilles mortes brûlées et de terre labourée. Une autre triste nouvelle arriva de l'est. Pour consolider sa mainmise sur la Pologne, Catherine II avait traîtreusement attiré en Russie le roi Stanislas Auguste — il devait y mourir dans une prison dorée en 1798. Anne-Dorothée craignit que l'absorption de la Courlande ne suivît ce drame. Elle dépêcha un messager à Pierre, l'adjurant de se rendre sur-le-champ à Saint-Pétersbourg, car elle connaissait sa tendance à tout remettre au lendemain : « Si vous ne perdez pas une minute, écrivit-elle, peut-être pourrez-vous échanger la suzeraineté de la Pologne contre celle de la Russie, et conserver ainsi une certaine indépendance. »

Elle attendit anxieusement une réponse, mais le sol s'était couvert de neige avant qu'un courrier spécial n'arrivât de Würzau. Comme d'habitude, le duc avait différé son départ ; quand, enfin, il était arrivé à Saint-Pétersbourg, il était trop tard. La politique de corruption systématique que Catherine II exerçait depuis des années sur les hauts fonctionnaires de la cour avait porté ses fruits. À peine Pierre avait-il quitté Mitau que la diète de Courlande, réunie en session extraordinaire, avait officiellement sollicité de la tsarine l'annexion du duché à la Russie. Elle s'empressa d'accéder à cette demande, et le duc fut contraint d'abdiquer. Mais il réussit à imposer ses conditions. Quand il s'agissait de finances, il était bien le fils de son père, et il marchanda âprement. Catherine II paya une rançon royale, plus de deux millions de roubles, pour le territoire de la Courlande ; elle consentit en outre à Pierre Biron une confortable pension viagère, plus — clause tout à fait inhabituelle — une importante pension payable à Anne-Dorothée après la mort de son mari. Le duc devait être encore épris de sa fantasque épouse : comme les autres, elle l'avait ensorcelé.

Pierre retourna à Mitau pour surveiller le déménagement du palais de l'Aa et du château de Würzau, l'emballage de ses nombreuses collections, tableaux, objets d'art, souvenirs, meubles... jusqu'à ses bulbes de jacinthes et de tulipes importés de Turquie. Puis il empila Wilhelmine, Pauline et Jeanne dans sa luxueuse berline de voyage et fit pour la dernière fois amener le drapeau des Biron sur le palais ducal, afin de signifier qu'il n'y résidait plus. Il se mit en route vers l'ouest à la fin du mois d'août 1795, accompagné de sa nombreuse maisonnée, de sa troupe de comédiens et de chanteurs d'opéra, et de son orchestre de chambre.

S'il était admis, dans les cercles que fréquentait maintenant Anne-Dorothée, qu'une femme mariée eût une liaison officielle, il convenait cependant qu'elle gardât quelques attaches avec son foyer. Pierre se conduisit en galant homme. Avec son épouse, à l'époque où la petite Dorothée atteignit ses trois ans, il établit un *modus vivendi* satisfaisant : le duc offrait à sa femme un domaine bien à elle et assumait toutes ses dépenses pendant les six mois de l'année qu'elle y passait avec Oleg, et Anne-Dorothée s'engageait à passer les six autres mois auprès de son mari, à Sagan, où elle emmènerait sa dernière fille, afin qu'elle pût faire connaissance avec ses sœurs.

Sagan était une principauté de basse Silésie, à environ cent quarante kilomètres au sud-est de Berlin, que Pierre avait achetée une dizaine d'années auparavant. Sa principale agglomération, Sagan, était un typique et morne bourg allemand, sur un fond de forêt de sapins, dans une campagne qu'on pouvait difficilement qualifier de pittoresque. Le château lui-même, énorme et ceinturé de douves, était plutôt sinistre, avec ses centaines de gargouilles grimaçantes. Les contemporains le décrivaient comme remarquablement inconfortable. Il s'adornait de fioritures gothiques, qui lui conféraient une sorte de majesté pompeuse. Des vols de corbeaux aux croassements rauques encerclaient ses tours noircies par les intempéries, et l'on pouvait, sans beaucoup d'imagination, reconnaître là les âmes en peine de ceux qui avaient jadis habité ces lieux.

Pour complaire au duc, Anne-Dorothée mettait un point d'honneur à arriver pour l'ouverture de la chasse. Ce fut toujours un événement majeur du calendrier de Pierre; en Courlande, il attirait de telles foules d'invités qu'on eût dit une migration saisonnière. À Sagan aussi, le pays était giboyeux : en témoignaient les nombreux trophées de cervidés, sangliers, ours et loups qui couvraient les murs du vaste hall d'entrée. Les hôtes, avec leur suite de serviteurs, venaient parfois de loin, de Prague ou de Berlin, et séjournaient une semaine ou plus à Sagan. Le soir, ils assistaient à des représentations, dont au moins un opéra, données dans le théâtre tout neuf que Pierre avait fait construire lors de la restauration de l'aile gauche, détruite, du château. La principauté se trouvant sur le circuit des concerts de l'Europe centrale, le duc arrivait souvent à persuader des divas italiennes et des musiciens berlinois de passer l'hiver à Sagan et de se produire avec sa troupe personnelle. En musique, il avait des goûts hardis pour l'époque, et beaucoup de ses amis découvrirent grâce à lui les beautés du *Don Juan* et d'autres œuvres d'un de ses compositeurs préférés, Wolfgang Amadeus Mozart, un jeune et brillant Salzbourgeois qui venait de mourir.

Grâce à la présence d'Anne-Dorothée, un défilé incessant d'invités remplissait les cent trente pièces du château, et la duchesse s'ingéniait à leur trouver sans cesse des distractions nouvelles. Elle réveillait magiquement cette demeure froide et rébarbative, « comme la Belle au bois dormant sous le baiser du prince Charmant », ainsi que le lui disait galamment son vieil époux.

Ses activités de châtelaine ne lui laissaient que peu de temps à consacrer à ses trois filles aînées, devenues des adolescentes. Mais elle était fière de leurs progrès en divers domaines : Wilhelmine récitait Virgile dans le texte, Pauline promettait d'avoir une fort jolie voix, et Jeanne jouait agréablement du piano ; à l'occasion, on leur permettait de se faire entendre. Dorothée, de dix ans plus jeune que Jeanne, n'avait encore révélé aucun talent particulier.

Avec ses énormes murs en pierre du pays, Sagan était trop humide pour qu'on pût y séjourner tout l'été. Mais, bien avant que Pierre, avec ses trois filles, ne quittât le château pour se rendre à Nachod — vaste domaine qu'il avait acheté en Bohême, entre les monts des Géants et la vallée de l'Orlice —, la duchesse et sa petite Dorothée étaient reparties pour Löbichau, où les attendait le comte Oleg.

Cette propriété, que Batowski avait découverte en Saxe pour Anne-Dorothée, se trouvait commodément située au sud-ouest de Berlin, à peu près à la même distance de cette ville et de Sagan. Ce devait être, jusqu'à la fin de sa vie, la résidence préférée de la duchesse, qui ne cessa de l'embellir et de l'agrandir. C'est le comte qui dirigea les premiers travaux de rénovation de ce château, à l'origine trop long pour sa largeur, et dont les chambres communiquaient, au lieu de s'ouvrir sur un couloir ; il réduisit aussi les dimensions des salons du rez-de-chaussée et diminua la hauteur des plafonds, en vue d'obtenir un effet de plus grande intimité.

Il s'employa ensuite à restaurer les nombreux bâtiments de ferme laissés à l'abandon, afin de rendre le domaine exploitable. Mais ce n'était là pour lui que des occupations. Exclu de toute activité politique, la seule qui lui tînt à cœur, condamné à l'exil, impuissant à servir sa patrie, le comte s'aigrissait. Le mode d'existence d'Anne-Dorothée — six mois chez elle en Saxe, six mois chez son mari en basse Silésie, avec, entre-temps, une cure à Carlsbad — n'améliorait pas la situation, et Batowski connaissait des périodes de dépression de plus en plus longues, de plus en plus fréquentes. Sa neurasthénie désespérait la jeune femme, qui ne savait plus que faire pour l'arracher à ses sombres pensées.

Pendant un mois, il s'intéressa à la bibliophilie. Sous un prétexte inventé, Anne-Dorothée se rendit à Leipzig, célèbre pour ses libraires, afin de lui faire la surprise de lui offrir la dernière édition Didot de Racine. Mais le plaisir d'Oleg fut de courte durée. Alors qu'approchait la date du troisième départ de la duchesse pour Sagan, il eut une autre lubie. Peut-être souffrirait-il moins de la solitude si Löbichau était moins grand ; en son absence, le château lui paraissait encore plus immense et désolé. Peu après, la trompe du postillon annonça l'arrivée d'un invité, et Anne-Dorothée présenta à Oleg l'architecte qu'elle avait fait venir de Milan pour construire la nouvelle retraite du comte. Jour après jour, la duchesse et les deux hommes parcoururent le domaine à la recherche d'un site approprié ; la nuit, Oleg étudiait des plans avec passion. On finit par choisir un terrain dans les bois, à un kilomètre du château ; Anne-Dorothée donna une réception pour fêter la pose de la première pierre, et les travaux étaient en cours lorsqu'elle partit.

Aux premiers jours du printemps suivant, la duchesse revint de Silésie, et Oleg put lui faire les honneurs de Tannenfeld, sa nouvelle résidence secondaire édifiée en son absence. C'était un charmant pavillon à l'italienne, d'un style qui s'harmonisait avec celui du grand château. Une seule chose contrariait le comte : « Tout est si... nu, se plaignit-il ; on dirait une pomme de terre sans sa peau. » Il était vain de lui remontrer que tout le terrain avait été dégagé et déboisé à sa demande expresse. Tel le djinn d'Aladin, Anne-Dorothée frappa des mains, et, en quelques jours — grâce à la fortune apparemment inépuisable de Pierre Biron —, plusieurs chênes centenaires se trouvèrent transplantés aux abords du pavillon, juste à temps pour la fête qui célébra l'achèvement de Tannenfeld.

Malgré tout, le comte, une fois de plus, retomba bientôt dans la morosité. A l'image de quelque sultan, il acceptait comme un dû les largesses d'Anne-Dorothée, et il lui semblait normal de disposer de sa personne et de ses biens. C'était imprudent. Tantôt d'une tendresse débordante, tantôt d'une jalousie maladive, il devenait lassant. Mais il était dans la nature d'Oleg de ne mesurer à quel point Anne-Dorothée lui était chère et indispensable qu'au moment où elle commençait à se détacher de lui.

CHAPITRE 3

La duchesse et le baron d'Armfelt
1799-1803

QUAND ANNE-DOROTHÉE RETOURNA A CARLSBAD en mai 1798, le baron d'Armfelt se trouvait là pour l'accueillir, et elle fut ravie de le revoir. A ses yeux, un nouveau personnage était toujours le bienvenu dans son habituel cercle mondain, composé d'ennuyeux bellâtres hongrois, de frivoles Viennois et de chevaleresques Polonais. Elle avait fait sa connaissance l'année précédente, vers la fin de son séjour. Il souffrait d'une maladie mystérieuse et très douloureuse, qui lui donnait un teint aussi jaune que celui du Chinois, ramené par les jésuites, qu'Anne-Dorothée avait aperçu un jour à Varsovie. Armfelt était probablement atteint d'une affection hépatique, mais il prétendait que cette étrange couleur provenait du fait que le régent de Suède le faisait empoisonner. Cette explication dramatique, le brillant passé guerrier du baron, ses multiples décorations, son extraordinaire renommée de don Juan avaient bien des attraits pour la duchesse. On vantait à voix basse la personnalité magnétique de ce héros suédois et la fascination presque inquiétante qu'il exerçait sur tous les êtres, hommes, femmes ou enfants, dont il devenait l'ami. En effet, la maison des Biron ne fut plus tout à fait la même quand son destin eut croisé celui du baron.

La vie de Gustave d'Armfelt était si étroitement liée aux événements de son temps, à ses intrigues politiques ou amoureuses qu'elle semblait une pièce de théâtre, dont les rôles étaient tenus par les plus hauts personnages de l'Europe, dans des décors qui s'étendaient de la galerie des Glaces de Versailles jusqu'aux alcôves dorées des femmes les plus belles et les plus célèbres de l'époque. Le baron avait été le favori du roi de Suède Gustave III, assassiné quelques années auparavant dans son palais, au cours d'un bal masqué. Quand le frère du roi défunt, qui convoitait la maîtresse d'Armfelt, fut nommé régent, il éloigna le baron en le nommant ambassadeur de Suède à Naples, avec l'espoir qu'il supplanterait l'absent dans les faveurs de la belle. Il n'en fut rien : la fidèle Madeleine de Rudenschold repoussa les avances du régent. Celui-ci, par dépit, accusa Armfelt de fomenter de loin des complots contre la couronne de Suède. Il envoya un navire de guerre à Naples, pour l'arrêter et le ramener, mais lady Emma Hamilton, la femme de l'ambassadeur d'Angleterre, et la comtesse Skawronska, nièce du prince Potemkine (l'amant de Catherine II), se liguèrent pour convaincre la reine Marie-Caroline de Naples d'aider « leur cher petit » à sauvegarder sa liberté. Le régent en fut réduit à faire juger pour haute trahison le baron, qui fut condamné à mort par contumace et brûlé en effigie sur la grande place de Stockholm. Mme de Rudenschold paya cher sa constance : elle aussi fut condamnée sur une fausse accusation. Après avoir été exposée une demi-journée en public sur le pilori de la capitale suédoise, elle fut exilée dans une petite île de la Baltique.

De quatre ans l'aîné d'Anne-Dorothée, Gustave d'Armfelt avait une stature aussi imposante que Pierre Biron, mais son torse à la carrure massive, disproportionné par rapport à ses courtes jambes, ne lui donnait pas l'allure d'un héros de roman. Certes, plus jeune, il avait dû être bel homme, mais les excès d'une existence mouvementée l'avaient déjà marqué. Anne-Dorothée, néanmoins, trouva flatteuses les attentions de ce célèbre don Juan et, très vite, en fit son cavalier préféré. Armfelt était un homme de bonne compagnie, et sa conversation, riche de ses innombrables expériences personnelles et ponctuée de noms illustres, ouvrit à la duchesse fascinée des perspectives sur le monde de l'Europe occidentale.

On les vit partout ensemble, et les rumeurs s'abattirent sur Carlsbad comme des vols de sansonnets. De bonne heure chaque jour, l'ancien officier de cavalerie arrivait à cheval à l'hôtel d'Anne-Dorothée, *Zum Pomeranzenbaum* (A l'Oranger), amenant une jument pour leur promenade matinale. L'après-midi, ils allaient flâner à pied sur les rives du Kopl ou dans l'étroite grand-rue (on considérait qu'il était salutaire et de bon ton de marcher un peu), jusqu'à la place bordée d'arbres, où ils buvaient à la source les doses prescrites d'eau minérale. Parfois, Armfelt, conduisant lui-même, venait la chercher dans son élégante calèche découverte, où Anne-Dorothée s'abritait du soleil sous son ombrelle fleurie, pour explorer la campagne environnante. Ils recherchaient les monastères abandonnés et les ruines romantiques, que l'écrivain anglais Horace Walpole avait mis à la mode dans son récit moyenâgeux *Le Château d'Otrante*, l'un des livres favoris de la duchesse. Ils visitèrent aussi Egra, où avait été assassiné le grand général Wallenstein, celui-là même qui avait fait construire le château de Sagan, où résidait Pierre Biron.

Après l'un des concerts bihebdomadaires donnés au Kurhaus, un comte saxon, qui avait parfois escorté Anne-Dorothée au cours de ses précédents séjours, laissa éclater son aigreur devant la préférence soutenue que la duchesse manifestait au baron suédois. « Cette écume de dragon nordique ! s'écria-t-il ; il faudrait prévenir la duchesse que ce ne sont pas ses charmes qui le séduisent, mais les charmes de sa fortune ! »

Dans l'heure même, quelque imbécile s'empressa de répéter au baron ces propos insultants. Armfelt, sans grande fortune, n'était pas totalement ennemi d'accepter certaines faveurs financières de ses maîtresses, mais l'argent ne joua jamais dans ses choix un rôle déterminant. A ses yeux, l'essentiel était qu'une femme fût attirante. N'étant pas homme à tolérer un affront, il provoqua en duel le comte saxon et choisit avec à-propos pour lieu de rencontre le « pré de Dorothée » — la clairière où, quelques années plus tôt, des admirateurs de la duchesse avaient dédié un petit temple à l'Amour. Les deux adversaires, heureusement, ne s'étaient infligé que des égratignures quand les autorités survinrent et mirent fin au combat.

Si Anne-Dorothée n'était pas déjà la maîtresse d'Armfelt, elle le devint sans doute peu après qu'il eut risqué sa vie en son honneur. Il aurait pu s'agir d'une simple aventure de vacances, car le séjour de la duchesse s'achevait, et chacun d'eux allait bientôt reprendre sa vie par des chemins différents. Mais le destin en décida autrement.

Un de leurs communs amis suédois, le baron Taube, vint à mourir. Le baron n'avait plus de patrie, car il avait été mêlé, pour des raisons patriotiques, à l'assassinat de Gustave III de Suède. Tombé gravement malade, il s'était tant inquiété du lieu de son dernier repos qu'Anne-Dorothée, pour l'apaiser, lui avait promis une sépulture à Löbichau. Chose plus facile à dire qu'à faire. L'intendant de la duchesse ayant jeté les hauts cris, Gustave d'Armfelt s'offrit à prendre l'affaire en main. Opportuniste par excellence, il ne laissa pas passer l'occasion de se rendre utile. La saison de Carlsbad tirait à sa fin ; il n'avait rien à perdre, pas de projets immédiats et peu d'argent en poche. Quelques jours plus tard, ayant résolu les problèmes administratifs, il prenait la route de Löbichau, avec le cercueil — et avec Anne-Dorothée.

Au début, le ménage à trois de la duchesse ne souleva pas de difficultés, car Oleg accepta Armfelt comme une simple relation de Carlsbad, qui avait aimablement tiré la jeune femme d'embarras. Anne-Dorothée continuait à combler Oleg d'attentions, et son appartement était toujours contigu au sien. Mais, quand elle entreprit de faire redécorer, au goût du Suédois, les quatre pièces spacieuses qu'elle lui avait attribuées (dans une autre aile), Batowski commença à comprendre qu'il avait un rival sérieux. Il se retira, furieux, dans son pavillon de Tannenfeld. En laissant le champ libre à Gustave d'Armfelt, Oleg commit une erreur capitale. Une place si enviable n'allait pas rester vide. A son épouse depuis longtemps résignée, le baron écrivit : « Löbichau est comme l'île de Calypso : ses enchantements sont infinis. » Et il s'installa.

Anne-Dorothée se préparait à rejoindre son mari à Sagan pour l'hiver, quand le duc lui-même lui demanda de remettre son départ. Leur fille Jeanne, âgée de seize ans, était enceinte et elle s'était enfuie avec son amant, un musicien italien.

La jeune fille était victime de son éducation — ou plutôt de son manque d'éducation. Comme la plupart des enfants de l'aristocratie à cette époque, Wilhelmine, Pauline et Jeanne avaient été, dès leur naissance, reléguées dans les nurseries des palais, livrées aux soins des domestiques et des gouvernantes. Durant toute leur enfance, elles avaient peu vu leur mère, même lorsque celle-ci habitait avec leur père, et les deux plus jeunes surtout ignoraient ce que pouvaient être l'affection et les conseils de parents attentifs. Wilhelmine, l'aînée et la préférée de Pierre Biron, bénéficiait d'un traitement de faveur ; quand il était de bonne humeur, son père la cajolait et la gâtait. Pauline et Jeanne, glacées de timidité, ne voyaient en lui qu'un personnage inhumain.

Devant elles, leur père ne s'était jamais livré à ses imitations de la Boujeninova, la vieille Kalmouk au visage en caoutchouc, qui faisait des grimaces pour faire rire la tsarine Anna. Devant elles, il ne s'était jamais assis en tailleur, en caquetant comme une poule qui vient de pondre, pour montrer à Wilhelmine comment les six fous de la cour, alignés, saluaient la tsarine et la famille Biron le dimanche, au sortir de la messe. Pauline et Jeanne considéraient leur père comme un vieux monsieur grincheux qu'il était préférable d'éviter — chose assez facile dans les longs couloirs ventés et les enfilades de pièces lugubres de leurs divers châteaux et résidences.

Impatiente de découvrir les choses de la vie, Jeanne s'était amourachée en secret du jeune chanteur d'opéra qui dirigeait la troupe personnelle du duc et donnait aux jeunes filles leurs leçons de musique. Quand l'innocente se trouva enceinte, elle s'enfuit de Nachod avec son séducteur, n'emportant que sa cassette de menus bijoux, qu'ils comptaient vendre pour payer leur traversée vers l'Amérique. Ils projetaient de s'y installer, après s'être mariés.

Le duc prévint les autorités de Bohême et envoya ses gens battre la province à la poursuite des fugitifs. Le gouverneur d'Erfurt, un vieil ami de la famille Biron, finit par retrouver Jeanne : son amoureux l'avait laissée en route, chez des amis, tandis qu'il se rendait à Hambourg afin de prendre des dispositions pour leur voyage outre-Atlantique. Le gouverneur manda au duc qu'elle était saine et sauve — « Jeanne, dit-il, me fit penser à une malheureuse colombe prise au filet, tant elle était effrayée » — et il renvoya la jeune fille chez son père sous bonne escorte, celle d'un chaperon vigilant et d'un officier prussien.

Pierre ne pardonna jamais à sa fille d'avoir terni aux yeux du monde l'image de respectabilité familiale qu'il s'évertuait à imposer. Il refusa de la voir à son retour au bercail. Jeanne n'était pas la première fille de bonne famille à se laisser séduire par un homme au-dessous de son rang. Généralement, on en riait, et l'affaire tombait promptement dans l'oubli ou servait d'intrigue à quelque roman de second ordre. Pour Pierre Biron, il en allait tout autrement. Le duc ressentait avec amertume le fait que les vieilles familles nobles, si empressées à profiter de sa fastueuse hospitalité, se moquaient entre elles de son titre récent et le traitaient de parvenu.

A Mitau, le duc n'avait pas réussi à effacer sa roture ; en Bohême, il espérait y parvenir. Son domaine de Nachod était si vaste qu'il composait une entité politique et assurait automatiquement à son propriétaire un siège au sénat de Bohême. Et Pierre avait récemment acquis une belle demeure à Prague. Et maintenant, ce scandale. Qu'allait-on penser en Bohême ? Que dirait-on à la cour de Prusse ? Et en Silésie ? Que « l'on se ressent toujours de ses origines » ; que « l'on juge l'arbre à ses fruits... » et autres lieux communs...

Le duc ne désirait pas qu'Anne-Dorothée vînt à Sagan dans ces circonstances. Lui-même, pour échapper aux commentaires et aux sarcasmes, se retira dans la solitude. Il était moralement brisé, et l'inconduite de sa fille aggrava sans doute les maux qui accablent la plupart des vieillards de soixante-quinze ans. Il se rendit à Gellenau, un village perdu de la campagne de Bohême, où il ne risquerait pas d'être reconnu et où on lui avait recommandé un guérisseur. L'homme était un charlatan, et Pierre eut une attaque d'apoplexie. De vrais médecins vinrent alors le soigner, mais le duc avait perdu la volonté de vivre et déclinait lentement. On prévint la duchesse.

Anne-Dorothée fut frappée par cette nouvelle, car elle ne se doutait nullement que la santé de son mari fut atteinte. Avant de partir en hâte, elle envoya un courrier rapide à Sagan pour demander au médecin personnel de Pierre de se rendre d'urgence à Gellenau. Elle-même se mit en route vers le sud avec Dorothée, par des routes glissantes bordées d'arbres chargés de givre, et sous des nuages lourds de neige. En chemin, elle rencontra ses trois filles aînées qui venaient de Nachod. Ensemble, elles poursuivirent leur voyage.

Quand elles arrivèrent à Gellenau, Anne-Dorothée refusa d'abord de descendre de voiture. Il était inimaginable que le duc de Courlande se trouvât dans ce modeste manoir isolé de tout. Mais il n'y avait pas d'erreur.

Le médecin de famille, arrivé de Sagan en voyageant jour et nuit, se hâta de descendre au rez-de-chaussée pour accueillir la duchesse.

« Ah, Madame ! dit-il, Dieu merci, Votre Altesse est enfin arrivée. »

Il joignit les mains avec componction et leva les yeux au plafond.

« Il n'y a malheureusement plus grand-chose à faire. C'est une question de temps. De fort peu de temps. M. le duc a épuisé le peu de forces qui lui restaient avec le notaire...

— Le notaire ? répéta la duchesse, étonnée.

— Il vient de partir. Votre Altesse ne l'a pas croisé ? M. le duc a insisté pour qu'on le fasse venir de Prague, afin d'ajouter un codicille à son testament. Son Altesse, ajouta-t-il à voix basse, a déshérité la princesse Jeanne. Seul un effort de volonté l'a maintenu en vie jusqu'à ce que l'acte soit dressé, signé et scellé en présence de témoins. M. le duc, reprit-il d'un ton normal, désire certainement vous voir. Je vous précède, Madame, afin de vous annoncer. »

Un doigt sur les lèvres, il remonta l'escalier et pénétra dans la chambre du mourant. Anne-Dorothée le suivit lentement. Quelques secondes plus tard, le médecin reparut, essuyant ses verres de lunettes.

« Madame, le duc n'est plus ! »

Il accompagna la duchesse auprès du lit mortuaire. Anne-Dorothée contempla le corps inerte et dévasté de son mari. Elle aurait voulu qu'il sache qu'elle s'était précipitée pour le revoir.

« Tout s'est passé si vite, murmura-t-elle. Je n'arrive pas à le croire. »

Le seul membre de la famille profondément bouleversé par cette mort fut Wilhelmine, qui adorait son père. Il est difficile de savoir quels furent les sentiments de la duchesse. L'amour, de son côté du moins, n'avait jamais eu de part dans ce mariage, et elle n'en attendait pas tant. Mais Pierre et elle avaient été mariés plus de vingt ans, ils avaient vécu ensemble une grande partie de cette période, et elle lui avait témoigné à maintes reprises le respect, le dévouement et l'affection nés de cette longue union qui, somme toute, n'avait pas été malheureuse. Elle dut être peinée de cette perte et garder peut-être à son mari un sentiment de gratitude.

Le duc mourut le 13 janvier 1800. Quelques jours plus tard fut célébrée dans l'église du village une simple cérémonie funéraire, à laquelle n'assistèrent que la duchesse, ses filles et les deux maisonnées ducales. Wilhelmine sanglota pendant tout le service. Pauline, un moment, éclata aussi en pleurs. La pitoyable Jeanne, dont la grossesse était visible, fut placée au dernier rang avec sa gouvernante, par respect pour les sentiments du défunt ; et, pendant le sermon, on emmena prendre l'air la petite Dorothée, au visage pâle et tendu, dévoré par ses grands yeux noirs hérités de Batowski.

Dans l'après-midi fut signé un certificat de décès, qui attribuait la mort à un traitement au mercure mal appliqué. Le lendemain matin, dans des tourbillons de brouillard, une voiture emporta la dépouille de Pierre Biron vers la sépulture familiale de Silésie.

Wilhelmine, Pauline et Dorothée de Courlande comptaient désormais parmi les plus riches héritières sans couronne de l'Europe (Jeanne n'avait pas reçu un rouble), et la duchesse Anne-Dorothée leur mère se trouvait en possession d'une fortune fabuleuse.

Comme la coutume imposait une année de deuil et que la duchesse devait s'occuper des affaires de son mari, la mère et ses quatre filles s'installèrent à Prague, dans le grand palais Czernin, dernière acquisition de Pierre. Anne-Dorothée pria Gustave d'Armfelt — non Oleg — de venir la rejoindre. C'était des conseils avisés du Suédois, non de la sentimentalité du Polonais qu'elle avait besoin ; la vaste expérience du baron et sa connaissance de première main des divers pays d'Europe feraient de lui un précieux conseiller financier et un guide sûr dans les jours qui allaient suivre.

Mais le duc étant mort, Oleg n'accepta plus d'être tenu à l'écart, et il ne cessait d'écrire à la duchesse que sa place était maintenant près d'elle. Et non sans raison. Car, dans les plus beaux jours de leur liaison, Anne-Dorothée lui avait signé une promesse de mariage, par laquelle elle s'engageait à épouser le comte Batowski un an après le décès de son mari, ou, sinon, à lui verser un dédit. Oleg avait d'abord repoussé la notion de dédit, mais l'homme de loi ayant observé que c'était une clause habituelle, le comte avait proposé qu'il ne fût fait mention que d'une somme symbolique. Anne-Dorothée, au contraire, avait insisté pour stipuler un chiffre fort élevé — cent cinquante mille roubles —, afin de bien prouver à Oleg que son amour pour lui était indéfectible.

« Une promesse de mariage ? dit Gustave d'Armfelt, désagréablement surpris. Peste ! ma chère, vous ne m'en aviez jamais parlé. »

Ce genre de contrat n'était cependant pas rare dans les pays de la Baltique. Anne-Dorothée et le baron finissaient de déjeuner dans le boudoir. Gustave comprenait maintenant pourquoi elle était si préoccupée qu'elle n'avait pu avaler une seule bouchée. D'un geste impérieux, il congédia les valets venus pour débarrasser la table, afin de s'entretenir avec la duchesse loin des oreilles indiscrètes.

« Que faire ? soupira Anne-Dorothée. Les lettres d'Oleg sont si pressantes que je m'attends à le voir surgir à tout moment. »

En effet, elle sursautait au moindre bruit venant de la porte d'entrée. Le baron déplaça un grand bouquet de tulipes panachées, qui lui cachait en partie le visage d'Anne-Dorothée.

« Comment, que faire ? dit-il. Vous allez lui écrire que vous le verrez au printemps, à Löbichau, où nous nous arrêterons au passage avant de nous rendre à Sagan pour veiller aux affaires du domaine. Dites-lui n'importe quoi, mais qu'il ne vienne pas ici. »

Armfelt se leva, déposa un baiser distrait sur les cheveux d'Anne-Dorothée et se mit à arpenter la pièce. Désormais assuré d'occuper la première place dans le cœur de la duchesse — avec l'avantage de se trouver sur les lieux —, il entreprit d'éliminer son importun rival en démontrant à la duchesse qu'il n'était pas si difficile de concilier l'inclination et le devoir.

« Vous devez à présent, affirma-t-il, ne songer qu'à vos filles et à ne pas compromettre leur avenir. Une héritière de Courlande peut prétendre épouser un prince, mais certainement pas au cas où... »

Le baron laissa sa phrase en suspens, afin d'en souligner toute l'importance.

« ... au cas où ? murmura la duchesse d'une voix faible.

— ... au cas où elle aurait pour beau-père un insignifiant comte polonais. Si vous épousez le comte, vous perdez vos rang et privilèges d'altesse sérénissime, qui vous reviennent de droit au titre de veuve du duc Pierre. »

Il l'aida à se lever et l'entraîna avec douceur vers le secrétaire, dans un angle du boudoir. Puis, gravement, détachant chaque mot de ses phrases, il la mit en garde :

« Rappelez-vous que Batowski est polonais. Et qu'il figurait sur la liste noire de la tsarine Catherine II. Si vous l'épousez, qui sait ? Son fils, le tsar Paul pourrait même supprimer jusqu'au dernier rouble de votre pension.

Anne-Dorothée savait que la voix du baron était celle de la sagesse. Il était inconcevable que le bouillant Polonais acceptât d'un cœur léger la rupture de leur longue liaison ; d'autre part, à cause des jeunes filles, le problème devait se résoudre avec la plus grande discrétion. A aucun prix Oleg ne devait venir à Prague. Sous le regard de Gustave, Anne-Dorothée écrivit à Oleg qu'elle allait sans tarder arriver à Löbichau.

On ignore si elle demanda expressément à Armfelt de l'accompagner, parce qu'elle craignait de faiblir en se retrouvant seule avec Oleg, ou si le baron s'imposa, parce qu'il ne voulait pas que la situation lui échappe. En tout cas, il partit avec elle. Oleg, qui ne se doutait de rien, fut si heureux d'apprendre le retour d'Anne-Dorothée qu'il se précipita au-devant d'elle pour l'accueillir à sa dernière étape, à l'auberge de Meissen. Certes, elle fut surprise de le voir, mais lui fut encore plus étonné en voyant Gustave d'Armfelt descendre lui aussi de la berline. Le lendemain matin, elle fit venir le comte.

« Oleg, commença-t-elle, nous sommes des personnes raisonnables. Parlons ensemble des obligations familiales qui s'opposent à notre mariage.

— Qui s'opposent à notre mariage ? s'écria Batowski, qui crut avoir mal compris.

— Je vous verserai, bien entendu, la compensation dont nous sommes convenus, poursuivit hâtivement Anne-Dorothée, en sortant la promesse de mariage de son sac de voyage.

— Croyez-vous donc qu'on puisse attacher un prix à mon amour pour vous ? »

La pleine signification des paroles d'Anne-Dorothée lui porta un coup. Outragé, il bondit et laissa exploser sa colère, frappant ses poings l'un contre l'autre. Brusquement, sa violence se changea en flot de supplications ; il se jeta aux genoux d'Anne-Dorothée :

« Bien-aimée, qu'est devenu l'amour éternel que nous nous étions juré ? Et nos souvenirs enchantés de Friedrichsfeld ? Et de Löbichau ? Ne comptent-ils plus pour vous ? Et pensez-vous à notre petite Dorothée ? »

Il enlaça les jambes d'Anne-Dorothée et posa la tête sur ses genoux. Pendant trois longues heures, il joua en virtuose exalté de toute la gamme des sentiments, depuis les menaces de suicide jusqu'aux protestations d'amour éperdu. Puis, de lui-même, il mit fin à ce mélodrame larmoyant. Saisissant la promesse de mariage posée sur la table, d'un geste théâtral, il la déchira en mille morceaux qu'il jeta dans les flammes de la cheminée. Puis il prit le paquet des lettres d'Anne-Dorothée — une assez forte liasse liée de faveurs roses, qu'il portait toujours sur lui, afin de relire les mots d'amour de la duchesse quand son absence lui était trop cruelle. L'une après l'autre, il les déchira et les brûla, avec des sanglots dans la gorge. Des fragments de papier jonchaient le sol, symboles de leur passion détruite.

Brisée par les émotions, Anne-Dorothée se jeta contre sa poitrine et mêla ses larmes aux siennes.

« Oleg ! s'écria-t-elle, jamais je n'oublierai votre sacrifice ! Jamais ! Je vous le jure ! »

Le lendemain matin, Anne-Dorothée, Oleg et Gustave prirent amicalement leur petit déjeuner ensemble, comme des gens de bonne compagnie. Ensuite, ils poursuivirent tous les trois leur voyage vers Löbichau, dans la berline de la duchesse. Celle-ci et Gustave s'installèrent au château, tandis qu'Oleg, une fois de plus, regagnait Tannenfeld. Mais le comte savait que le moment était venu pour lui de s'éloigner.

Anne-Dorothée trouva plus difficile qu'elle ne le supposait de se séparer d'Oleg. Ils s'étaient aimés si longtemps ! Elle n'ignorait pas qu'il n'avait pas un sou vaillant, et, à la pensée du geste chevaleresque qui lui avait fait renoncer à une somme énorme, elle eut des scrupules. Il ne lui fut pas trop malaisé, après tout, de le convaincre d'accepter une pension — une pension princière. Et le comte Batowski s'en fut.

Ses complications sentimentales résolues, Anne-Dorothée alla retrouver ses filles demeurées à Prague. Wilhelmine, dix-neuf ans, et Pauline, dix-huit, étaient en âge d'être mariées.

L'été précédent, le duc Pierre avait envoyé Wilhelmine rejoindre sa mère à Carlsbad. Toute la noblesse du Saint Empire romain avait en effet coutume de présenter ses filles à marier dans cette élégante station thermale, en avant-première de leurs véritables débuts dans le monde. Quand Wilhelmine fut de retour à Sagan, plusieurs familles intéressées firent à son père des ouvertures, en vue de projets matrimoniaux.

Maintenant, six mois plus tard, attirés par le fabuleux héritage de Wilhelmine et de Pauline autant que par leur beauté blonde, des prétendants venus des quatre points cardinaux convergeaient vers le palais Czernin. Quels que fussent leur physique, leur âge ou leur origine, tous avaient deux dénominateurs communs : des paragraphes impressionnants dans le *Gotha* — l'annuaire de l'aristocratie — et des dettes non moins impressionnantes. L'esprit averti de Gustave d'Armfelt le remarqua immédiatement. La duchesse avait promis à ses filles qu'elle les laisserait libres de leur choix ; elle les voulait heureuses, mais alliées cependant à des familles qui feraient honneur à la maison des Biron. Anne-Dorothée devait bien cela à la mémoire de Pierre, qui avait tant travaillé à effacer la roture de ses origines. Dans cette foule de candidats, il y en avait certainement, pour chacune de ses filles, plusieurs qui seraient acceptables.

Le plus entreprenant de tous était le prince Friedrich Hermann Otto von Hohenzollern-Hechingen, héritier de la branche aînée de la maison de Brandebourg ; ce prétentieux imbécile n'avait d'autre sujet de conversation que son admirable arbre généalogique, mais son épouse serait un jour princesse régnante. Toutefois, plus déterminé et plus pratique que ses rivaux, il était venu dans la ferme intention d'épouser celle des deux sœurs qui voudrait de lui — bien qu'il préférât Wilhelmine, qui avait hérité la part du lion de la fortune des Biron ainsi que Nachod et Sagan, leurs deux plus importants domaines.

Quand Wilhelmine le refusa, Pauline s'empressa de l'accepter, bien qu'elle fût le second choix : elle avait une si grande hâte de vivre sa vie que tout mari présentable lui semblait le bienvenu. Par ailleurs, elle appréciait le fait d'être, pour une fois, la première — la première des sœurs Courlande à se marier —, au lieu de traîner à la remorque de son aînée. Mais Pauline était de caractère assez indépendant pour savoir ce qu'elle voulait. La veille de son mariage, elle insista auprès de son tuteur pour qu'il fît dresser un contrat rigoureux, qui déniait à son futur mari tout pouvoir sur son immense fortune, laquelle comprenait le duché de Holstein, en Silésie, et d'autres propriétés.

La bénédiction nuptiale fut donnée dans l'église voisine de Sainte-Marie-des-Neiges, décorée de lilas de serre blancs. Les Biron étant en deuil, les invités se limitèrent aux membres de la famille. Le couple passa sa première nuit au palais Czernin, et, le lendemain matin, la berline emportant la nouvelle princesse von Hohenzollern-Hechingen et son mari franchit le pont Charles qui enjambait la Moldau et se dirigea vers la Souabe.

Une héritière de Courlande mariée, il fallait songer à l'autre. Quant à Dorothée, qui n'avait pas encore sept ans, il était trop tôt pour envisager même des projets de fiançailles. Jeanne, elle, retirée en un lieu secret à la campagne, attendait son enfant illégitime.

Une lettre arriva de la reine Louise de Prusse, marraine de la petite Dorothée, annonçant que son frère, le prince Louis-Ferdinand, serait heureux de faire la connaissance de l'aînée des princesses de Courlande. La duchesse fut aux anges. Elle avait un faible pour le jeune prince, qui avait célébré sa beauté en de charmants poèmes lors de leur première rencontre, quelques années plus tôt. Comme Anne-Dorothée et son entourage — Armfelt, Wilhelmine et Dorothée — étaient sur le point de se rendre à Sagan pour y régler des affaires, on organisa un rendez-vous à Leipzig.

Si la duchesse était enthousiaste à la pensée qu'un neveu de Frédéric le Grand pourrait devenir son gendre, la perspective ne semblait pas impressionner Wilhelmine. Aussi, tout le long de la route, dans la grande berline qui cahotait à travers la Saxe, Anne-Dorothée chanta-t-elle les louanges de Louis-Ferdinand, dans l'espoir d'éveiller quelque intérêt chez sa fille. Ce prince de vingt-six ans était si beau que les femmes lui tombaient dans les bras, mais Anne-Dorothée passa sous silence la liste de ses maîtresses notoires ainsi que le colossal montant de ses dettes. La duchesse ne s'en choquait pas : les hommes étaient ainsi, se disait-elle, et surtout les princes, gâtés par les honneurs et la fortune. Wilhelmine était assez riche pour deux. Comme tous les jeunes Prussiens, Louis-Ferdinand était entré dans l'armée avant ses vingt ans, et, à son crédit, on pouvait porter une réputation de bravoure au feu qui le faisait adorer de ses soldats. On lui avait même dédié une chanson :

Six pieds de haut,
L'image même du dieu de la Guerre,
Un héros pour ses camarades,
Une idole pour les nobles dames.
Les yeux bleus, blond et hardi,
Dans sa jeune et forte main,
Il tient le sabre de la Prusse :
C'est le prince Louis-Ferdinand !

Mais Wilhelmine restait de marbre, et sa mère se demandait s'il était un homme au monde qui pût lui convenir.

Louis-Ferdinand arriva à Leipzig en même temps que la famille de Courlande. Tard dans la nuit, jusqu'à l'extinction des chandelles, il veilla pour mettre au point la stratégie du lendemain avec son beau-frère. Celui-ci, mari de la princesse Louise de Prusse, avait reçu la mission d'accompagner le prince à Leipzig, afin de tenir la cour de Berlin informée du développement de la situation. Le rigoriste Frédéric-Guillaume II était las des frasques incessantes de son neveu et espérait que Wilhelmine réussirait à l'assagir.

Le lendemain, à une heure aussi matinale que le permettaient les convenances, le prince Louis-Ferdinand et son beau-frère se présentèrent chez la duchesse. Celle-ci n'avait également rien laissé au hasard ou à l'improvisation, les phrases préliminaires, les déplacements et les gestes de la mère et de la fille ayant fait l'objet d'une mise en scène savante. Ensuite, on laissa seuls les jeunes gens, discrètement chaperonnés par la petite Dorothée, toute fière de jouer un rôle si important. Dans la soirée, le prince Louis-Ferdinand, clavicordiste accompli, joua plusieurs de ses compositions et l'une des sonates de Frédéric le Grand, accompagné au violoncelle par son beau-frère.

Le prince trouva qu'on ne lui avait pas exagéré la beauté et les grâces de Wilhelmine. Subjugué, il écrivit à sa famille : « Faites savoir au roi que la princesse dépasse toutes mes attentes », et il pria la duchesse de le recevoir le lendemain matin, avant qu'elle ne parte. Anne-Dorothée comprit ce que cela voulait dire — ainsi que Wilhelmine. Mais la jeune fille stupéfia sa mère en lui déclarant qu'elle ne pensait pas qu'il lui fût possible de jamais aimer le prince Louis-Ferdinand. Aimer... Qu'est-ce que cela avait à voir avec le mariage d'une héritière de Courlande, surtout quand il s'agissait d'un des prétendants les plus enviables de l'époque ?

La duchesse pria Gustave d'Armfelt de raisonner Wilhelmine. La jeune fille demandait sans cesse conseil au baron, mais cette fois, quels que fussent ses arguments, ils demeurèrent sans effet. Anne-Dorothée, un mois plus tard, allait apprendre la raison du refus de Wilhelmine.

A Sagan, à cinq heures de l'après-midi, la famille avait coutume de se réunir pour le repas principal de la journée, dans un petit salon du rez-de-chaussée, que la duchesse avait provisoirement transformé en salle à manger ; afin de ne pas se sentir trop perdue dans l'immense château, elle n'avait fait ouvrir qu'une seule aile. Ensuite, tout le monde passa dans le grand salon aux boiseries rehaussées d'or et tendu de soie vert fané, qui donnait sur la roseraie. Comme il faisait chaud, Anne-Dorothée demeura après que les autres se furent retirés, pour terminer une broderie tout en écoutant les bruits de la nuit. Une chouette fit entendre son long cri plaintif, qui domina un instant le chœur coassant des grenouilles. Anne-Dorothée tira son dernier point et cassa son fil.

Elle se rendit dans le grand hall rempli d'ombre, où le clair de lune cascadait sur les degrés de marbre, et elle s'arrêta devant la console où l'on déposait les chandeliers d'argent que chacun prenait avant de gagner sa chambre. Il en restait encore deux autres. C'était étrange. Gustave d'Armfelt et Wilhelmine lui avaient souhaité le bonsoir depuis déjà un long moment. Elle alluma sa bougie à l'une des appliques qui brûlaient sur le mur et se dirigea vers l'escalier. A ce moment, elle entendit un murmure de voix étouffées et le rire de Wilhelmine. Rassemblant ses jupes d'une main, la duchesse marcha vivement vers la galerie adjacente plongée dans l'obscurité. Arrivée sur le seuil de la porte ouverte, elle aperçut deux silhouettes étroitement enlacées. Gustave et Wilhelmine sursautèrent.

« Que signifie ? balbutia la duchesse, frappée de stupeur. Wilhelmine, montez immédiatement dans votre chambre. Je vous parlerai demain matin.

— Non , Mère, je reste, dit la jeune fille d'un air de défi, en lissant machinalement sa robe de taffetas froissée.

— Wilhelmine, qu'est-ce qu'il vous prend ? »

Emportée par la colère, la duchesse perdit son sang-froid et administra à sa fille une gifle magistrale, dont le bruit se répercuta dans ses oreilles bourdonnantes.

« Retirez-vous, Wilhelmine, dit le baron avec autorité. Je vous rejoins dans un instant. »

Et il se disposa à suivre Anne-Dorothée dans le grand salon.

« Certes non, répliqua Wilhelmine, une main sur sa joue brûlante, que le saphir de sa mère avait entaillée. Nous avions décidé de parler à Mère dans peu de temps. Eh bien, nous allons le faire ensemble. Et tout de suite ! »

D'un geste possessif, la jeune fille s'empara du bras d'Armfelt. Et les portes du grand salon se refermèrent sur trois personnages bouleversés.

Avec le recul du temps, Anne-Dorothée dut se demander comment elle n'avait pas soupçonné plus tôt l'intrigue qui se déroulait littéralement sous ses yeux, surtout depuis son arrivée à Sagan. Car Wilhelmine, nouvelle duchesse régnante de la principauté de Sagan, avait aussitôt manifesté un intérêt bien insolite pour son domaine. Armfelt, au titre d'homme d'affaires de la famille, passait le plus clair de son temps à cheval, en tournées d'inspection des centaines de fermes de cette immense propriété, s'entretenant avec les notables des nombreux bourgs et villages, réglant les mille problèmes qui s'étaient posés depuis la mort du duc Pierre. La duchesse ne s'était pas alarmée de voir Wilhelmine accompagner Gustave et revenir tardivement, en fin d'après-midi, aussi fatiguée et couverte de poussière que lui.

Une fois remise du premier choc — et de la nouvelle que Wilhelmine était enceinte —, Anne-Dorothée perdit peu de temps à pleurer. Femme d'expérience, elle s'était attendue que le baron, ce libertin notoire, reprît un jour ses habitudes, mais en espérant qu'elle-même choisirait le moment de la séparation. Elle souffrit d'être quittée par Gustave, et le fait que sa fille était la cause de cet abandon le rendait plus amer encore.

Mais la duchesse ne s'attarda pas sur le passé. Seul comptait l'avenir immédiat. La vie de Wilhelmine ne devait pas être gâchée parce que le baron avait choisi de transférer ses faveurs de la mère à la fille. C'était à lui de réparer, à lui de sauver Wilhelmine des conséquences de sa folie, à lui de trouver pour elle un mari complaisant et qui fût l'équivalent d'un prince de la maison royale de Prusse.

Ce débauché d'Armfelt était tout, sauf un imbécile. On ignore sous quel prétexte diplomatique fut éconduit le prince Louis-Ferdinand. Mais il est fort probable que le baron avait déjà en tête une opération de sauvetage quand il fit inviter à Sagan le prince Louis de Rohan-Guémenée — car, à ce moment, il savait déjà que Wilhelmine attendait un enfant de lui.

Pour remplacer le prétendant prussien, le prince Louis était le candidat idéal. Dans les veines de cet homme blond et replet coulait un sang qui, pour être français, n'en était pas moins tout aussi royal que celui de Louis-Ferdinand : étant un cousin du défunt Louis XVI, il avait dû s'enfuir pour échapper au couperet de la guillotine révolutionnaire. En tant que princesse de Rohan-Guémenée, Wilhelmine, en n'importe quelle cour, ne céderait le pas qu'à fort peu de personnes. Quand Armfelt pressentit l'aristocrate ruiné en lui exposant la situation, Rohan ne vit pas d'objection à vendre son nom, pourvu qu'on y mît le prix. Wilhelmine eut le bon sens de se résigner — son futur mari lui parut agréablement inoffensif—, mais à une condition : elle voulait bien partager son nom en payant la forte somme pour ce privilège, mais non son lit. Elle était trop amoureuse de Gustave.

Pour protéger sa fortune au cas où le prince se révélerait un époux prodigue, on dressa promptement un contrat de mariage analogue à celui de Pauline. Louis de Rohan-Guémenée et Wilhelmine se marièrent dans la plus stricte intimité avant la fin du mois de juillet, dans la chapelle du château où officia le prêtre catholique de Sagan, en la seule présence de la duchesse et de Gustave d'Armfelt. Ensuite, tous quatre se rendirent en carriole dans une clairière de la forêt voisine, où était préparé un déjeuner champêtre. On mit des bouteilles de vin du Rhin à rafraîchir dans le ruisseau, et des paysans venus d'un village proche vinrent égayer les convives de chansons et de danses du pays.

Ce fut un mariage aussi discret que celui de Pauline — « parce que nous sommes encore en deuil », prétexta officiellement Anne-Dorothée. Quand finit par se répandre la nouvelle que Wilhelmine avait épousé un prince du sang français, et non le prince prussien dont on avait parlé, l'aristocratie internationale n'éprouva qu'une brève surprise ; de la part de ces Courlande, on pouvait s'attendre à tout. D'ailleurs, quelques mois plus tard, on apprenait que Jeanne avait épousé un Italien au teint basané, le duc d'Acerenza.

A l'époque où Jeanne mit au monde son enfant illégitime, peu avant ou après le mariage de Wilhelmine, le gouverneur de Prague, l'un des tuteurs des jeunes filles, tendit un piège à l'amant de Jeanne, qui fut capturé, jeté en prison et décapité. En Europe centrale, le châtiment pour le crime de séduction était inversement proportionnel au rang social du séducteur. Sachant combien la duchesse était désireuse de voir Jeanne mariée avant qu'elle ne commît d'autres sottises, Armfelt entreprit de rentrer dans les bonnes grâces d'Anne-Dorothée en achetant pour sa fille déshéritée — moyennant une forte dot consentie par la duchesse — un protégé de la reine Marie-Caroline de Naples.

« Quel rustre ! Quel balourd ! dirent les sœurs de Jeanne, en faisant la connaissance de leur nouveau beau-frère, le jour de la cérémonie.

— J'admets que sa langue galope plus vite qu'un cheval emballé, répliqua la duchesse, mais il semble gai et d'un bon naturel. »

Personne, bien entendu, ne demanda son avis à Jeanne. Mais celle-ci manifesta clairement ses sentiments en feignant une migraine le soir de ses noces et en se retirant seule dans sa chambre.

Chacun des membres du quatuor désaccordé — Anne-Dorothée, Wilhelmine, Gustave et le prince Louis — savait combien il était important de sauvegarder les apparences, et rien ne laissait soupçonner aux rares visiteurs l'imbroglio de leurs vies. Jusqu'à la délivrance de Wilhelmine, ils se trouvèrent contraints de mener une existence retirée à la campagne. Heureusement, le château de Sagan était assez immense pour leur éviter les désagréments d'une promiscuité gênante, car il est difficile d'imaginer que leurs relations furent sans orages. Pourtant, Armfelt avait depuis longtemps manifesté un talent tout particulier pour métamorphoser en amies indéfectibles ses maîtresses délaissées, et, avec le temps, Anne-Dorothée s'ajouta à sa liste. Avec Wilhelmine, les rapports de la duchesse ne furent guère modifiés, car ils n'avaient jamais été très chaleureux, et la mère n'éprouva pas le sentiment insupportable d'une tendresse trahie.

Quand soufflèrent de puissants vents du nord annonciateurs d'un changement de saison, la famille se transporta à Löbichau. Le terme de Wilhelmine approchant, la duchesse l'envoya à Hambourg, avec une dame d'honneur de confiance, sous le prétexte de rendre visite à des parents. Gustave d'Armfelt alla la rejoindre, et, le jour anniversaire de la mort de son père, Wilhelmine donna naissance à une fille, Adelaïde Gustava Aspasia, que l'on devait surnommer Vava.

Pas un instant on ne songea à faire passer l'enfant pour une Rohan-Guémenée prématurée. Conformément à une tradition bien établie, Wilhelmine fut désignée comme la « marraine » de Vava, de sorte qu'elle put la pourvoir d'une importante dotation, et la nouveau-née fut expédiée dans la lointaine Finlande, pour y être élevée par une cousine de Gustave, qui avait une fille du même âge. Par la suite, Wilhelmine et Armfelt écrivirent la lettre coutumière, révélant à Vava le nom de ses véritables parents, et qu'elle ne devait ouvrir que le jour de ses quinze ans. De cette lettre, conservée en Finlande, voici le texte original en français :

> Adelaïde Gustava Aspasia, si tu as le malheur de perdre ton Père et ta Mère avant que le secret de ta naissance puisse t'être révélé, sache, enfant tendrement chérie, que tu es le gage de l'amour le plus vrai qui unit les cœurs des soussignés. Ils ont pris soin de ta fortune, et s'ils n'ont pu soigner ton éducation selon leur désir, leurs vœux comme leurs bénédictions te serviront d'égide dans la carrière que tu auras à parcourir.
> Nous signons tous deux cet acte de notre propre main en y posant nos armes, et nos cœurs serrés l'un contre l'autre te sont un gage éternel de notre amour pour toi...
> [signé] Gustave baron d'Armfelt
> [et] Catherine Frédérique Wilhelmine Bénigne,
> princesse de Courlande, duchesse de Sagan.
> Sagan, 19 octobre 1801.

Le secret de l'existence de Vava fut bien gardé. Même pendant le congrès de Vienne de 1814-1815, alors que Wilhelmine était étroitement surveillée par la police secrète autrichienne et que son nom figurait sans cesse dans les rapports quotidiens, il ne fut jamais fait mention de sa fille naturelle, qui à cette époque approchait de ses quatorze ans.

Wilhelmine eut un accouchement difficile, et les manœuvres de la sage-femme furent si mutilantes qu'elle ne put plus jamais avoir d'enfant. Elle revint parmi les siens pâle et affaiblie, et passa des semaines à languir sur une chaise longue, essayant de retrouver ses forces. On expliqua à la petite Dorothée que Wilhelmine avait eu un grave accident de voiture, et on l'autorisa à venir tous les après-midi faire une petite visite à sa grande sœur.

Gustave d'Armfelt était présent. Pour la première fois — d'habitude, Dorothée était reléguée loin des adultes, avec sa gouvernante —, le baron vit quotidiennement la benjamine des Courlande, et il s'intéressa à cette fragile petite fille au mince visage dévoré par d'immenses yeux noirs. Il aimait les enfants et savait s'en faire aimer autant que des femmes. Peut-être aussi ses propres enfants lui manquaient-ils.

Dorothée avait appris un peu d'anglais avec sa gouvernante, glané quelques mots de français dans les conversations entendues au salon et quelques notions de polonais en écoutant Oleg ou les domestiques. Mais elle ne savait pas lire. Le baron, confondu, chercha à savoir ce qui était en cause, l'entêtement ou la stupidité.

Quand il découvrit que la nurse de Dorothée ne lui avait même pas appris ses lettres, il résolut de prendre les choses en main. Sans en rien dire à personne, et bien que le temps lui durât, il s'arrangea pour faire travailler la fillette une heure par jour. En peu de temps, Dorothée fit des progrès extraordinaires : elle en sut bientôt plus long que sa nurse, que sa mère avait fait venir de Londres. Cette sévère vieille fille, adepte des bains froids et des verges de bouleau, fouettait parfois jusqu'au sang la petite rebelle. Ces corrections attiraient sur Dorothée la pitié de ses domestiques, humiliation supplémentaire qui ne la rendait que plus intraitable et révoltée.

Fier des résultats qu'il obtenait de son élève, Armfelt s'attacha à convaincre la duchesse que sa fille était un petit génie en puissance. Une enfant de cet âge était normalement trop jeune pour mériter l'intérêt d'une mère du rang social d'Anne-Dorothée, mais s'il s'agissait d'un prodige susceptible de contribuer à l'éclat de la famille, c'était une autre affaire. La duchesse donna désormais priorité absolue à l'éducation de Dorothée, et l'on établit pour elle un sérieux programme d'études. En plus d'une gouvernante, il lui faudrait un précepteur qualifié.

Tandis qu'Anne-Dorothée envoyait des lettres dans toutes les directions pour le rechercher, la petite fille continua d'étudier avec Armfelt. La santé de Wilhelmine se rétablissait lentement, et la famille de la duchesse s'agrandissait. Anne-Dorothée avait maintenant trois petits-enfants : Constantin, le nouveau-né de Pauline, premier rejeton du côté droit de l'arbre généalogique, et, du côté gauche, Vava, la fille de Wilhelmine, et Fritz, le fils de Jeanne.

En avril 1802, Gustave d'Armfelt se plaignit d'une nouvelle attaque de la maladie qui l'avait conduit naguère à faire une cure à Carlsbad et exprima le désir d'aller consulter des spécialistes à Paris. Soit que le baron fût réellement malade, soit que le climat de tension, sous un calme apparent, devînt menaçant pour toute la famille, Wilhelmine saisit avec empressement l'occasion de s'éloigner. En France, le général Bonaparte, officier encore peu connu, avait été nommé Premier consul, et, en Europe, une tranquillité relative régnait depuis la signature, l'année précédente, du traité de Lunéville entre la France et l'Autriche. Il devenait possible de voyager. La fille aînée d'Anne-Dorothée, maintenant rétablie, avait hâte de mener une existence indépendante. Flanquée de Gustave d'Armfelt et de son mari, qui devait la présenter à l'illustre famille des Rohan-Guémenée, elle se mit en route, assumant, bien entendu, les dépenses de ses deux compagnons.

Les lettres successives qu'elle envoya par la suite à sa mère énumérèrent les malentendus, les discussions et les disputes qui s'élevèrent entre les deux amants mal assortis — Gustave avait vingt-quatre ans de plus que Wilhelmine —, au cours de leurs errances, à Paris, à Londres, de nouveau à Paris, puis à Prague et à Dresde et en d'autres lieux de séjour intermédiaires. Finalement, le charme qui les unissait se dissipa, et Wilhelmine reprit sa liberté, bien que le baron, dans ses lettres, se montrât plus amoureux d'elle que jamais.

« La rupture était inévitable, confia Anne-Dorothée à sa sœur Élisa. Même bien portant, Gustave ne possède pas la patience qu'exige une longue liaison avec une femme beaucoup plus jeune. Wilhelmine est volontaire et elle a l'habitude de faire ce qui lui plaît. »

Anne-Dorothée avait dû être soulagée du départ de ce curieux trio. Vivre sous le même toit, en de telles circonstances, n'était pas une mince épreuve. On ignore si la duchesse regretta son don Juan suédois. Quant à Armfelt, aussitôt rentré en grâce auprès de la couronne de Suède et nommé (l'année suivante) ambassadeur à Vienne, il s'employa à arranger un mariage entre Anne-Dorothée et le duc d'Östergötland, le vieil oncle du roi de Suède.

La duchesse n'avait aucune envie de s'installer en Suède. D'ailleurs, les tuteurs de ses filles, déjà mécontents des alliances des trois aînées, se déclarèrent formellement opposés à ce que la délicate petite Dorothée fût transplantée dans un pays au climat si rigoureux. Par testament, le duc avait laissé à sa femme des revenus plus importants que ceux de la plupart des duchesses régnantes. Satisfaite de son indépendance, elle ne voyait aucune raison de se remarier et de sacrifier ainsi son titre et ses privilèges. Elle résolut donc de suivre les traces de sa sœur Élisa et de mener sa vie seule.

Élisa s'était acquis une certaine notoriété dans les cercles littéraires grâce à la récente publication d'un livre de poèmes, mais elle était très en avance sur son temps et avait éprouvé de grandes difficultés à se faire admettre. Réconciliée avec Anne-Dorothée depuis la mort de Pierre, elle se montra choquée par la décision de sa sœur. A ses yeux, une Élisa von der Recke, femme divorcée d'un obscur baron, pouvait se permettre de transgresser les conventions qui déniaient à une femme seule le droit de préférer ce statut, afin de mener une existence utile ou heureuse. Mais il en allait tout autrement pour une personne d'un rang aussi élevé que la duchesse de Courlande : elle devait se conformer aux usages.

Anne-Dorothée fut inflexible. Elle continuerait de passer l'été à Löbichau et, comme les ressources d'une grande ville étaient indispensables à l'éducation très diversifiée de Dorothée, elle établirait ses quartiers d'hiver à Berlin. La reine Louise, marraine de Dorothée, et le roi Frédéric-Guillaume III désiraient que la petite fille devînt l'amie de leurs propres enfants. Sa Majesté se considérait comme le protecteur de la veuve du duc de Courlande et de ses filles, étant donné l'importance de leurs possessions dans son royaume. La majeure partie de l'héritage de Dorothée se trouvait en Prusse, et le roi voulait être sûr, quand viendrait le temps du mariage, qu'elle choisirait l'un de ses sujets. L'amitié de la famille royale rendrait agréable le séjour de la duchesse à Berlin ; d'ailleurs, elle avait déjà donné des ordres pour que fût mis en état de la recevoir le vaste palais de Friedrichsfeld, que le duc Pierre avait légué à la petite Dorothée.

CHAPITRE 4

La duchesse et Dorothée
1803-1808

AU NUMÉRO SEPT DE L'AVENUE UNTER DEN LINDEN, le grand palais baroque, construit longtemps auparavant par Frédéric le Grand pour sa sœur, était l'une des plus magnifiques résidences privées de la célèbre promenade de Berlin. Il se trouvait si près de la porte de Brandebourg que la nuit, parfois, Anne-Dorothée entendait les voix des soldats qui montaient la garde, mêlées aux cris du veilleur qui passait toutes les heures sous ses fenêtres : « Dieu vous garde ce jour d'hui, mes bons maîtres ! Il est plus de trois heures, et le temps est au beau. »

Le prince Louis-Ferdinand, que la duchesse avait naguère espéré avoir pour gendre, devint son dévoué chevalier servant, au point que — sa réputation de séductrice aidant — des rumeurs circulèrent. Le baron von Brinckmann, ambassadeur de Suède, qui prétendait tout savoir, chuchotait à qui voulait l'entendre : « La duchesse, en ronronnant comme une chatte, m'a confié que Louis-Ferdinand est l'homme le plus fort de la terre. Elle sait de quoi elle parle. Elle a toujours obtenu ce qu'elle voulait. Aucune vigne n'a des grappes trop hautes pour la duchesse de Courlande. » Mais, contrairement à ce que pensait ce médisant, elle n'était pas la maîtresse du prince.

L'arrivée d'Anne-Dorothée à Berlin avait coïncidé avec le refroidissement d'une folle passion de Louis-Ferdinand pour la rousse fille d'un aubergiste. La duchesse appréciait vivement la compagnie de Louis-Ferdinand, mais, le connaissant mieux, elle jugea préférable de le voir dans la journée — avant que sa langue ne fût épaissie par les libations — et de devenir sa confidente plutôt que sa maîtresse intérimaire. La duchesse, d'ailleurs, ne manquait pas d'admirateurs ; une foule de voitures se pressaient dans la cour de son palais, parmi lesquelles, assidu, le coupé de l'ambassadeur de Russie.

Anne-Dorothée était infiniment plus évoluée et cosmopolite que lors de son premier séjour à Berlin avec Pierre. Elle trouvait maintenant la cour assommante. Elle redoutait d'aller voir la reine mère, efflanquée, toujours engoncée dans ses lainages et ses châles, qui recevait parmi les plantes vertes de son humide jardin d'hiver ; on s'y voyait servir un pâle thé à la menthe, accompagné de durs gâteaux secs qui semblaient dater du dernier Noël, et la conversation était à l'avenant. La reine Louise n'avait pas plus d'intérêt, et, en outre, elle ne cessait de vitupérer l'immoralité des Français. Or la duchesse gardait un souvenir charmé d'un récent voyage dans plusieurs territoires sous occupation française, où elle avait été reçue avec les plus grands égards : une garde d'honneur de trente hommes l'accompagnant dans tous ses déplacements et aux dîners officiels organisés pour elle.

Un jour, la reine Louise accabla de son mépris Napoléon Bonaparte, nommé consul à vie et pratiquement maître du pays : « Mais enfin, les origines de cet homme sont des plus humbles ! Il est impossible qu'il ait quelque capacité. Aucun homme de génie ne peut sortir d'un milieu aussi modeste. » Anne-Dorothée, qui nourrissait une grande admiration pour Bonaparte, en eut assez. Par ailleurs, l'aristocratie prussienne, obsédée de généalogies et de préséances, ne la passionnait pas davantage. Elle s'insurgeait contre le strict esprit de caste régnant dans la capitale, qui lui interdisait en principe la fréquentation de ceux qui n'étaient point « nés ». Or la duchesse ne se plaisait qu'en la compagnie de gens de valeur, avec ou sans quartiers de noblesse, et le plus pur des sangs bleus, sans autres qualités, ne suffisait pas à l'impressionner.

L'aventureuse Anne-Dorothée eut la curiosité de faire la connaissance d'une de ces familles juives qui tenaient des salons intellectuels réputés, afin de s'en faire une opinion personnelle. C'était, à Berlin, une innovation relativement récente, encouragée par Frédéric le Grand, qui avait libéré les juifs d'un ghetto de préjugés remontant au Moyen Age. Le prince Louis-Ferdinand, neveu du grand roi, dépourvu lui aussi de préventions en matière d'art et de littérature, mena la duchesse à l'un des « thés esthétiques » d'une dame juive. Elle découvrit là les gens d'esprit et de talent qu'elle recherchait et y rencontra également des acteurs et des actrices du théâtre allemand — personnes considérées en général comme indignes d'être invitées dans une maison respectable. Enthousiasmée, Anne-Dorothée résolut d'avoir son propre salon.

Grâce à son statut d'ancienne souveraine, à sa fortune, à ses puissantes relations et au rayonnement de sa personnalité, la duchesse réunissait des conditions privilégiées pour un tel projet. Ni Frédéric-Guillaume III ni la reine Louise n'avaient la moindre prétention d'être cultivés, et ils désapprouvaient en général les rares membres de l'aristocratie qui, au nom des belles-lettres, frayaient avec des gens que Leurs Majestés considéraient comme étant « du commun ». Mais si les choses se passaient chez la duchesse de Courlande, c'était différent, et la faveur royale dont jouissait Anne-Dorothée accrut le prestige de son salon — bien que Leurs Majestés ne vissent pas d'un très bon œil l'orientation de plus en plus française de ces réunions. Malgré tout, le palais de l'avenue Unter den Linden devint rapidement un endroit en vogue, où il était de bon ton d'être vu.

Pour s'assurer la présence des gloires littéraires de Weimar lors de leurs rares séjours dans la capitale, Anne-Dorothée convainquit sa sœur Élisa de venir s'installer chez elle. La frêle baronne von der Recke, toujours asthmatique et larmoyante, avait, à défaut de la beauté de sa sœur, l'intelligence non moins vive. Elle s'était depuis peu liée d'une étroite amitié avec le poète Christopher Auguste Tiedge, personnalité en vue de l'« Athènes allemande », qu'elle emmena dans ses bagages, en prenant soin d'expliquer, à son arrivée à Friedrichsfeld, que leurs relations étaient platoniques. Les deux âmes d'élite prirent possession d'un appartement donnant sur l'une des nombreuses cours intérieures de l'immense palais, Élisa, elle-même sans grandes ressources, partageant avec joie le peu qu'elle possédait avec son bizarre petit gnome au pied bot, vêtu d'habits râpés et pleins de taches. Anne-Dorothée s'amusait d'entendre le nouveau poète du palais ne jamais parler d'Élisa qu'en la nommant « Elle », comme s'il s'agissait d'une divinité.

Chez la duchesse, on avait non seulement l'honneur de rencontrer les célébrités de Weimar — parmi lesquelles Goethe, Schiller et Wieland —, mais on pouvait, presque chaque soir, entendre le prince Louis-Ferdinand improviser au clavicorde. L'ambassadeur de Suède et d'autres diplomates devinrent eux aussi des habitués de Friedrichsfeld, car, étant donné les relations que la duchesse maintenait avec la Russie, c'était là un remarquable poste d'écoute des nouvelles de l'Europe centrale et orientale.

Le salon d'Anne-Dorothée était le plus brillant et le plus avant-gardiste de Berlin. Quand Mme de Staël vint à Berlin au début du printemps 1804 pour étudier la civilisation et la philosophie allemandes — en vue de son livre *De l'Allemagne*, qui ne devait voir le jour qu'en 1813 —, elle séjourna à Friedrichsfeld, en attendant de s'installer dans ses propres appartements de Stadt Paris, sur le quai de la Sprée.

Anne-Dorothée prit pitié de la petite Albertine, la fille de huit ans que Mme de Staël traînait dans son sillage et qui était bien seule. Elle l'envoya avec Dorothée à un bal d'enfants donné par la reine. Les deux fillettes, en robes longues et les cheveux poudrés, conformément à la tenue de rigueur, partirent avec une dame d'honneur dans l'un des grands carrosses de la duchesse, avec deux valets de pied derrière et un autre qui les précédait pour ouvrir le chemin dans les voies encombrées de la capitale.

Plus tard, après le traditionnel baisser de rideau des théâtres, à huit heures et demie, les invités commencèrent à affluer comme d'habitude au palais d'Unter den Linden. Ils étaient déjà à table pour le souper, quand l'ambassadeur de Suède fit irruption et se précipita vers Mme de Staël.

« Vous a-t-on dit, Madame, demanda-t-il assez haut pour être entendu de tous, que votre fille a giflé le prince héritier ?

— Mon Dieu ! s'exclama Mme de Staël, alarmée, le prince héritier ! Au retour d'Albertine, je lui ai demandé si elle s'était bien amusée. Elle m'a répondu qu'un garçon, qu'elle a qualifié de "petit morveux", lui avait tiré les cheveux, mais elle ne m'a rien dit d'autre ! »

En entendant Mme de Staël se lamenter, Anne-Dorothée vint la rejoindre et la rassura :

« Le prince héritier se montre parfois insupportable. Si cela peut vous consoler, Madame, la semaine dernière, quand il est venu jouer ici, Dorothée lui a administré une telle gifle qu'on l'a ramené chez lui saignant du nez et se plaignant d'une oreille. J'ai demandé à Dorothée ce qu'il lui avait fait : elle m'a dit qu'il lui avait craché à la figure. Sa Majesté n'a pas voulu me croire ; elle était même si furieuse qu'elle a défendu à ses enfants de jouer désormais avec "cette enragée de Courlande". Mais, deux jours après, l'incident fut oublié, et la reine a de nouveau invité Dorothée. »

La duchesse ne fut un jour plus la seule à tenir salon dans son palais. Un an après le séjour de Mme de Staël, la petite Dorothée avait le sien. Composé d'intellectuels amis de sa gouvernante, purement bourgeois et non mixte comme celui de sa mère, il devait surtout servir, dans l'esprit de Fräulein à orner l'esprit de sa brillante élève. Plus d'un invité de la duchesse prit l'habitude de s'attarder aussi dans le salon de sa fille.

Tout occupée qu'elle fût, Anne-Dorothée n'avait pas cessé de poursuivre ses recherches concernant des personnages dignes en tout point de présider aux études intensives de la petite Dorothée. Un heureux hasard, par l'intermédiaire d'une connaissance de Carlsbad, lui avait fait découvrir Fräulein Regina Hoffmann ; celle-ci d'âge indéfini, avait une triste figure de jument, des dents proéminentes, des cheveux ternes et de perpétuelles poches sous ses petits yeux de souris. A la mort de son fiancé, elle s'était réfugiée dans un couvent, puis s'en était enfuie à la veille de prononcer ses vœux pour la raison qu'elle était après tout une adepte convaincue de la libre pensée.

Trouver un précepteur fut plus difficile. Mais, un jour, la duchesse apprit que l'abbé Piattoli, le secrétaire personnel du roi de Pologne Stanislas Auguste, avait été jeté en prison lorsque la Grande Catherine s'était emparée de Varsovie. Anne-Dorothée se souvint du dévouement de l'abbé à sa cause lorsque l'affaire de Courlande avait été portée devant la Grande Diète de Varsovie ; elle parvint à retrouver sa trace et à le faire libérer, au moyen d'un complexe réseau de distribution de pots-de-vin. Piattoli lui fut si reconnaissant de son intervention qu'il accepta de prendre Dorothée pour élève.

Entre le moine florentin défroqué et la religieuse allemande renégate, il y eut une brève idylle. Quand survint une orageuse rupture, le petit abbé en conçut un tel chagrin qu'Anne-Dorothée le crut inconsolable. Puis, sous le coup d'une inspiration, elle le présenta à sa dame d'honneur préférée, qui venait elle aussi d'être abandonnée. Les deux désespérés se réconfortèrent l'un l'autre et finirent par se marier. La duchesse leur attribua un appartement dans son palais et les persuada d'adopter le petit Fritz, âgé de trois ans, l'enfant illégitime de sa fille Jeanne. Elle fut très heureuse de lui avoir trouvé une famille attentive, et, au cours des années, les lettres qu'elle lui adressa témoignent qu'il devint le préféré de ses petits-enfants.

L'abbé Piattoli et Fräulein étaient réciproquement jaloux de leur emprise sur Dorothée et se disputaient sans cesse l'affection de leur élève. Si Dorothée se rangeait aux avis de Piattoli, Fräulein était saisie d'atroces maux d'estomac et accusait la fillette d'être responsable de ses souffrances ; si Dorothée suivait les conseils de Fräulein, l'abbé l'accablait de tirades interminables. La maligne princesse apprit à faire jouer l'un contre l'autre ses deux mentors, de manière à ne faire et à n'étudier que ce qui lui plaisait. Son éducation, excellente, mais lacunaire, se ressentit de ce divertissant exercice.

L'indocile Dorothée faisait beaucoup courir sa Fräulein et se dérangeait rarement quand elle l'appelait. Un de ses tours favoris consistait à grimper tout en haut de la bibliothèque — une pomme dans une main et un livre qu'elle avait envie de lire dans l'autre —, et à se cacher dans les niches ornées de bustes, de celle d'Aristote à celle de Platon, en passant par celle d'Homère, perpétuellement hors de portée. Pendant ce temps, rouge et suffocante, la pauvre gouvernante, empêtrée dans ses jupes rassemblées sur un bras, montait et descendait des échelles et s'épuisait en poursuites vaines.

Fervente disciple de Jean-Jacques Rousseau, Fräulein avait adopté les principes de vie saine exposés dans l'*Émile.* Tous les jours, malgré pluie, grêle ou neige, elle emmenait son élève se promener dans le Tiergarten (le jardin zoologique). La belle-mère d'Anne-Dorothée, elle aussi, avait été une rousseauiste convaincue, mais elle n'avait jamais obligé Élisa et sa sœur à se vêtir des sacs informes dont Fräulein affublait la petite Dorothée, citant, pour se justifier, des phrases du philosophe : « L'habillement français, gênant et malsain pour les hommes, est pernicieux surtout aux enfants. Les humeurs stagnantes, arrêtées dans leur circulation... se corrompent et causent le scorbut... Ce qu'il y a de mieux à faire est... de leur donner un vêtement fort large et de ne point se piquer de marquer leur taille. » En outre, Dorothée ne portait jamais de chapeau, « pour que les os de son crâne devinssent durs et moins poreux ».

Afin d'assurer à sa fille la tranquillité qu'exigeait son lourd programme d'études, la duchesse l'installa dans une aile écartée du palais, avec sa domesticité, sa voiture et ses chevaux personnels, ce qui lui permettait de se déplacer selon les nécessités de son emploi du temps — toutes ces dépenses étant financées par l'héritage de la benjamine des Courlande. Anne-Dorothée ne la voyait que le matin, quand, avec sa gouvernante, elle venait lui dire bonjour, et lorsqu'elle venait dîner avec elle une fois par semaine.

Les désirs de Dorothée étaient des ordres. Souhaitait-elle des leçons de déclamation ? Elle les prenait avec Iffland, le chef de file du théâtre de la capitale. Pour plusieurs saynètes, elle fut dirigée par la plus grande tragédienne de Berlin. Avec sa gouvernante, elle se rendait régulièrement au Théâtre royal, où elle avait sa loge toute l'année, à côté de celle de sa mère, et, comme il convenait à une enfant prodige, elle allait deux fois par semaine à l'observatoire de Berlin, pour y étudier les astres avec l'astronome du roi.

Encouragés par l'affection de Fräulein et de l'abbé, les dons remarquables de Dorothée s'épanouirent. Mais, comme on pouvait s'y attendre, la petite fille de naguère, renfermée sur les doutes et les angoisses d'une enfant élevée dans la froide indifférence des nurseries aristocratiques, se transforma en une insupportable jeune prétentieuse, qui ne laissait personne ignorer que l'immense palais d'Unter den Linden lui appartenait en propre.

Dans son désir d'accaparer totalement Dorothée, Fräulein développa chez elle une tendance précoce à ne pas se satisfaire de la compagnie des enfants de son âge — à une exception près. La gouvernante n'osait pas refuser de la laisser jouer avec les rejetons de la famille royale, qui la traitaient comme une sœur. La reine mère la gâtait outrageusement et décida même de faire partager à Dorothée et au prince héritier, pendant un an, les mêmes cours de dessin et de peinture, dans l'espoir qu'un peu de rivalité inciterait ces chers petits à s'appliquer davantage.

Le temps passa, mais, entre la gouvernante et le précepteur qui se disputaient leur élève, les hostilités continuèrent. Piattoli était las de ces batailles incessantes. Comme il avait gardé d'étroites relations avec le ministre des Affaires étrangères de la Russie, la duchesse lui demanda d'aller à Saint-Pétersbourg pour régler la dernière affaire en litige de la succession de Pierre Biron. Il saisit avec empressement l'occasion de s'éloigner, mais n'abandonna pas sans de graves appréhensions son élève — qui avait presque onze ans — à l'influence exclusive de l'intrigante Fräulein. En effet, il eut beau écrire régulièrement à Dorothée pour continuer à diriger ses études et lui conseiller sans cesse d'exposer toutes ses difficultés à Madame sa mère, ce fut en vain. La vieille fille, frustrée d'affection, fut trop heureuse de mettre à profit la longue absence du précepteur pour renforcer son emprise sur la fillette, aux dépens de la duchesse — ce qui ne fut pas trop difficile, étant donné l'habituelle distance qui séparait alors les parents des enfants.

Près de deux années se passèrent, pendant lesquelles Wilhelmine établit sa résidence à Dresde. Berlin était hors de question après qu'elle eut éconduit le prince Louis-Ferdinand, mais Wilhelmine n'y perdait rien. Car la vie à Dresde, capitale de la Saxe et deuxième ville des États d'Allemagne, était beaucoup plus agréable et gaie qu'à Berlin, comme en témoignait la frivolité de son exubérante architecture rococo. L'Ancien Régime y régnait encore — ainsi que la mode des robes à paniers —, et Wilhelmine, princesse de Rohan-Guéménée, héritière d'une prodigieuse fortune, y recevait les honneurs dus à son rang d'épouse d'un prince du sang. C'est là qu'elle s'éprit du prince Vassili Troubetskoï, qui était un important agent du réseau d'espionnage anti-français en Europe centrale ; comme elle ne partageait pas le culte de sa mère pour Napoléon, elle divorça du prince de Rohan pour épouser ce long et mélancolique noble russe. Ce mariage se fit contre les avis de ses deux sœurs Pauline et Jeanne, ses deux seules confidentes, qui lui envoyèrent des lettres véhémentes de Prague, où elles partageaient alors le même palais.

Pendant ce temps, Piattoli, à Saint-Pétersbourg, n'arrivait pas à régler le problème touchant la propriété contestée du palais ducal de Mitau. Si l'on considérait que le palais appartenait au duché, il avait déjà été inclus (et payé) dans la somme globale versée à Pierre Biron par Catherine II, prédécesseur du tsar actuel ; si le palais appartenait personnellement au duc, comme le démontrait avec preuves à l'appui le dossier de la duchesse, il restait encore au gouvernement russe à régler l'achat de ce palais.

Anne-Dorothée devrait-elle se rendre en personne à Saint-Pétersbourg ? Elle demanda conseil à Élisa, qui était pleine de bon sens, quand il ne s'agissait pas de son âme sœur, Herr Tiedge. (Celui-ci, lorsqu'il ne récitait pas son dernier chef-d'œuvre à Élisa, en lui tenant la main au clair de lune, lutinait allègrement l'une des plantureuses chambrières de la duchesse.) Le meilleur moment pour s'entretenir en toute tranquillité avec la baronne von der Recke était tôt le matin, certaine incommodité l'obligeant à passer une demi-heure sur sa chaise percée. Comme elle n'aimait pas perdre son temps, elle recevait alors des visiteurs. Les rois de France, Valois et Bourbons, d'ailleurs, en faisaient autant, mais sans prendre la peine, comme Élisa, de disposer sur leurs genoux une courtepointe ou un châle retombant en plis savants jusqu'au parquet. Élisa, donc, après avoir vérifié les comptes de la veille avec son cuisinier et avant de s'installer à son secrétaire, était toujours disponible pour discuter des problèmes de la duchesse.

Les deux sœurs tinrent de longues conférences sur les dernières dépêches reçues de Piattoli, et Élisa conseilla à Anne-Dorothée ce qu'elle désirait entendre : il fallait qu'elle allât à Saint-Pétersbourg. Le seul moyen de résoudre l'affaire du palais de Mitau était de s'adresser directement au tsar. Piattoli ne se trouvait pas en mesure de le faire ; la duchesse de Courlande, oui. A la suite des défaites d'Ulm et d'Austerlitz infligées par la France à l'Autriche en cet hiver 1805, l'empereur Napoléon (couronné l'année précédente) avait imposé un traité de paix, et les voyages n'étaient plus entravés par les mouvements de troupes.

On jugea aussi insolite qu'une femme se rendît seule dans la lointaine capitale de la Russie qu'au temps où la jeune duchesse était retournée de Berlin à Mitau sans son mari. Et qu'une veuve, une duchesse, allât se mesurer au puissant tsar de toutes les Russies était encore plus inouï. Anne-Dorothée releva le défi.

Elle espérait que le tsar, qui avait la réputation d'aimer les femmes, serait aussi sensible à son charme que le défunt roi Stanislas de Pologne. La duchesse considérait sa beauté comme une arme de première importance et l'entretenait assidûment. Une garde-robe appropriée s'imposait également. Aucune ne fut choisie avec plus mûre réflexion que celle qui devait permettre à Anne-Dorothée d'ensorceler le tsar. Les toilettes reproduites dans le dernier numéro du *Journal des modes parisiennes* étaient enchanteresses : tailles remontées sous les seins, décolletés carrés, manches bouffantes aux épaules. Ce style, adopté par l'impératrice Joséphine, flattait aussi la silhouette de la duchesse, qui avait deux ans de plus.

Quand tout fut prêt, le printemps était déjà là. Les robes de cour et de bal, les tenues de ville, les manteaux et fourrures (il pouvait faire froid en route), les chapeaux, dentelles, rubans, éventails, falbalas et accessoires de toutes sortes, les derniers livres et revues publiés, pour abréger les longues heures du voyage, tout se trouva en ordre et emballé. La duchesse, étant amie de ses aises et fort soucieuse de propreté, transportait également quelques-uns de ses meubles et objets de nécessité quotidienne.

Les Courlandais furent heureux de revoir leur ancienne duchesse, et elle ne le fut pas moins, de leur accueil. Chaque bourg où elle passa — elle ne s'y arrêtait que pour la nuit, se réservant de visiter sa famille sur le chemin du retour — s'efforça de surpasser les autres pour la fêter. Dans un village, un groupe de paysannes s'avança, forma une ronde autour de sa berline, tandis qu'une femme chantait un verset de bienvenue que ses compagnes reprenaient en chœur. Dans un autre, les habitants, vêtus de blanc, lui récitèrent de petits poèmes sous des arcs de feuillages, puis lui offrirent les rubans blancs sur lesquels les poèmes étaient inscrits.

La suite de voitures de la duchesse, celles de ses dames d'honneur, de son intendance, de ses domestiques, de ses bagages, s'allongeait en une longue file, un chariot de réparation fermant la marche. Souvent escorté d'étape en étape par la noblesse du pays, montée sur des chevaux harnachés de vives couleurs, son cortège offrait un spectacle pittoresque qui attirait les paysans loin à la ronde. Des familles entières faisaient haie sur sa route, afin de pouvoir raconter à leurs petits-enfants qu'ils avaient vu passer la duchesse de Courlande et qu'elle leur avait adressé un gracieux salut de la main. Chaque soir, dans une nouvelle auberge, des domestiques assemblaient son lit à la française, et des paysannes, afin de porter bonheur à leurs rejetons, s'arrangeaient pour les glisser un instant entre les draps de la noble dame.

A partir de Riga, la route devint un cauchemar. La berline cahotait sur les grosses pierres du chemin, au point qu'Anne-Dorothée crut qu'elle allait se fracasser. Elle avait mal partout et s'émerveillait de se voir dépasser à toute allure par les chasseurs de l'armée impériale, qui rebondissaient comme des balles sur les sièges de bois de leurs légers bogheis.

Quand elle approcha de Saint-Pétersbourg, tout indiqua que son voyage se plaçait sous d'heureux auspices. Un aide de camp du tsar, la poitrine scintillante de médailles sous le soleil, vint des abords de la capitale l'informer qu'Alexandre Ier avait mis à sa disposition l'appartement même que les parents de Pierre Biron avaient occupé pendant le règne de la tsarine Anna — geste dont Anne-Dorothée apprécia la délicatesse. Quand elle arriva au somptueux palais d'Hiver, en bordure des quais de granit de la Neva où s'élevaient de grandes résidences blanches de style baroque italien, un autre aide de camp l'accueillit et se présenta; c'était son nouveau gendre, le mari de Wilhelmine, le prince Troubetskoï. Il lui annonça que le tsar avait l'intention de lui rendre visite le lendemain et qu'il était attaché à la maison de la duchesse pendant la durée de son séjour. Anne-Dorothée fut charmée de faire sa connaissance et interpréta cette attention comme une nouvelle preuve des dispositions favorables du tsar à son égard.

Soulagée d'être parvenue au terme de son long voyage, elle dormit tard le lendemain et fit attendre Piattoli tandis qu'elle se livrait sans hâte à ses soins de beauté quotidiens : une caméristе lui appliqua sur le visage une crème de concombres écrasés, puis donna à ses cheveux auburn, toujours soyeux, les deux cents coups de brosse requis ; une autre lui frotta les coudes avec des demi-citrons, pour leur conserver leur blancheur et leur satiné. Avec beaucoup de retard, elle fit entrer Piattoli. Celui-ci la salua avec joie, car il avait un vif désir de regagner Berlin et faisait toute confiance à la duchesse pour régler l'affaire du palais de Mitau. Il savait par expérience qu'en dépit de son exquise féminité elle eût été capable de décontenancer Attila le roi des Huns ou de fouler aux pieds Gengis Khan en personne. L'abbé était au beau milieu de son rapport quand, brusquement, il repoussa son siège et se leva d'un bond, laissant choir, épars sur les dalles de marbre, les documents qu'il tenait sur ses genoux. Glaciale — car elle avait interdit qu'on vînt la déranger —, Anne-Dorothée se retourna et découvrit l'intrus... Dans l'embrasure de la porte se tenait un bel officier blond, en uniforme blanc de cérémonie, sans autre décoration que l'ordre de Saint-André suspendu à son cou par un large ruban vert. C'était Alexandre Ier. Ne trouvant personne dans l'antichambre pour l'annoncer, Sa Majesté était entrée.

Confondue, Anne-Dorothée se leva, mais, avant qu'elle pût plonger dans une révérence, le tsar se pencha vers elle et lui déposa un baiser sur la joue, selon la coutume de la cour de Russie. Par ce geste et par sa flatteuse visite sans protocole, le souverain manifestait son intention de traiter la duchesse comme un membre de sa famille — honneur suprême.

Le tsar était un bel homme de vingt-neuf ans (de seize ans le cadet d'Anne-Dorothée), de type slave, avec de hautes pommettes, un nez kalmouk, un visage rond encadré par des favoris aussi touffus qu'une queue d'écureuil, et un teint frais, qu'il entretenait, dit-on, en se lavant tous les jours avec un morceau de glace. Ses épaules, fortement rembourrées — on chuchotait qu'il en avait une plus haute que l'autre — mettaient en valeur une taille bien sanglée, d'une minceur incroyable. A l'époque, les culottes de peau que portaient les militaires devaient être humectées avant de pouvoir être enfilées. Celles de Sa Majesté étaient si moulantes qu'elles ne laissaient aucune femme dans l'ignorance de son « état d'esprit ».

Comme Alexandre Ier était sourd de l'oreille gauche — quand il était tout jeune, son père, le tsar Paul Ier, pour l'habituer au fracas des batailles, l'avait placé trop près d'une batterie de canons —, Anne-Dorothée se plaça en face de lui pour converser, tandis que le petit abbé, affolé, ramassait ses papiers avant de disparaître.

« Nous allons nous débarrasser des affaires au plus tôt, dit le tsar. Nous pourrons ainsi consacrer le reste de votre séjour à des occupations plus agréables. Que Piattoli remette cet après-midi les documents nécessaires à mon ministre des Finances ; je vous promets qu'il va s'en occuper. »

Ce soir-là, pour faire contraste avec le négligé matinal dans lequel le tsar l'avait surprise, Anne-Dorothée apporta des soins extrêmes à sa toilette. Quand elle fit son entrée dans la salle de bal du palais impérial, un silence se fit dans l'assemblée, et même les courtisans les plus blasés restèrent bouche bée. Elle miroitait dans une robe de damas d'argent brodée de fils d'or, duchesse jusqu'au bout des ongles. À son cou, à ses frêles poignets et à la pointe de chaque rayon de son diadème étincelaient des émeraudes grosses comme des œufs de pigeon ; cette parure princière, choisie parmi les bijoux de famille des Biron, rappelait à tous l'époque où le duc Ernest avait été au faîte du pouvoir en Russie. Le tsar s'empressa à sa rencontre pour l'escorter, et tous les courtisans le suivirent, se bousculant sans vergogne afin d'être parmi les premiers à lui être présentés.

Anne-Dorothée accepta avec grâce l'hommage de l'admiration d'Alexandre Ier et entretint avec lui, par des échanges de regards, de sourires et de propos, un aimable marivaudage. Le tsar adorait danser et fit signe aux musiciens de commencer. Anne-Dorothée rassembla sa traîne, cambra sa taille souple contre le bras impérial et se laissa emporter. La musique s'accéléra, et Alexandre resserra son étreinte. Il la désirait. Sans rien promettre, la duchesse ne fit rien pour le décourager.

À la fin de la soirée, le tsar stupéfia son entourage en insistant pour accompagner lui-même Anne-Dorothée jusqu'à sa voiture. Lui tenant le bras bien plus longtemps qu'il n'était nécessaire, il monta sur le marchepied, afin de s'assurer qu'elle était confortablement installée — et peut-être de lui proposer un rendez-vous. Mais la duchesse se dégagea avec un sourire, lui donna un léger coup d'éventail réprobateur sur l'épaule et fit signe à son cocher. Elle s'était éloignée avant que le tsar fût remis de sa surprise.

Dans les jours qui suivirent, Anne-Dorothée procura au souverain adulé — qui avait l'habitude de voir les femmes se pâmer au moindre de ses haussements de sourcils — le plaisir inédit de la poursuite. La duchesse n'avait qu'à exprimer un vœu pour qu'il fût aussitôt réalisé. Le tsar mit à sa disposition sa maisonnée impériale, ses voitures, ses chevaux et ses résidences. Elle pouvait aller où elle voulait, quand elle voulait. Comme elle l'avait fait pour les autres villes d'Europe, elle entreprit de découvrir Saint-Pétersbourg de fond en comble. Avec le petit abbé, elle commença par quadriller la ville en cabriolet pour en avoir un aperçu. Ensuite, elle visita les instituts impériaux des sourds-muets et des aveugles, les jardins d'été remplis de plantes exotiques rares et les inépuisables collections d'art du palais de l'Ermitage. Un jour, accompagnée du fidèle Piattoli, elle parcourut à pied toute la longueur de la perspective Nevski, la grande promenade de la capitale. Cela amusa le tsar et scandalisa l'aristocratie, car aucune dame de son rang ne se livrait jamais au moindre exercice. Nombre de monuments et d'endroits lui avaient déjà été rendus familiers par les récits de son mari et lui semblaient de vieilles connaissances, en particulier l'académie d'équitation du père de Pierre Biron, où la tsarine Anna, toujours vêtue d'un costume qu'elle dessinait elle-même — une amazone en peau de buffle jaune soutachée de galons d'argent et une veste bleue aux broderies assorties —, venait tous les jours exercer ses chevaux favoris sous l'œil vigilant du duc Ernest. Où qu'elle se trouvât, Anne-Dorothée pouvait toujours entendre le coup de canon, tiré de la citadelle, qui annonçait la fin du jour, précision indispensable en cette saison où la nuit ne durait qu'une heure. Quand les jours se firent plus chauds et que les parterres des jardins débordèrent de fleurs et de parfums, le tsar se transporta à Kamenoï-Ostrow. Anne-Dorothée suivit la cour. Flattée des prévenances d'Alexandre Ier, elle ne laissait cependant jamais passer l'occasion de lui rappeler discrètement la raison de son séjour en Russie. Une question reste posée : pensait-elle toujours à lui comme à l'autocrate dont elle devait cultiver la bienveillance et lui faisait-elle attendre ses faveurs jusqu'à ce qu'elle obtînt ce qu'elle désirait ? Ou bien, comme certains historiens le laissent entendre, lui céda-t-elle impulsivement, avant d'avoir atteint son but ? Ou encore, ne fut-elle jamais à lui ? Bien entendu, elle n'en laissa jamais rien transparaître dans ses lettres à la prude Élisa :

> J'ai passé des semaines heureuses à la campagne. J'ai dîné, seule, avec la tsarine Élisabeth, qui mène une existence retirée, dans

l'attente d'un nouvel enfant. Je suis aussi allée à Tsarskoïe Selo voir l'impératrice douairière, qui m'a bourrée de sorbets et de confiseries à la rose, au point que je ne pouvais plus bouger.

Hier soir, il y a eu un de ces concerts pour lesquels la cour impériale est célèbre, avec vingt joueurs de cor, dont chacun ne joue que sa propre note pendant tout le morceau. Mardi, une fête spéciale fut donnée dans la salle de bal provisoire des jardins, dont le clou fut un chœur mixte ukrainien...

Si vif que fût le plaisir qu'éprouvait Anne-Dorothée de ses succès à la cour, elle finit par se lasser des parties de bateau, de boules et de balançoire des après-midi ainsi que des feux d'artifice, bals et autres divertissements des soirées. Les gens de la cour passaient des heures à se prélasser sur de longs divans parmi des nuages d'encens : ils cancanaient tout en grignotant des dates aux pistaches, frappant des mains de temps à autre pour que le domestique préposé au samovar vînt leur apporter du thé. Ou bien ils restaient rivés à leurs sempiternelles tables de jeu. Il était impossible d'avoir une conversation intéressante ; complètement incultes sous leur vernis occidental, la plupart de ces aristocrates ne savaient même pas lire. Anne-Dorothée devint impatiente de partir, mais elle n'osait, bien qu'en grande faveur, importuner le tsar.

La vive et charmante duchesse était un tel ornement de sa cour que Sa Majesté n'avait nulle envie de la voir s'éloigner. Mais, étant galant homme, Alexandre, finalement, lui fit tenir par son ministre des Finances les documents tant attendus, qui réglaient fort avantageusement pour la duchesse l'affaire du palais de Mitau. Le sceptique Piattoli en resta pantois. En deux mois, Anne-Dorothée avait réussi à obtenir ce qu'il essayait vainement de négocier depuis deux ans.

Le jour du départ arriva. De sa fenêtre, la duchesse vit arriver les cadeaux d'adieu du tsar : un magnifique service de porcelaine pour quarante-huit personnes, fabriqué en Russie mais de style français, et une table hexagonale en verre taillé bleu, spécialité de la manufacture impériale. Tout cela, déjà emballé dans d'innombrables paniers d'osier, fut déchargé avec précaution et transféré dans les chariots à bagages de la duchesse. Enfin, escortée des deux aides de camp qui, sur l'ordre d'Alexandre Ier, devaient l'accompagner jusqu'à la frontière, la grande berline d'Anne-Dorothée s'ébranla en direction de l'ouest, vers la Courlande.

En cet automne 1806, alors qu'Anne-Dorothée s'attardait à Alt Aultz, chez les Medem, et revivait en famille ses souvenirs d'enfance, la situation devenait dramatique à Berlin. En octobre, poussée par Alexandre Ier, la Prusse déclara la guerre à la France, et la reine suivit Frédéric-Guillaume III sur le champ de bataille.

Le départ royal, dans les claquements de drapeaux, fut un grand spectacle. La petite Dorothée et sa Fräulein y assistèrent, en compagnie des enfants royaux. Le prince héritier, compagnon de jeux de Dorothée, arborait fièrement le sabre et le casque que son père lui avait donnés pour son dernier anniversaire. Ils virent le roi et la reine Louise parader à cheval en tête de leurs troupes et sortir par la porte de Potsdam. A peine une semaine plus tard, l'exaltation patriotique tourna à la panique quand une estafette au galop, épuisée et couverte de sueur, entra dans la capitale pour annoncer l'écrasante défaite prussienne de Iéna. Tandis que, pour les mettre à l'abri, on acheminait en hâte dans une direction les joyaux et le trésor de la couronne, de la direction opposée arrivait ventre à terre la berline à six chevaux de la reine. Celle-ci, qui avait failli se faire capturer au cours des combats, ordonna le départ immédiat de ses enfants, passa une heure au palais à brûler des documents et retourna en hâte rejoindre le roi sur le front.

Le même après-midi, au retour de leur promenade quotidienne dans le Tiergarten, Dorothée et Fräulein trouvèrent un membre de la maison royale qui les attendait avec impatience. Il leur apprit que le prince Louis-Ferdinand, le frère de la marraine de Dorothée, venait de mourir en héros à Saalfeld, en chargeant contre des forces ennemies bien supérieures en nombre. La reine Louise leur faisait dire également de partir sur-le-champ pour Dantzig, comme elle-même et ses enfants se disposaient à le faire.

Dorothée et Fräulein se joignirent sans tarder à l'exode général. Comme tous les chevaux de poste avaient été réquisitionnés pour la famille royale, elles n'eurent d'autre ressource que de prendre les chevaux de ville de Dorothée, animaux superbes, mais peu préparés aux efforts soutenus d'un aussi long voyage. La route vers l'est étaient si encombrée de réfugiés qu'on avançait à peine. Dorothée n'osait mettre la tête à la portière, de peur d'apercevoir des soldats français à leur poursuite. Leur voiture, qui roulait péniblement, parmi les marécages et les fondrières, sur les chemins défoncés de la Poméranie, se trouvait souvent arrêtée pendant des heures, voire des jours. Au cours de ces attentes interminables, les occupants des véhicules bloqués vivaient dans la terreur des déserteurs et des pillards qui infestaient le pays.

Lors d'une halte, près de Stargard, la gouvernante demanda à l'aubergiste quelles étaient les dernières nouvelles.

« Napoléon est entré à Berlin, dit l'homme.

— Déjà ! s'exclama Fräulein, atterrée.

— Oui-da ! Et il est allé tout droit à Potsdam.

— Pour quoi faire ? demanda Dorothée, qui n'en croyait pas ses yeux de voir, épinglé derrière le comptoir, un portrait de Napoléon.

— Il voulait l'épée de Frédéric le Grand, à ce qu'on dit. Il l'a prise sur son tombeau et l'a envoyée comme trophée à Paris, aux Invalides, un hôpital pour les vétérans de son armée, à ce qu'on dit.

— C-comment p-pouvez-vous supporter la vue de cet homme ? » s'écria Dorothée, en bégayant légèrement, selon son habitude quand elle était bouleversée.

Elle était blanche d'indignation, et des larmes roulaient sur ses joues. Elle contourna le comptoir, arracha le portrait de Napoléon et le déchira en morceaux. Puis, sans un mot, elle monta dans sa chambre.

Quand elles arrivèrent à Dantzig, à l'embouchure de la Vistule, il régnait une pénurie générale. La ville se préparait à subir un assaut de l'armée française, et le roi de Prusse avait replié sa cour encore plus à l'est, à Königsberg. Depuis des semaines, Fräulein et Dorothée étaient sans nouvelles de la duchesse, alors que celle-ci, de son côté, essayait désespérément de savoir où se trouvait sa fille. Les deux voyageuses, parvenues à proximité de la Courlande, résolurent de s'y rendre dans l'espoir que la duchesse les y attendait.

Il faisait un froid mordant ; il neigeait. L'adolescente et la gouvernante étaient transies jusqu'aux os, et la désolation du paysage les glaçait encore davantage. Longeant la côte, elles roulèrent sur la plage, pour éviter les ornières profondes des routes gelées, et, lorsque leur voiture surchargée s'enlisa jusqu'aux moyeux, le cocher suivit le bord de la mer, où le sable mouillé était plus ferme. Les unes après les autres, les vagues de la Baltique déferlaient, inondant d'écume et d'embruns la voiture et ses occupants, au point que Dorothée eut peur d'être emportée. Le deuxième soir après leur départ de Königsberg, les voyageurs rencontrèrent un groupe de cabanes battues par les vents, en un lieu qui n'avait même pas de nom. Seul le cordon littoral les séparait de Memel, qui était presque à la frontière de la Courlande, mais la tempête soufflait, et la mer crêtée d'écume était si mauvaise que pas un bateau n'osait sortir.

« Il fait trop froid, décida Fräulein. Impossible de passer encore une nuit dans cette voiture. Il faut nous mettre à l'abri.

— Dans cette misérable taverne ? protesta Dorothée. J'aimerais mieux mourir !

— C'est ce qui vous arrivera si vous restez ici. Allons, venez, Altesse, demain nous serons à Memel. »

La gouvernante poussa la porte branlante, et un souffle malodorant de crasse, de poisson et d'alcool sortant de l'unique salle où festoyaient des pêcheurs l'assaillit et manqua la faire changer d'idée. Mais Dorothée prit sa gouvernante au mot ; surmontant sa timidité, la tête haute, elle se frayait déjà un passage à travers les groupes, en direction de l'énorme poêle en faïence, au milieu de la pièce. Des gens se blottissaient autour de sa chaleur, disputant leur place à des chiens étiques et à un ou deux poulets. Quelqu'un, sur le banc du poêle, se serra pour permettre à l'adolescente trempée de s'asseoir. Fräulein, horrifiée par la promiscuité, voulut s'y opposer, mais Dorothée lui décocha un regard noir et s'assit sans un mot. Un pêcheur en loques, bien intentionné, lui passa une chope de punch brûlant, et elle succomba bientôt à un sommeil profond, la tête sur l'épaule de la gouvernante.

Un des nombreux écuyers que la duchesse avait envoyés à la recherche des voyageuses les découvrit là, le lendemain matin. Emmitouflées d'épaisses fourrures fournies par la prévoyante Anne-Dorothée — dans la précipitation du départ, Fräulein avait oublié d'en prendre —, elles continuèrent leur voyage. Quelques jours plus tard, la jeune héritière posa pour la première fois le pied sur le sol de la Courlande. Partout où elle s'arrêtait, des paysans se jetaient à genoux dans la neige devant la fille de leur ancien duc et chantaient des hymnes improvisés en son honneur. Dorothée, qui ne parlait pas le courlandais, remerciait par gestes et lançait des pièces de monnaie. Enfin, après des semaines d'épreuves harassantes, elle eut le réconfort de voir sa mère, qui l'attendait les bras ouverts sur le seuil du château d'Alt Aultz.

Comme la duchesse, après son départ de Saint-Pétersbourg, avait prévu de séjourner longuement en Courlande, elle ne s'alarma pas des événements militaires inattendus qui rendaient impossible son retour à Berlin. Elle était heureuse de se retrouver en famille. Mais sa fille ne pouvait s'habituer à l'existence monotone qu'on menait dans cette demeure isolée. Elle avait du mal à accepter comme siens ses parents de la lignée maternelle. Comment l'une de ses tantes par alliance, avec toute sa fortune, pouvait-elle se contenter de tricoter éternellement des chaussettes ? Ou de se mêler de surveiller à la cuisine les repas préparés par une armée de serviteurs, goûtant et assaisonnant elle-même le contenu des casseroles et des marmites ? Comment pouvait-on trouver drôle une des anecdotes favorites de la famille ? La première fois que le grand-père maternel d'Anne-Dorothée était venu rendre visite à sa future femme, il était sorti nu comme un ver de sa voiture, où il cuvait une nuit de la Saint-Jean fort arrosée, parce que son valet avait négligé de le réveiller à temps pour qu'il pût s'habiller. Cet incident, que la duchesse, du haut de sa maturité et de son expérience du monde, considérait avec une affection amusée, symbolisait aux yeux de son intransigeante fille la grossièreté provinciale de la Courlande. Elle s'irritait aussi du prodigieux appétit de ces gentilshommes campagnards, comme elle l'écrivit plus tard dans ses mémoires : « De ma vie, je n'ai vu manger autant et si souvent. Ils mangent quand ils ont faim, ils mangent quand ils sont fatigués, ils mangent quand ils ont froid... ils n'arrêtent jamais de manger. » Mais il faut bien reconnaître que les interminables soirées de l'hiver courlandais n'offraient pas grandes distractions.

L'intolérable situation financière dans laquelle se trouvait l'adolescente déracinée lui rendait la vie encore plus amère. Ses vastes propriétés de Prusse ayant été dévastées par les armées françaises, elle se trouvait pour la première fois totalement dépendante de la générosité de sa mère. Ce qu'une enfant de cet âge, à notre époque, trouverait tout naturel, représentait aux yeux de l'orgueilleuse héritière le comble de l'humiliation.

Quand la campagne parut s'engloutir dans les brouillards et les tempêtes de neige, la duchesse et Dorothée se transportèrent à Mitau. La petite capitale, bien qu'à deux cents kilomètres de tout combat, était touchée par la guerre, car les cavaliers cosaques la traversaient pour se rendre au front ou revenaient des champs de bataille avec des convois de prisonniers. Les Russes ne brillant pas précisément par leur sollicitude envers leurs captifs, Anne-Dorothée s'émut de l'état lamentable des blessés français. Avec l'autorisation du gouverneur, elle établit à ses frais une infirmerie qu'elle dirigea elle-même et où elle se dévoua courageusement, même dans les salles réservées aux victimes du typhus.

Cet hôpital improvisé était installé dans une aile de l'ancien palais ducal, sa demeure d'autrefois, dont les droits de propriété en litige l'avaient conduite à Saint-Pétersbourg. Elle s'était attendue que cette résidence fût mise à sa disposition. Mais, les rois ayant préséance sur les duchesses, le tsar avait déjà assigné le palais à Louis XVIII, roi de France en exil, et à sa petite cour. En raison de ses sympathies pour Napoléon, Anne-Dorothée manifesta peu d'intérêt envers le souverain théorique, qui, lui-même, l'accueillit avec froideur.

Mais Fräulein Hoffmann se lia d'amitié avec le comte d'Avaray, favori de Louis XVIII, de sorte que Dorothée, elle, se rendit souvent au palais. Le roi la prenait sur ses genoux, l'appelait « ma petite Italienne » à cause de ses yeux sombres et la questionnait sur ses études. S'il faut en croire Fräulein, Sa Majesté prêta une oreille bienveillante au complot ourdi par la gouvernante et son nouveau soupirant : comme le roi n'avait pas d'enfants et qu'il cherchait une riche fiancée pour l'un de ses neveux (l'un des deux fils du comte d'Artois, futur Charles X), les deux intrigants proposèrent la benjamine des Courlande. Elle serait bientôt en âge de se marier, et il se trouvait peu d'héritières plus fortunées en Europe.

La duchesse ne prit pas l'affaire plus au sérieux que les allusions concernant les possibles fiançailles de sa fille avec le prince Adam Czartoryski, ancien élève de Piattoli ; l'abbé, à ce moment, résidait dans le palais du prince, à Saint-Pétersbourg, et la jeune Dorothée vivait dans les nuages en rêvant, avec son cher précepteur, à la perspective d'une telle alliance.

Il était naturel que Piattoli, le soir, seul avec le prince, lui parlât de sa petite Dorothée, et que les lettres qu'il adressait à Dorothée fussent remplies de détails touchant Czartoryski. L'abbé, tendrement attaché à l'un comme à l'autre, se voyait déjà, artisan de leur union, les accompagnant dans un pays enchanté, de préférence dans son Italie natale, où ils passeraient tous les trois le reste de leur vie.

Si la duchesse n'avait pas encore réfléchi sérieusement au problème du mariage de sa dernière fille, Dorothée était déjà persuadée que seul un homme plus âgé qu'elle lui apporterait la sécurité et la stabilité dont elle avait tant besoin. Le prince Czartoryski aurait pu être son père — il avait vingt-trois ans de plus qu'elle —, mais n'y avait-il pas eu trente-sept ans de différence entre la duchesse et le duc Pierre ? L'adolescente connaissait par cœur l'histoire de ce célèbre patriote polonais, cousin germain du roi Stanislas Auguste, qui avait été pris en otage par la Russie, après le dernier démembrement en date de la Pologne, en gage de la bonne conduite de ce pays. Quand le grand-duc Alexandre était monté sur le trône sous le nom d'Alexandre Ier, il avait nommé Czartoryski son ministre des Affaires étrangères.

Dorothée s'enthousiasmait à la pensée des efforts inlassables que déployait le prince pour réunifier le royaume dépecé de Pologne sous l'égide des Romanov, et elle s'attendrissait sur l'idylle brisée d'Adam avec la belle Élisabeth de Bade, devenue l'épouse d'Alexandre et maintenant tsarine. Par les bons offices de Piattoli, les jeunes gens échangèrent leurs portraits. Dorothée fut impressionnée par le grave visage du noble Polonais, et, s'exaltant à la lecture des lettres dithyrambiques de l'abbé, elle se vit déjà princesse Czartoryska, et jouant un rôle important dans les événements futurs.

Ayant réglé toutes les affaires de la duchesse à Saint-Pétersbourg, Piattoli rejoignit les dames de Courlande à Mitau. Dorothée l'assaillit de questions ; elle voulait tout savoir du prince Adam. Pour se rendre digne d'un homme si remarquable, elle entreprit des études plus sérieuses encore et ajouta à son emploi du temps plusieurs heures d'algèbre — ce qui ne la rebuta nullement, car c'était sa matière favorite.

Pendant ce temps, Alexandre Ier, par une brusque volte-face de sa politique envers Napoléon, passait des hostilités à l'alliance. C'était l'écroulement des espoirs que Czartoryski nourrissait pour la Pologne ; il démissionna du gouvernement. Son pays restant aux mains des étrangers, son avenir politique détruit, le prince songea que le mariage pourrait être pour lui une source de réconfort et de rétablissement financier. Il résolut de voir de près cette jeune fille dont l'abbé lui avait tant parlé.

Il fit coïncider son séjour à Mitau, en juin-juillet 1807, avec l'entrevue, à Tilsit, d'Alexandre Ier et de Napoléon. De la sorte, il pourrait simultanément faire la connaissance de Dorothée et se tenir plus rapidement informé des décisions prises sur le lieu de la conférence, spécialement en ce qui concernait la Pologne. En apprenant que le prince Czartoryski projetait un séjour à Mitau, la duchesse l'invita à résider chez elle. Il avait été absent de Saint-Pétersbourg alors qu'elle-même s'y trouvait, l'année précédente, mais elle se sentait redevable de l'intérêt qu'il avait pris à ses affaires, lorsque l'abbé Piattoli habitait dans son palais.

L'après-midi de l'arrivée du prince, Dorothée se trouva en sa présence dans le salon de sa mère. « Pour la première fois de ma vie, écrit-elle dans ses mémoires, je ressentis de l'embarras et une timidité extrême. » Le solennel Czartoryski, avec ses cheveux noirs, son air impérieux, son habit sombre et sans ornements, lui parut sortir du portrait que l'abbé lui avait envoyé. Elle le déclara la perfection faite homme, en espérant qu'il était aussi enchanté d'elle qu'elle de lui.

Il le fut. Piattoli lui avait dit la vérité en décrivant Dorothée : pas vraiment belle et plutôt maigre. Maigre ? Un vrai roseau, avec les plus grands yeux que le prince eût jamais vus. D'ailleurs, Czartoryski ne recherchait pas la beauté dans une épouse. Le plus important était que la jeune fille eût un âge tel qu'il pourrait la modeler à son gré, et Piattoli ne cessait de faire l'éloge de son intelligence — qualité que le prince appréciait par-dessus toutes les autres.

Chaque fois que l'on permit à Dorothée, dûment chaperonnée, de rester en compagnie du prince Adam, celui-ci ne fit aucun effort pour l'entretenir. De toute façon, il n'aimait pas les propos oiseux, et il se montrait encore plus taciturne que d'habitude, car, nuit et jour, ses pensées restaient rivées sur Tilsit et sur les rumeurs qui lui en parvenaient.

Il n'était pas la seule personne de la demeure à se passionner pour cette petite ville de Prusse-Orientale. La duchesse, grande admiratrice de Napoléon, exultait en songeant à ces deux jeunes autocrates, l'empereur français de trente-huit ans et le tsar de trente ans, se rencontrant sans témoins sous une tente frangée d'or, dressée sur un radeau au milieu du Niémen, pour refaçonner l'Europe selon leur bon plaisir. Tandis qu'un autre des amis d'Anne-Dorothée, Frédéric-Guillaume III, le roi de Prusse vaincu, à cheval sous la pluie, observait de loin en silence, et que les troupes russes et françaises s'alignaient sur les deux rives du fleuve, la Prusse se voyait réduite à une puissance de troisième ordre composée de quatre provinces, et la malheureuse Pologne était rayée de la carte.

Après l'entrevue historique, sur le chemin du retour à Saint-Pétersbourg, le tsar passa par Mitau et vint saluer la duchesse. Cédant à une impulsion, le prince Adam décida d'accompagner Alexandre Ier jusqu'à sa capitale ; il brûlait de mettre à profit le long tête-à-tête que lui fournirait le voyage dans la berline du souverain pour sauver ce qu'il pourrait de sa patrie sacrifiée. Au moment de faire ses adieux à Dorothée, il lui dit qu'il espérait, quand elle rentrerait à Berlin, qu'elle passerait par Varsovie afin de rendre visite à sa mère. La jeune fille interpréta comme il convenait ces propos apparemment anodins. En fait, le prince s'intéressait sincèrement à elle, mais, dans sa vie privée, ce héros indomptable de la résistance polonaise était indécis et entièrement sous la coupe de sa mère. Il ne se fiancerait jamais sans l'approbation de la vieille princesse Czartoryska — laquelle était présentement en train de former à ses futurs devoirs une lointaine cousine qu'elle lui destinait pour épouse. Dorothée était encore trop jeune pour que fût prise aucune décision officielle touchant son avenir ; il lui fallait, avant toute chose, faire la connaissance de la redoutable vieille dame.

Le seul fait que le prince Adam avait suggéré qu'elle allât à Varsovie rendit Dorothée encore plus impatiente de prendre la route de Berlin — de se retrouver en milieu civilisé. Toutefois, la fin de l'automne approcha sans que les voyages des particuliers vers l'ouest fussent redevenus possibles. D'autre part, étant donné le nouveau statut de la Pologne, Fräulein n'était pas en mesure d'organiser, sans appuis, le détour par Varsovie que désirait Dorothée ; elle n'était pas qualifiée non plus pour présider à une démarche aussi délicate que sa rencontre avec la mère du prince Czartoryski. Quant à Piattoli, la duchesse l'avait de nouveau envoyé représenter ses intérêts à Saint-Pétersbourg ; lui, du moins, avec son expérience du monde, aurait pu aplanir les difficultés et accompagner Dorothée. Celle-ci avait été insatisfaite et mal à l'aise pendant son séjour en Courlande ; ses relations avec sa mère s'en étaient ressenties, mais, pour aller à Varsovie, elle n'avait d'autre recours que l'assistance de la duchesse.

Anne-Dorothée voyait difficilement un prétendant sérieux en la personne du prince Adam : il s'était montré fort peu empressé auprès de sa fille, aussi bien pendant son séjour à Mitau qu'après son départ : il ne lui avait pas écrit une ligne. Elle ne le considérait pas non plus comme un prétendant souhaitable : les Czartoryski étaient sans doute une famille éminente, mais ils affichaient un mépris notoire pour tout ce qui n'était pas polonais, et l'on savait la vieille princesse particulièrement acariâtre. Ces conditions n'auguraient pas un mariage heureux. Malheureusement, Anne-Dorothée n'avait pas gagné la confiance de sa fille et n'arrivait pas à lui faire comprendre que c'était uniquement dans son intérêt qu'elle s'opposait à cette union ; ses arguments parfaitement fondés restèrent sans effet, parce que la jeune fille, sous l'influence possessive de Fräulein Hoffmann, refusait tout crédit à sa mère. Elle n'attribuait l'attitude de la duchesse qu'à un esprit de contradiction et pensait qu'elle-même, une fois mariée, saurait arracher le prince à l'emprise de sa mère.

Comme l'invitation à Varsovie émanait du prince Czartoryski, la duchesse n'interdit pas à Dorothée de s'y rendre ; mais comme elle ne voulait pas du prince pour gendre, elle ne fit rien pour faciliter cette visite. Dorothée partit pour Berlin, mais elle fut contrainte de passer au large de Varsovie. Elle fit halte à Memel, pour saluer l'infortunée famille royale de Prusse, qui attendait le bon plaisir de Napoléon pour regagner, elle aussi, Berlin.

Tout ce que voyait la jeune fille renforçait son animosité envers la France. Les campagnes, naguère florissantes, n'étaient plus que désolation ; la famine et les épidémies sévissaient. Arrivée aux abords de Berlin, Dorothée dit au cocher de ralentir jusqu'à la tombée de la nuit. Née à Friedrichsfeld, elle se considérait comme prussienne — bien que tous les Biron fussent devenus des sujets russes depuis le jour où Catherine II avait acheté leur duché —, et elle ne supportait pas de voir les soldats de Napoléon se pavaner en vainqueurs sur l'avenue Unter den Linden. Sa francophobie s'accrut encore en constatant que le commandant français de la place de Berlin avait réquisitionné son palais pour lui-même et son état-major, ne lui réservant, à elle et à Fräulein, qu'une seule et misérable pièce donnant sur la cour. À force de réclamations, elle obtint deux petites pièces, anciennement occupées par ses femmes de chambre.

Six semaines plus tard, la duchesse arriva à son tour à Berlin, en plein jour et avec sa pompe habituelle. Impressionné par la colonne sans fin des voitures et par l'importance de la maisonnée ducale, le commandant se hâta de libérer les appartements personnels d'Anne-Dorothée. En voyant, dans son propre palais, le traitement de faveur accordé à sa mère, la jeune fille en conçut une rancœur qui, s'ajoutant à celle de sa visite manquée à Varsovie, transforma en hostilité voilée l'indifférence que lui inspirait sa mère. Ce fut pire encore quand elle vit la cosmopolite duchesse, entichée de tout ce qui était français, accueillir les officiers d'occupation dans son salon et en faire l'ornement de ses soirées. Anne-Dorothée, toutefois, ne tolérait aucune discussion déplacée avec ses nobles invités prussiens, et quelle que fût leur nationalité, les convives devaient laisser leurs ressentiments dans l'antichambre, avec leurs capes.

Comme Fräulein et les autres Berlinois patriotes, la jeune Dorothée prit le deuil pendant la durée de l'occupation française. Le jeudi saint, lorsqu'elle fit, dans le salon maternel, son obligatoire apparition hebdomadaire, la vue de cette petite silhouette noire, au regard ténébreux comme celui d'un prophète de malheur, jeta effectivement un froid dans l'atmosphère. Ses sourcils se froncèrent davantage encore à l'approche d'un officier en uniforme français, et elle détourna ostensiblement le regard. Quand il fut tout près d'elle, Dorothée, qui était myope, reconnut le commandant de la place en personne. Ce haïssable personnage ! Elle ne voulait pas lui adresser la parole, et elle s'enfuit brusquement de la pièce. Sans s'émouvoir, le général se tourna aimablement vers la duchesse : « La princesse craindrait-elle que l'un de nous veuille la violer ? dit-il. Je désirais seulement la féliciter, à la veille de sa confirmation. » Anne-Dorothée fut très mortifiée.

En tant que Courlandaise, Dorothée était née luthérienne, mais elle n'avait reçu aucune éducation religieuse ; Piattoli ne lui avait inculqué que la morale profane. Mais la confirmation, aux yeux de l'aristocratie berlinoise, constituait une étape importante de la vie d'une jeune fille et marquait ses débuts dans le monde. Fräulein se mit donc en quête et trouva un pasteur disposé, à raison de deux heures par semaine de formation accélérée, d'enseigner à Dorothée qu'elle était chrétienne. La cérémonie eut lieu sous les voûtes du XIVe siècle de la grande église Saint-Nicolas de la Poststrasse, où la duchesse s'arrangea pour que sa fille fût confirmée seule, et non en groupe, comme il convenait à son importance. Plutôt que de recourir aux réponses conventionnelles du catéchisme, Dorothée, avec son indépendance d'esprit innée, rédigea sa profession de foi personnelle. A la fin du long service, en recevant la communion, elle fut si bouleversée qu'elle s'évanouit.

Normalement, une adolescente ne devenait une valeur cotée sur le marché matrimonial qu'après sa confirmation. Mais, Dorothée représentant l'une des plus grosses fortunes d'Europe, une collection impressionnante de prétendants défilaient déjà au palais depuis son retour de Mitau, car peu de familles ne se seraient pas estimées heureuses de l'accueillir. Elle n'avait que l'embarras du choix. Le lendemain du jour de sa confirmation, sa mère l'envoya chercher, pour discuter avec elle de ses préférences.

Lors de leur dernière conversation sérieuse, à Mitau, le prince Czartoryski avait dominé les débats ; cette fois encore, ce fut le cas. Entre la duchesse et Dorothée, l'atmosphère, déjà chargée sept mois plus tôt, dut tourner franchement à l'orage, maintenant que leurs positions respectives s'étaient durcies. La jeune fille avait fixé son choix sur le prince Adam et fondé sur lui tout son avenir. Anne-Dorothée, de son côté, était plus que jamais convaincue de la nécessité de l'écarter. De royaume indépendant sous le roi Stanislas Auguste, la Pologne était réduite au simple duché de Varsovie rattaché à la Saxe, et Czartoryski n'était plus en situation d'aspirer à une alliance avec une héritière de Courlande. Dorothée pouvait viser plus haut. La duchesse, en outre, jugeait personnellement insultante la tactique de temporisation de la mère du prince : récemment, à la dernière minute, elle avait obligé son fils à différer une visite qu'il se proposait de faire à Dorothée ; elle était non moins froissée de l'absence de nouvelles où il laissait sa fille. Dorothée, elle aussi, souffrait de ce silence prolongé, mais, pour rien au monde, elle ne l'eût admis devant sa mère.

Pour la belle saison, la famille se transporta à Löbichau, dans la campagne saxonne. Dorothée s'enferma à Tannenfeld, le pavillon que la duchesse avait naguère fait construire pour Batowski dans les bois et qu'elle avait donné à sa fille. Elle y poursuivit ses études, en vue de se rendre plus digne de son héros polonais, laissant à sa mère le soin de tenir compagnie aux plus persévérants de ses prétendants, qui avaient suivi la famille à Löbichau.

Mais les efforts déployés par Dorothée pour se cultiver, comme ceux de la duchesse pour faire patienter ses prétendants devaient, en fin de compte, ne servir à rien. À l'automne 1808, le tsar Alexandre et Talleyrand, vice-Grand Électeur de Napoléon — un homme que Dorothée ne connaissait que de réputation — eurent à Erfurt une série d'entrevues ; en marge d'importantes négociations secrètes, ils lui choisirent un mari, froidement, pour des raisons d'État.

Anne-Dorothée de Medem, duchesse de Courlande, et sa plus jeune fille, Dorothée, future duchesse de Dino. *Bibliothèque nationale, Paris.*

Pierre Biron,
duc de Courlande.
Musée Talleyrand
Saint-Chéron, Essonne.

Anne-Dorothée (au milieu) et ses filles : Wilhelmine et Pauline (en haut), Dorothée et Jeanne (en bas). Miniatures de Cécile Duchêne. *Collection Wava von Essen et Musée national de Finlande, Helsinki.*

Wilhelmine, duchesse de Sagan.
Lithographie de J. Kriehuber,
d'après une miniature
de M. M. Daffinger.
Bildarchiv der Österreichischen Nationalbibliothek, Vienne.

Clément, prince de Metternich.
Gravure de J. Kriehuber,
d'après un portrait de
sir Thomas Lawrence.
Bibliothèque nationale, Paris.

Adélaïde Gustava Aspasia, dite Vava, d'Armfelt (à gauche), avec sa sœur adoptive Minna. Attribué à J.-B. Greuze. *Collection Wava von Essen et Musée national de Finlande, Helsinki.*

Gustave, baron, puis comte d'Armfelt.
Peint à Dresde en 1793.
Artiste inconnu, peut-être J. Grassi.
Collection Wava von Essen et Musée national de Finlande, Helsinki.

CHAPITRE 5

La duchesse et Dorothée
1808-1809

PRÈS DE DEUX ANS AUPARAVANT, durant l'hiver 1806-1807, alors que Talleyrand était gouverneur de Varsovie sous occupation française, le comte Oleg Batowsky — l'ancien amant de la duchesse, le père naturel de Dorothée — s'était mis à son service, car il considérait l'homme de confiance de Napoléon dans une excellente position pour venir en aide à la Pologne écrasée. Comme tous les gens informés, Oleg connaissait l'extraordinaire passé de l'ex-évêque d'Autun. Celui-ci était entré dans les ordres sans vocation, parce qu'un accident de sa toute petite enfance l'avait laissé pied-bot et que son aristocratique famille ne voulait pas d'un infirme pour héritier. Il avait profité des grands bouleversements de la Révolution française pour rentrer dans la vie laïque et s'était attaché à Napoléon Bonaparte dès l'époque du Consulat. Lorsque Batowski avait fait sa connaissance à Paris, Charles Maurice de Talleyrand-Périgord était déjà le troisième personnage de la hiérarchie impériale — les Bonaparte exceptés —, après l'archichancelier et l'architrésorier.

Batowski devint rapidement un collaborateur apprécié de Talleyrand, qui, avec sa suite, fut logé à Varsovie dans le palais princier des Radziwill. Il leur arriva, pendant les soirées glaciales de l'hiver polonais, de passer ensemble des heures au coin du feu, dans la grande bibliothèque ; ils commentaient la cour à la hussarde que Napoléon faisait à la petite comtesse Walewska, âgée de dix-huit ans. La conversation, un jour, en vint à dévier sur la nécessité où se trouvait l'empereur d'avoir un rejeton mâle, puis sur la préoccupation personnelle de Talleyrand d'assurer la perpétuation de sa lignée, car, lui non plus, n'avait pas d'enfants légitimes.

Son neveu et héritier, le comte Edmond de Talleyrand-Périgord, venait d'atteindre sa majorité. L'éminent homme d'État, lui-même en possession d'une grande fortune et de nombreux titres (Napoléon l'avait fait aussi prince de Bénévent), se devait, en tant que chef de famille, de trouver à Edmond une épouse convenable, c'est-à-dire riche et de noble famille. Batowski chercha à se rendre utile. Au détour d'une phrase, il mentionna Dorothée de Courlande, « une vraie mine d'or du Pérou », dit-il ; il se garda de préciser qu'il était son père.

Talleyrand classa cette pépite dans sa mémoire, mais rien ne pouvait être entrepris avant qu'il n'eût accompagné Napoléon à Erfurt, où des négociations avec le tsar devaient se dérouler en septembre-octobre 1808. L'attitude de Talleyrand à Erfurt, sa détermination de mettre tout en œuvre pour contrecarrer les ambitions impériales et mettre fin à des guerres incessantes constituèrent une trahison envers la France et une félonie envers Napoléon. Mais le prince de Bénévent pensait agir ainsi pour le bien du « peuple français » et trouvait une justification dans le vers de Corneille : « La perfidie est noble envers la tyrannie. » Cette perfidie marqua le commencement de la fin du Premier Empire.

Talleyrand était profondément convaincu de la nécessité d'un équilibre des puissances européennes, et, récemment, la désastreuse intervention de Napoléon en Espagne l'avait confirmé dans sa thèse. On pouvait tout redouter d'un homme qui s'écriait : « Qu'y puis-je si un excès de puissance m'entraîne à la dictature du monde ? » Son appétit de conquêtes était insatiable, mais la Grande Armée n'était pas invincible. Talleyrand voyait dans le tsar Alexandre Ier l'instrument capable de briser l'emprise napoléonienne sur le continent : « Sire, lui dit-il, que venez-vous faire ici ? C'est à vous de sauver l'Europe, et vous n'y parviendrez qu'en tenant tête à Napoléon. »

Tard dans la nuit, après les pourparlers de la journée et les réceptions officielles de la soirée, Talleyrand rencontrait le tsar dans les salons de la princesse de Tour et Taxis, cousine du souverain russe. Si Alexandre n'était pas encore prêt à rompre ouvertement avec son puissant allié français, les informations et les avis du vice-Grand Électeur ne tombèrent pas dans des oreilles distraites. Dûment chapitré, le tsar ne signa à Erfurt que des engagements délibérément vagues et se montra désireux de rester en relations avec Talleyrand. Celui-ci, au cours de leur dernier entretien secret, fit une discrète allusion à la possibilité d'une alliance entre son neveu Edmond et la plus jeune des princesses de Courlande. Séduit par ce projet, le tsar, à la requête de Talleyrand, accepta de transmettre lui-même à la duchesse, sujette russe, la demande en mariage. Cette démarche, qui ne lui coûtait rien, lui assurait à la fois la gratitude de l'homme d'État français et la continuation de ses précieux services. D'ailleurs, sur le chemin de sa capitale, ce n'était pas un bien grand détour que de passer par Löbichau, en Saxe, et il serait charmé de revoir l'exquise duchesse. Comme le neveu de Talleyrand, le comte Edmond, se trouvait aussi à Erfurt, dans la suite de son oncle, il accompagnerait le tsar.

Lorsqu'un aide de camp impérial se présenta au château de Löbichau pour annoncer que Sa Majesté s'y arrêterait pour dîner le lendemain, une agitation frénétique s'empara de la demeure. En peu de temps, c'était la troisième visite qu'Anne-Dorothée recevait du tsar de toutes les Russies, et l'honneur était immense. Mais tout le château présentait un ordre serein quand Alexandre Ier y arriva avec sa petite suite — dans laquelle se trouvaient, bien entendu, Edmond, et aussi M. de Caulaincourt, prince de Vicence et ambassadeur de France en Russie. Le tsar resplendissait dans son uniforme blanc sanglé sur sa taille de guêpe ; un séduisant sourire sur ses traits hautains, il semblait d'excellente humeur et eut un mot aimable pour chacun.

À table, toutes les oreilles restaient attentives aux perles qui tombaient des lèvres impériales. Brusquement, Alexandre Ier se tourna vers Dorothée et lui demanda si elle n'était pas frappée par la ressemblance remarquable qu'il observait entre le lieutenant de Périgord et le prince Czartoryski. (Batowski, sur la recommandation de Talleyrand, avait fait à la dernière minute une enquête sur les dispositions de Dorothée, de sorte que le tsar connaissait ses sentiments pour le prince polonais.)

« De qui Votre Majesté veut-elle parler ? demanda la jeune fille, surprise.

— Mais de ce jeune homme, assis là-bas, qui est le neveu du prince de Bénévent et qui accompagne le duc de Vicence à Saint-Pétersbourg.

— Pardon, Sire. Je n'avais pas remarqué l'aide de camp du duc de Vicence, et j'ai la vue si basse qu'il m'est impossible d'ici d'en remarquer les traits. »

Au sortir de la salle à manger, le tsar demanda à la duchesse quelques instants d'entretien en particulier. Avant de le rejoindre dans la bibliothèque, elle fit signe à Dorothée de s'approcher : « Soyez aimable avec l'ambassadeur de France, lui dit-elle à voix basse. Allez-lui parler. Vous savez que le tsar le traite comme un ami. Je n'ai pas obtenu de vos sœurs qu'elles consentissent à lui adresser la parole. Et votre tante Élisa a des préjugés ridicules contre toute personne en rapport avec Napoléon ; elle n'est même pas polie. Vous êtes trop jeune pour montrer vos opinions politiques. Je vous charge de vous occuper de M. de Caulaincourt, car je ne veux pas qu'il parte mécontent. » Il serait également opportun, ajouta-t-elle, que Dorothée eût une attention pour le neveu de M. de Talleyrand. La duchesse elle-même n'avait pas eu l'occasion de dire plus de deux mots au bel officier français. Il fallait lui montrer quelque égard, car son oncle était l'un des ministres les plus influents de Napoléon. Après ces rapides instructions, Anne-Dorothée se hâta de suivre le tsar. Plusieurs mois se passeraient avant que la benjamine des Courlande n'apprît qu'elle avait été le sujet de leurs deux heures de tête-à-tête.

Alexandre Ier ne perdit pas de temps en précautions oratoires. « Il me faut vous dire, Madame, que j'ai de grandes obligations envers M. de Talleyrand et que je tiens à m'en acquitter. J'en ai trouvé le moyen, et vous pourriez m'y aider.

— Comment cela, Sire ?

— M. de Talleyrand m'a demandé la main de la princesse Dorothée pour son neveu et héritier, le comte Edmond de Talleyrand-Périgord. Je l'ai assuré que ce mariage se ferait. Je vous ai donné des preuves de mon amitié lorsque vous êtes venue à Saint-Pétersbourg, et je compte trop sur la vôtre pour n'être pas certain que vous m'aiderez à donner à M. de Talleyrand l'unique gage qu'il désire de mon amitié. »

Alexandre Ier avait appuyé de façon significative sur le mot « amitié ». Si empressée que fût la duchesse à démontrer son dévouement à Sa Majesté, ce n'était pas là une chose entièrement en son pouvoir. Elle le lui dit et ajouta que Dorothée, de par sa position dans le monde, était fort indépendante, qu'elle se montrait violemment antifrançaise et, de plus, rebelle à l'influence de sa mère.

« Enfin, Sire, conclut la duchesse, j'ai toujours promis à Dorothée de la laisser libre d'épouser l'homme de son choix.

— A-t-elle quelque préférence ?

— Oui, Sire : le prince Czartoryski.

— Et l'approuvez-vous ?

— Certes non, Sire, répondit Anne-Dorothée avec conviction. Leur grande différence d'âge et les problèmes que pose le caractère de la mère du prince, qui manifeste tant de mauvaise grâce dans toute cette affaire, m'inclinent à penser que ce mariage ne ferait pas le bonheur de Dorothée.

— Alors, pourquoi n'épouserait-elle pas M. de Périgord ? Pour couper court à toute difficulté que pourraient soulever les cours de Prusse ou d'autres États, opposées à l'union de Dorothée avec un Français, je vous recommande la plus grande discrétion à ce sujet, jusqu'au dernier moment. J'aime à croire que votre fille est assez bien élevée pour se plier à votre décision. Ma chère duchesse, je n'accepterai aucune excuse. J'ai donné ma parole, je vous demande la vôtre. »

Anne-Dorothée hésita.

« C'est oui ? » insista le tsar.

Le ton impérieux de sa voix rappela à la duchesse que le tsar de toutes les Russies avait l'habitude d'être obéi. Il avait souligné sans équivoque qu'elle lui était redevable pour la vente avantageuse du palais de Mitau. En outre, la couronne de Russie lui versait une pension considérable.

« Soit, Majesté, dit-elle. Je ferai le nécessaire pour convaincre Dorothée.

— Parfait. Je vous tiendrai au courant. »

Alexandre se dirigea vers la porte. Sa mission accomplie, il avait hâte de repartir.

Le lendemain matin, la duchesse envoya chercher Piattoli. Puisqu'il était le responsable de la fixation romanesque de Dorothée sur le prince Adam, c'est à lui qu'il revenait d'en libérer la jeune fille. Une fois ce lien rompu, il deviendrait plus facile d'obtenir son consentement à ce brillant mariage.

Mais Piattoli, au grand étonnement de la duchesse, refusa de se prêter à cette malhonnêteté. Il aimait tendrement la princesse Dorothée, et il aimait le prince. Les connaissant bien tous les deux, il était sûr qu'ils seraient heureux ensemble. Le rôle qu'on voulait lui faire jouer était insoutenable. Comment accepter de briser les rêves de Dorothée, alors qu'elle venait sans cesse chercher auprès de lui conseils et réconfort dans le désarroi où la plongeait le silence d'Adam Czartoryski ? Piattoli, déchiré, résolut son problème par la fuite. Prétextant sa mauvaise santé — qui avait en effet empiré depuis la mort de sa femme —, il se retira dans le village voisin d'Altenburg, où il y avait un bon médecin, afin d'y terminer ses jours en paix.

Dorothée fut très malheureuse de la décision soudaine de son cher précepteur. Dans l'ignorance de la vraie raison de ce départ, comme de la vraie raison de la visite du tsar — rien ne pouvait lui faire supposer qu'il y eût un lien entre ces deux faits —, elle retourna le cœur gros à Berlin, pour un nouvel hiver d'études. Piattoli allait beaucoup lui manquer, et elle promit d'aller le voir quand elle reviendrait à Löbichau, au mois de février, pour l'anniversaire de sa mère.

A l'insu de Dorothée, le comte Edmond et divers courriers passèrent ces mois d'hiver sous les tempêtes, en d'incessantes allées et venues entre Paris, Löbichau et Saint-Pétersbourg, en vue de conclure les accords matrimoniaux. Quand le tsar avait quitté Löbichau, l'ambassadeur de France M. de Caulaincourt, qui avait promis à son vieil ami Talleyrand de jouer les intermédiaires, était allé jusqu'à Leipzig dans la berline impériale. De là, il avait écrit sur la famille de Courlande un rapport des plus élogieux, qu'il chargea le jeune Edmond de transmettre à son oncle, à Paris. Edmond était également porteur d'un récit optimiste que fit le tsar de l'accueil favorable de la duchesse à cette demande en mariage. Trente-six heures après l'arrivée de son neveu, Talleyrand obtint de Napoléon l'autorisation indispensable pour entamer les pourparlers.

Edmond ne fut informé des projets de son oncle que lorsque celui-ci le renvoya, à peine arrivé à Paris, vers le château de Löbichau en compagnie du comte Batowski — que Talleyrand décrivit à Caulaincourt comme « homme d'affaires et fort dans les habitudes de la duchesse de Courlande ». Bien que ces « habitudes » fussent du domaine du passé, Oleg n'en était pas moins chargé d'étudier les clauses financières du contrat, fort complexes étant donné l'importance des fortunes en jeu. De Paris, Edmond rapportait à Anne-Dorothée une lettre de Talleyrand, où celui-ci lui demandait officiellement la main de sa fille pour son neveu, et où il se réjouissait avec une insistance flatteuse que le comte Edmond eût la chance d'avoir une aussi aimable belle-mère. Tout héritier qu'il fût de la grande maison des Talleyrand-Périgord, le fringant lieutenant n'avait pas à exprimer son opinion sur la décision du chef de la famille. Il avait dix ans de plus que Dorothée, aimait les plaisirs de Paris et la vie militaire, et se serait fort bien accommodé de ne jamais se marier, surtout avec une personne aussi studieuse que la princesse de Courlande. Mais on ne lui demandait pas son avis. Il ne passa qu'une nuit à Löbichau et partit rejoindre M. de Caulaincourt à l'ambassade de France de Saint-Pétersbourg, où on lui avait provisoirement attribué un poste, pour qu'il fût aisément disponible au moment voulu.

Mais son compagnon de voyage, le comte Batowski, resta au château. Il y fut le très bienvenu. Anne-Dorothée n'avait pas revu cet homme jadis tant aimé depuis huit ans et demi — depuis leur rupture, après la mort du duc Pierre — et elle se réjouit d'avoir un invité inattendu. Son admiration ouvertement professée pour Napoléon, en qui elle voyait un héros marqué par le destin pour faire le bonheur de l'humanité, avait considérablement refroidi ses relations avec la famille royale de Prusse. Comme elle ne pouvait imaginer de résider à Berlin sans avoir ses entrées à la cour, elle se résignait à rester à Löbichau jusqu'à ce que Dorothée fût mariée. Une fois remplie cette ultime obligation familiale, elle comptait se rendre à Paris. En attendant, la vie à la campagne, surtout pendant les rigueurs de l'hiver, pesait à la mondaine duchesse, malgré ses nombreuses visites à la cour de Dresde, où elle avait fait une nouvelle conquête : celle du roi de Saxe Frédéric-Auguste.

Les appréhensions qui assaillaient Anne-Dorothée touchant son rôle dans les semaines à venir et son désir de garder Oleg près d'elle le plus longtemps possible l'incitèrent à faire traîner en longueur la discussion du contrat. Quand Batowski fut enfin en mesure d'expédier ces documents à Paris, il y joignit une réponse de la duchesse à Talleyrand, dans laquelle elle prenait soin de souligner qu'il restait encore à obtenir le consentement de Dorothée. Talleyrand, lisant entre les lignes, comprit qu'une nouvelle intervention du tsar serait opportune. Son plan fut le suivant : Batowski resterait sur place pour empêcher la duchesse de vaciller dans sa décision ; lui-même écrirait à l'ambassadeur de France de laisser Edmond revenir une troisième fois à Löbichau, pour l'anniversaire de la duchesse, à laquelle il remettrait une lettre du tsar propre à précipiter le mariage. Pour faire pièce aux Czartoryski, il fit savoir à Anne-Dorothée que lui-même, en fils respectueux, avait sollicité et reçu de sa vieille mère, âgée de quatre-vingt-un ans, son assentiment à une alliance avec les Courlande. Ce n'était que poudre aux yeux. Anne-Dorothée ignorait que Talleyrand n'avait jamais été proche de la comtesse de Périgord : ses parents n'ayant pu admettre que leur aîné, futur chef d'une des plus grandes familles de France, fût infirme, le jeune Charles Maurice avait été élevé chez des nourrices et dans des collèges et, de sa vie, n'avait dormi sous le toit familial. Il ne l'avait jamais ni pardonné ni oublié.

Dorothée, fiancée sans le savoir, arriva à Löbichau en février, par une violente tempête de neige. Après avoir salué sa mère et le comte Batowski — elle l'avait presque oublié, depuis plus de huit ans —, elle se disposa à remonter en voiture pour gagner son pavillon personnel dans les bois. La duchesse ne voulut pas en entendre parler : Tannenfeld était charmant l'été, mais non en cette saison ; Dorothée resterait au château ; d'ailleurs, l'appartement bleu lui avait été préparé. Trop lasse pour discuter, la jeune fille céda.

Le lendemain matin, elle apprit, par Wilhelmine et Pauline, que Jeanne et sa tante Élisa ne viendraient pas cette année. C'était bien étrange. Assister aux anniversaires de la duchesse constituait un rite obligatoire pour toutes les Courlande, sinon pour leurs familles respectives. Dorothée regretta l'absence de Jeanne, la sœur la plus proche de son âge, la seule à qui elle pouvait se confier. Cette défection et celle de sa tante la mirent mal à l'aise : jamais auparavant elles n'avaient osé manquer à cette tradition. Personne ne lui dit que Jeanne et Élisa avaient refusé d'être présentes à ce qu'elles appelaient la « trahison » de Dorothée. Et que faisait ce cosmopolite comte Batowski loin de Paris, dans cette campagne saxonne perdue, et en cette saison ? Pourquoi sa mère avait-elle tant insisté pour qu'elle-même résidât au château ? Dans l'esprit perplexe de Dorothée, la lumière se fit d'un coup, au cours de l'après-midi.

Tandis que les hôtes du château finissaient leurs lettres dans leurs appartements avant le départ du courrier, la jeune fille descendit pour les attendre avec un livre. Elle entendit soudain le cor du postillon annonçant l'arrivée d'un invité. Un laquais entra.

« Que Votre Altesse daigne m'excuser... Sait-elle où est Mme la duchesse ?

— Dans son boudoir. Elle a demandé à ne pas être dérangée.

— Mais Son Altesse m'a dit de la prévenir de l'arrivée de M. l'officier français.

— L'of-l'officier français ? balbutia Dorothée.

— Oui, M. le comte de Périgord, l'officier qui accompagnait Sa Majesté le tsar cet automne, et qui est revenu ensuite avec M. le comte Batowski. »

Le comte de Périgord... Revenu avec le comte Batowski... Comme par magie, les pièces du puzzle se mirent en place. Il sembla à Dorothée réentendre la voix du tsar : « Ne trouvez-vous pas une ressemblance remarquable entre M. de Périgord et le prince Czartoryski ? » Épouvantée à l'idée de se trouver seule avec le comte — elle ne se souvenait même plus de ses traits —, elle gravit l'escalier en courant et se réfugia chez elle. Fräulein, qui se chauffait près du poêle en faïence bleue et blanche, sursauta.

« I-il est ici !

— Qui cela ? Le prince Czartoryski ?

— N-non ! Cet officier f-français ! Je suis sûre qu'il est venu pour m'épouser ! »

Éclatant en sanglots, la jeune fille se jeta dans les bras de la bonne gouvernante.

« Eh bien ! Vous refuserez.

— Mais... Ma mère ? dit Dorothée, en cherchant un rayon d'espoir sur le visage de Fräulein.

— Son Altesse ne vous a jamais forcée à agir contre votre volonté.

— Vous la connaissez, Fräulein, elle adore la France, elle meurt d'envie d'aller à Paris...

— Elle ne peut vous obliger à épouser un homme dont vous ne voulez pas, dit Fräulein, rassurante. Elle a promis de vous laisser libre de votre choix. Je l'ai entendu de mes propres oreilles. Calmez-vous, sinon vous ne serez pas présentable pour le dîner. Cela n'arrangera rien. »

Dorothée s'allongea, mais la première cloche du dîner sonna avant qu'elle n'eût repris la maîtrise d'elle-même. Elle se leva, se baigna le visage et descendit rejoindre sa famille. Elle trouva sa mère, les joues rosies de plaisir, occupée à déballer le cadeau d'anniversaire du tsar (une coupe d'or montée sur un trépied), aidée du comte Batowski et du jeune officier français qui l'avait apporté de Saint-Pétersbourg. La duchesse fit les présentations, et Dorothée, pour la première fois, regarda avec attention l'homme qu'on lui destinait. Il avait de souples cheveux châtains, un visage d'un ovale allongé, aux traits réguliers, des yeux brun clair, une bouche un peu molle. Son uniforme de lieutenant, d'une coupe impeccable, mettait en valeur l'élégance de ses proportions, et le soin apporté à la taille de ses moustaches et de ses favoris proclamait le dandy. Le regard était un peu fuyant, et, lorsque la jeune fille parvint à le capter, elle le trouva terne et si peu expressif qu'elle n'y lut ni intelligence ni force de caractère. Très soucieuse, elle se retira aussi tôt que le permettaient les convenances.

De bonne heure, le lendemain matin, la duchesse convoqua Fräulein. Leur entretien dura longtemps ; quand la gouvernante revint, l'air affligé, elle ne voulut rien dire. Puis ce fut le tour de Dorothée. Elle trouva sa mère encore couchée, adossée contre ses oreillers de dentelle, deux tranches de citron attachées à ses tempes — le meilleur remède contre les pattes d'oie, selon le dernier numéro du *Journal des modes*. Des lettres éparses gisaient sur son édredon de taffetas, et l'un de ses caniches dormait en boule au pied du lit. Elle fit signe à sa fille de s'asseoir. Le moment était venu, commença-t-elle, de révéler à Dorothée la véritable raison de la visite du tsar à Löbichau, l'automne dernier. Et elle lui fit une relation expurgée de leur long entretien.

« Le tsar, conclut-elle, a de grandes obligations envers M. de Talleyrand et lui a donné sa parole que ce mariage se ferait. J'ai moi-même une immense dette de reconnaissance envers Sa Majesté. Je lui ai dit que je ne puis, et que je ne veux pas vous forcer à vous marier contre votre volonté... »

La duchesse marqua une pause théâtrale. Puis elle reprit :

« Le tsar m'a répondu qu'il n'accepterait aucune excuse. Vous n'ignorez pas, je pense, qu'en tant que sujette du tsar, et pensionnée par lui, il est du plus haut intérêt que je me conserve dans ses bonnes grâces. Je vous prie donc de ne pas refuser sans avoir bien pesé les avantages qui peuvent résulter pour toute votre famille de cette alliance. »

Anne-Dorothée n'hésitait pas à présenter les choses à sa fille de manière à ne lui laisser d'autre issue que l'acceptation. Choisissant parmi la correspondance dispersée sur son lit, elle tendit à sa fille une enveloppe lourdement scellée de noir et de rouge.

« Le comte Edmond m'a apporté cette lettre de la part du tsar, dit-elle ; elle vous concerne aussi. »

Dorothée la lut avec indignation ; le chantage voilé de Sa Majesté équivalait à un oukase.

« Et voici ce que m'écrit M. de Talleyrand », dit la duchesse.

Dorothée lut attentivement une lettre où le célèbre homme d'État réduisait par avance à néant toutes les objections possibles au mariage ; elle fut frappée par l'habileté de l'argumentation, retourna la feuille, étudia la signature et rendit la lettre à sa mère sans un mot. Beaucoup plus tard, lorsque Dorothée relata avec une intense précision comment elle fut piégée dans cette union, elle observa : « Je ne crois pas que M. de Talleyrand ait jamais rédigé la plus importante note diplomatique avec plus de soin qu'il n'en apporta à cette lettre. »

« N'avez-vous rien à dire ? demanda la duchesse, en espérant que sa fille n'allait pas faire de difficultés.

— Chère maman, si je ne me considérais pas déjà engagée envers le prince Adam, et si, depuis l'âge de douze ans, je ne voyais pas en lui le seul homme que je puisse jamais épouser, je ferais ce que vous désirez tant. Je ne crois pas que le prince Adam diffère, par sa faute, sa visite ici. Je lui ait fait des promesses que je me sens dans l'obligation de tenir. »

Dorothée eut beaucoup de mal à s'expliquer ; elle avait l'impression d'être une toute petite fille qui s'efforce d'avancer dans le sable profond de la plage. Sous la princesse rebelle et volontaire restait encore une enfant, qui, voulant se faire pardonner, fit un geste pour baiser la main de sa mère.

La duchesse elle-même ne s'était pas persuadée sans peine qu'elle agissait pour le bien de tous ; elle s'était endurcie pour cette entrevue, prévoyant des obstacles, mais ce geste inattendu et puéril lui fit perdre son sang-froid. Elle retira brusquement sa main, et son imagination, au cours d'une scène terrible que Dorothée n'oublia jamais, se déchaîna : sa fille sacrifiait à un enfantillage la sécurité de sa mère ; elle allait attirer sur la tête de la duchesse le ressentiment du puissant M. de Talleyrand ; l'empereur Napoléon attribuerait le refus de Dorothée à sa haine de la France, et tous les membres de la famille allaient en subir de graves conséquences. Pour finir, elle s'écria :

« Vous, ma préférée, vous êtes bien ingrate ! »

Dorothée défendit obstinément sa position : elle était fiancée au prince Czartoryski.

« Soit, dit la duchesse avec amertume. Montrez du moins quelque amabilité envers M. de Périgord. Je laisserai passer quelques jours avant de répondre à M. de Talleyrand, afin de vous éviter de paraître ridicule, et de faire croire que vous avez réfléchi à cette affaire. »

La mère et la fille avaient eu des différends dans le passé, mais jamais encore elles ne s'étaient affrontées en termes aussi violents. L'emportement de la duchesse, d'habitude si digne et si sereine, bouleversa Dorothée, mais elle ne céda pas. Accoutumée à se fortifier contre l'indifférence du prince Czartoryski, elle était inaccessible au désespoir ; elle se retira dans sa chambre, essayant, à ses propres yeux, de justifier son droit au bonheur.

Dans l'après-midi, la duchesse demanda à Oleg de tenter à son tour de raisonner leur fille; il se heurta à la même opiniâtre résistance. Le dîner d'anniversaire d'Anne-Dorothée s'en trouva gâché; il fut morne, et chacun se retira plus tôt que d'habitude.

La duchesse passa une mauvaise nuit. Réveillée de bonne heure, elle essaya de réagir, selon sa coutume, par une bonne marche dans le parc; mais même le froid vif de février ne l'aida pas à résoudre son problème : comment amener Dorothée à accepter ce mariage, de façon qu'elle-même pût tenir sa parole donnée au tsar. Soudain, elle eut une inspiration. Elle se hâta de rentrer au château, où les valets, à cette heure, les pieds chaussés de peaux de mouton, patinaient sur les parquets pour les faire reluire. Elle arrêta l'un d'eux et l'envoya prévenir le comte Batowski qu'elle désirait lui parler au plus tôt. Dès qu'Oleg se présenta, elle le dépêcha immédiatement à Altenburg : Piattoli était responsable de la fixation de Dorothée sur Czartoryski, c'était à lui qu'il revenait de ramener la jeune fille à la réalité.

Le destin allait faire jouer à celui qui avait été le conseiller révéré de Dorothée le rôle détestable de trahir, aux portes de la mort, la confiance de sa très chère pupille. Tourmenté lui-même depuis longtemps par l'attitude injustifiable du prince Adam, il n'eut pas la force, devant les insistances de Batowski, de résister cette fois aux injonctions de la duchesse, comme il l'avait fait si courageusement dans le passé. Avec de grandes difficultés, il parvint à griffonner les quelques lignes que lui dicta le comte.

Il faisait nuit quand Oleg rentra au château et remit le billet à Dorothée. La jeune fille n'avait nulle raison de soupçonner ce que le comte était allé faire à Altenburg, et elle n'apprit le véritable motif de son voyage que des années plus tard. Heureuse d'avoir des nouvelles de son cher précepteur — peut-être lui donnait-il l'explication de l'incompréhensible silence du prince Adam —, elle monta dans sa chambre pour lire tranquillement son message. L'écriture en était incertaine et tremblée, mais sa signification la frappa au cœur :

> Ma jeune amie,
> Tous nos espoirs sont détruits. J'ai reçu de Pologne la nouvelle que le mariage du prince Czartoryski avec la protégée de la vieille princesse est finalement décidé. On ne parle que de cela à Var-

sovie. Voilà l'explication de son long silence. Je souffre tellement que je ne puis écrire davantage.

Dorothée ne put en croire ses yeux. Il devait y avoir une erreur. Il fallait qu'elle vît Piattoli, qu'elle lui parlât sur-le-champ. Elle sonna son majordome, lui donna l'ordre de faire atteler sa voiture, et, dans la tempête nocturne, partit au galop pour Altenburg.

La petite chambre du malade était mal éclairée par une unique chandelle, et la jeune fille reconnut à peine ses traits ravagés. Elle s'agenouilla près du lit, saisit une main desséchée et s'efforça de maîtriser ses sanglots ; elle dut se pencher pour entendre ses paroles :

« Soyez heureuse, murmura Piattoli d'une voix altérée. Vous avez été le grand souci de mes dernières années. Pardonnez-moi d'avoir essayé de guider votre avenir. Désormais, ajouta-t-il en cherchant son souffle, remettez-vous-en à Madame votre mère. »

Seule sa force de volonté avait permis à Piattoli de parler. Mais l'émotion et l'épuisement l'accablèrent. Il tourna la tête vers le mur, sans que Dorothée pût prononcer un mot, et, de la main, lui fit faiblement signe de partir. C'était presque l'aube, et il neigeait toujours quand elle rentra à Löbichau.

Batowski vint informer la duchesse, avant même qu'elle fût levée, de l'escapade de leur fille. Comment ! se récria-t-elle, Dorothée était allée à Altenburg ? Seule ? Et en pleine nuit ? Elle devait être au désespoir !

Inquiet à la pensée que la duchesse pût se raviser et fort désireux de se maintenir dans les bonnes grâces de Talleyrand, son puissant protecteur, le comte rappela à Anne-Dorothée certaines rumeurs persistantes qui circulaient : le prince Czartoryski et Alexandre Ier étaient en très mauvais termes depuis le démembrement de la Pologne. Il n'eut pas à insister ; la duchesse avait compris. Étant donné l'hostilité actuelle des deux hommes, Dorothée pouvait à la rigueur braver le tsar en refusant Edmond de Périgord, mais si jamais elle s'enfuyait avec le prince Adam, c'est sur sa mère que retomberait le blâme. Or, Dorothée venait de prouver qu'elle était capable d'un tel coup de tête.

Pour dissiper les derniers doutes qui pouvaient subsister chez la jeune fille, Batowski — certainement, avec la complicité de la duchesse — mit au point une scène qui se déroula quand retentit le coup de gong du dîner. Le courrier était arrivé peu de temps auparavant, et, selon la coutume, les membres de la maisonnée apportaient à table les dernières nouvelles reçues de l'étranger. On tira de son lit de malade une vieille comtesse polonaise recueillie par Anne-Dorothée, afin de lui faire répéter son rôle. Elle arriva, tout essoufflée, la dernière dans la salle à manger, la perruque un peu de travers, une liasse de lettres à la main.

« Excusez-moi ! Excusez-moi ! J'ai reçu tant de lettres de Varsovie que je me suis attardée à les lire. Le croirez-vous, ma chère, dit-elle en se tournant vers la duchesse, le prince Czartoryski, ce célibataire endurci... Eh bien, il s'est enfin fiancé ! J'ai là tous les détails ! »

Et, d'une main tremblante, elle brandit triomphalement une enveloppe. Enfin convaincue de l'abandon du prince, Dorothée, outragée, se leva si brusquement que sa chaise se renversa avec fracas. Tous les yeux se fixèrent sur elle.

— M-mère, balbutia-t-elle, puis-je vous parler un instant en particulier ? »

Elle disparut dans le salon voisin, suivie de près par sa mère.

« Puisque le prince Adam a jugé bon de rompre sa promesse, dit Dorothée d'une voix étranglée, je ne me considère plus liée par la mienne. Je suis prête à épouser qui vous voulez, Mère. Vous pouvez avertir M. de Périgord.

— Ah, ma chère enfant ! Ma chère enfant ! s'exclama la duchesse, en serrant sa fille dans ses bras sans prendre garde à ses larmes. Vous prenez là une sage décision. J'en suis certaine. Je cours prévenir le comte Edmond. »

Craignant que sa fille ne changeât d'avis, Anne-Dorothée se précipita dans la salle à manger pour annoncer la bonne nouvelle. La jeune fille remonta dans sa chambre et finit par s'endormir dans les pleurs.

Peut-être la conscience de la duchesse fut-elle tourmentée par les subterfuges dont elle avait usé pour circonvenir sa fille, car, le lendemain matin, contrairement au protocole, c'est elle qui, chose inouïe, se rendit dans les appartements de Dorothée.

« Je tiens, dit-elle, à vous féliciter d'avoir fait preuve de bon sens, et aussi à vous remercier au nom de toute la famille. Maintenant, il faut vous montrer aimable avec M. de Périgord. Venez. »

Et elle embrassa l'agneau du sacrifice. Dorothée, abattue, les yeux tristes, descendit l'escalier à sa suite. La duchesse lui désigna la porte de la bibliothèque avec un sourire encourageant. La jeune fille entra.

Les deux jeunes gens destinés à devenir mari et femme restèrent un moment assis l'un en face de l'autre, dans un silence gêné. Dorothée, la première, rassembla son courage et prit la parole.

« J'espère, Monsieur, que vous serez heureux dans le mariage que l'on a arrangé pour nous. Mais je dois vous dire moi-même ce que vous savez sans doute, c'est que je cède au désir de ma mère sans répugnance à la vérité, mais avec la plus parfaite indifférence pour vous. Peut-être serai-je heureuse, je veux le croire, mais vous trouverez bons, je pense, mes regrets de quitter ma patrie et mes amis, et vous ne m'en voudrez pas de la tristesse que vous pourrez, dans les premiers temps tout au moins, remarquer en moi. »

Sensible à cette franchise et à cette lucidité de la part d'une jeune fille de seize ans, le comte Edmond se leva.

« Mon Dieu, répondit-il, ce que vous me dites là me paraît tout naturel. D'ailleurs, moi aussi, je ne me marie que parce que mon oncle le veut, car, à mon âge, on préfère la vie de garçon. »

Piattoli mourut peu après. Dans son cercueil, Dorothée plaça le portrait du prince Czartoryski, que son précepteur avait fait faire pour elle et lui avait envoyé de Saint-Pétersbourg — enterrant en même temps ses espoirs et ses illusions, mais non sa tristesse. Ayant donné son accord sous le coup de l'humiliation et du dépit, elle tomba dans une neurasthénie profonde. Même son animosité contre sa mère fut submergée par l'amertume de la trahison supposée du prince Adam.

Soulagée d'avoir franchi cette pénible étape, la duchesse, elle, ne pensait plus qu'à l'avenir. Car le mariage de Dorothée lui apportait un plaisir inattendu : invitée par Talleyrand, elle accompagnerait sa fille en France.

Bien que Paris fût le centre européen de la mode, une princesse de Courlande ne pouvait arriver sans un trousseau digne d'elle, et Anne-Dorothée s'affaira à ces préparatifs — et au renouvellement de sa propre garde-robe — avec toute la vivacité des oiseaux qui commençaient à faire leurs nids sous ses fenêtres. Tous les matins, à dix heures, la jeune fille retrouvait sa mère dans sa chambre pour d'interminables heures d'essayages, sous l'œil attentif de la plus grande couturière de Berlin, une Française émigrée qui, pour cette prestigieuse commande, s'était transportée à Löbichau avec son atelier au grand complet. Dorothée, passive comme un mannequin, laissait épingler sur sa tête les innombrables chapeaux, bonnets et toques, assortis à chaque toilette, conçus, eux, par la première modiste de Prague. La ville de Dresde, où l'on venait seulement de renoncer aux robes à paniers, ne valait rien pour les robes, mais elle était sans rivale pour la lingerie ; on installa donc dans l'appartement vert trois des ouvrières les plus accomplies de la capitale saxonne, qui se mirent à coudre des mètres de batistes transparentes, de linons arachnéens et de dentelles aériennes. On commanda par douzaines des paires de gants, de bas et de chaussures.

Afin de ne rien laisser au hasard, Anne-Dorothée fit donner l'ordre, au village d'Altenburg, de lui transmettre toute correspondance adressée au défunt abbé Piattoli. Sage précaution, car une lettre lui parvint en effet, dans laquelle Czartoryski annonçait à son ancien précepteur que la princesse sa mère avait enfin donné son consentement au mariage et qu'il prenait ses dispositions pour venir chercher Dorothée. La duchesse avait toujours redouté quelque péripétie de dernière minute de la part de ces imprévisibles Polonais ; sans souffler mot à sa fille, elle se hâta d'informer le prince Adam du mariage imminent de Dorothée. Celle-ci ne devait apprendre cet échange de lettres que cinq ans plus tard, lorsqu'elle rencontra Czartoryski au congrès de Vienne.

Pendant ce temps, à Paris, s'élevait une autre difficulté — mais qui fut promptement contournée. Talleyrand, l'oncle d'Edmond, était tombé en disgrâce auprès de Napoléon, averti d'un complot contre le régime impérial, dont il accusa — non sans raison — son grand chambellan d'être l'auteur. Au cours d'une scène d'une violence inouïe, dont les échos se répercutèrent dans toute la capitale, l'empereur jeta à la tête de Talleyrand un flot de grossières injures, dont l'apostrophe fameuse : « Ah ! tenez, vous êtes de la m... dans un bas de soie ! » Il le destitua de sa charge de grand chambellan et lui interdit l'entrée de ses appartements privés (mais non celle des Tuileries) et ne lui laissa que son titre purement honorifique de vice-Grand Électeur. Napoléon n'était pas d'humeur à accorder à sa bête noire du moment l'autorisation nécessaire au brillant mariage d'Edmond de Périgord. Néanmoins, ne voulant pas déplaire au tsar qui désirait cette alliance et dont Dorothée était la sujette, il transmit son impériale approbation au père du comte Edmond.

A Löbichau ne pouvait être célébré qu'un service luthérien. Comme Edmond était catholique et que la question de religion importait peu à Dorothée, la duchesse décida que la cérémonie aurait lieu à Francfort. Le prince primat de cette ville, commodément située sur le chemin de la France, était un ami de longue date des familles Biron et Talleyrand. Il accepta d'officier.

La sœur d'Edmond ne put être présente ; sa mère était morte. (Elle avait fait partie de la dernière charrette des condamnés à la guillotine, refusant courageusement de se déclarer enceinte, comme avaient fait ses amies pour échapper à leur destin.) En signe de protestation contre ce mariage, les membres francophobes de la famille de Courlande — les trois sœurs aînées de Dorothée et sa tante Élisa — refusèrent d'y assister. Seuls, Fräulein, revêche, Archambaud de Périgord, le père d'Edmond, et la duchesse, radieuse, se tinrent aux côtés des jeunes mariés, qui s'agenouillèrent, le 22 avril 1809, dans une chapelle de la cathédrale Saint-Barthélemy de Francfort-sur-le-Main. Ensuite, le prince primat fit à Dorothée présent d'un merveilleux petit oiseau mécanique, qui pépiait et battait des ailes dans une cage dorée — cadeau symbolique pour une petite mariée triste, arrachée à son adolescence.

Les canons recommençaient à tonner. Quarante-huit heures plus tard, le marié, qui n'était qu'un pion sur l'échiquier de son oncle, fut envoyé au quartier général de la Grande Armée, tandis que Dorothée, laissée face à une plongée dans l'inconnu, s'éloignait avec sa mère dans la direction de l'ouest.

CHAPITRE 6

La duchesse et Talleyrand
1809-1810

ELLES VOYAGÈRENT À LOISIR, en faisant de nombreux détours, car la duchesse voulait montrer à Dorothée les sites et les villes dignes d'intérêt. Au bout de plusieurs semaines, leur grande berline pénétra dans Paris par Vincennes, la barrière du Trône et la place de la Bastille. Napoléon avait entrepris de grands travaux de reconstruction, destinés à transformer la ville en la plus belle et la plus moderne capitale du monde. Mais il y avait tant de blocs de pierre gisant sur les chaussées que le cocher dut mettre ses chevaux au pas pour contourner les obstacles ; il franchit la Seine sur le Pont-Neuf, puis il poursuivit son chemin sur la rive gauche par des rues étroites et souvent encore non pavées, déshonorées par un caniveau central, et il entra enfin au crépuscule, au 57 de la rue de Varenne, dans la grande cour de l'hôtel Matignon.

Le portail et la façade annonçaient la magnificence intérieure. Cette demeure, quand Talleyrand l'avait achetée l'année précédente, en 1808, était déjà l'une des plus vastes et des plus belles de l'aristocratique faubourg Saint-Germain. Résolu à posséder une résidence digne de son rang éminent dans la hiérarchie impériale, il l'avait rénovée et agrandie, et il avait acquis la propriété voisine afin de créer les plus grands jardins particuliers de la ville. Des bâtiments séparés abritaient les logements des domestiques, les cuisines, les écuries, les remises ; de chaque côté du logis principal, ces dépendances, sans étage, se dissimulaient derrière une façade à arcades.

Des laquais en livrée se précipitèrent pour aider la duchesse et Dorothée à descendre de berline ; dans une autre voiture suivaient Fräulein et la première dame d'honneur de la duchesse ; le reste de l'imposante maison ducale fut conduit dans ses quartiers. Les voyageuses traversèrent le grand hall d'entrée et gravirent les degrés de marbre de l'escalier d'honneur, précédées de valets porteurs de candélabres ; à la lueur des flammes vacillantes se détachaient ici et là, sur les murs, des détails de tapisseries ou de portraits de famille : un diamant sur une toque, une fraise sur un pourpoint, le décolleté d'albâtre d'une dame.

Au premier étage, la mère et la fille se séparèrent. Avec son habituel souci des nuances, Talleyrand avait réservé à la nouvelle mariée le seul appartement de la demeure qui fût décoré dans le style en vogue auprès de la jeune génération depuis l'expédition de Bonaparte en Égypte : meubles d'acajou aux pieds rectilignes, relevés de bronzes dorés. La duchesse, elle, se vit attribuer un appartement dans le goût le plus exquis du XVIIIe siècle, orné de chefs-d'œuvre de grands ébénistes ; elle, qui appréciait tant les porcelaines, fut particulièrement charmée par des bouquets sortis de la manufacture royale de Vincennes, copies de ceux que Louis XV avait commandés pour ses résidences de campagne ; ces bouquets, dans des jardinières dorées, reposaient sur une paire de consoles placées entre les hautes portes-fenêtres, devant des miroirs qui doublaient leur éternelle floraison. Le cabinet de toilette comportait une baignoire fixe, luxe encore rare à l'époque.

Anne-Dorothée était impatiente de faire la connaissance de son hôte. Qu'avait donc dit Mme de Staël à son sujet ? « Si sa conversation pouvait s'acheter, je me ruinerais pour acheter la sienne. » Sa redoutable intelligence, son extraordinaire pouvoir de fascination, son rang éminent et l'estime où le tenait le tsar, tout concourait au prestige du vice-Grand Électeur. Il avait alors cinquante-cinq ans.

Au moment où la duchesse entra dans le salon, avant le dîner, elle entendit un pas inégal et perçut un puissant parfum d'ambre — un son et une odeur qui, jusqu'à la fin de sa vie, resteraient associés dans sa mémoire à la présence de Charles Maurice de Talleyrand. Même sa boiterie paraissait chez lui une élégance. Il s'avança lentement vers Anne-Dorothée. De taille moyenne, les épaules larges, il était vêtu d'un habit de velours vert bouteille, une épée au côté et la poitrine ornée des croix et rubans que son fidèle valet Courtiade, féru de protocole, jugeait séants pour telle ou telle occasion. Ses cheveux blonds, à peine teintés de gris, étaient poudrés. Il avait le visage blême et impassible, une bouche hautaine, un nez insolemment retroussé, et de longues paupières voilaient son regard bleu, dur comme le saphir.

Il s'assit aussi promptement qu'elle — on l'avait prévenue qu'il ne pouvait rester longtemps debout — et fit reposer son pied infirme, le droit, sur un tabouret au petit point. Ce pied était emprisonné dans une haute chaussure renforcée d'une armature métallique, munie d'une tige de fer maintenue le long de la jambe, jusque sous le genou, par une forte jarretière de cuir. Mais, sur Talleyrand, cet appareil de torture semblait le dernier cri de la mode. L'autre jambe était gainée d'un bas de soie noire et chaussée d'un escarpin à boucle de diamant. Pas un muscle de son visage ne bougeait quand il parlait, et son débit lent et désinvolte s'accordait au raffinement de sa personne. Tandis que la duchesse commentait son long voyage, il la détaillait en connaisseur.

La beauté d'Anne-Dorothée, à quarante-huit ans, était à peine fanée, mais sa chevelure, jadis auburn, avait noirci sous l'effet des teintures destinées à cacher des fils gris. Elle plut à Talleyrand par sa grâce, sa vivacité, ses airs de souveraine et ses sept siècles de sang bleu — même si ses ancêtres n'étaient que de rudes chevaliers Teutoniques alors que ceux des Périgord galopaient déjà à la droite des rois de France. Le temps et l'éloignement amplifiant les rôles qu'elle avait joués en Courlande, à Varsovie, à Prague, à Berlin, à Saint-Pétersbourg et à Dresde, elle apparaissait comme une personnalité politique brillante, en termes intimes avec tous les souverains et les grands personnages d'Europe centrale et orientale. Son intrigue avec le tsar avait fait jaser les cours pendant des années. Le verdict de Talleyrand fut que la petite duchesse était « délicieuse » — compliment suprêmement élogieux de sa part.

Dorothée entra et fut présentée. Talleyrand accueillit sa nouvelle nièce avec chaleur, mais fut un peu déçu par sa maigreur adolescente et son teint de petit pruneau. Il ne goûtait pas les fruits verts.

Tous les soirs, Talleyrand recevait, et, à cette époque, quatre fois par semaine, il donnait des dîners pour plus de quarante personnes ; les désirs de l'empereur dictaient en grande partie la liste de ses invités. Bourreau de travail, Napoléon ne prisait guère les mondanités, mais il tenait à ce que son vice-Grand Électeur et ses autres dignitaires reçoivent régulièrement et avec faste, non seulement pour éblouir ses sujets et les diplomates étrangers par la richesse de l'empire, mais aussi afin de permettre à sa police de lui faire des rapports sur ce que disaient et pensaient les Parisiens.

Comme il s'agissait, ce soir-là, d'une réunion de famille, Catherine de Talleyrand, l'épouse de l'homme d'État, parut, puis les autres convives : le père d'Edmond et sa sœur Mélanie.

A l'hôtel Matignon, les repas étaient un rite. Talleyrand offrit son bras à la duchesse pour la conduire cérémonieusement dans la salle à manger. Au milieu de la table trônait une pièce montée en forme d'arc de bienvenue, copié sur les plans de l'Arc de triomphe alors en construction sur la légère hauteur dominant les Champs-Élysées. Boucher, le célèbre chef que tout Paris enviait à Talleyrand, avait créé ce chef-d'œuvre culinaire à l'intention spéciale de la jeune épouse de M. le comte Edmond et de sa mère — mais il en confectionnait un différent tous les soirs. C'était un bonhomme joufflu, qui portait sa toque de travers sur ses cheveux de jais et gardait un grand couteau à découper passé comme un cimeterre dans la ceinture de son tablier blanc. Il présidait toujours au service des repas, avec autant d'autorité que Napoléon à une charge de cavalerie d'un de ses maréchaux. Pour l'heure, les convives s'attardant au salon, ses sauces pourraient tourner : sous sa toque tremblante, il fronçait sombrement les sourcils. Afin d'éviter un drame, Talleyrand lui murmura quelques mots d'apaisement.

Divers potages, servis dans des assiettes, furent passés par des valets de pied debout derrière chaque chaise ; suivit un assortiment de poissons ; puis des pâtés, du melon, des viandes en croûte. Arriva un superbe carré d'agneau de pré salé. Usant de la prérogative du grand seigneur qui peut se permettre de contrevenir aux usages, Talleyrand le découpa lui-même, en offrant les tranches à ses convives dans l'ordre strict des préséances, commençant par la duchesse et finissant par Dorothée, parce qu'elle était la plus jeune.

Trois musiciens jouaient sur un petit balcon dominant la pièce, et leurs mélodies se mêlaient à la rumeur des conversations et au tintement des cristaux et de l'argenterie. Tout à coup, la voix aiguë de Mme de Talleyrand surmonta toutes les autres : « ... m'a conseillé de me faire offrir de plus grosses perles, alors je lui ai répondu : "Mon Dieu, Madame, qui croyez-vous que j'aie épousé, le pape ?" » Il y eut un froid. De la part de celle qui, justement, était la femme de l'ex-Mgr de Talleyrand, évêque d'Autun défroqué, ce trait était d'un goût plus que douteux.

L'opulente Catherine de Talleyrand conservait des vestiges de l'éblouissante beauté blonde de sa jeunesse. Mais on s'interroge toujours sur les raisons qui déterminèrent un aristocrate aussi raffiné que Charles Maurice à choisir pour épouse cette Catherine Worlée, née Française en Inde, devenue Mme Grand par son mariage avec un Anglais, et qui avait mené une vie de courtisane notoire. Lorsque Bonaparte, Premier consul, décida de faire régner les convenances et la morale dans son entourage, donnant lui-même l'exemple en épousant Joséphine de Beauharnais, l'ancien évêque épousa sa maîtresse avec autant de détachement qu'il avait ôté sa mitre. Beaucoup plus tard, en 1836, Talleyrand devait vaguement expliquer : « Cela s'est fait dans un temps de désordre général. On n'attachait alors aucune importance à rien, ni à soi ni aux autres. Vous ne pouvez savoir jusqu'où les hommes peuvent s'égarer aux époques de décomposition sociale. »

Talleyrand disait lui-même de sa femme qu'« elle avait de l'esprit comme une rose ». Il n'existait guère d'intimité dans ce couple mal assorti, et les gens du monde faisaient des gorges chaudes des bévues et des impairs, réels ou inventés, attribués à la malencontreuse Catherine ; n'était-ce pas exquis de savoir l'arrogant prince de Bénévent associé à une telle sotte ?

Après les entremets, le maître d'hôtel retira de la table la pièce montée, que le chef Boucher découpa sur la desserte. C'était une composition savante de nougatine, de biscuit, de sucre filé et de crème Chantilly. La duchesse en prit à peine et s'excusa :

« C'est un délice, dit-elle, mais ce serait péché que d'en prendre davantage.

— Ne savez-vous pas, ma chère duchesse, que tout péché est négociable ? » répondit Talleyrand, avec un bref et insolite éclair de malice sous la paupière.

Les jours s'écoulèrent, vifs et légers, en visites dans la capitale ou en promenades au bois de Boulogne. En l'absence d'Edmond, retenu aux armées, Talleyrand se sentit responsable de Dorothée. Il lui montra ou lui fit montrer tout ce qui valait la peine d'être vu à Paris et dans ses environs. Et, avec plus d'empressement encore, il cultiva la bienveillance de la duchesse, qui avait de si utiles et importantes relations en Russie et en Europe centrale. En ce qui la concernait, le devoir devenait un plaisir.

Paris dépassa toutes les attentes d'Anne-Dorothée. Il y avait là le Louvre, où se trouvaient rassemblés les plus grands chefs-d'œuvre des pays conquis ou occupés par Napoléon. Le lion de Venise se dressait sur la fontaine de l'esplanade des Invalides. Les quatre chevaux de bronze de la basilique Saint-Marc couronnaient l'arc du

Carrousel, dans la cour des Tuileries ; ils étaient attelés à un char vide, dans l'attente de son occupant, une statue dorée de l'empereur Napoléon — ce qui avait inspiré aux badauds un calembour irrévérencieux : « Le char l'attend » (le charlatan). Des gens, assis dans les jardins, contemplaient les marronniers en fleur ou lisaient des journaux, fixés du côté gauche sur de longues baguettes, et qu'ils louaient car il revenait trop cher de les acheter. Dans les rues se produisaient des jongleurs, des acrobates, des montreurs d'ours danseurs ou de chèvres dressées à grimper sur des échelles ; au cirque Franconi, il y avait un cerf savant. Des marchands poussaient des ânes chargés de paniers de fleurs.

Rien n'échappait à l'attention d'Anne-Dorothée. Elle visita le musée des Petits-Augustins, encombré de statues et d'objets précieux sauvés, pendant la Révolution, des églises transformées du jour au lendemain en écuries ou en casernes. Elle acheta des sucres d'orge au Fidèle Berger, la célèbre confiserie de la rue des Lombards, et, rue Richelieu, au Petit Dunkerque, elle fit provision d'articles de fantaisie : parapluies à manche de nacre, réticules tissés de perles, flacons à sels en or — comme celui, en forme de poisson articulé, qui avait appartenu à l'impératrice Joséphine.

Dorothée, partout, accompagnait sa mère et son oncle Charles Maurice. Elle avait fini par trouver des agréments à sa nouvelle vie — même parmi des Français — et réagissait avec la spontanéité de sa jeunesse aux merveilles de la capitale. La mère et la fille étaient également épuisées lorsque Talleyrand, en route vers Bourbon-l'Archambault pour sa cure thermale annuelle, les déposa à Rosny, à environ soixante kilomètres de Paris. Ce château de briques roses, héritage maternel d'Edmond de Périgord, avait été construit par Sully, le grand ministre d'Henri IV. Assise dans sa chambre, devant un charmant bonheur-du-jour en poirier, Anne-Dorothée, se préparant à écrire à Élisa, laissa son regard errer sur la verdoyante vallée de la Seine et commença : « C'est aussi calme ici qu'à Löbichau. »

La duchesse revint seule à Paris, laissant Dorothée attendre à la campagne que son mari revînt du front. À l'automne, elle s'installa dans ses propres appartements, au 103 de la rue Saint-Dominique. Elle y prit ses habitudes et y vécut des heures heureuses... avec Talleyrand. Elle ne se trouvait pas loin de l'hôtel Matignon et, tous les matins, encore au lit, alors qu'elle buvait son café au lait en cajolant ses deux caniches, elle recevait un billet adressé par Charles Maurice à son « Cher Ange ». D'une écriture penchée, en pattes de mouche presque illisibles courant sur une feuille bleue armoriée et parfumée à l'ambre gris, Talleyrand lui exposait les projets de la journée.

L'empereur regagna la capitale. Les Tuileries étaient peut-être une cour de parvenus, mais même la duchesse de Courlande ne pouvait se soustraire à son protocole. Comme elle devait être présentée officiellement à l'empereur et à l'impératrice avant de pouvoir se montrer au palais, Talleyrand s'arrangea pour fixer ce préliminaire obligatoire au dimanche suivant, afin qu'Anne-Dorothée ne manquât aucune des manifestations d'une saison qui s'annonçait brillante. Cela ne lui laissait guère de temps pour se préparer, car, bien entendu, il lui fallait une nouvelle toilette.

Le couturier Leroy, l'arbitre parisien de l'élégance féminine, était le protégé de Joséphine depuis l'époque du Directoire. Il n'ignorait aucun des secrets de la haute société. Quand la duchesse lui expliqua son embarras, il faillit avoir une attaque, bredouilla d'indignation et tapa du pied. Comment, lui, un artiste, pourrait-il produire une création originale en cinq jours ? Finalement, il fut trop heureux d'exécuter la commande, dussent ses ouvrières travailler jour et nuit.

La semaine se passa en achats frénétiques dans les boutiques de luxe abritées sous les arcades du Palais-Royal : des bas de soie impalpables chez Meyer, des gants longs en chevreau chez Mme Annette, des escarpins de satin blanc chez Janssen, fournisseur de la famille impériale. Les badauds se pressaient sur le passage d'Anne-Dorothée et de sa suite, avides de voir de près cette grande dame slave dont on parlait tant. Le groom de la duchesse ouvrait la voie, suivi par deux laquais en livrée et perruque ; puis venait la duchesse, avec sa canne et son face-à-main ; ses dames d'honneur marchaient respectueusement à quelques pas en arrière, tenant les deux caniches en laisse ; ensuite, un secrétaire chargé d'une bourse, afin que Son Altesse ne se salît pas les mains avec de l'argent ; enfin, un négrillon en costume éclatant fermait le cortège, chancelant presque sous le poids des paquets.

Le matin de la présentation, Anne-Dorothée fut prête avant l'aube. Sa robe de mousseline blanche, ornée tout le long du devant et autour de l'ourlet d'ananas brodés en fils d'or et d'argent — motif inspiré de la tapisserie de la reine Mathilde, alors exposée à Paris —, avait le décolleté et la longue traîne de cour de rigueur ; ses cheveux, conformément aux instructions du tyrannique couturier, étaient coiffés de façon à bien mettre en valeur l'obligatoire toque empanachée. Elle omit même sa mouche habituelle : les mouches expliqua dédaigneusement M. Leroy, étaient démodées depuis l'ère glaciaire; elles ne subsistaient que dans des contrées perdues — comme la Courlande.

La duchesse arriva aux Tuileries ponctuellement à huit heures du matin. Mais la dame d'atour de l'impératrice fut au regret de l'informer, elle et plusieurs Genevois qui l'avaient précédée, que l'empereur ayant été si longtemps absent, ne recevrait en audience qu'après avoir passé ses troupes en revue. Pour leur faire passer le temps, on les installa près d'une fenêtre donnant sur la cour du palais : le célèbre spectacle de la revue, qui avait lieu une fois par semaine lorsque l'empereur était en résidence, attirait nombre de Parisiens et d'étrangers. À midi, la cérémonie semblait ne devoir jamais finir : 14 000 hommes, beaucoup plus que d'habitude, étaient rassemblés ce jour-là. Anne-Dorothée grignota avec reconnaissance quelques chocolats, enveloppés chacun dans son papier — une nouveauté —, que Charles Maurice avait eu la prévenance de lui faire porter la veille au soir : il était accoutumé aux bizarreries de l'horaire impérial et savait aussi qu'on ne servait pas, au palais, de collations aux visiteurs. Ces bonbons, les « délices du courtisan », étaient spécialement prévus pour de telles occasions; ils pouvaient se glisser dans les réticules ou dans les poches, sans risque de s'écraser.

Dans la grande cour maintenant vide ne restaient que les soldats qui montaient la garde. Le soleil était déjà bas quand le grand maître des cérémonies parut enfin dans toute sa splendeur. Avec des airs d'extrême importance, il pria la duchesse de le suivre — sans les Genevois. Être reçue seule était un honneur exceptionnel pour une femme. En outre, les hussards au garde-à-vous à l'entrée de la salle du Trône, ouvrirent pour elle la porte à deux battants, privilège normalement réservé aux souverains.

Ce furent les plus beaux jours des relations d'Anne-Dorothée avec l'empereur — avant les désillusions —, et il est dommage que la duchesse ne nous ait pas laissé le récit de sa rencontre avec le fascinant personnage qui l'attendait tout au bout de la salle, assis sur un fauteuil doré au dossier couronné d'un N inscrit dans une couronne de laurier. Sur les murs, sur les rideaux, sur les tapis, partout il y avait des abeilles, et sa vision se brouilla un peu, tandis qu'elle parcourait l'immense distance qui la séparait des marches du trône. Elle y parvint cependant et s'abîma dans les trois révérences prescrites. Elle s'attendait à la pâleur de l'empereur et à son embonpoint, mais elle fut surprise de voir que ses narines étaient noires de tabac et que la célèbre boucle collée à son front reluisait de pommade.

Le regard gris-bleu de Napoléon se posa amicalement sur elle; il sourit : « Nous sommes honorés, Madame, d'accueillir à la cour une amie intime de notre cher cousin et allié le tsar Alexandre. Nous ferons tout ce qui est en notre pouvoir pour rendre votre séjour parmi nous agréable. » L'empereur ajouta quelques amabilités — contrairement à son habitude, car on le savait peu courtois avec les femmes, qu'il considérait comme des poulinières pour ses armées futures. D'un bref coup d'œil à son maître de cérémonies, il signifia que l'audience était terminée. Escortée par ce personnage, Anne-Dorothée se retira à reculons, en dégageant, du pied, sa traîne de côté, avec une aisance née d'une longue pratique.

On tolérait, à l'époque, des mœurs assez libres, mais non des manquements aux convenances; la seule faute impardonnable était de provoquer un scandale. C'est précisément ce qu'avait fait Catherine de Talleyrand en se lançant dans une impudente liaison avec un bel Espagnol beaucoup plus jeune qu'elle, le duc de San Carlos. C'était l'écuyer des princes d'Espagne captifs, que Napoléon avait assignés à résidence dans le magnifique château de Talleyrand, à Valençay, dans le Berry, après avoir attribué la couronne d'Espagne à son frère Joseph Bonaparte. L'empereur, furieux de l'inconduite de Mme de Talleyrand, avait ordonné l'exil — temporaire et séparé — des amants et interdit à Catherine de reparaître à la cour.

Au cours de la scène publique épouvantable que Napoléon avait infligée à Talleyrand en janvier 1809, il l'avait non seulement grossièrement insulté et destitué de sa charge de grand chambellan, mais il avait aussi évoqué son infortune conjugale, mettant le comble à son humiliation :

« Et votre femme? cria l'empereur, vous ne m'aviez pas dit que San Carlos était l'amant de votre femme?

— En effet, Sire, répondit le grand seigneur, je n'avais pas pensé que ce rapport pût intéresser la gloire de Votre Majesté ni la mienne. »

Mais l'amour-propre de Talleyrand dut cruellement souffrir. S'il demeurait des vestiges de liens entre son épouse et lui, ils se rompirent à ce moment. La place était libre pour Anne-Dorothée. Vivante antithèse de Catherine par la naissance, la culture, le charme, elle était une compagne digne de Talleyrand, qui, toute sa vie, aima s'entourer de femmes belles et de préférence spirituelles et intelligentes, avec lesquelles il pouvait discuter de ses sujets favoris, les affaires du monde et les livres.

Tandis que la duchesse s'assurait l'attachement de Charles Maurice, la jeune Dorothée entreprenait de se faire une place dans la société parisienne. Son mari Edmond, enfin revenu de ses campagnes, couvert de citations pour actes de bravoure, avait acheté, avec une partie de la dot de sa femme, une maison Louis XV au 2 de la rue Grange-Batelière. Dorothée était venue le rejoindre, heureuse de quitter le château de Rosny et de vivre sa vie de jeune mariée dans la capitale. Le prestige de Talleyrand — même momentanément en marge du pouvoir — assurait à son neveu et à sa nièce, dès leurs débuts, un cercle choisi d'amis.

Le titre officiel qui restait à Talleyrand, celui de vice-Grand Électeur, n'était qu'honorifique. Tenu à l'écart par l'empereur et ne paraissant que rarement à la cour, il ne manquait jamais d'assister à la messe du dimanche dans la chapelle des Tuileries, car c'était là l'un des meilleurs postes d'écoute des dernières rumeurs. Au cours de cette période difficile, un groupe de ses anciennes maîtresses, devenues ses indéfectibles amies, toutes issues des meilleures familles, resserrèrent les rangs autour de lui, formant ce qu'on appela son « sérail ». Empressées à distraire leur sultan en disgrâce, elles passaient leurs matinées à mettre au point leurs anecdotes et leurs bavardages ; elles constituaient également un excellent réseau de renseignements, donnant peu de prise aux soupçons de la police secrète impériale. C'était à qui rapporterait, le soir, au cher Charles Maurice les plus intéressantes bribes de nouvelles. Car il était essentiel pour Talleyrand de se maintenir aussi bien informé que s'il était encore aux affaires.

La duchesse fut la célébrité de la saison. Elle incarnait le fameux charme slave que les Français trouvent si fascinant. On copiait ses toilettes, on admirait ses bijoux princiers. Le « sérail » demeurait insensible, bien que le salon très éclectique d'Anne-Dorothée brillât par le talent et l'esprit et réunît des milieux disparates, qu'elle présidait avec l'autorité que lui donnait sa parfaite connaissance de cinq langues. La plupart des dames françaises de cette époque ne parlaient que leur langue maternelle. La duchesse avait juste un léger accent, qui ne donnait que plus de piquant à ses propos. Jalouses de l'ascendant qu'elle exerçait sur Talleyrand, les anciennes belles l'admettaient de fort mauvais gré dans leurs rangs, et, loin des oreilles de leur idole, la trouvaient assommante avec ses airs de reine. Elles supportaient difficilement de devoir lui donner du « Votre Altesse », à cause d'un misérable petit duché introuvable sur la carte. D'ailleurs, n'y avait-il pas déjà assez d'une étrangère pour satisfaire le « sultan » ?

Depuis peu, en effet, le sérail s'était à contrecœur enrichi d'une nouvelle recrue, la comtesse polonaise Marie-Thérèse Tyszkiewicz — née princesse Poniatowska et nièce du feu roi de Pologne —, parce que ses importantes ramifications familiales en Autriche et en Pologne faisaient d'elle une précieuse source de renseignements sur l'Europe centrale. Loin d'être une beauté, Marie-Thérèse — qui, à la suite d'un accident de jeunesse portait un œil de verre qu'elle dissimulait sous des boucles pendantes — était l'une des nombreuses aristocrates polonaises que Talleyrand avait envoûtées lorsqu'il était gouverneur de Varsovie, occupé par les Français. Elle fut un temps sa maîtresse, et, pour être sûre de ne pas être oubliée, elle le suivit quand il retourna à Paris, recueillant dévotement la moindre miette d'attention.

La comtesse Tyszkiewicz, qui connaissait la duchesse depuis près de vingt ans — depuis les séjours de celle-ci à Varsovie — fut la seule du sérail à l'accueillir volontiers. Le jeudi, son jour de réception, son petit appartement était comble. Anne-Dorothée arriva un soir, assez tard, selon son habitude. Elle était passée au théâtre — assister à une représentation dans son entier eût été du dernier bourgeois — et elle avait fait quelques visites avant de venir. S'étant fait annoncer, elle s'arrêta un instant sur le seuil pour s'assurer que tout le monde la voyait dans son dernier modèle de chez Leroy. Puis elle s'avança avec grâce, toujours souveraine, adressant un signe de tête à l'un, un sourire à l'autre, enchantée de faire sensation et d'entendre des murmures monter dans son sillage, tandis qu'elle s'ouvrait un chemin dans la foule des invités. Elle se dirigea vers les tables où l'on jouait gros jeu aux dés, sous la surveillance obligatoire de croupiers professionnels, dépassa les tables de trictrac, de biribi et d'écarté, pour arriver à celle où Talleyrand jouait au whist avec ses partenaires habituels.

« Je n'ai jamais vu personne se complaire davantage à exhiber une toilette, chuchota une des dames du sérail, consumée de jalousie en voyant l'expression d'adoration de Talleyrand, d'habitude si impassible.

— La duchesse a besoin d'adulation comme un malade, de sangsues, répliqua acidement une autre ; elle en vit. »

Quand Anne-Dorothée et Charles Maurice prirent congé, la comtesse Tyszkiewicz les accompagna à la porte. Une fois hors de portée des oreilles indiscrètes, elle leur confia qu'elle avait la confirmation, d'une source polonaise sûre, que la comtesse Marie Walewska, la jeune maîtresse de Napoléon, attendait un bâtard impérial. Cette preuve irréfutable que Napoléon n'était pas stérile — c'était donc bien Joséphine qui était devenue inféconde — fut d'une grande importance pour Talleyrand.

Comme l'empereur envisageait un divorce et un remariage — peut-être avec une Romanov —, ce fut sa période d'amabilité envers les Russes. L'exceptionnelle courtoisie dont il usait avec Anne-Dorothée n'était pas sans arrière-pensées politiques, comme la plupart de ses actes, bien qu'il lui assurât que c'était la moindre des choses, puisque le tsar avait personnellement favorisé le mariage de sa fille avec un de ses sujets français.

Un jour, un aide de camp de Napoléon lui apportait une corbeille de melons cueillis dans les serres du château de Saint-Cloud ; un autre, elle recevait une invitation à la table de l'empereur pour un dîner donné en l'honneur d'un haut personnage d'Europe centrale. Toutes les semaines arrivait un nouveau témoignage des attentions impériales, qu'on lui prodiguait au titre flatteur de membre d'une même grande famille, celle des souverains d'Europe. Charles Maurice incitait Anne-Dorothée à tout accepter : une paire d'oreilles supplémentaire au palais lui était présentement bien utile.

Vint le jour où Sa Majesté consulta Talleyrand, au titre de vice-Grand Électeur, sur la manière dont serait ressenti en Europe un éventuel mariage avec la sœur du tsar. Anne-Dorothée saisit l'occasion d'aider Charles Maurice. Elle demanda à ses amis de la cour de Saint-Pétersbourg de la tenir informée par courrier spécial de tous les bruits qui couraient. Aussitôt que l'ambassadeur de France, M. de Caulaincourt — qui était déjà intervenu dans le mariage de Dorothée et d'Edmond — fit des approches, la duchesse apprit, bien avant le ministère des Affaires étrangères, qu'Alexandre 1er était favorable au projet, mais que la tsarine douairière, Maria Fédorovna s'y opposait irréductiblement.

« Souvenez-vous qu'une de ses filles, mariée trop jeune, est morte en couches, dit la duchesse à Talleyrand. Mes correspondants m'assurent qu'aucune décision n'est encore prise, mais que la demande en mariage de Napoléon a déclenché une tempête dans la famille. Bien entendu, c'est Alexandre qui aura le dernier mot. Le seul ennui, ajouta-t-elle en spécialiste des questions russes, c'est que ce cher Alexandre ne sait jamais ce qu'il veut. »

À Paris, la crise conjugale impériale prenait un tour aigu. Quinze jours avant Noël, Talleyrand et la duchesse assistèrent, dans le petit théâtre des Tuileries, à une représentation de *Nicomède*, de Corneille. Mais le drame qui se déroulait hors de la scène rendit l'auditoire peu attentif à Talma, le grand acteur de la Comédie-Française, qui jouait le premier rôle. Joséphine, les yeux rougis, n'était pas à sa place habituelle, mais seule avec une dame d'honneur dans une loge située en face de la loge impériale. Juste avant le lever du rideau, Napoléon fit son entrée avec sa suite. Après le spectacle, les membres de la cour s'assemblèrent dans une des galeries, et, cette fois, l'empereur et l'impératrice y pénétrèrent ensemble. Ils circulèrent lentement parmi les invités, conversant avec les uns, mortifiant les autres en passant sans les voir. Soudain, Joséphine n'y tint plus ; les larmes lui montèrent aux yeux et elle quitta précipitamment la salle, l'empereur sur ses talons, avant d'avoir atteint l'endroit où se trouvaient la duchesse et Talleyrand. Les deux maisonnées impériales suivirent cet exemple, et la galerie se vida à une heure insolite.

Anne-Dorothée pouvait s'estimer heureuse : de deux ans l'aînée de l'impératrice qui allait être répudiée, elle était aimée et elle aimait le seul des hommes de sa vie qui fut réellement digne d'elle. Sa liaison avec Charles Maurice, un vif et tendre attachement, avait tous les charmes d'une floraison automnale.

Elle reçut le lendemain matin un billet où Talleyrand lui annonçait qu'il était requis de se présenter à la cour le soir même. Ce fut bien après minuit qu'il arriva rue Saint-Dominique, dans son habit de gala de vice-Grand Électeur, en velours rouge chamarré d'or. Il lui raconta la scène pénible de la salle du Trône, où il avait joué un rôle officiel, au cours de laquelle Napoléon avait divorcé de Joséphine — bien qu'il l'aimât encore.

L'empereur était maintenant libre de se remarier. La duchesse espérait bien qu'il choisirait pour épouse la sœur du tsar, Anna Pavlovna, et qu'elle-même se verrait attribuer un poste important dans la maisonnée de la nouvelle impératrice. Mais, tout à coup, le bruit se répandit que des pourparlers étaient entrepris avec la Hofburg de Vienne. À un bal masqué donné chez l'archichancelier, Anne-Dorothée entendit l'empereur annoncer que peu lui importait qui il épousait : « J'épouse un ventre », avait-il déclaré de sa voix sèche. Ce fut la candidate autrichienne qui finalement l'emporta.

Le 1er avril 1810, Talleyrand assista au mariage civil, à Saint-Cloud, de Napoléon et de l'archiduchesse Marie-Louise, fille de François II, empereur germanique, et nièce de la reine Marie-Antoinette. Le lendemain à midi, le couple impérial fit son entrée à Paris. Talleyrand avait procuré des places à Anne-Dorothée et à la comtesse Tyszkiewicz dans la tribune des personnalités du gouvernement, érigée en haut des Champs-Élysées, près de l'Arc de triomphe inachevé (mais auquel des toiles peintes en trompe l'œil tendues sur les échafaudages donnaient l'apparence d'être fini).

Au crépuscule, la circulation était si intense que les deux dames n'auraient jamais pu gagner à temps leurs places pour la cérémonie religieuse si Anne-Dorothée, au titre de duchesse de Courlande, n'avait eu accès à l'entrée des Tuileries et du Louvre (Henri IV avait relié les deux palais) réservée aux familles souveraines.

La duchesse vit Marie-Louise de près pour la première fois dans le grand salon du Louvre, transformé en chapelle provisoire. Elle était plus grande que Napoléon, et son opulente poitrine débordait d'une robe rose collante ; on ne pouvait la dire jolie, avec ses yeux saillants, d'un bleu de porcelaine, et sa lippe habsbourgeoise. Si, étant jeune fille, elle n'avait possédé qu'un bracelet en cheveux tressés et un unique collier de corail, elle se rattrapait maintenant : couverte de diamants, elle scintillait comme un arbre de Noël. Elle semblait pâle et lasse — chose compréhensible, puisque, les deux nuits précédentes, elle avait subi les assauts de son futur mari, impatient et fougueux bien qu'il eût plus de deux fois son âge. Quelle brutale initiation ce dut être pour la jeune archiduchesse, élevée avec tant de pruderie qu'on ne lui avait jamais donné que des animaux familiers femelles.

Au début, Marie-Louise ne fut pas autorisée à donner de grandes réceptions, car l'empereur était convaincu que les femmes concevaient plus facilement si elles ne se fatiguaient pas — « c'est-à-dire, écrivit Anne-Dorothée à sa sœur Élisa, en dehors des quatre murs de la chambre impériale ».

À la fin du mois de mai, Talleyrand revint un soir du palais en révélant que l'empereur croyait l'impératrice enceinte. Un impertinent déclara aussitôt que cela ne ferait pas de mal à Marie-Louise d'avoir un « nouveau-né » ; bien entendu, tout le monde comprit : « un nouveau nez ». Faux espoir. Marie-Louise n'avait conçu qu'une passion désordonnée pour la cuisine française, et ses nausées n'avaient d'autre cause que sa gourmandise.

Mais Napoléon ne pouvait pas longtemps séquestrer son épouse, et des étrangers de marque affluèrent à Paris pour les fêtes que le Sénat, la garde impériale et l'Hôtel de Ville donnèrent en l'honneur des nouveaux mariés. Les invités furent plus nombreux que jamais à l'hôtel Matignon, car la vieille aristocratie d'Europe se sentait plus à l'aise dans la demeure de Talleyrand qu'à la cour de parvenus des Bonaparte. La duchesse, elle aussi, reçut beaucoup rue Saint-Dominique, nombre des hôtes étrangers étant de ses anciens amis.

La duchesse était épuisée quand elle partit pour Carlsbad. Comme d'habitude, la cure la régénéra, et elle continua sa route jusqu'à Löbichau, afin d'y passer de longs mois d'été paisibles en famille. Elle arriva chargée de cadeaux : pour Élisa, du fin sable blanc destiné à sécher l'encre de ses lettres ; pour son ami Tiedge, une belle montre de gousset à la dernière mode ; pour Wilhelmine, Pauline et Jeanne, qui se hâtèrent de venir la voir, des robes de Paris.

Toute discussion politique fut bannie, mais les sujets de conversation ne manquaient pas : Anne-Dorothée avait quantité de choses à apprendre sur la vie de ses trois filles aînées depuis un an. Wilhelmine avait déjà divorcé de son deuxième mari, le prince Troubetskoï. Celui-ci, aide de camp d'Alexandre Ier, devait résider en permanence à Saint-Pétersbourg, et Wilhelmine refusa de le suivre ; elle n'avait aucune envie de vivre à la cour impériale, où elle serait aux ordres du tsar. Elle avait racheté sa liberté à Troubetskoï aussi généreusement que, précédemment, au prince de Rohan-Guémenée, et s'était installée à Prague. Ses sœurs Pauline et Jeanne — surnommées les « anges gardiens », parce qu'elles veillaient avec sollicitude l'une sur l'autre — y partageaient un palais. Pauline était restée avec son mari, le prince von Hohenzollern-Hechingen, le temps de lui donner un fils ; ce devoir accompli, elle avait entrepris de consoler son ex-beau-frère, le prince Louis de Rohan-Guémenée, le premier époux congédié par Wilhelmine, et elle en avait eu une fille. Quant à Jeanne, non moins délurée, elle ne manquait pas d'admirateurs.

L'ancienne capitale de la Bohême était le point de ralliement notoire de ceux qui conspiraient à la chute de Napoléon. Très francophobes, les trois princesses de Courlande furent admises dans l'aristocratique « Loge des Dames romaines », citadelle de l'antibonapartisme. Au commandant des Hussards de la Mort, mouvement allemand de résistance aux troupes françaises d'occupation, Wilhelmine prêta son grand domaine bohémien de Nachod, pour servir de camp d'instruction. Quand elle apprit par des rumeurs que Napoléon, en représailles, envisageait de lui confisquer sa principauté de Sagan, son domaine de Silésie, elle recruta et équipa cinq cents hommes, afin de constituer sur place une milice de défense.

À peu près au moment du mariage de Dorothée, au printemps précédent, les trois sœurs s'étaient installées à Vienne. Pauline et Jeanne prirent un appartement dans la Annagasse, et Wilhelmine s'établit dans le palais Palm, au 54 Schenkenstrasse, sous les remparts de la vieille ville. Ce palais était assez vaste pour abriter également les trois petites filles que la jeune femme avait adoptées, afin d'atténuer l'absence de sa chère Vava, élevée loin d'elle, en Finlande, par des cousins de son père naturel. Deux de ces enfants étaient des nièces illégitimes : la plus jeune, âgée de quatre ans, fille de Pauline et du prince de Rohan ; l'autre, âgée de huit ans, fille d'un fils naturel du père de Wilhelmine, le duc Pierre de Courlande. Elle avait recueilli la troisième fillette, âgée elle aussi de huit ans, parce que ses parents étaient ruinés.

À vingt-huit ans, Wilhelmine, la plus jolie des filles de la duchesse, comptait parmi les beautés réputées de Vienne. À la différence de sa mère Anne-Dorothée, qui ne charmait que lorsqu'elle voulait s'en donner la peine, la jeune duchesse de Sagan charmait sans effort, partout et toujours. Comme les hommes lui plaisaient, elle plaisait aux hommes ; elle portait sa sensualité à fleur de peau, ainsi qu'un bijou. Ses deux mariages n'avaient pas laissé plus de traces sur elle que la vague sur une plage de la Baltique, et elle cherchait toujours l'élu de son cœur.

En juillet 1809, il arriva que le jeune prince zu Windischgrätz fut grièvement blessé à la bataille de Wagram. Pauline et Jeanne entreprirent de le soigner et de le ramener à la santé. Elles étaient toutes les deux un peu amoureuses de lui, mais leur sœur aînée fut encore plus séduite par ce rejeton d'une des plus illustres familles d'Autriche. D'une beauté virile, avec des pommettes saillantes, un menton volontaire et des yeux gris-bleu profondément enfoncés, le prince Alfred avait une chevelure noire et bouclée dont les mèches rebelles lui retombaient sur le front, et que Wilhelmine aimait à rejeter en arrière.

Un jour d'automne, où les oiseaux faisaient silence dans l'air tremblant de chaleur, Wilhelmine et Alfred, dans le cabriolet du prince, gravirent les pentes boisées du Kahlenberg pour se rendre dans une petite auberge forestière. Ils se firent servir un goûter dans un pré fleuri qui dominait Vienne, ses toits gris et bruns, les dômes verts de ses églises et les méandres du Danube à peine visibles à travers l'entrelacs des branches. Tandis que la jeune femme étalait nonchalamment la gelée de fruits rouges sur la croûte de sa *Linzer Torte*, Alfred se renversa dans son fauteuil pour allumer un long et fin cigare, une habitude belge qu'il avait mise à la mode.

Au moment où Wilhelmine soulevait son verre de vin de Tokay, un même rayon de soleil alluma des feux sur le rubis qu'elle portait au doigt et à la surface ambrée du vin. Alfred se pencha en avant et demanda d'un ton péremptoire d'où venait cette bague ; il ne la lui avait encore jamais vue.

Wilhelmine fit la coquette. Cette bague, elle l'avait remarquée quelques jours auparavant dans la vitrine d'un bijoutier, et elle se l'était achetée par caprice. Mais c'était trop amusant de rendre Alfred jaloux. Elle refusa obstinément de répondre, et l'exaspération gagna le jeune homme.

Brusquement, il allongea le bras et, par surprise, lui ôta sa bague. La jeune femme contourna la table et voulut la lui reprendre. Ils luttèrent un moment, et elle le mordit au bras. Alfred, d'une main, resserra son étreinte sur Wilhelmine et, de l'autre, plaça le bijou entre ses dents. Mais Wilhelmine lui échappa ; de nouveau, ils se débattirent, et le prince avala le rubis. Il se mit à suffoquer et vira au violet.

Wilhelmine crut qu'il allait étouffer. « Au secours ! » cria-t-elle. Un serveur parut, comprit la situation, mais, avant qu'il pût chercher de l'aide, le corps du délit avait glissé dans le gosier d'Alfred, qui retrouva sa respiration.

« Oh, *mein Gott* ! » gémit-il, les mains sur l'estomac, oubliant momentanément ses blessures de guerre. Wilhelmine l'aida à remonter dans le cabriolet, prit les rênes, le reconduisit chez lui et appela un médecin.

Quarante-huit heures plus tard, Alfred, penaud, restitua la bague à la jeune femme. Elle la prit sans un mot, et plus jamais on ne reparla de l'incident. Mais Wilhelmine s'aperçut qu'elle était moins détachée qu'il n'y paraissait. Ses inquiétudes pour la santé de ce jeune fou — Alfred avait six ans de moins qu'elle — lui révélèrent à quel point elle tenait à lui, et, quand elle arriva à Löbichau avec Pauline et Jeanne, l'été 1810, elle s'était déjà engagée dans ce qui devait être la plus longue et la plus tumultueuse de ses nombreuses liaisons.

CHAPITRE 7

La duchesse, Talleyrand et Dorothée
1810-1812

DOROTHÉE VOYAIT RAREMENT TALLEYRAND et son épouse Catherine, mais elle s'épanouissait dans sa nouvelle vie et brillait parmi la jeune génération. Elle fit la conquête du faubourg Saint-Germain, résidence d'élection des grandes familles aristocratiques, dont Dorothée avait appris à connaître les noms dans son adolescence en lisant les *Mémoires* de Saint-Simon et les lettres de Mme de Sévigné.

Depuis le mariage de l'empereur avec la naïve archiduchesse de dix-neuf ans, l'atmosphère de la cour avait changé. L'austérité et la respectabilité régnaient aux Tuileries, comme il convenait à un souverain devenu le gendre de l'empereur germanique d'Autriche et soucieux de fonder sa dynastie. Pour compléter la suite de Marie-Louise, Napoléon choisit un certain nombre de jeunes personnes nobles de la colonie étrangère, parmi lesquelles Dorothée. Talleyrand fit part à la duchesse de la bonne nouvelle, qu'il interprétait comme un geste de reconnaissance, s'étant fait lui-même le champion du mariage autrichien contre le mariage russe, quand le conseil impérial en avait débattu. En conclusion de sa lettre, il se déclara enchanté de tout ce qui pouvait constituer un lien entre les membres de sa famille et l'empereur.

La correspondance que Talleyrand adressait à Löbichau était délibérément anodine et bien-pensante, car il savait que le « cabinet noir » du ministre de la Police disséquait chacune de ses lignes pour y déceler des significations secrètes. Il s'y montrait chef de famille attentif, plein de sollicitude pour la santé de Dorothée et la carrière militaire d'Edmond. La duchesse répondait dans le même style.

Arriva le jour de l'intronisation officielle des nouvelles dames d'honneur de l'impératrice. Le grand maître des cérémonies introduisit Dorothée et ses compagnes, l'une après l'autre, en leur faisant prêter serment. Puis Talleyrand, en tant que vice-Grand Électeur, les présenta en groupe à Leurs Majestés Impériales. « Vous auriez été fière de Dorothée, écrivit-il à la duchesse, elle était éblouissante. » La grossesse de la jeune femme était dissimulée par un modèle spécial de Leroy — un flot de tulle d'argent, brodé d'épis de blé et rendu ajustable par une rangée d'ingénieuses épingles de sûreté en diamants.

Le service de Dorothée à la cour — qu'elle assurait par périodes alternantes de trois mois — était bien précis. Lorsque l'impératrice sortait pour sa promenade quotidienne, Dorothée et ses compagnes la suivaient dans une autre voiture ; lorsqu'elle paraissait en public — aux réceptions, aux revues militaires, aux dîners de gala ou au théâtre —, Dorothée se tenait derrière elle.

Dorothée commençait justement ses trois premiers mois de service quand la cour se transporta, comme tous les étés, à Fontainebleau. Talleyrand, de son côté, faisait partie de la suite de l'empereur, et il se trouva logé dans la même aile du palais que sa nièce. Ainsi eurent-ils tous deux l'occasion de faire plus ample connaissance. Comme jadis avec le prince Czartoryski, Dorothée se sentit en confiance avec son oncle. La maturité d'esprit l'attirait chez les hommes beaucoup plus âgés qu'elle. Talleyrand la fascina par son intelligence, son expérience, son immense connaissance des hommes et du monde, et aussi par l'acuité et l'esprit de ses propos. L'oncle, pour sa part, fut dans le ravissement. Comme sa mère, Dorothée parlait juste, écoutait bien, riait quand il le fallait ; il s'aperçut bientôt qu'il n'y avait personne au château avec qui il fût plus agréable de converser.

Un matin, Talleyrand montra à Dorothée le dernier poème de Herr Tiedge, que la duchesse lui envoyait dans une lettre. Dorothée y jeta un coup d'œil, sans s'émouvoir. Tiedge avait le talent de sortir un poème de sa manche à la demande, mais il était bien loin de pouvoir se comparer à Goethe, quoi qu'en pensât la chère tante Élisa.

« Je pense qu'en réponse nous devrions lui envoyer le quatrain qui circule en ce moment, dit Talleyrand :

Le sexe de l'enfant, espoir de la patrie,
Même pour l'empereur est encore un secret.

Pour la première fois de sa vie,
Il ne sait pas ce qu'il a fait.

— Comment, il ne sait pas, dit Dorothée. Mais l'empereur est sûr que ce sera un garçon ! »

Et ils se mirent à rire tous les deux.

Dès son retour à Paris, Dorothée décida d'aller consulter la célèbre voyante Mme Lenormand, qui faisait courir tout Paris. Comme ses amies, elle prit de grandes précautions pour ne pas être reconnue et envoya sa femme de chambre prendre rendez-vous sous un faux nom. Elle arriva sans escorte — les dames de son rang ne sortaient jamais seules —, dans un fiacre de louage qu'elle avait arrêté à quelque distance de la rue Grange-Batelière.

Chez la voyante, rue de Tournon, d'énormes chauves-souris couvraient les murs ; des chouettes empaillées louchaient du haut des étagères ; les symboles cabalistiques pullulaient, et un squelette était pendu dans un coin. Une porte grinça, et l'illustre sibylle fit son entrée. Le chef couvert d'un étrange bonnet de fourrure, un œil blanchâtre, elle ressemblait à un énorme crapaud, enflé et venimeux. Dorothée la suivit dans son cabinet, se prêta au cérémonial habituel, précisa sa date de naissance et sa couleur préférée. La vieille sorcière étudia des cartes du ciel et de la lune, puis des liasses de vieux papiers remplis de lignes entrecroisées ; elle marmonna quelque galimatias et interrogea sa boule de cristal. Ses prédictions rendirent Dorothée si perplexe qu'elle s'en souvint toute sa vie : elle et Edmond devaient se séparer — rien d'étonnant à cela ; mais que voulait dire la voyante en lui annonçant qu'elle serait liée de près à une personne influente, qui lui permettrait de jouer un rôle politique important ?

La duchesse revint de Löbichau bien avant la fin de l'année. Le 13 mars 1811, Dorothée mit au monde un fils, Napoléon Louis. La duchesse espéra que cette naissance contribuerait à combler le fossé qui s'élargissait de plus en plus entre les jeunes parents, bien que leurs oppositions de caractères et de goûts fussent manifestes. La nouveauté et l'animation de la vie à Paris et à la cour distrayaient encore suffisamment Dorothée pour lui rendre cette union tolérable, mais, à long terme, la conduite irresponsable d'Edmond, sa passion du jeu, ses folles dépenses, ses aventures avec les danseuses de l'Opéra rendraient toute entente impossible.

L'empereur et l'impératrice acceptèrent d'être parrain et marraine, mais ils ne purent assister en personne au baptême, étant eux-mêmes trop occupés par un imminent heureux événement. Sept jours plus tard, alors qu'il dînait chez la duchesse, Talleyrand reçut le message que tout le pays attendait : l'impératrice était en couches. Il rentra précipitamment à Matignon, revêtit son grand uniforme et se rendit aux Tuileries pour attendre, avec d'autres dignitaires requis par le protocole, la venue du rejeton impérial.

L'invitation qu'avait reçue la duchesse pour une petite réception en l'honneur d'un oncle de l'impératrice, de passage à Paris, se trouvait automatiquement annulée. Anne-Dorothée dormit mal cette nuit-là, l'oreille aux aguets des coups de canon qui salueraient la naissance. Le lendemain matin, dans son boudoir où flottaient des odeurs de fer à friser chaud et de miraculeuses pommades pour la peau, elle examinait les fanfreluches qu'étalaient pour la tenter les premiers marchands de la matinée, quand retentit le premier coup de canon. Tout le monde se mit à compter : « Un, deux, trois... dix-neuf, vingt... » Après le vingt et unième coup, il y eut un silence. Chacun retint son souffle : « Oh ! ce n'est qu'une fille », s'écria la femme de chambre, désolée. Mais le canonnier des Invalides, qui avait sans doute le sens du théâtre, ou de l'histoire, reprit son office, et le canon tonna cent une fois, le nombre spécifié pour un garçon.

Deux mois plus tard, au cours d'une cérémonie que l'empereur voulut la plus grandiose de son règne en vue de consolider son pouvoir — et pour laquelle il emprunta nombre de rites à ses prédécesseurs les Bourbons —, son fils, l'Aiglon François Charles Joseph Bonaparte, fut baptisé à Notre-Dame. Dorothée et Talleyrand y assistaient à titre officiel.

De l'endroit où elle était placée dans la cathédrale, en compagnie de la comtesse Tyszkiewicz, Anne-Dorothée put à peine distinguer Talleyrand, reconnaissable à sa démarche inégale, qui s'avançait avec les autres dignitaires de l'Empire derrière les hérauts d'armes, les pages et les chambellans. Ils remontèrent solennellement la nef, remplie des odeurs d'une forêt de sapins en caisses, de masses de fleurs de serre et de milliers de cierges, tandis qu'éclatait la musique d'un grand orchestre et de chœurs placés derrière l'autel. Puis vinrent, portés chacun par une dame de la maison impériale, les objets rituels du baptême : le long cierge, dans son fourreau de velours décoré d'abeilles et de roses ; le voile brodé et la salière. Trois autres dames portaient les objets symboliques des parrain et marraine : le bol de vermeil, la serviette et l'aiguière. Sous un dais couronné de plumes d'autruche et d'aigrettes (« Voilà qui a dû coûter cher », chuchota la comtesse à l'oreille d'Anne-Dorothée) parut le héros du jour, en longue robe de dentelle, enveloppé d'un manteau d'hermine doublé de drap d'or, et la poitrine barrée du large ruban rouge de la grand-croix de la Légion d'honneur. Suivaient l'empereur et l'impératrice, heureux de jouer, pour une fois, un rôle secondaire. Marie-Louise étincelait : même les manches et l'ourlet de sa robe étaient frangés de diamants. « Ce magnifique collier de perles à huit rangs lui a été donné par l'empereur le soir de son accouchement », dit Anne-Dorothée en reposant son face-à-main. Elle avait enfin réussi à distinguer sa fille, parmi les dames d'honneur qui fermaient la marche du cortège.

L'ambassadeur de France en Russie, M. de Caulaincourt, avait été rappelé de Saint-Pétersbourg pour la célébration. Il fit de fréquentes visites au Château-Neuf, l'ancien pavillon Henri IV de Saint-Germain-en Laye, que la duchesse avait acheté et restauré pour y séjourner en été. Il y eut l'occasion d'avoir de longues conversations avec son vieil ami Talleyrand. Bien que fidèle inconditionnel de Napoléon, l'ambassadeur ressentait aussi vivement que Charles Maurice la nécessité de mettre fin aux guerres perpétuelles qui ruinaient la France et la saignaient à mort. Tous deux s'inquiétaient de la voir dériver vers une rupture avec la Russie et espéraient que la naissance de l'Aiglon calmerait l'appétit de conquête de l'empereur et l'inciterait à consolider ses acquisitions pour les transmettre à son fils. Mais certains indices trahissaient chez Napoléon une préoccupation persistante à l'égard de l'Europe orientale.

Le 15 août, Talleyrand se rendit à la cour, pour la fête de l'Ascension, qui était aussi l'anniversaire de l'empereur. Il revint tard au Château-Neuf, tendit à son valet son épée de cérémonie et son chapeau empanaché, et, sans prendre le temps de se changer, rejoignit Anne-Dorothée dans la bibliothèque. Il avait une grave nouvelle à lui annoncer : en présence du corps diplomatique au complet, Napoléon avait violemment attaqué l'ambassadeur de Russie ; sous l'algarade imprévue, celui-ci était devenu rouge brique.

Le lendemain, encore échauffé par son hostilité envers la Russie et le déplaisir réprimé que lui causait l'opposition déclarée de Talleyrand à sa politique étrangère, l'empereur s'en prit en public à l'innocente Dorothée, sujette du tsar, qui accompagnait l'impératrice. Il s'arrêta devant elle et l'apostropha :

« Votre mari fait vraiment trop de sottises. Comment peut-il avoir acheté pour dix mille francs de camées ?

— S-sire, répondit la jeune comtesse de Périgord, en bégayant d'émotion, Votre M-majesté a été mal renseignée. Mon mari n'a point fait cette sottise. »

Sans prêter attention à elle, Napoléon se tourna vers le maréchal Berthier, présent à ses côtés :

« Vous ne devriez pas tolérer de pareilles choses de la part d'un de vos aides de camp », dit-il.

S'adressant de nouveau à Dorothée, il ajouta :

« Cette sottise est au fond plus excusable que bien d'autres dont il est coutumier... Du reste, ces pauvres Périgord me sont, comme vous le savez, complètement indifférents. »

Rougissant sous l'affront et les yeux pleins de larmes, Dorothée, perdant sa réserve habituelle, eut la témérité de répondre :

« Sire, mon mari et mon oncle ont toujours servi Votre Majesté avec zèle, et il ne tient qu'à Elle de continuer à les utiliser. En tout cas, leurs services passés méritaient au moins que Votre Majesté ne se moquât pas d'eux. »

Au mépris de l'étiquette, Dorothée bouleversée quitta la pièce.

Au dîner, tous les membres de la cour ignorèrent ostensiblement la jeune comtesse. Mais Napoléon admirait le courage et le loyalisme, plus encore chez une femme ; d'ailleurs, il estimait Dorothée : « Vous êtes honnête, vous », lui avait-il dit un jour. Il voulut réparer son accès d'humeur. Le lendemain, au déjeuner, il l'invita à sa table, et, l'après-midi, quand la chasse s'arrêta en forêt pour une collation, il lui passa lui-même une coupe de fruits. Le retour de la faveur impériale, qui entraîna un retour d'amabilités des courtisans envers Dorothée, ne s'étendit cependant pas à Talleyrand, qui reçut bientôt des preuves directes de l'irritation impériale.

Quelques semaines plus tard, dans la bibliothèque du Château-Neuf, tandis que la duchesse terminait un portefeuille au petit point pour Charles Maurice, celui-ci aidait la petite Charlotte, sa fille adoptive de treize ans, à apprendre sa leçon d'histoire. À propos de Charlotte, on n'a jamais su si elle était la fille d'un couple d'amis, comme Talleyrand le prétendait, ou si elle était la fille, née hors mariage, de Talleyrand et de Catherine Grand ; une chose est certaine : tous deux l'aimaient tendrement. Certaines des plus charmantes lettres de Talleyrand lui sont adressées.

Le soleil d'un début d'automne, rouge comme une pomme d'api, sombrait à l'ouest, et l'obscurité s'épaississait. Un valet parut. Anne-Dorothée fut contrariée, car elle n'aimait pas être dérangée dans son intimité familiale, mais lorsqu'elle apprit qu'un officier de police, de la part du ministre Savary, demandait à voir M. de Talleyrand, elle le fit entrer aussitôt.

Le capitaine, le chapeau sous le bras, s'inclina très bas devant Talleyrand et lui remit une dépêche. Charles Maurice ouvrit nonchalamment l'enveloppe couverte de sceaux et lut le message, son pâle visage de sphinx aussi impénétrable que de coutume. Il s'agissait de son épouse Catherine. Bravant les ordres de l'empereur, elle avait revu le duc de San Carlos ; malgré l'interdiction de toute correspondance entre eux, elle avait trouvé le moyen de rester en contact avec son amant, et, en passant près de Bourg-en-Bresse — où le duc était assigné à résidence en punition de leur liaison —, l'intrépide amoureuse de quarante-neuf ans, habillée en homme, avait rendu visite à son bel hidalgo. En conséquence, Catherine était exilée dans le domaine de Pont-de-Sains, que son mari possédait dans les Ardennes ; et Charles Maurice lui-même était menacé d'aller l'y rejoindre, s'il n'arrivait pas à se faire obéir de sa femme.

Anne-Dorothée resta muette d'indignation. Comment Catherine osait-elle amener le scandale sur la maison de Talleyrand par son inconduite ridicule ? Et l'empereur ne s'abaissait-il pas à la tyrannie la plus mesquine en s'attaquant à Talleyrand ? Mais celui-ci ne prit pas à la légère l'avertissement du ministre de la Police, qui révélait l'intense animosité de Napoléon. Il pria le messager d'attendre sa réponse. Il s'assit à un bureau à cylindre en marqueterie et se mit à écrire. Au bout de plusieurs heures et d'innombrables brouillons, dont chaque phrase fut mise au point avec Anne-Dorothée, il signa enfin sa lettre à Savary, duc de Rovigo, et la remit à l'officier de police.

La nuit était fort avancée, et Talleyrand n'avait pas dîné. Anne-Dorothée avait fait garder en attente sur des réchauds d'argent deux soupières, l'une de bouillon, l'autre de soupe de poisson. Charles Maurice souleva la serviette recouvrant l'un des plateaux disposés à côté, et choisit un sandwich au jambon. Anne-Dorothée lui prépara un verre de vin coupé d'eau, et ce fut tout. Il dormit quelques heures, se fit raser et habiller par son valet Courtiade et, dès cinq heures du matin, il quittait Saint-Germain en voiture pour aller voir le ministre de la Police. L'affaire fut bientôt réglée à sa satisfaction : Catherine fut autorisée à revenir vivre à Paris, à l'hôtel

Matignon, mais dans une semi-retraite, et l'on ne parla plus des mesures menaçant Talleyrand.

Après cette incartade, Mme de Talleyrand fut tenue encore plus à l'écart, tandis que se resserrait l'intimité entre Anne-Dorothée et Charles Maurice. Ensemble, à Saint-Germain, ils menaient une vie apparemment paisible. Comme à Löbichau, la duchesse passait de longues heures au grand air. Talleyrand lui-même, monté sur une petite jument baie, allait tous les jours faire une promenade avec sa fille adoptive sous les grands chênes de la forêt — exercice propice à ses méditations politiques. Son maître de musique, qu'il avait fait venir pour les leçons de piano de Charlotte, distrayait la compagnie, le soir, par ses improvisations. Vers minuit, on servait le thé. Anne-Dorothée préparait le café de Charles Maurice, un moka qui arrivait chaque jour tout frais de l'hôtel Matignon, dont le majordome avait enseigné à la duchesse les secrets de la préparation. C'était la boisson favorite de Talleyrand, qui buvait peu d'alcool. L'automne était chaud cette année-là, et, après le départ de leurs invités, Charles Maurice et Anne-Dorothée allaient sur la terrasse respirer l'air de la nuit, chargé des parfums capiteux des giroflées et des nicotianas. À leurs pieds, au bas de la pente du jardin, le cours élargi de la Seine glissait en silence, et, dans le lointain, on distinguait Paris assoupi sous la lune. C'était, pour Anne-Dorothée, le moment préféré de la journée, où, seule avec Charles Maurice, elle pouvait discuter des événements. Les jeux de la politique internationale n'avaient jamais cessé de la fasciner, depuis l'époque où le duc Pierre l'avait envoyée en ambassadrice spéciale de la Courlande à Varsovie. Elle se trouvait maintenant installée au premier rang pour assister au drame qui allait se dérouler au cœur de l'empire français.

Château-Neuf était devenu un nid d'intrigues antibonapartistes. Une opposition secrète, mais croissante, se dessinait contre les projets de Napoléon à l'étranger et contre l'ouverture probable d'un nouveau front à l'est — surtout parmi les officiers d'état-major de l'armée. Peu à peu ou par à-coups, Anne-Dorothée s'était détachée de Napoléon. Son enthousiasme pour ses exploits s'était refroidi devant l'autoritarisme de l'empereur, et elle n'avait plus foi dans l'idéal dont il se réclamait. À l'aller comme au retour de Löbichau, elle avait vu de ses yeux les conditions très dures imposées aux pays occupés, et les récits entendus de la bouche de ses parents ou de ses amis, en Europe centrale, avaient achevé de la désillusionner quant au rôle salvateur que s'attribuait Napoléon. Elle percevait également un changement d'attitude du tsar envers l'empereur.

Napoléon ne fit rien qui fût susceptible d'atténuer cette désaffection. Dès qu'il sentit chez la duchesse une ombre d'opposition, il cessa de se montrer aimable et lui fit sentir le poids de son indifférence. Anne-Dorothée, peu habituée à ce genre de traitement, en conçut de la rancune, qui, s'ajoutant à ses déceptions, se transforma avec le temps en une implacable hostilité. Attentive à l'argumentation lucide et concise de Charles Maurice, Anne-Dorothée finit par voir l'empereur à travers ses yeux.

Soucieux avant tout des intérêts de la France — sans négliger les siens propres —, Talleyrand jouait clandestinement un jeu dangereux en s'efforçant d'insuffler un esprit de résistance aux alliés et aux satellites timorés de Napoléon, en vue d'instaurer une paix indispensable dans son pays et en Europe. Bien avant les conversations secrètes que Charles Maurice avaient tenues avec Alexandre Ier à Erfurt, en 1808, en marge des négociations officielles, Clément de Metternich, ambassadeur d'Autriche à Paris, avait été le premier personnage étranger à savoir que l'Europe possédait en Talleyrand un ami inattendu. Et celui-ci, depuis, demeura très officieusement en contact avec le ministère des Affaires étrangères de Vienne. Il est impossible de dire si Anne-Dorothée fut jamais au courant du fait que la valise diplomatique d'un attaché de l'ambassade d'Autriche à Paris contenait régulièrement des renseignements fournis par « Monsieur X » — pseudonyme de Talleyrand —, renseignements généreusement rétribués par Vienne.

On ignore également à quelle date exacte elle apprit les activités parallèles de Charles Maurice en liaison avec Saint-Pétersbourg. Dès le printemps 1810, le tsar avait à Paris deux représentants : l'un, l'ambassadeur, officiellement accrédité auprès de l'empereur ; l'autre, un conseiller d'ambassade, le comte Karl von Nesselrode, officieusement accrédité auprès de l'hôtel Matignon par une lettre de la main d'Alexandre 1er. Dès lors, les communiqués secrets du conseiller à Saint-Pétersbourg transmirent les informations recueillies par le « cousin Henri » — nom de code de Talleyrand — à l'intention du tsar. Il est certain qu'à l'automne qui suivit la naissance du roi de Rome, la duchesse était au courant de ce service de renseignements, car Nesselrode fut fréquemment l'hôte du Château-Neuf. Mais, la police de Napoléon ayant soupçonné le conseiller d'espionnage, celui-ci fut rappelé et remplacé par un jeune colonel de la garde impériale russe ; une nouvelle lettre autographe du tsar l'accrédita de même auprès de Talleyrand, et il fut aussi gracieusement reçu à Saint-Germain-en-Laye que son prédécesseur.

Devant les activités occultes de Charles Maurice, Anne-Dorothée ne sourcilla pas, de même qu'elle semble n'avoir jamais prêté l'oreille aux accusations de vénalité, maintes fois répétées à l'encontre de Talleyrand, qu'elle ne pouvait pas ne pas entendre. Mais elle ne le considérait pas comme un traître, puisque la dictature impériale interdisait toute opposition légale. Pour être efficace, l'action de Charles Maurice devait être alimentée par un flot d'informations continuellement à jour, en provenance non seulement des Tuileries, mais aussi des marches les plus reculées de l'empire ; en ce domaine, Anne-Dorothée pouvait se révéler fort utile : elle devint les yeux, les oreilles et la voix de Talleyrand en Europe centrale et orientale. Sa correspondance personnelle avec le tsar, avec la grande-duchesse de Weimar, avec la famille royale de Prusse et avec des personnalités d'autres cours européennes fut pour Charles Maurice non seulement une source de renseignements, mais aussi le moyen de transmettre ses messages et de propager ses idées dans les hautes sphères politiques. D'autre part, ses filles Wilhelmine, Pauline et Jeanne se trouvaient avantageusement placées pour l'aider.

Anne-Dorothée, cet hiver-là, fut assez préoccupée. Elle échangea avec le tsar une correspondance plus abondante que d'habitude, car de nombreuses lettres signées de sa main furent entièrement composées par Talleyrand, désireux de persuader Alexandre Ier de la nécessité d'une étroite entente de la Russie avec l'Autriche ; de plus, pour obtenir le soutien de l'Europe, le tsar devait faire porter à Napoléon la responsabilité de l'ouverture des hostilités. Cette dernière guerre, espérait Talleyrand, devait mettre un terme à la passion de conquête de l'empereur français.

Mais une grande partie des lettres que la duchesse expédiait en Russie concernait ses intérêts personnels : elle n'arrivait pas à comprendre pourquoi, de façon soudaine et inexplicable, la plupart de ses revenus russes se trouvaient bloqués par de complexes litiges. Un problème aussi prosaïque que le manque d'argent dépassait son entendement. Elle continuait à recevoir aussi souvent et avec autant de faste, et elle accumulait des dettes colossales. En France, elle n'était pas la seule. Tout le pays se trouvait en difficulté économique. Les récoltes ayant été mauvaises, le prix du pain montait, et la disette s'accompagnait d'agitation. Talleyrand lui-même eut des ennuis financiers ; il fut contraint d'expédier sa précieuse et chère bibliothèque à Londres, où on la vendit aux enchères.

Pour faire taire les rumeurs circulant sur l'appauvrissement général et pour masquer ses préparatifs de guerre — presque tous les après-midi, à l'heure de sa promenade, Anne-Dorothée voyait passer des troupes sur le boulevard, en direction de l'est —, l'empereur voulut que les fêtes de la cour fussent aussi nombreuses et brillantes que d'habitude. Il ne se passait pas de soirées sans qu'il n'y eût aux Tuileries un concert, une représentation théâtrale, un bal ou un divertissement quelconque. Harassée par cette suite ininterrompue d'obligations, la duchesse finit par renoncer à paraître chaque fois au palais.

Vers la fin de l'année, les soupçons de l'empereur touchant les activités de Talleyrand se ravivèrent et, pour la première fois, s'étendirent à la duchesse. Un matin, Anne-Dorothée avait réuni chez elle un groupe d'amis pour assister à une conférence du Dr Gall, inventeur de la phrénologie. Celui-ci, pour illustrer un point de sa théorie, était en train d'extraire des spécimens d'une de ses cinq caisses, quand la porte du salon s'ouvrit avec fracas devant le ministre de la Police, qui entra sans s'être fait annoncer. Le savant allemand sursauta au point qu'il renversa la caisse, d'où s'échappèrent des crânes qui roulèrent dans toutes les directions. Les dames se levèrent d'un bond en poussant des cris perçants, comme si elles avaient vu une souris, et se bousculèrent en relevant leurs jupes pour éviter le macabre contact.

Il se trouvait qu'en passant par la rue Saint-Dominique, Savary avait remarqué un grand nombre de voitures stationnant aux abords de l'hôtel de la duchesse ; ce rassemblement lui ayant paru suspect, il avait saisi l'occasion de surprendre d'éventuels comploteurs. Quand le vieux valet de chambre lui dit et redit d'une voix cassée que Mme la duchesse n'y était pour personne, Savary eut la certitude de tenir une prise en flagrant délit. Il repoussa le domestique et fonça vers le salon. À la vue du spectacle qui s'offrait à sa vue, et dont son intrusion était la cause, il bégaya qu'il admirait grandement le Dr Gall et désirait l'entendre, s'épongea le front et se glissa tout penaud sur la chaise la plus proche pour écouter la fin de la conférence. Mais cette brutale violation de sa vie privée avertit Anne-Dorothée, et aussi Talleyrand, qu'ils devaient à l'avenir observer la plus extrême prudence.

La police secrète impériale multipliait les arrestations, non seulement parce que Napoléon tolérait de moins en moins la critique, mais aussi pour d'autres raisons qu'Anne-Dorothée allait bientôt apprendre. Peu après la visite inattendue de Savary, un jeune colonel de l'ambassade de Russie, qui allait partir pour l'un de ses voyages réguliers à Saint-Pétersbourg, passa dire adieu à la duchesse et prendre une lettre à remettre au tsar. Quelques heures plus tard, un de ses collègues, dans un état de grande agitation, se présenta à son tour et demanda à être reçu d'urgence ; on l'introduisit aussitôt.

Cet attaché apprit à Anne-Dorothée que le secrétaire du colonel venait d'être arrêté, mais que lui-même avait réussi à sortir par la porte de service, pendant que les policiers fouillaient encore la chambre du colonel. Non, assura-t-il à Talleyrand, il ne pensait pas avoir été suivi rue Saint-Dominique, et le colonel était parti sans encombre une heure auparavant. Anne-Dorothée respira : les activités de renseignement militaire du colonel ne la concernaient ni elle ni Charles Maurice, mais qu'arriverait-il si l'on venait à découvrir la véritable nature de leur correspondance avec le tsar ? Talleyrand renvoya l'attaché tout tremblant à son ambassade, avec mission de le tenir informé de ce qui s'y passerait. Il ne servirait à rien de perdre le sommeil en vaines suppositions, avant de savoir exactement ce que la police pouvait avoir découvert.

On réunit contre le colonel suffisamment de preuves d'espionnage pour que se justifiât une levée officielle de l'immunité diplomatique : des membres du personnel de l'ambassade de Russie furent mis en prison. Mais là ne s'arrêtait pas la piste ; elle remonta jusqu'à l'employé du ministère de la Guerre qui transmettait des secrets militaires au colonel. Il fut condamné et exécuté si promptement qu'Anne-Dorothée demeura de longs jours dans l'angoisse. Chaque fois qu'elle entendait une voiture non attendue rouler dans la cour, elle courait à la fenêtre pour voir si le ministre de la Police n'en sortait pas afin de l'arrêter. Elle ne se calma, plusieurs semaines plus tard, que le jour où Charles Maurice vint lui annoncer une bonne nouvelle.

À demi assis, comme souvent, sur le bureau de la bibliothèque — sa mauvaise jambe étendue sur le bord et l'autre en appui sur le parquet —, Charles Maurice se permit l'ombre d'un sourire : l'État acceptait d'acheter l'hôtel Matignon et son château de La Muette. La vente de ces deux propriétés allait libérer Charles Maurice de ses embarras financiers ; elle signifiait aussi que Napoléon avait donné son accord à cette transaction et donc qu'il ne tenait plus Talleyrand pour suspect, malgré le récent scandale de l'affaire d'espionnage.

Le retour de la faveur impériale se confirma. Napoléon fit venir Talleyrand aux Tuileries pour lui proposer, sous le sceau du secret, une importante mission à Varsovie ; dans la guerre qu'il projetait contre la Russie, il importait qu'il eût tout le soutien possible de la Pologne, et seul son vice-Grand Électeur possédait l'expérience et les amis polonais haut placés pour le lui assurer. Talleyrand accepta. Mais la nouvelle de cette mission confidentielle vint à s'ébruiter. Napoléon en conclut que Talleyrand était fautif, et il en fut si courroucé qu'il envoya immédiatement quelqu'un d'autre à sa place. Les choses empirèrent lorsque le haut fonctionnaire des Postes chargé de la censure du courrier s'aperçut que Talleyrand avait récemment touché une grosse somme tirée sur une banque de Vienne. L'empereur le convoqua une fois de plus et lui reprocha avec véhémence de se faire acheter par l'Autriche. L'accusé répondit simplement qu'il s'était préparé à sa mission en se procurant les devises nécessaires au voyage.

Mais l'empereur voulut connaître l'origine de la fuite. La filière remonta jusqu'au salon de la vicomtesse de Laval, membre éminent du sérail de Charles Maurice. Napoléon crut alors tenir la confirmation de ce qu'il avait supposé : Talleyrand lui-même avait commis l'indiscrétion. En manière d'avertissement et pour l'exemple, il envoya la vicomtesse en exil temporaire.

Anne-Dorothée fut consternée. Mme de Laval, assurément, n'avait pas soufflé mot. Mais, puisque la duchesse elle-même devait bientôt partir pour Löbichau, obtiendrait-elle de l'empereur, non d'annuler, mais de différer sa sentence, afin que la vicomtesse pût voyager en même temps qu'elle ? La réponse de Napoléon fut catégorique : en aucun cas. Parlant de Mme de Laval, il s'en expliqua à un tiers : « Elle peut s'estimer heureuse que je lui permette encore de rester à Paris. Je m'oppose à ce qu'elle parte avec la duchesse de Courlande. Celle-ci est assez intrigante de nature, et il ne lui manquerait que d'être travaillée par Mme de Laval. »

Finalement, la police secrète arriva à découvrir la véritable coupable : c'était Mme de Bassano, l'épouse du ministre des Relations extérieures. Craignant que Talleyrand — qui avait précédé son mari dans ce poste — ne s'acquittât trop brillamment de sa mission à Varsovie et ne reprît le ministère à M. de Bassano, elle avait recouru à ce subterfuge machiavélique — l'indiscrétion délibérée — pour provoquer le mécontentement de l'empereur et faire échouer le départ de Talleyrand.

Mais Napoléon n'en avait pas fini avec ces femmes qu'il n'aimait pas quand « elles se mêlaient des affaires du gouvernement ». À la veille d'entrer en guerre contre le tsar, il envisagea de faire exiler la duchesse, sujette russe. Mais il se contenta d'envoyer à Talleyrand son ministre de la Police, qui s'indigna de certains propos déplacés de la duchesse et s'enquit des motifs qui retardaient son départ. Il était clair que Napoléon s'impatientait. Anne-Dorothée, toutefois, n'avait pas l'intention de se laisser bousculer. De plus, en raison du blocage de ses revenus de Saint-Pétersbourg, elle avait une montagne de factures impayées, et dès qu'ils eurent vent de son départ, ses créanciers intervinrent en haut lieu pour s'y opposer : si la duchesse quittait le pays, ils ne reverraient jamais leur argent. Mais l'empereur préférait la savoir à des lieues de la France, et il ordonna un règlement financier à l'amiable.

En 1812, quand revint la belle saison, Napoléon partit pour l'Est, et le sérail de Charles Maurice se dispersa ; les dames françaises regagnèrent leurs terres, les étrangères, leur pays d'origine. Talleyrand ne s'en émut pas autrement : « J'ai organisé le départ de ces dames, dit-il, de telle façon que tous les après-midi, huit jours durant, à une heure et demie, j'en accompagne une à sa voiture. Cela est vraiment très drôle. » Il apportait à chacune un pâté de faisan aux truffes de son Périgord ancestral et l'escortait une partie du chemin. Anne-Dorothée partit la dernière, accompagnée par Charles Maurice et Dorothée jusqu'au premier relais de poste. Elle fut peinée qu'il prît leur séparation avec autant de philosophie. Elle pleura beaucoup dans sa grande berline, le premier jour du voyage.

L'été 1812, Dorothée se retrouva sans sa mère — avec qui ses relations demeuraient aigres-douces — et sans son mari Edmond, promu colonel et qui était parti avec la Grande Armée. Les troupes napoléoniennes avaient atteint la Vistule dès le 1er mai, et les combats contre les Russes s'engagèrent avant la fin de juillet. La jeune femme quitta le château familial de Rosny, où elle laissa ses deux enfants — Napoléon Louis, âgé de quinze mois, et Dorothée-Charlotte Émilie, qui n'en avait que deux —, pour aller s'installer dans la nouvelle résidence de son oncle, sur la rive droite, au 2 de la rue Saint-Florentin. Dès lors, elle partagea son temps entre l'hôtel Saint-Florentin, aussi princier que l'hôtel Matignon, mais sans jardin, et le château de Saint-Brice, que Talleyrand avait acquis dans la forêt de Montmorency, assez proche du château de Saint-Cloud pour lui permettre de s'y rendre tous les jours, lorsque la cour s'y transportait l'été. Car, comme toutes les dames d'honneur des deux maisons impériales, Mme de Périgord devait assurer son service un trimestre sur deux.

Elle avait maintenant dix-neuf ans, et il ne restait plus trace chez elle de l'adolescente maigre et noiraude, du petit « pruneau sec » qu'elle avait été. Mais, à l'époque, ses traits hautains et ses yeux démesurés paraissaient trop étranges pour qu'on la trouvât belle. Les deux cercles de fard rouge qu'elle se plaquait sur les joues, selon la mode, n'arrivaient pas à déparer le velouté de son teint. Son intelligence exercée, sa curiosité et son indépendance d'esprit, beaucoup plus marquées que chez sa mère, enchantèrent Talleyrand autant que sa métamorphose de chrysalide en papillon. À une surprenante maturité de jugement, elle alliait une rafraîchissante absence d'idées toutes faites et de préjugés — bien qu'elle n'oubliât jamais son rang. Le vieux cynique endurci fut touché du respect et de l'intérêt sincères qu'elle lui témoignait, et séduit par la perspective de façonner son jeune esprit. Elle voyait en lui l'homme le plus fascinant qu'elle eût jamais rencontré et admirait le pragmatisme subtil qui lui avait permis de rester plus ou moins au pouvoir à travers tant de bouleversements, depuis la Révolution jusqu'à l'Empire, en passant par le Directoire et le Consulat.

À ce qu'elle considérait comme une parodie de mariage, Dorothée n'avait pas trouvé de compensation dans la maternité. Comme sa mère la duchesse et comme sa sœur aînée Wilhelmine, c'étaient les jeux de la politique qui l'intéressaient. Son attirance d'adolescente pour le prince Czartoryski procédait plus de l'esprit que du cœur et venait en grande partie de son désir de participer aux grands événements de l'époque. Au cours de ces mois passés auprès de son oncle et bien que celui-ci, en semi-disgrâce, fût officiellement inactif, la jeune femme entrevit les possibilités d'une existence passionnante et insoupçonnée. Et en elle s'éteignirent l'envie et les dernières velléités de rétablir une entente quelconque avec Edmond, ce mari volage et irresponsable.

À la naissance de son deuxième enfant, l'empereur lui avait témoigné sa faveur et son estime — attitude contrastant délibérément avec la froideur qu'il affectait envers sa mère — en l'élevant à un grade supérieur de dame d'honneur, avec des émoluments doublés et des fonctions plus importantes. À l'automne, elle prenait à ce titre son deuxième tour de service, quand la cour revint de Saint-Cloud à Paris.

La tristesse envahissait la capitale comme un brouillard épais. Chaque foyer avait un être cher dans l'armée, et, sur une carte, avec des épingles, on tentait de localiser sa position probable dans l'immensité inconnue de la Russie. Les communiqués officiels étaient intermittents. Napoléon se trouvait profondément enfoncé en territoire ennemi quand frappa le plus redoutable des alliés du tsar : l'hiver.

Le jeudi 17 décembre 1812, dans les pages du *Moniteur universel*, le « Bulletin XXIX de la Grande Armée » éclata comme une bombe : il relatait la défaite de Napoléon et la déroute des troupes au passage de la Berezina, le 29 novembre :

> Le froid, qui avait commencé le 7, s'accrut subitement, et, du 14 au 15 et au 16, le thermomètre marqua 16 et 18 degrés au-dessous de glace... Plus de 30 000 chevaux périrent en peu de jours ; notre cavalerie se trouva toute à pied ; notre artillerie et nos transports se trouvaient sans attelage. Il fallut abandonner et détruire une bonne partie de nos pièces et de nos munitions de guerre et de bouche... L'ennemi, qui voyait sur les chemins les traces de cette affreuse calamité... chercha à en profiter... [Il] occupait tous les passages de la Berezina... Le combat devint vif... L'armée, faible en cavalerie, faible en munitions, horriblement fatiguée de cinquante jours de marche, traînant à sa suite ses malades et les blessés de tant de combats, avait besoin d'arriver à ses magasins... L'armée a besoin de rétablir sa discipline, de se refaire, de remonter sa cavalerie, son artillerie et son matériel... Le repos est son premier besoin...

Dorothée eut peine à croire à ce désastre gigantesque. Tout récemment, n'avait-elle pas assisté, dans la suite de l'impératrice, au majestueux *Te Deum* qui célébrait à Notre-Dame la victoire de la Moskova, tandis que la ville s'illuminait de dizaines de milliers de petites lampes à huile pour les festivités qui avaient suivi ?

Pas plus que Dorothée, Marie-Louise ne parut se rendre compte de l'ampleur de la catastrophe, et le programme de l'après-midi ne fut en rien changé. L'impératrice se rendit en voiture à une exposition de tableaux. Sur le trajet, Dorothée remarqua des attroupements partout où le Bulletin XXIX était affiché. La plupart des gens, illettrés, attentifs à la moindre parcelle d'espoir qui aurait pu leur échapper, écoutaient ceux qui savaient lire leur répéter les paragraphes du communiqué dramatique. La même question était sur toutes les lèvres : où était l'empereur ? Dorothée fut la première à le savoir.

Le 18 décembre, elle était de service aux Tuileries. A l'heure incroyable de minuit, on cogna brutalement à la porte des appartements de Marie-Louise. Deux hommes mal rasés, engoncés dans des fourrures, firent irruption. Dorothée, qui était sur le point de partir, cria au secours et laissa tomber son réticule et son châle en essayant de leur barrer le chemin. Pour la faire taire, l'un des deux intrus, le plus petit, dégagea son visage de son manteau : c'était l'empereur. Et, avec lui, se trouvait son grand écuyer, M. de Caulaincourt, vieil ami de Talleyrand et ancien ambassadeur de France en Russie.

Dans la voiture de la cour qui la reconduisait chez elle — une voiture vert bouteille, avec cocher et valet de pied en livrée impériale —, la jeune femme réfléchit au retour inattendu de Napoléon. Elle ne savait pas ce que méditait son oncle, car celui-ci et la duchesse (quand elle était en France) ne discutaient jamais de l'empereur ni de sa politique en présence de la jeune dame d'honneur de Marie-Louise, afin de lui éviter de se trouver dans une situation gênante. Mais Dorothée n'était pas une potiche, et elle avait dû deviner que son oncle était plus actif qu'il ne le prétendait. Elle se demanda comment il réagirait à la nouvelle qu'elle apportait. Malheureusement, à la porte de l'hôtel Saint-Florentin, un laquais l'informa que le prince de Bénévent n'était pas encore rentré. Dorothée griffonna un billet et sonna le valet Courtiade, avec mission de le remettre à son oncle avant son coucher.

Le lendemain matin, alors que les canons des Invalides tonnaient encore pour annoncer le retour de l'empereur, un page des Tuileries arriva rue Saint-Florentin, porteur d'un message de Sa Majesté : Edmond était sain et sauf et avait pu échapper au mouvement convergent des armées du tsar. Le même jour, Talleyrand eut une longue conversation avec M. de Caulaincourt ; celui-ci lui confia que le nom de Talleyrand était revenu plus d'une fois au cours des entretiens qu'il avait eus avec l'empereur, dans la voiture qui les ramenait à toute allure vers Paris, accompagnés seulement d'un interprète et du fidèle mamelouk Roustan. Napoléon avait avoué que les intrigues mondaines de la duchesse de Courlande le mettaient en fureur et qu'il tenait Charles Maurice pour responsable.

Il continuait à douter du loyalisme de Talleyrand, mais des preuves insuffisantes ne lui permettaient pas de formuler une accusation de trahison contre le seul homme qui pouvait maintenant lui être utile, en raison du prestige universel dont il jouissait à l'étranger. Par deux fois, au cours des trois jours qui suivirent, Napoléon fit appeler Talleyrand et lui offrit le portefeuille des Affaires étrangères. Par deux fois, Talleyrand refusa, sous le prétexte qu'il ne connaissait point les affaires de l'empereur, ou du moins qu'il les croyait « en contradiction avec sa manière d'envisager la gloire et le bonheur de son pays ». L'empereur, exaspéré, proféra ses menaces coutumières. Avant la fin du même mois, il y eut une nouvelle scène entre Talleyrand et Napoléon, et ce dernier, cette fois, fit une allusion directe à la duchesse et à ses manigances avec le tsar. Heureusement, Sa Majesté ne mit en cause qu'Anne-Dorothée, non Charles Maurice. L'empereur étant de nouveau en résidence dans sa capitale, les opposants mirent la sourdine et les conspirateurs rentrèrent sous terre.

CHAPITRE 8

Wilhelmine et Metternich
1813-début 1814

WILHELMINE DÉFIAIT LES CONVENTIONS. Non seulement par la liberté de sa vie privée — à cet égard, Vienne avait les idées encore plus larges que Paris —, mais par sa volonté, comme sa mère et sa tante Élisa, de briser le carcan où la société voulait l'enfermer. Elle administrait personnellement les énormes domaines de son héritage, Nachod et Sagan ; cela était inhabituel, mais concevable. Toutefois, en contraste avec sa mère, qui s'intéressait aux personnes de talent, quelle que fût leur activité particulière, Wilhelmine se passionnait presque exclusivement pour les affaires politiques, surtout européennes. Dans ce domaine, son action, hélas, ne pouvait être qu'indirecte.

Comme elle se trouvait en relations personnelles avec la plupart des personnalités dirigeantes d'Europe centrale, Wilhelmine possédait une connaissance approfondie de la complexe histoire de ces pays, et grâce à la correspondance qu'elle entretenait avec son réseau étendu de parents et d'amis, elle était mieux renseignée sur les événements en cours que bien des hommes d'État. Sa position sociale éminente, renforcée par une fortune illimitée, lui conférait une influence officieuse non négligeable à Vienne, au début de 1813, à l'époque où Napoléon marchait de nouveau vers l'est pour venger son désastre de Russie. Car nombre de questions d'extrême conséquence étaient débattues et résolues dans les salons de la haute aristocratie, plus aisément qu'entre les lambris austères du ministère des Affaires étrangères.

Il n'était pas aisé de se procurer des nouvelles, aussi les diplomates et leurs attachés faisaient-ils régulièrement le tour des salons, dans l'espoir de recueillir des informations de la bouche des invités qui commentaient leurs lettres personnelles. Les ambassadeurs, furieux, particulièrement celui de France à Vienne, ne cessaient de fulminer contre l'influence de cette politique de boudoir et la rapidité avec laquelle les rumeurs circulaient en Europe.

Le chancelier Clément de Metternich, alors âgé de quarante ans, était, lui, parfaitement à l'aise dans les salons et savait comment manœuvrer le « monde », c'est-à-dire les femmes, au mieux de ses intérêts. Remarquablement séduisant, de haute taille et d'une élégance nonchalante, il avait des traits racés, un nez aquilin, des yeux bleus, un teint clair et des cheveux blonds légèrement poudrés. Il avait fait la connaissance d'Anne-Dorothée à Berlin, et celle de Wilhelmine — de sept ans plus jeune que lui — lorsqu'elle résidait à Dresde et que lui-même y était ambassadeur. La jeune duchesse de Sagan l'avait conquis autant par sa beauté que par la vivacité de son esprit. Pour défendre sa politique étrangère, impopulaire, le chancelier avait besoin d'un forum. C'est pourquoi, sa journée officielle terminée, Metternich prit de plus en plus l'habitude, en quittant son ministère, en face du palais impérial, de traverser la Minoritenplatz, dont les arbres commençaient à reverdir, pour se diriger vers le palais Palm, où Wilhelmine tenait salon.

On y discutait âprement de l'opportunité d'une entrée en guerre. Metternich y était inflexiblement opposé. Son objectif essentiel était la paix, afin de restaurer la puissance de l'Autriche et donc l'équilibre des puissances européennes. « Avant tout, expliquait inlassablement le chancelier à Wilhelmine, l'Autriche doit se séparer de son allié français douteux pour adopter une neutralité armée, sans violenter toutefois la conscience de l'empereur François. Il n'est pas pour autant nécessaire d'anéantir son gendre Napoléon. Mais il faut attendre avec patience l'occasion opportune de changer de camp. » Tout en parlant, le chancelier jouait machinalement avec l'ordre de la Toison d'or — qu'il avait reçu après avoir négocié le mariage de l'archiduchesse Marie-Louise. Wilhelmine était d'un avis contraire : à ses yeux, la guerre était inéluctable. Metternich, lui, ferait tout pour l'éviter.

Pendant cette période de tension vigilante, où il observait le développement de la situation européenne afin d'intervenir au bon moment, le chancelier avait besoin d'une confidente qui partageât les angoisses de ses responsabilités. Très tôt, ce séducteur-né avait établi dans son mariage un *modus vivendi* satisfaisant pour lui, sinon pour son épouse Laure. Mais celle-ci était si folle de son mari qu'elle comprenait qu'aucune femme ne pût lui résister. Si le beau Clément gardait dans sa vie la première place à Laure et à leurs nombreux enfants, il trouvait impossible de vivre sans une « amie », qui se consacrât à lui corps et âme, nuit et jour, à l'exclusion de tout et de tous. Il croyait l'avoir découverte en Wilhelmine, dont la longue liaison avec le prince Alfred zu Windischgrätz semblait sur sa fin — du moins, il le pensait.

Quand la Prusse, soulevée, signa un traité d'allégeance avec le tsar et déclara la guerre à la France en 1813, Wilhelmine eut la certitude que l'heure de l'Autriche avait sonné et résolut de faire tout ce qui était en son pouvoir pour entraîner Metternich dans la nouvelle coalition contre Napoléon. (Les biographes de la duchesse de Sagan ne peuvent que déplorer la disparition d'un grand nombre de lettres échangées entre elle et le chancelier au cours de ce printemps décisif. Elles furent détruites par Wilhelmine à la demande expresse de Metternich, sans doute quand celui-ci mit la dernière main à ses *Mémoires*. Comme, dans le journal de Friedrich von Gentz, l'homme de confiance du chancelier, les pages se rapportant à la même période critique ont été arrachées, nous n'avons de Metternich que l'image qu'il a choisi de léguer à la postérité : celle de l'homme acharné à la perte de Napoléon. Nous perdons de vue la figure politique féminine qui, dans les coulisses, s'évertua à transformer en faucon vengeur la colombe conciliante du printemps et du début de l'été 1813.)

Après la bataille indécise de Bautzen, en Saxe, les 20 et 21 mai, les Prussiens et les Russes reculèrent vers la Silésie. Napoléon, ne pouvant exploiter sa victoire à fond, demanda un armistice, et il accepta la médiation de l'Autriche. C'était un triomphe pour la stratégie du chancelier.

Pour faciliter ses communications, Metternich devait se rapprocher immédiatement de la zone des combats, et il décida de se fixer, avec l'empereur François, à Gitschin, en Bohême. Cet endroit se trouvait entre Dresde, quartier général de Napoléon, et Reichenbach, où stationnaient les états-majors et les troupes russes et prussiennes ; il se situait en outre à une agréable proximité de Nachod, où Wilhelmine avait l'habitude de passer l'été. Elle devait justement prendre la route le lendemain ; Clément passa chez elle rapidement, vers minuit, pour lui dire au revoir et l'informer de ses plans.

Dès les premières lueurs de l'aube, Metternich, l'empereur François et un seul aide de camp partirent, et avec une telle hâte que le chancelier en oublia son argent et son nécessaire de voyage. Le ciel se couvrit, le temps se gâta, et leur légère voiture, attelée des plus rapides chevaux des écuries de la Hofburg, s'enlisa dans la boue jusqu'aux essieux. Impatientés par ce retard, ils voyagèrent toute la nuit suivante.

La duchesse de Sagan, elle, prit son temps pour se rendre à Ratiborzitz, le petit manoir de pierre jaune pâle où, quand elle était à Nachod, elle préférait résider, plutôt que dans l'énorme et sinistre château où elle avait vécu jadis avec son père et ses sœurs. Elle y trouva un billet de Metternich, l'informant que l'armistice avait été signé à Pleswitz le 4 juin. Wilhelmine en fut contrariée : alors qu'elle souhaitait voir l'Autriche se jeter dans la guerre aux côtés des Alliés, elle était sûre que le chancelier utiliserait les deux semaines de répit de l'armistice pour renouveler ses efforts en faveur de la paix.

La suspension des hostilités offrit aux sœurs du tsar, qui se trouvaient en visite chez des parents dans la région, l'occasion de voir Alexandre. Un château, celui d'Opocno, fut préparé en hâte et mis à la disposition de la famille impériale. Pour s'y rendre, le tsar devait passer par Nachod : il envoya donc un courrier annoncer à Wilhelmine qu'il serait heureux, le lendemain, de dîner chez la duchesse de Sagan, la seule des filles de la duchesse de Courlande qu'il ne connaissait pas.

Wilhelmine n'aurait pas appris avec plus d'émoi l'arrivée imminente de l'archange Gabriel. Elle vivait toujours simplement à la campagne, et le seul maître d'hôtel qu'elle avait amené était alité avec une forte fièvre. Elle envoya un message de détresse à Metternich, à Gitschin (à six heures de route de là), et dépêcha son intendant faire le tour de la centaine de hameaux de son domaine, pour recruter le plus de personnel improvisé possible. D'autres domestiques furent affectés à la recherche du ravitaillement. Wilhelmine mit un tablier, coiffa d'un fichu ses boucles blondes et courut au salon surveiller une nouvelle disposition des meubles.

Elle était encore en pleine activité ce soir-là, ayant l'œil à tout, quand retentit un martèlement bienvenu de sabots de chevaux. Elle se précipita à la cuisine, où une foule de paysannes s'affairaient dans la bonne humeur, qui avec les hachoirs, qui à l'épluchage, qui aux fourneaux, parmi des odeurs délicieuses de paprika, d'aneth et autres épices. Entrèrent l'un des aides de camp et un valet en livrée de

Metternich, halant plusieurs lourdes bourriches. Mais le chef pâtissier demandé par Wilhelmine n'était pas là.

L'empereur François ne pouvait prêter le sien, et celui de Metternich était resté à Vienne. Mais l'aide de camp du chancelier, balayant le sol de son chapeau, se hâta de rassurer la princesse : il était lui-même une sorte de maître Jacques. Il se mit à déballer avec précaution les innombrables boîtes de bonbons, de dragées, de génoises, de macarons, de petits choux et de feuilletés, et découvrit que tout s'était écrasé en cours de route, à cause des cahots et de la vitesse du voyage. Accroupi au milieu du désastre, il exposa sans se démonter le plan de repli prévu par le chancelier : on allait faire un agréable mélange des éléments disponibles, masquer les dégâts par un épais sabayon et présenter cérémonieusement le tout comme un entremets inédit créé en l'honneur de Sa Majesté Impériale. Wilhelmine éclata de rire : c'était bien de Clément d'imaginer un tel expédient !

Metternich ne jugea pas convenable de dîner avec le tsar avant leur rencontre officielle à Opocno, quarante-huit heures plus tard, mais son secrétaire privé, le publiciste Friedrich von Gentz, ne s'embarrassa pas de telles subtilités : il n'allait pas manquer une rencontre officieuse avec le tsar de toutes les Russies. Aussi, de bonne heure le lendemain, arriva-t-il de Gitschin, portant une culotte de peau collante et de hautes bottes vernies, qui eussent mis en valeur l'élégance naturelle du chancelier, mais semblaient ridicules sur ce petit bout d'homme. La duchesse le connaissait depuis son séjour à Berlin. Il gardait en permanence un doigt sur le pouls des divers milieux antibonapartistes, que ce fût à Prague, à Teplice, à Carlsbad, et jusqu'en Silésie et en Angleterre. Wilhelmine n'avait jamais vu Gentz — un rouquin d'origine juive, qui s'était arrogé le titre de chevalier et la particule *von* — sans ses lunettes noires et sa haute cravate noire où s'engonçait son visage flétri et sans âge. Il aimait les jeunes garçons, mais plus encore l'argent. Il était lourdement parfumé et perpétuellement agité de frissons, soit qu'il fût enrhumé, soit qu'il craignît de l'être.

Tout fut prêt en temps voulu à Ratiborzitz. A cinq heures de l'après-midi, Wilhelmine, accompagnée de paysans de Nachod qui brandissaient des drapeaux, attendait le tsar à l'entrée de la longue allée de hêtres centenaires, qui menait de la forêt au château. Alexandre parut, monté sur un cheval noir, resplendissant dans son uniforme blanc qui dessinait sa taille fine, et la poitrine constellée de médailles. Il était précédé d'un détachement de gardes hauts de six pieds, et escorté du comte Stadion, ancien ministre des Affaires étrangères de l'Autriche. En arrivant à Ratiborzitz, le tsar contourna le manoir pour admirer le cours paisible de la rivière Aupa, qui prenait sa source dans les cimes enneigées des monts des Géants.

Dans la salle à manger rose et gris perle, la table était dressée, comme l'exigeait l'étiquette, pour que le tsar y dînât seul. Mais Alexandre protesta qu'il voulait être en compagnie, et l'on remit promptement le couvert. Sa Majesté débordait d'amabilité et porta galamment un toast « à la duchesse de Courlande et à ses quatre filles, les Grâces de Courlande ». Il s'empressa ensuite de mettre les choses au point et assura son hôtesse que, contrairement à la rumeur et aux vœux de certaines personnes, il n'était nullement intervenu dans les fiançailles de la princesse Dorothée. Wilhelmine se contenta de sourire avec suavité ; elle n'allait pas contredire Sa Majesté.

Elle comprit très vite que l'entrevue de ce jour avait été soigneusement agencée par le comte Stadion. Celui-ci, farouche adversaire de la politique de paix de Metternich, était au courant des bruits concernant les relations de la duchesse de Sagan et du chancelier et connaissait les sentiments francophobes de Wilhelmine. Metternich et l'empereur François restaient les deux seuls hauts personnages qui hésitaient encore à entraîner l'Autriche dans l'effort de guerre des Alliés. « Il est essentiel, Altesse, que vous fassiez l'impossible pour amener le chancelier à nos vues », dit le comte Stadion. Le tsar, à son tour, insista : « La duchesse, j'en suis sûr, nous a fort bien compris, conclut-il d'un ton glacial, même si elle se considère maintenant comme Viennoise d'adoption. » Alexandre avait laissé tomber le masque d'affabilité, comme naguère avec la duchesse Anne-Dorothée, au moment du mariage de Dorothée, et faisait planer une menace de confiscation. Wilhelmine, en effet, était toujours sujette russe, mais bien moins vulnérable que sa mère, car la majeure partie de son héritage ne se trouvait pas incluse dans les propriétés russes de la famille Biron.

Rien dans le repas ne trahit l'improvisation des préparatifs. Les poissons fraîchement pêchés dans la Petite Elbe furent délicieux, et les jambons de Prague, dignes de leur réputation. Lorsque l'aide de camp de Metternich, déguisé en maître d'hôtel, présida en personne au service de l'entremets, une « macédoine à l'Alexandre », Wilhelmine lui adressa un sourire de gratitude.

Elle fit servir le café dans la bibliothèque, où le tsar admira à loisir une collection de porcelaines de Nymphenbourg décorées en trompe l'œil, exposées sur une encoignure de style rococo bavarois, puis il s'assit près d'elle pour bavarder. Le chevalier von Gentz prisa une pincée de tabac et jeta un coup d'œil sur les dernières gazettes empilées sur une table, tandis que le comte Stadion allait fumer sa pipe dans le salon voisin. Alexandre s'intéressa un moment aux portefeuilles d'eaux-fortes du duc Pierre, puis il prit congé. Wilhelmine, avec adresse et courage, s'était arrangée pour ne s'engager en rien au sujet de Metternich.

Épuisée par cette journée, elle n'en écrivit pas moins, comme chaque soir, à Alfred zu Windischgrätz. Elle lui rappela d'abord que, quel que fût le nombre des invités à Ratiborzitz, elle lui réservait toujours le même appartement — une chambre, un bureau, un petit salon — contigu à son boudoir. Contrairement aux espoirs de Metternich, Wilhelmine n'avait pas rompu, mais renoué avec le prince, comme tant de fois déjà. Dans sa lettre transparaissaient les désaccords de leur liaison, vieille de quatre ans : Alfred la trouvait-elle trop indépendante ? Ou trop âgée pour lui ? Était-elle dans une impasse ? Windischgrätz, héritier d'une des plus anciennes familles catholiques d'Autriche, devrait un jour se marier pour perpétuer sa lignée. Et Wilhelmine avait divorcé deux fois et ne pouvait avoir d'enfants.

Metternich arriva tard dans la nuit ; la jeune femme était déjà couchée. Le lendemain matin, ils prirent leur petit déjeuner ensemble, au soleil, dans un coin de sa chambre. Wilhelmine, pour la première fois devant Clément, portait le *Dirndl*, le costume haut en couleur des paysannes, dont le corselet mettait en valeur sa taille déliée et sa poitrine ronde. Elle donnait l'impression d'être grande, à cause de son port de tête, mais, comme sa mère et ses sœurs, elle était toute petite ; elle s'en moquait elle-même, ses yeux bruns pétillants de malice : « Je suis tout aussi grande que ma bête noire. »

Sa « bête noire », Napoléon. Elle répéta à Metternich la conversation qu'elle avait eue avec le tsar, puis l'écouta attentivement lui expliquer son projet de congrès de paix à Prague.

Ensuite, le chancelier partit pour Opocno, à deux heures de route de Nachod, où il devait rejoindre le tsar. Celui-ci accepta de participer au congrès, mais à une condition : si les pourparlers de Prague échouaient, l'Autriche devrait automatiquement entrer dans la coalition des Alliés contre la France. Pour que le congrès eût le poids nécessaire, la Prusse aussi devait y prendre part. Afin de gagner du temps, car l'armistice allait bientôt expirer, Metternich dépêcha aussitôt un aide de camp inviter le chancelier de Prusse, le prince von Hardenberg, à le rencontrer à Ratiborzitz, où lui-même revint en hâte.

Le manoir retentit bientôt du bruit de leurs âpres discussions. Lorsqu'il fallait bien souligner un argument, l'ambassadeur de Prusse à Vienne, qui accompagnait le chancelier — lequel était sourd —, tournait vers ce dernier son visage buriné et lui répétait la phrase en articulant autant que le lui permettait son zézaiement, afin qu'il pût la lire sur ses lèvres.

Ces heures décisives, au cœur des événements, Wilhelmine les vivait avec exaltation. Rien pour elle, comme pour sa mère, n'était plus passionnant. Assise près d'une petite table à couture en bois fruitier, dont les multiples tiroirs renfermaient ses écheveaux de soie de couleur, elle écoutait en brodant. Plus d'une fois, les éclats de voix lui cassèrent la tête. Elle se levait alors, ouvrait les portes-fenêtres donnant sur les jardins et proposait une petite promenade à ces messieurs. Un peu d'air leur rafraîchirait les idées.

Les conversations reprenaient de plus belle. On put croire, à plusieurs reprises ce soir-là, qu'elles allaient dégénérer en algarade générale. Wilhelmine, une fois, intervint à propos en faisant circuler des tasses de thé. Plus tard, elle suggéra aux invités de se retirer dans leurs appartements et de reprendre les débats le lendemain. Une bonne nuit de sommeil dans les lits moelleux de Ratiborzitz et la douceur nocturne de la campagne auraient un effet apaisant. Elle ne se trompait pas, et Metternich, par la suite, l'en remercia. On parvint à un accord. La Prusse consentit finalement à envoyer une délégation à Prague, mais à la même condition que la Russie : si le congrès échouait, l'Autriche devrait entrer en guerre.

Désireux de rendre son invitation à Wilhelmine, le tsar la convia à Opocno. Mais Alfred, dans sa dernière lettre, lui avait fait sentir qu'il était jaloux des attentions du séduisant et dangereux Alexandre, et, pour lui complaire, elle prétexta l'une de ses longues migraines et resta chez elle. Le chevalier von Gentz y alla à sa place ; il revint à l'aube le lendemain et l'informa que le tsar avait exprimé le désir de venir de nouveau dîner à Ratiborzitz, en fin du même après-midi. Gentz ne se sentait plus de joie parmi ces allées et venues de tant de hauts personnages. Il exulta, en se frottant les mains :

« Quel honneur insigne, Altesse ! Deux visites du tsar, dans la même semaine ! Paris, Vienne, Berlin et Saint-Pétersbourg pâlissent en comparaison de l'importance que prennent Gitschin, Reichenbach, Ratiborzitz et Opocno ! Dans une zone d'à peine quarante kilomètres à la ronde, où nous sommes, se joue le destin de l'Europe ! »

Wilhelmine était loin d'être aussi enthousiaste à l'idée d'une nouvelle visite du tsar. Heureusement, le chef cuisinier du père de Metternich, en route pour Londres, devait justement passer dans la région, et Clément, averti du projet d'Alexandre, le fit prévenir de s'arrêter à Ratiborzitz. Le vieux domestique arriva, porteur d'un billet : « Ne me remerciez pas, écrivait le chancelier à Wilhelmine ; je vous envoie le chef cuisinier de la famille égoïstement, usant de tous les moyens à ma disposition pour vous empêcher de m'oublier. »

Lorsque parurent le tsar et sa suite, une pluie froide balayait la terrasse, et, dans toutes les pièces, on avait allumé les poêles de faïence blanc et or pour chasser l'humidité. A peine Wilhelmine et ses convives étaient-ils passés à table que l'intendant de Ratiborzitz fit irruption :

« Votre Grâce ! Les Cosaques sont en train d'abattre les chênes au bord de la rivière ! Ils les brûlent pour se chauffer ! »

Le commandant des Cosaques, le grand-duc Constantin, frère du tsar, se leva d'un bond en dégainant son épée et hurla à son aide de camp :

« Sortez ! Et faites pendre immédiatement les misérables qui ont osé porter la main sur les arbres de la duchesse ! Pendez-les aux branches des chênes !

— J'aimerais mieux voir tous mes arbres coupés qu'un seul homme pendu ! » s'écria Wilhelmine.

Alexandre intervint. Les Cosaques furent épargnés, les arbres aussi, et le reste de la soirée se passa sans autre incident.

La lettre que Wilhelmine reçut de Clément le lendemain matin contenait d'étonnantes nouvelles : Napoléon l'avait convoqué à Dresde, et il s'y rendait, car le congrès de Prague ne pouvait se passer de la présence de la France.

Deux jours plus tard, la jeune femme profita d'une éclaircie pour aller sur la terrasse avec ses invités résidents : Gentz, le chancelier de Prusse von Hardenberg et l'ambassadeur de Prusse. Ils parlaient de l'entrevue qui se déroulait en ce moment même au palais Marcolini à Dresde et s'interrogeaient sur la teneur des propos échangés entre Metternich et Napoléon, quand Wilhelmine entendit un cliquetis d'éperons et, levant, les yeux, vit Alfred zu Windischgrätz qui lui souriait. Elle fut folle de joie que le prince eût saisi l'occasion de l'armistice pour venir la voir. Mais, au bout de trois jours passés sans nouvelles de Clément, elle se surprit à écouter distraitement les bavardages de son amant. Comme Gentz et ses invités, elle guettait l'arrivée d'un messager. Que se passait-il à Dresde ? Pourquoi Clément n'écrivait-il pas ? Il n'était pas prévu qu'il restât absent si longtemps.

La pluie reprit et ne cessa plus. Rivières et ruisseaux débordaient. Wilhelmine aurait préféré rester tranquillement chez elle, mais Alfred, qui devait partir le lendemain, ne tenait pas en place. Elle l'accompagna donc pour une longue promenade à cheval sous l'averse.

Le jeudi passa, et ce ne fut que le vendredi qu'elle reçut une lettre. Clément lui demandait de prévoir un relais de quatre chevaux, à mi-chemin de Gitschin, le lendemain matin, et il ajoutait : « J'apporte une rafale de bonnes nouvelles aux hôtes curieux de Ratiborzitz. »

Alerté, le ministre des Affaires étrangères de Russie, le comte von Nesselrode, se présenta peu avant que n'apparût la voiture de Metternich. Wilhelmine l'écouta en silence informer ses collègues étrangers de ses deux longues et laborieuses rencontres avec Napoléon. Elles valaient bien les soucis et les fatigues qu'il avait endurés et dont témoignaient les cernes de ses yeux bleus. Il avait obtenu de l'empereur la participation de la France au futur congrès de Prague.

En conclusion de son rapport et de l'air le plus détaché du monde, Metternich annonça qu'il avait, à la requête de Napoléon, accepté de prolonger de vingt jours, de son propre chef, l'armistice signé par les Alliés. Il y eut un moment de silence atterré. Puis éclata un brouhaha général. L'ambassadeur de Prusse se mit à arpenter le salon avec colère, en faisant claquer ses talons sur le parquet chaque fois qu'il arrivait à un bout du tapis d'Aubusson. Le ministre russe des Affaires étrangères se planta devant le chancelier de Prusse en poussant les hauts cris ; celui-ci, la main en cornet sur l'oreille, répétait avec l'expression angoissée des sourds : « Pourquoi cette prolongation ? Nos armées sont prêtes. » Gentz remuait une de ses innombrables poudres dans un verre d'eau : celle-ci était pour calmer les nerfs. Ce que les autres ignoraient et que Metternich n'avait pas l'intention de révéler, c'est que les troupes autrichiennes, elles, ne se trouvaient pas prêtes et que ce délai, autant qu'à Napoléon, lui était nécessaire.

Plus d'une fois, tel et tel homme d'État quittèrent ensemble la discussion générale en gesticulant et se retirèrent dans la bibliothèque adjacente pour conférer à voix basse. Finalement, toujours diplomate, Wilhelmine posa son ouvrage et demanda d'une voix claire : « Puis-je, messieurs, vous proposer un armistice de ma façon ? » Et elle sonna pour faire venir des rafraîchissements.

Le dimanche, l'extension de la trêve donna lieu à une nouvelle séance orageuse. Dès que les propos devenaient trop virulents, Wilhelmine, par une remarque piquante ou une diversion opportune, désamorçait l'explosion. Chacun des diplomates en présence savait que les forces militaires ennemies étaient en nombre si sensiblement égal à celles des Alliés que ceux-ci ne pourraient remporter un succès décisif sans l'appoint des « habits blancs » autrichiens. En fin de soirée, Metternich avait obtenu une approbation réticente de son initiative. A ses yeux, la conférence de paix de Prague n'était pas une feinte destinée à gagner du temps, comme certains historiens l'ont soutenu. Toutefois, si elle échouait — et c'était l'opinion de Wilhelmine et de ses hôtes prussiens et russes —, l'Autriche devait irrévocablement entrer dans le conflit.

Les quelques mois précédents avaient constitué un tournant dans la carrière de Metternich, et aussi dans sa vie privée. A son entrée à la chancellerie, quelques années auparavant, l'Autriche, jadis puissante et fière, était l'un des humbles États vassaux de Napoléon ; maintenant, il avait relevé son pays au rang de médiateur et de régulateur de l'Europe. Sur le plan intime, il était devenu amoureux de la duchesse de Sagan. Un soir, il y avait déjà longtemps, entraînés par un désir mutuel, ils avaient été amants. Wilhelmine n'attachait guère plus d'importance à une nuit d'amour qu'à un dîner fin. Mais il se trouvait que Clément, malgré toute son expérience de séducteur et sa connaissance des femmes, éprouvait désormais des sentiments qu'il ne soupçonnait pas. Il voulait que Wilhelmine fût à lui, non pour une passade, mais exclusivement et pour toujours, et il ne savait même pas où elle en était de sa liaison avec Alfred zu Windischgrätz.

Comme il comptait prendre la route avec les autres invités, il veilla très tard ce soir-là, bien après que toutes les lumières du château se furent éteintes, essayant d'écrire à Wilhelmine pour lui ouvrir son cœur. Puis il déchira sa lettre. Mieux valait lui parler. Il aurait dû partir à l'aube, avec ses collègues : des affaires urgentes et l'empereur François l'attendaient. Mais, dans la perspective du congrès de Prague, quand aurait-il l'occasion de revoir Wilhelmine ? Il resta.

Dans la matinée, il entraîna Wilhelmine sur la terrasse encore luisante de pluie.

« Wilhelmine, lui dit-il, j'ai toujours admiré votre intelligence et votre tact, mais jamais autant qu'au cours de ces dernières quarante-huit heures. Je me suis senti bien seul à mon retour de Dresde. J'ai pris une responsabilité immense en prolongeant l'armistice sans aucun mandat. Vous m'avez encouragé et compris, tout en n'étant pas de mon avis. Sans vous, jamais je n'aurais pu résister au feu roulant d'arguments et d'invectives lancés contre moi. Vous et vous seule m'avez soutenu. Ah, ma chère Wilhelmine, ajouta-t-il en la prenant dans ses bras, je ne sais si vous m'aimez, mais moi, je vous aime du plus profond de mon cœur... et beaucoup plus que je ne devrais. »

La jeune femme se dégagea avec douceur et lui sourit :

« Clément, vous êtes mon cher et mon plus sûr ami. Que puis-je vous dire d'autre ? »

Que pouvait-elle en effet dire d'autre sans se mentir à elle-même ?

« Nous nous connaissons depuis tant d'années, reprit Clément. Pourquoi ne nous sommes-nous pas trouvés plus tôt ? Je vous veux à moi, à moi seul et pour toujours. »

Wilhelmine était profondément troublée, mais elle lui posa un doigt sur les lèvres. Le chevalier von Gentz s'approchait pour rappeler au chancelier qu'il se faisait tard. Ils devaient partir.

Nul mieux que Metternich ne faisait la distinction entre les liens du mariage et ceux de l'amour. Maintes fois il expliqua à Wilhelmine qu'il s'était marié pour avoir des enfants, non par inclination. Pour illustrer la façon dont il entendait compartimenter sa vie et ses sentiments, en réservant une place à part, mais inaliénable, à sa femme et à ses enfants, il montra à Wilhelmine la tabatière princière que Napoléon lui avait donnée à son départ de Dresde. Elle s'ornait de seize énormes diamants, et le chancelier avait décidé de l'envoyer à son épouse : les pierres desserties serviraient à faire passer de trois rangs à quatre rangs sa rivière de diamants.

Wilhelmine comprit fort bien ce geste ainsi que le souci de Clément de dissiper les ambiguïtés en le lui révélant. Mais elle trouvait difficile à croire la soudaine transformation en amour de sa vieille affection pour elle, même quand, de Gitschin, il lui répéta : « Je ne puis imaginer la vie sans vous. »

Cette lettre fut l'une des premières d'une abondante correspondance (en français), qu'ils échangèrent au cours des quinze mois suivants — une correspondance révélatrice de la véritable nature de leurs relations et de la portée de cette liaison, mais qu'on ne découvrit, par hasard, qu'en 1949. Ces lettres étaient réunies sous un emboîtage à tranche dorée, relié en noir, portant au dos, de la main de Metternich, l'inscription : *Lettres de la duchesse de Sagan.* Au début de la Seconde Guerre mondiale, elles avaient été cachées, avec les archives de Metternich, dans une cave murée, sous la brasserie de l'abbaye cistercienne de Plass, en Bohême, domaine appartenant à Metternich. Elles sont les plus franches, les plus sincères, les plus sensibles — même en faisant la part du romantisme de l'époque — que le chancelier ait jamais écrites. Et il entretint une correspondance volumineuse.

La réponse de Wilhelmine ne fut pas telle que Metternich l'espérait, mais sa sollicitude pour ce qu'il éprouvait transparaissait derrière chaque phrase :

Si vous connaissez un mot qui en dit plus que sensibilité, émotion, gratitude, amitié et tendresse, je vous en prie, servez-vous-en. Il vous donnera quelque idée de ce que j'ai éprouvé au reçu de votre lettre... Si nos relations ne sont pas telles que vous le désirez, du moins ont-elles leur bon côté... et elles me donnent la satisfaction de croire que je puis parfois alléger votre situation, vous faire oublier un moment le fardeau qui pèse sur vous et qui est presque celui du monde entier.

Lorsque le chancelier arriva à Prague, les épouses de la plupart des autres délégués avaient rejoint leur mari. Laure de Metternich le désirait aussi, mais Clément ne la pria pas de venir. C'était Wilhelmine dont, sans relâche, il sollicitait la présence. Mais celle-ci différait constamment son départ. D'abord, ce fut parce que sa sœur Pauline vint la voir, puis parce qu'un cousin Biron arriva... mais surtout parce qu'elle espérait une nouvelle visite d'Alfred. Quand elle comprit que, décidément, il ne viendrait pas, elle se mit en route, pensant que le jeune prince ferait sans doute une apparition au congrès de Prague.

Elle entra dans la ville, l'une des plus anciennes d'Europe, à la fin du jour, et fut étonnée de trouver les rues pleines de monde, comme un soir de carnaval. Sa voiture avait peine à fendre la foule, et elle demanda au cocher de s'enquérir du motif de ces réjouissances. « C'est la grande victoire de Wellington à Vitoria, en Espagne, que nous célébrons, répondit un bon bourgeois. Et voilà qui va river un clou au cercueil de Napo ! »

A un croisement, dans le dédale des rues médiévales, son attelage fut bloqué par une troupe de comédiens qui installaient leurs tréteaux. L'attroupement des spectateurs lui permit d'assister, parmi les rires et les applaudissements, à la majeure partie d'une pantomime antibonapartiste. Puis ses chevaux attaquèrent la montée de la colline, et, en se retournant, les oreilles assourdies par les détonations des fusées, elle put admirer les flèches, les clochers et les dômes de Prague se détachant sur le ciel illuminé de feux de joie.

La résidence de la famille Biron, dans la Karmelitergasse, avait été vendue deux ans auparavant, aussi Wilhelmine demanda-t-elle à un ami, propriétaire de la magnifique demeure Wallenstein, un appartement dans ce palais. Il se trouvait près du palais de Schönborn, dans la Malá Strana, la « Petite Cité », où était installé Metternich. Celui-ci, dès qu'il apprit l'arrivée de la jeune femme, éconduisit son dernier visiteur avec tous les égards possibles et se hâta, à pied, d'aller la saluer.

Après des semaines de pluie, il faisait maintenant une chaleur insupportable. Dès qu'il avait une heure de liberté, Clément emmenait Wilhelmine en voiture respirer l'air plus frais de la campagne. Avec lui, elle alla aussi faire des achats : un bonnet et une robe pour sa femme, du taffetas pour ses filles, des chocolats pour ses deux préférés : sa fille aînée et son fils unique.

Les jours passèrent, mais à la table recouverte d'un tapis vert où siégeaient les représentants de la Prusse, de la Russie et de l'Autriche, la place du délégué de la France restait vacante. Et Metternich savait qu'il devrait irrévocablement entrer dans la guerre si rien n'était résolu avant la date fatidique du 10 août, dernier jour de l'armistice. Dans l'attente de cette échéance, Wilhelmine était la seule personne à qui il pût se confier, et la seule qui le comprît malgré l'opposition de leurs vues. Elle prenait part aux angoisses de Metternich, déchiré entre ses sentiments, qui lui dictaient de poursuivre ses efforts en faveur de la paix, et sa raison, qui jugeait ces mêmes efforts dérisoires.

Le délégué de la France finit par se présenter, mais non muni des lettres de créances nécessaires. Ce soir-là, Metternich admit devant Wilhelmine que Napoléon avait dû le faire exprès pour gagner du temps. En quittant le palais Wallenstein, il pria Gentz de l'accompagner pour une promenade dans la fraîcheur de la nuit. Les portes de la ville étaient depuis longtemps fermées, et les rues, désertes. Ils descendirent la colline, contournèrent la cathédrale gothique de Saint-Thomas et traversèrent la vieille place de Malte, à l'ombre de l'église Saint-Nicolas. Ils passèrent devant des boutiques aux volets clos, des maisons décorées de sgraffites, des balcons à balustres, de grands palais baroques aux portails armoriés, puis ils s'attardèrent sur le pont Charles, bordé de statues rongées par le temps et dont les vingt-quatre arches colossales enjambaient la Moldau.

Ce n'était pas la première fois que Clément parcourait les rues après minuit en compagnie du petit Gentz, mais jamais encore celui-ci ne l'avait vu aussi préoccupé. Après tant d'années, il est difficile de dire ce qui bouleversait le plus le chancelier : l'intransigeance de Napoléon, l'arrivée d'Alfred zu Windischgrätz juste après celle de l'émissaire français, ou le fait que Wilhelmine lui avait confessé être venue à Prague dans l'espoir de revoir Alfred avant son départ pour les combats. Déconcerté par cet aveu sans détour, il avait taxé de maternels les sentiments de Wilhelmine pour le jeune prince ; elle ne l'avait ni démenti ni contredit. Wilhelmine était la première femme à se dérober devant Clément, et lui, qui se croyait parfaitement maître de ses émotions, se trouvait tourmenté et jaloux comme un adolescent en proie à son premier amour.

Gentz s'inquiétait du trouble où Wilhelmine jetait le chancelier. Le congrès piétinait ; le point de non-retour approchait, et Metternich aurait dû avoir l'esprit libre pour les décisions à venir. Mais — Gentz le savait — il passait des nuits sans sommeil. Le petit secrétaire avait maintes fois tenté de le mettre en garde contre cette femme fatale : elle avait eu déjà bien des aventures — et elle en aurait encore beaucoup d'autres, mais cela, Gentz ne le disait pas. Attaquant sur un terrain moins dangereux, il observait que les sentiments du chancelier pour la duchesse de Sagan n'étaient plus un secret pour personne. Metternich percevait-il l'impression peu favorable qui en résultait, l'image qu'il donnait de lui-même ? Le puissant chancelier de l'empire d'Autriche, un homme au sommet du pouvoir ne pouvait connaître les faiblesses du commun des mortels — un amour non partagé, par exemple.

Le chevalier prêchait dans le désert. La passion de Metternich était la plus forte. A la tension que lui imposait le poids écrasant des affaires s'ajoutait celle, toute personnelle, de son incertitude amoureuse. La veille de la clôture du congrès, le chancelier, pour une fois, profita de sa position pour éloigner Alfred en l'envoyant porter une dépêche à l'empereur François, à Brandeis. Cette mission était assez honorifique pour apaiser les suspicions de Wilhelmine quant au choix, par Metternich, de la date et du messager. Clément crut ainsi s'assurer sans partage la compagnie de Wilhelmine. Mais elle ne pensait qu'au jeune prince, mortellement inquiète des dangers qu'il allait courir. Et rien ne put la distraire.

Le soir du 10 août 1813, des personnalités éminentes se trouvaient réunies chez Metternich, dans les salons du palais de Schönborn, attendant minuit avec impatience. Enfin, sur l'Hôtel de Ville de Prague, la porte de la célèbre horloge gothique s'ouvrit, et, une à une, à chaque coup du battant de la cloche, les statues des douze Apôtres sortirent et se retirèrent. « Le congrès est terminé ! » proclama Gentz. Les négociateurs russes et prussiens se levèrent et se congratulèrent. Lentement et à regret, Metternich se dirigea vers le bureau où était posée, toute prête, la déclaration de guerre de l'Autriche. Wilhelmine lui tendit la plume. Le chancelier signa solennellement le document, puis il tendit la main au commandant en chef des armées pour lui souhaiter la victoire. Ensuite, il dépêcha un aide de camp avec l'ordre de faire allumer de grands feux au sommet de la colline, devant le Hradcany, le château de Prague. De colline en colline, ce signal allait transmettre à travers la Bohême la nouvelle des dévastations et des tueries imminentes.

Wilhelmine, les yeux brillants de larmes, leva en silence sa coupe de champagne devant Clément, avant de rejoindre le groupe des invités pour porter un toast à la victoire des Alliés. Elle seule connaissait l'étendue du rôle qu'elle avait joué, en fortifiant la résolution du chancelier quand il vacillait devant les conséquences de ses engagements.

Les troupes alliées ayant commencé à faire mouvement, le tsar voulut aller à Prague, et il exprima le désir de s'arrêter en route pour dîner à Ratiborzitz. Wilhelmine se hâta de regagner son manoir, pour sa troisième réception en service commandé. Elle eut l'agréable surprise d'y être accueillie par deux valets portant la livrée de Metternich et par son principal aide de camp, lequel lui remit une enveloppe scellée : « Je voudrais être cette lettre, écrivait Clément ;

ne plaisez pas trop au tsar — juste assez pour revenir, à sa suite, à Prague. » Se souvenant de l'embarras de la jeune femme lors des deux précédentes visites d'Alexandre, Clément avait prévu qu'elle aurait besoin d'un renfort de domesticité.

Après le départ du tsar, Wilhelmine se rendit au lugubre château de Nachod, où elle logeait sa tante Élisa et le poète Tiedge. Tous trois montèrent tout en haut de la tour de guet, pour voir passer les troupes prussiennes, qui franchissaient la frontière de Bohême, Frédéric-Guillaume III à cheval à leur tête. Puis la campagne retomba dans sa somnolence.

Peu après, Metternich tomba malade. Les médecins n'en découvrirent pas la cause, et lui-même écrivit à sa femme qu'il n'avait qu'un refroidissement. Mais, à Wilhelmine, il manda d'une plume romantique qu'il était malade d'amour pour elle, ce qui l'émut au point qu'elle lui répondit sur l'heure.

Ses sentiments envers Clément évoluaient peu à peu. Dans la tranquillité retrouvée de Ratiborzitz, elle avait tout le loisir de réfléchir à ces dernières semaines passées ensemble et à ses protestations d'amour réitérées. Il était réconfortant d'avoir à ses pieds le premier personnage (après l'empereur François) de l'empire d'Autriche, et flatteur qu'il eût une telle confiance en son jugement. Et puis Clément était beau... et d'une prévenance touchante... Tout parlait en sa faveur. Assise à son bureau, devant la feuille qui l'attendait, Wilhelmine jeta les yeux sur la devise qu'elle avait fait graver sur son papier à lettres bien des années auparavant :

Tel est l'amour au cercle d'or.
On ne le trouve plus,
Mais on le cherche encor.

La quête perpétuelle du bonheur... le leitmotiv de sa vie.

Les souvenirs des jours heureux qu'elle avait passés à Ratiborzitz avec Alfred affluèrent alors à sa mémoire, et aussi les images de leurs longues promenades dans les bois. « Je ne crois pas, avait-elle écrit au jeune prince à cette époque, qu'il soit possible de vous aimer plus que moi aujourd'hui... Maintenant, sur ces mêmes sentiers, je revis ces heures précieuses... Ici, vous vous êtes arrêté pour me regarder ; là, j'ai pris votre bras ; plus loin, nous avons causé. » Puis, une fois de plus, elle se rappela leurs fréquentes querelles de ces derniers temps. En elle grandissait le désir de lier sa vie à un homme sur qui elle pourrait compter. Était-elle en train de tomber amoureuse de Clément ?

De nouveau, ce fut le déluge. Sous les torrents de pluie, on ne distinguait plus la prairie, au pied de la colline. Wilhelmine dut s'enfermer chez elle, emmitouflée dans les châles et les lainages. Les rumeurs étaient encore plus déprimantes que le temps. De crainte que Ratiborzitz et Nachod ne fussent mis à sac, comme Sagan précédemment, elle donna l'ordre d'emballer et d'expédier en sûreté la bibliothèque et les collections de son père. Ses soucis s'aggravaient de son inquiétude constante pour le prince zu Windischgrätz. Elle n'arrivait plus à dormir et fut la proie d'une de ses longues migraines.

Clément lui écrivait régulièrement. En raison des difficultés de communication et de la nécessité diplomatique d'empêcher le tsar d'assumer le commandement en chef, Metternich avait décidé que les trois souverains alliés et leurs principaux ministres suivraient les armées. Gentz était resté à Prague, en tant que rédacteur en chef de la *Prager Zeitung,* pour diriger l'opinion. Il avait reçu l'ordre d'envoyer immédiatement une copie de tous les communiqués à la duchesse de Sagan.

Pour être informée dès l'arrivée des nouvelles, Wilhelmine décida de retourner à Prague. Impulsivement, elle écrivit à Clément qu'elle irait le rejoindre là où il voudrait. Elle se mit en route dans sa lourde berline de voyage, que suivaient une calèche légère et des chevaux supplémentaires — au cas où il faudrait fuir la ville précipitamment. Le trajet, de trente heures d'habitude en cette saison, devint un interminable cauchemar pour la duchesse, accompagnée seulement d'une femme de chambre et de sa fidèle Hannchen — enceinte de sept mois et demi —, qui la servait depuis toujours.

Les pluies continuelles avaient transformé les routes en bourbiers. Plus d'une fois la voiture fut arrêtée par des officiers, qui obligèrent le cocher à reculer jusqu'à une place de stationnement à peine visible, afin de laisser passer des chariots de troupes de réserve qui défilaient sous les averses pendant des heures. Comme il n'y avait pas de lune, le voyage de nuit, toujours difficile, devint des plus périlleux, et des caissons enlisés çà et là dans la boue rendaient parfois la route impraticable. Quand sa berline s'embourba à son tour, Wilhelmine crut qu'elle resterait là jusqu'au Jugement dernier. Par chance, le capitaine d'un régiment en marche derrière elle vint à la rescousse et ordonna aux hommes de dégager les chevaux effrayés et le véhicule. Épuisée par ces mésaventures, elle avait les nerfs à vif et la tête remplie de terrifiantes histoires de brigands et de déserteurs. Lors de leur deuxième nuit sur la route, se trouvant une fois de plus bloquée par des convois militaires, elle vit rôder plusieurs ombres inquiétantes : c'en était fait, se dit-elle, elles allaient toutes les trois être violées et égorgées. Mais les hommes passèrent leur chemin. Elle arriva à Prague le lendemain, peu avant la fermeture des portes de la ville.

Le chevalier von Gentz, dont l'appartement jouxtait le sien dans le palais Wallenstein, avait prévu pour elle un délicieux souper chaud préparé par son excellent chef cuisinier. Une pile de courrier attendait la jeune femme. Sur deux enveloppes, elle reconnut la claire et fine écriture de Metternich et les sceaux bleus frappés de son intaille personnelle, au lieu de son blason familial trop reconnaissable. Elle parcourut rapidement les petites feuilles pliées comme un livre et fut heureuse de voir que Clément, qui n'avait pas encore eu le temps de recevoir sa lettre, lui proposait lui aussi une rencontre, et de préférence à Laun, à mi-chemin entre Prague et Teplice, où le chancelier et les souverains alliés avaient établi leurs quartiers.

Wilhelmine partit de bonne heure le lendemain matin, accompagnée de Gentz sur la recommandation de Metternich. Des relais de chevaux avaient été prévus. Chaque fois que leur voiture dépassait un chariot où s'empilaient des morts et des blessés, victimes des récents et durs combats de Kulm, Wilhelmine pensait à Alfred zu Windischgrätz. Mais ce n'était vraiment pas le moment. D'autant que le chancelier avait pris le temps de s'informer du jeune prince ; dans sa dernière lettre, il assurait Wilhelmine que son rival était sain et sauf.

À l'auberge du Cerf Brun, il avait aussi fait préparer quatre pièces pour la recevoir. Puis, ayant avisé l'empereur François d'Autriche, le roi de Prusse Frédéric-Guillaume III et le tsar Alexandre que des affaires personnelles de la plus haute conséquence exigeaient son attention, il arriva à Laun peu après Wilhelmine.

Ils furent l'un à l'autre avec abandon, et Clément, depuis tant de jours chargés de soucis et d'anxiétés, put enfin se délasser. Ils partagèrent un dîner fin, suivi de café et de cognac, et le chancelier fit rire Wilhelmine aux larmes en lui racontant des histoires de son valet facétieux, sorti tout droit d'une comédie de Molière. Ce matin-là, il était entré dans la chambre de son maître et avait fait un vacarme épouvantable en ouvrant et fermant les fenêtres, en rabattant les volets, en préparant les objets nécessaires à la toilette du chancelier, si bien que celui-ci était réveillé depuis longtemps quand l'homme tira enfin les courtines du lit. « Oh, comme c'est bizarre ! s'était-il écrié — et Clément imitait sa mimique — ; est-ce que Monsieur dort toujours les yeux ouverts ? »

Il y eut aussi des moments graves, et les yeux de Wilhelmine s'embuèrent aux récits que lui fit Metternich des horreurs de la défaite de Dresde et de la victoire prussienne, sur le Katzbach. Et si Alfred avait été là ?

Sans y penser, Wilhelmine ne manquait jamais de fermer la porte de communication entre leurs chambres quand elle quittait Clément, et elle frappait toujours avant d'entrer chez lui. Étonné, Clément lui demanda pourquoi elle fermait cette porte. Wilhelmine haussa les épaules ; elle n'en savait rien, pas plus qu'elle ne savait pourquoi elle continuait à lui dire « vous », aussi bien en tête à tête que dans ses lettres. Elle conservait encore quelque jardin secret qu'il n'avait pu forcer, mais il pensait cependant qu'elle l'aimait et qu'elle viendrait occuper dans sa vie la place prédestinée.

De retour à Prague, Wilhelmine fut consternée par le flot incessant de blessés qui se déversait dans la ville, abandonnant même au coin des rues les hommes mutilés ou trop malades pour rentrer chez eux et qui ne pouvaient plus espérer qu'en la pitié des habitants. Elle saisit l'occasion de se rendre utile dans cette guerre — on permettait si peu d'initiatives aux femmes de ce temps ! Sans aide et à ses frais, elle fonda et équipa un hôpital d'une centaine de lits. Elle en surveilla le fonctionnement quotidien, enrôla certaines de ses amies pour y servir et en incita d'autres à installer des unités de soins similaires. Le chancelier l'aida de son mieux, du quartier général allié ; à la demande de Wilhelmine, il intercéda aussi près du tsar afin d'obtenir un traitement plus humain pour les prisonniers que faisaient les Russes et à qui ils infligeaient de longues marches forcées, en les nourrissant à peine.

Par une ironie du sort, il se trouva que le prince Troubetskoï, deuxième mari de Wilhelmine, faisait partie de l'état-major d'Alexandre Ier à Teplice. Metternich le voyait tous les jours ; il le trouva bien sot d'avoir laissé échapper une femme aussi parfaite :

> Je vois... en lui un manant, qui a mis à la loterie et qui y a gagné le gros lot ; à peine en possession de ce qui ferait le bon-

heur de tout être sobre, raisonnable, sensé, il a dissipé sa fortune... Je voudrais bien lui crier à tue-tête : gros imbécile !

De temps à autre, Wilhelmine faisait quelques achats pour Clément. Comme il régnait à Teplice une odeur de mort épouvantable à cause des hôpitaux surpeuplés, elle lui envoya un petit flacon d'argent destiné à contenir du vinaigre, qui le protégerait contre les miasmes.

Son appartement, au palais Wallenstein, était toujours plein à craquer. Son hospitalité courlandaise ne se démentit jamais, bien qu'elle mangeât comme tout le monde sa part de poisson séché, car les vivres se faisaient rares. Ce qui attirait aussi ses amis, c'étaient les bulletins de guerre des Alliés, le plus grand événement de la journée : dès l'arrivée chez Gentz, son voisin, de l'estafette du chancelier, Wilhelmine était informée des dépêches qu'il apportait. Certains de ses visiteurs et de ses parasites ne faisaient rien d'autre de la journée que la tournée des autres salons et des cafés, pour revenir le soir tout débordants de commérages, qu'ils échangeaient tandis que les dames présentes faisaient de la charpie pour les pansements.

Les troupes alliées devaient bientôt se déplacer vers l'ouest et, avec elles, leurs états-majors. Le chancelier, qui avait appris par Gentz que le prince zu Windischgrätz venait de passer à Prague une longue fin de semaine, ne put se résoudre à s'éloigner sans avoir revu Wilhelmine. Quand il avertit les souverains de la nécessité d'une brève absence, l'empereur François ne dit mot, mais le tsar se montra plus curieux : il demanda plusieurs fois à Metternich où il allait, espérant, dit-il d'un ton appuyé, qu'il avait une bonne raison pour s'absenter à la veille de la levée de camp. Le chancelier mentit sans doute assez mal, car Alexandre Ier se contenta de cligner de l'œil en le menaçant de l'index.

Afin de sauvegarder l'incognito de Metternich, Gentz prévint l'homme de garde aux portes de la ville de le laisser passer et loua pour lui quelques pièces dans une arrière-cour discrète du palais Fürstenberg, tout proche. Clément arriva chargé de cadeaux. « En provenance directe de l'intendance du tsar », annonça-t-il en lui tendant une grande boîte de caviar. « Et voici vos chocolats impériaux préférés », ajouta-t-il, en prenant une autre boîte à son ordonnance, qui le suivait, les bras débordants de paquets. « Je sais qu'on peut vous gagner par les attentions, conclut-il, et je ne voudrais pas me montrer négligent. » Au dîner, pour la distraire, il lui montra la copie d'une lettre écrite par l'un des maréchaux de Napoléon, et qu'on avait trouvée dans la sacoche d'une estafette interceptée. Elle avait déjà fait des gorges chaudes aux quartiers généraux alliés, qui la faisaient circuler : un grand officier français y expliquait en détail comment, en pensant intensément à sa ravissante maîtresse lorsqu'il remplissait son devoir conjugal, il espérait que son laideron d'épouse lui ferait de beaux enfants.

Wilhelmine fut une fois encore confondue et touchée que le chancelier, au milieu de ses écrasantes responsabilités, trouvât du temps à lui consacrer. Ils passèrent deux jours heureux ensemble, et, après un dernier souper tardif, Metternich repartit pour Teplice, à douze heures de route de Prague.

Mais bientôt, Wilhelmine retomba dans l'abattement. « Ne t'inquiète pas pour Alfred, écrivit le chancelier, diagnostiquant de loin son malaise. Cette guerre pourrait nous conduire jusqu'au Rhin, sans qu'il risque autre chose que de la fatigue. » Avec grandeur d'âme, il faisait acheminer à Windischgrätz, par poste spéciale, les lettres de la jeune femme, et transmettait de même les rares réponses du jeune prince à Wilhelmine.

Il réussit à passer encore avec elle une longue fin de semaine à Prague. Elle l'écouta avec passion lui exposer les changements survenus sur la scène européenne. L'Angleterre s'était décidée à se joindre à la coalition, pour une guerre sans merci contre Napoléon. La Bavière, le plus important des États de la Confédération du Rhin, s'apprêtait à suivre cet exemple, comme l'avait d'ailleurs prédit Wilhelmine. Ces conversations sur la guerre, les événements du jour, l'avenir de l'Europe étaient peut-être ce qui attachait le plus la jeune femme à Clément. Quant à lui, il lui avait écrit, au sujet de la situation politique de 1813 :

> Je dois la connaître mieux que personne... et je t'ai donné la main pour t'y conduire. Je te réponds que tu connais mieux les questions du moment que tous nos ministres... J'aime voir le reflet de mes paroles dans tes yeux lorsque je parle de politique. Car il me dit que tu me comprends et que tu me suis, même si tu n'es pas de mon avis.

Ces journées ensemble passèrent vite. Un matin, Metternich accompagna Wilhelmine dans sa visite à l'hôpital ; en l'entendant adresser quelques mots à chaque malade dans la langue de son pays, il fut étonné de ses connaissances linguistiques. (Lui-même parlait cinq langues, mais la plupart des dames de l'époque ne parlaient, outre leur langue maternelle, que le français.) L'été dernier, alors qu'ils se promenaient à cheval dans les bois de Nachod, elle l'avait déjà surpris en s'arrêtant pour converser en patois avec les paysans. Le patois, elle l'avait appris adolescente, pendant ses vacances ; et si, chose tout à fait insolite pour une princesse, elle bavardait avec ses gens, c'est qu'elle s'intéressait à eux. Une de ses visites chez Metternich fut brusquement interrompue par l'annonce que Hannchen était dans les douleurs ; Wilhelmine rentra chez elle en hâte et fit office de sage-femme pour la venue au monde de l'enfant naturel de sa camériste.

Clément dut repartir. Il se passerait sans doute des mois avant qu'ils ne se revoient, car les Alliés lançaient une offensive. La route du nord était si encombrée par les transports de troupes et de matériel que la voiture du chancelier fut contrainte de s'arrêter au crépuscule. En attendant le lever de la lune avant de poursuivre, Metternich écrivit à Wilhelmine : « Ma tête et mon cœur débordent... de mon amie et de l'Europe, de l'Europe et de mon amie. Devine laquelle prédomine ? »

Au cours des semaines qui suivirent, Wilhelmine, incapable de voir clair en elle-même, fut ballottée par ses sentiments et ses inquiétudes, tantôt pour Clément, tantôt pour Alfred. Ce n'était qu'avec le chevalier von Gentz qu'elle pouvait parler librement — au moins du chancelier. Mais le petit secrétaire se montrait un voisin un peu trop curieux. Pour être plus tranquille, la duchesse s'installa dans l'appartement laissé libre par le chancelier, à l'arrière du palais Fürstenberg. Gentz n'en fut pas mécontent, car les bavardages, les allées et venues incessantes des invités de Wilhelmine devant sa porte l'agaçaient. Mais il était fier d'être l'unique confident de Metternich en ce qui concernait la jeune femme, et il jugeait de son devoir d'instruire son maître des faits et gestes de celle-ci. Il continua donc à lui faire visite tous les jours.

Il voyait d'un œil réprobateur défiler chez elle les admirateurs — qu'il appelait les « illégalités de la duchesse » — et en dressait le catalogue à son maître. Il y avait un jeune diplomate britannique ; un bel officier russe de la garde impériale, à peine sorti de l'hôpital et encore convalescent ; un autre diplomate britannique, très décoré, qui relevait de graves blessures reçues à Kulm ; et même le premier mari de Wilhelmine, Rohan-Guéménée, qui menaçait de se suicider si elle ne lui procurait pas un commandement.

Un soir, peu après minuit, le courrier de Metternich, épuisé et couvert de boue, arriva chez Gentz en annonçant une grande victoire des Alliés. Se réservant l'exclusivité de quelques détails pour agrémenter ses dîners en ville — le chevalier, source de renseignements non officiels, était l'invité le plus recherché de la saison —, Gentz envoya aussitôt un billet par un laquais pour informer la duchesse de la bonne nouvelle, et se mit à travailler à une édition spéciale de la *Prager Zeitung.*

Vingt-quatre heures plus tard, Wilhelmine recevait sur l'événement le témoignage direct de Metternich : il lui avait écrit le soir même de la victoire de Leipzig et accompagnait sa lettre d'un plan de cette « bataille des nations » ; elle put ainsi presque s'imaginer qu'elle avait assisté, du haut d'une crête, à côté du chancelier, de l'empereur François, du tsar et du roi de Prusse, au flux et au reflux d'un demi-million d'hommes. Clément ajoutait en conclusion :

> Alfred se porte bien, mon amie, et nous avons gagné la bataille du monde... Quelle singulière chose que le cœur de l'homme, et quelle affreuse position est la mienne ! Avec tant et tant de peines à moi, je me charge encore des tiennes. Sais-tu ce qui m'occupe le plus le jour d'un combat ? C'est la crainte qu'il n'arrive quelque chose à Alfred. Je l'ai suivi des yeux tant que j'ai pu.

Wilhelmine répondit sur l'heure et félicita Clément comme si c'était lui qui avait remporté la victoire de Leipzig. L'empereur François ayant élevé son chancelier au rang de prince héréditaire, son fripon de valet lui demanda gravement le lendemain matin : « Votre Altesse Sérénissime portera-t-elle le même costume que Votre Excellence, hier ? »

Metternich avait l'impression d'être choisi par le destin pour vaincre la puissance de Napoléon. Les armées et les quartiers généraux alliés talonnaient les troupes françaises en retraite ; le chancelier exultait : « Mon heure a enfin sonné, et la Providence m'a destiné mon amie pour récompense. »

Wilhelmine n'avait aucune envie d'être la destinée manifeste de Clément. Comment pouvait-elle lui dire qu'elle l'aimait, puisqu'elle n'en était pas sûre, puisque son cœur battait encore pour Alfred, exposé aux perpétuels dangers du champ de bataille ? D'autre part, elle ne désirait pas renoncer à la sécurité de l'amour de Clément. Si seulement celui-ci pouvait l'aimer un peu moins !

En proie aux tourments de ses sentiments contradictoires, elle se coucha avec une de ses affreuses migraines habituelles. Dès qu'elle fut capable de soulever la tête, elle se fit apporter son écritoire pour répondre à Clément ; mais cet effort était encore trop douloureux. Elle ne put que griffonner quelques mots : « Dites-vous bien, mon ami, que mon cœur vous est sincèrement dévoué. » Épuisée, elle laissa tomber la plume, sonna Hannchen, lui tendit la feuille presque blanche et referma les yeux.

Cette phrase, qui trahissait un retour de Wilhelmine à la simple amitié, parvint à Metternich à Weimar, au moment où il partait pour une journée d'inspection. Il en fut bouleversé. Il mit le billet dans la poche de sa houppelande et le relut plusieurs fois au cours de ses allées et venues. La circulation était difficile sur les routes encombrées par les transports de guerre. Sa voiture fut renversée, et il dut poursuivre sa tournée à cheval. Contusionné et courbatu, préoccupé aussi de Wilhelmine, le chancelier rentra dans ses quartiers, où l'attendaient impatiemment un courrier anglais et un courrier bavarois, qui devaient emporter d'importantes dépêches signées de sa main. L'ambassadeur de Prusse désirait également l'entretenir. Clément les laissa tous les trois ronger leur frein, tandis qu'il écrivait à Wilhelmine. Il termina sa lettre par ces mots : « Dès que j'aurai débarrassé ma petite chambre des quelque vingt-cinq personnes qui l'encombrent... j'irai me coucher... et rêver de toi, j'espère. »

En ce même automne 1813, Dorothée de Talleyrand-Périgord était souffrante. Son mari Edmond avait été présent de façon intermittente au cours du printemps et de l'été précédents, et elle se trouvait dans un état de grossesse avancé. Cette fois, elle se sentait très mal et passait de longues heures sur sa chaise longue.

Mais elle s'emmitoufla dans une pelisse doublée du reste des zibelines que lui avait offertes le tsar pour son mariage, et d'un balcon de l'hôtel Talleyrand, elle assista avec son oncle à une cérémonie qui se déroula sur la place de la Concorde, brillamment décorée. Le chef d'état-major de l'empereur remettait à Marie-Louise vingt drapeaux ennemis, que Napoléon lui envoyait du champ de bataille. Par son réseau d'informateurs privés, Talleyrand savait la victoire célébrée d'importance mineure ; on la gonflait de façon disproportionnée pour atténuer le choc d'une défaite, dont l'annonce ne tarderait pas. La foule saluait avec enthousiasme cette mise en scène militaire, à laquelle excellait le Premier Empire. Mais qui pouvait prédire sa réaction, lorsqu'elle apprendrait que la France se trouvait menacée d'invasion, et que Napoléon, pour la défense de la patrie, allait enrôler de nouvelles troupes, composées en grande partie d'adolescents, les « Marie-Louise » ? Même pour Talleyrand, c'était à peine croyable.

Dès son retour du front, l'empereur envoya chercher son vice-Grand Électeur et lui proposa une fois de plus le portefeuille des Affaires étrangères. Mais à la condition qu'il se séparât de sa femme Catherine : Napoléon ne voulait pas obliger les ambassadeurs étrangers à lui rendre visite. Talleyrand devait aussi fermer sa porte à des amis suspects ; l'empereur nomma la duchesse de Courlande et une ou deux autres « intrigantes ». Mais Talleyrand était trop grand seigneur pour tolérer qu'on intervînt dans sa vie privée, et trop habile pour laisser passer ce prétexte de refuser le ministère ; il ne se mettrait pas au service d'un homme qu'il jugeait perdu.

Dorothée, anxieuse de savoir comment s'était passée l'entrevue de son oncle, attendit son retour de Saint-Cloud. Il revint très tard et invita la jeune femme à le rejoindre dans son bureau de l'entresol, pour une dernière causerie avant la nuit, comme ils le faisaient souvent.

Talleyrand s'installa dans un fauteuil, devant la cheminée, en soutenant sa mauvaise jambe sur un tabouret, tandis que Dorothée lui préparait son moka, selon les rites qu'elle avait appris, comme sa mère, du majordome. Charles Maurice lui relata en détail ce qui s'était passé, puis il se tut, faisant machinalement tourner son lorgnon d'or et d'ivoire, un geste qui trahissait chez lui la préoccupation. Cet homme, qui considérait la conversation comme une partie essentielle de l'art de vivre, appréciait parfois le silence. Mais Dorothée était si impatiente d'en apprendre davantage qu'elle l'accabla de questions. Elle aurait dû mieux le connaître.

Comme s'il n'avait rien entendu, Talleyrand se leva, prit un chandelier et alla examiner un portrait que la duchesse Anne-Dorothée — qui venait juste de rentrer de Löbichau pour les couches de sa fille — avait fait peindre d'elle-même en Saxe. Il le regarda attentivement sous tous les angles, décida de le changer de place, le transporta en plusieurs endroits et finit par le déposer sur le manteau de la cheminée. Puis il se rassit et caressa son nouveau petit chien, un king-charles qu'il avait prénommé Carlos, du nom de l'amant de son épouse Catherine. Il daigna enfin jeter un regard malicieux à la jeune femme, qui se tenait, gênée, devant lui.

« Vous disiez ? » demanda-t-il négligemment.

Sans lui laisser le temps de répondre, il poursuivit :

« Oh, laissez-moi donc tranquille avec votre empereur. C'est un homme fini. »

Il tira de sa poche un article découpé dans un journal anglais.

« Tenez, dit-il, vous savez l'anglais. Lisez ce paragraphe. »

Talleyrand l'avait reçu grâce à l'un de ses informateurs du bureau de la censure. C'était le compte rendu d'un dîner donné par le prince régent d'Angleterre en l'honneur de la duchesse d'Angoulême, Madame Royale, fille de Louis XVI et donc nièce de Louis XVIII. On y décrivait la salle à manger tendue de bleu ciel, la couleur des Bourbons, et décorée de lis blancs, leur emblème. Dorothée lut l'article et regarda son oncle, abasourdie. Il lui adressa ce sourire fin et malin que seul il possédait et laissa tomber avec indulgence : « Ah, que vous êtes bête ! »

Talleyrand écarta l'écran de foyer Louis XV au cadre de bronze doré, tordit le morceau de journal et le jeta au feu, en croisant par-dessus la pelle et les pincettes, pour empêcher les fragments de s'envoler par la cheminée. Il avait l'habitude de détruire des documents indiscrets. Il était fort tard quand il sonna un valet, qui accompagna Dorothée dans son appartement du rez-de-chaussée.

Les armées alliées se déployaient rapidement en direction de l'ouest, suivies des états-majors et des trains de fourgons nécessaires pour assurer la vie dans les camps d'un roi, d'un empereur et d'un tsar. Afin que Wilhelmine pût recevoir régulièrement de ses nouvelles, maintenant qu'il était en marche, Metternich lui conseilla de regagner Vienne, où des courriers arrivaient quotidiennement. Mais la perspective d'une visite d'Alfred zu Windischgrätz — visite à demi promise, mais jamais réalisée —, la retint à Prague quelques semaines encore. Elle finit par se mettre en route ; la fatigue d'un affreux voyage de cinq jours au cœur de l'hiver s'ajoutant aux anxiétés que lui causait le sort de Windischgrätz fut une rude épreuve pour ses nerfs.

La duchesse arriva plus tôt que ne l'attendaient ses domestiques. En entrant dans le vaste palais Palm, elle fut assaillie par l'humidité et l'odeur de moisi des pièces ni chauffées ni aérées, que la hauteur de leurs plafonds dorés rendait plus glaciales encore. Au lieu des grands bouquets répandus d'habitude à profusion, il n'y avait que des meubles drapés de suaires blancs, des tableaux couverts de toile noire et des lustres voilés de bleu marine. Cette arrivée lugubre, le vacarme du déchargement des chariots de bagages, les malles pleines de vêtements, de bibelots et de portraits de famille — que Wilhelmine emportait partout avec elle —, hissées à grand bruit dans l'escalier... tout ce désordre l'acheva. Et elle se retira avec l'une de ses fameuses migraines.

Elle était couchée dans sa chambre, les tempes battantes, dans le noir absolu, quand Hannchen lui annonça l'arrivée d'un paquet de la part du chancelier. Clément avait envoyé son cadeau de Noël à l'avance, pour plus de sûreté. C'était un grand portefeuille de cuir brun, avec des charnières et des serrures d'or ; à la clé minuscule était attaché un billet :

> Il renferme sept cases. N'y mets que ma correspondance. Chaque année aura la sienne... [Si je meurs avant toi] tu en feras cadeau à l'être dans lequel tu auras le plus de confiance. Je veux que cet être sache, lise et voie que tu as été aimée comme tu le mérites et que ton image a soutenu, dans les moments qui auront décidé du salut du Monde, un homme qui a été directement appelé à influer sur ses destinées.

Aucun hommage ne pouvait toucher Wilhelmine davantage.

Les fêtes de Noël étaient particulièrement joyeuses à Vienne. Les trois filles adoptives de Wilhelmine sortaient alors de leur pension, l'Institution des dames nobles de Mme de Brévilliers, et retrouvaient avec bonheur leur « chère maman ». Pour elles, Wilhelmine secoua sa mélancolie. Des années plus tard, l'une d'elles se rappela avoir vu la jolie duchesse de Sagan se lever le matin en chemise de nuit, exécuter pieds nus une danse cocasse, toutes boucles blondes et rubans au vent, puis retourner d'un bond dans son lit en tirant les couvertures par-dessus sa tête. Qui eût alors reconnu l'une des dames les plus en vue de la haute société viennoise ?

Les trois petites filles étaient élevées à part, comme jadis, les princesses de Courlande, mais avec plus d'affection, et elles recevaient une éducation mieux comprise. Elles passaient leurs vacances avec leur mère adoptive et ses sœurs Pauline et Jeanne, qui s'arrangeaient toujours pour réserver, dans leurs emplois du temps chargés, les loisirs nécessaires à ces réunions de famille. Les palais retentissaient alors de jeux, de cris et de rires. Pourtant, il arriva que les deux aînées, âgées de douze ans, entrant à l'improviste dans le boudoir de la duchesse, trouvèrent celle-ci en pleurs. Une autre fois, ce fut Marischel, la benjamine de huit ans, qui découvrit sa « chère maman » — elle venait la chercher pour une partie de colin-maillard — en contemplation devant un portrait de fillette, à peu près de l'âge de ses sœurs adoptives, qu'on venait d'accrocher dans sa chambre.

« Maman, qui est-ce ? demanda-t-elle ; est-ce que je la connais ? » Sans répondre, Wilhelmine la serra dans ses bras.

La gaieté et l'insouciance des enfants ravivaient une plaie en Wilhelmine : celle de l'absence de la petite Vava, la fille naturelle qu'elle avait eue du baron d'Armfelt. Gustava était toujours élevée dans la lointaine Finlande, aux frais de la duchesse de Sagan, par des cousins du baron (à qui le tsar venait d'ailleurs de conférer le titre de comte). L'existence de l'enfant était un secret si bien gardé que même les critiques les plus malveillants de Wilhelmine n'en savaient rien. Mais la jeune femme voulait reprendre sa fille.

Metternich, familier du tsar, pourrait-il intercéder en sa faveur ? La Finlande était devenue un territoire russe en 1809, après des siècles de suzeraineté suédoise. Wilhelmine, qui n'hésitait pas à demander des faveurs au chancelier, pour elle-même ou pour des tiers, eut beaucoup de difficultés à aborder ce sujet. Elle s'assit à son bureau et commença une lettre : « Quand vous m'avez dit un jour que tous les événements de ma vie vous étaient connus, j'ai cru que je pourrais m'épargner l'embarras de... » Elle ne put continuer. Elle fit une nouvelle tentative : « Je suis bien convaincue du zèle que vous apporterez à me rendre un grand service... » Elle s'arrêta de nouveau. Puis, un jour, en pleurant au point que les larmes brouillaient les mots sur le papier, elle confia à Clément le secret qui lui tenait plus à cœur que tout au monde, et elle sollicita son aide.

Le moment n'était pas des mieux choisis pour que Metternich demandât une faveur au tsar. Plus la campagne des Alliés approchait de sa fin, plus se faisait jour, entre le chancelier et le tsar, la lutte de pouvoir pour la maîtrise des derniers stades de la guerre et des avantages qui s'ensuivraient, et plus fréquemment éclataient entre eux des disputes. Un jour, ils en vinrent presque aux mains à propos de la route que devaient prendre leurs armées. Mais, le lendemain matin — le jour où Clément reçut la lettre concernant Vava —, le changeant Alexandre reçut Metternich « comme une maîtresse, après une grave bouderie » et l'embrassa avec effusion, ce qui, ajouta-t-il dans sa réponse à Wilhelmine, « t'aurait, j'en suis sûr, causé plus de plaisir qu'à moi, mais j'ai saisi l'occasion de lui dire que j'avais une faveur à lui demander. Je ferai tout ce qui est possible pour que notre enfant te soit rendue.»

A partir de cette lettre, Metternich parla toujours de Vava comme de « notre enfant ». La fillette elle-même et le secret de son existence lui semblaient deux liens de plus entre Wilhelmine et lui.

CHAPITRE 9

La duchesse de Courlande et Talleyrand
1814

LE 16 JANVIER 1814 — le lendemain du jour où Metternich parla de Vava au tsar —, la journée commença le plus agréablement du monde pour la duchesse de Courlande, qui trouva un billet de Charles Maurice sur le plateau de son petit déjeuner. Elle avait emménagé au 24 de la rue du faubourg Poissonnière, sur la rive droite, afin de se rapprocher de l'hôtel Saint-Florentin, où habitait Talleyrand. Celui-ci lui faisait parvenir l'autorisation écrite, qu'elle lui avait demandée, de visiter certaines galeries du Louvre les jours de fermeture au public, et, pour prévenir ses remerciements, il lui écrivait : « Chère Amie, je n'aime pas que vous me remerciiez de quelque chose. J'ai arrangé dans mon esprit, dans mon cœur, dans mon imagination qu'il y avait entre vous et moi une sorte de communauté d'intérêts qui faisait que vous usez de vous quand vous usez de moi. »

Ils avaient projeté de passer la journée ensemble. Mais Talleyrand fut à l'improviste convoqué aux Tuileries. L'empereur lui fit de nouveau une terrible scène et l'insulta en présence de tous ses ministres ; mais il n'avait aucun fait précis à lui reprocher, sinon des rumeurs persistantes de conspiration contre le régime. Puis, par un revirement dont il était coutumier, il lui proposa les pleins pouvoirs pour traiter en son nom avec les Alliés. Talleyrand savait Napoléon perdu ; il refusa. « Celui qui me refuse ses services aujourd'hui est nécessairement mon ennemi ! » s'écria l'empereur.

Il ne croyait pas si bien dire. Talleyrand crut cette fois qu'il allait être arrêté et envoyé au donjon de Vincennes, comme Napoléon l'en avait si souvent menacé. Il rentra chez lui et brûla tous ses papiers compromettants, puis il se rendit chez la duchesse Anne-

Dorothée et la conjura d'en faire autant. L'orage était provisoirement passé, mais ni l'un ni l'autre n'osèrent relâcher leur vigilance, et la plupart des billets adressés par Charles Maurice à la duchesse se terminèrent désormais par ces mots : « Brûlez ce billet. » Heureusement pour les historiens, ils nous sont néanmoins parvenus en grande partie.

Trois jours plus tard parvint à Paris la nouvelle que les Alliés avaient traversé la Meuse. Vers la fin du mois de janvier, Napoléon réunit ses ministres, Talleyrand et les grands dignitaires de l'Empire, pour créer un conseil de régence présidé par Marie-Louise. Chose surprenante, Talleyrand en faisait partie. Il écrivit à la duchesse de Courlande : « L'impératrice reste, décidément. Tant qu'elle est ici, Paris est plus habitable qu'aucun autre endroit ; si elle partait, il faudrait s'arranger pour n'avoir point d'obstacles et partir immédiatement. Voilà mon avis, chère amie. Je vous aime de toute mon âme. Je trouve tout supportable quand je suis près de vous. »

Metternich, qui haïssait la guerre, en était environné de toutes parts, et, tandis que les armées alliées se battaient sur le chemin de Paris, il poursuivait ses pourparlers de paix. « Je te jure, écrivit-il à Wilhelmine, que je n'ai pas eu cinq minutes desquelles il m'eût été possible de disposer pour un objet quelconque qui n'eût point influé sur le sort de plusieurs millions d'hommes... J'ai passé une journée à dépecer l'Europe comme un morceau de fromage... J'ai eu tant de choses sur la conscience que j'en suis fatigué. » Minuit était passé depuis longtemps, mais Clément trouvait un délassement dans l'oubli des affaires d'État et la pensée de son retour à la vie privée :

> Si ce jour-là je te trouve à moi — bien à moi —, sans remords, ni peine, ni arrière-pensée... je n'aurai pas trop souffert pour tant de bonheur !... Mon amie, je t'aime en France comme en Allemagne et comme en Suisse. *Toi, toujours toi et rien que toi* ! Voilà ma devise.

Comme il continuait à acheminer les lettres de Windischgrätz par le courrier spécial du ministère, il savait combien étaient rares les messages d'Alfred à Wilhelmine, et il pensait que la ponctualité de sa propre correspondance constituait une arme puissante pour neutraliser son rival.

Ses lettres étaient d'ailleurs d'un grand réconfort pour Wilhelmine, plus encore à Vienne qu'à Prague, car elle se sentait mal à l'aise dans la situation où elle se trouvait maintenant vis-à-vis de la princesse de Metternich. Elle ne voulait pas faire croire à l'épouse de Clément qu'elle cherchait à dissimuler sa liaison avec son mari sous des dehors d'amitié pour elle, et c'est uniquement sur les insistances de Clément qu'elle accompagnait souvent ses sœurs Pauline et Jeanne, amies de longue date de la princesse, dans leurs visites à la chancellerie.

Wilhelmine n'arrivait pas à comprendre comment Clément pouvait à la fois l'adorer et tenir à sa femme. Pourtant, naguère, à Laun, il lui avait expliqué : « *C'est le ménage qui tue*. Il *brouille* ou fait *dévier* l'amour. Un autre sentiment le remplace — un sentiment qui devient très puissant dès que vous avez des enfants, mais ce n'est plus de l'*amour*. »

À la demande du chancelier, la jeune femme avait emprunté à Gentz son exemplaire de l'*English Peerage*, afin d'y choisir une nouvelle devise pour les armoiries de Metternich, qui n'avaient pas encore été changées depuis qu'il avait été fait prince héréditaire. Clément voulait que les générations futures sachent que cette devise avait été choisie par « l'être que dans les plus glorieux moments de ma vie, j'ai aimé cent fois plus que cette vie ».

À Vienne, Wilhelmine s'émut d'un courant d'hostilité qui se manifestait dans les cercles influents contre la personne du chancelier et son désir de négocier la paix. Metternich renvoya Gentz dans la capitale pour combattre cette tendance, et, sous la direction du chevalier, le *Beobachter* célébra les nombreux succès diplomatiques de Clément au quartier général allié. À propos de ses discours remarqués et de sa gloire, Wilhelmine lui écrivit :

> ... j'en suis toute fière, de cette fierté qu'on éprouve quand un beau jour vous éclaire — je ne sais si je m'explique bien, aussi n'est-ce pas très facile —, mais, par exemple, je ne pouvais me défendre d'un sentiment d'orgueil quand, en faisant une promenade dans les environs de Ratiborzitz, le soleil avait la complaisance de bien éclairer les sites... Ce qui est sûr, c'est que j'aime ta gloire puisqu'elle est tienne et que mon cœur ne saurait désormais désapprendre à partager tes peines, tes plaisirs, tes succès, enfin tout ce qui te touche de près ou de loin.

La cote de Metternich remonta en flèche, et l'on put voir son portrait dans les meilleurs salons. Wilhelmine s'empressa d'aller chez Antaria, dans le Kohlmarkt, acheter une réplique de son dernier portrait officiel ; elle pouvait enfin l'exposer chez elle sans susciter les commérages.

Partout où il faisait halte, Clément cherchait des cadeaux pour elle, et, sur le bureau d'acajou de la jeune femme, tous les objets venaient de Metternich, marquant les étapes de la longue marche des Alliés vers l'ouest : une pendulette, encastrée avec un thermomètre dans un bloc de cristal ; un encrier en os et en argent ; un coupe-papier et une règle pliante en bois sculpté. Il voulait que Wilhelmine se sentît entourée et protégée comme s'il était près d'elle.

Mais le temps ne resta pas toujours au beau fixe dans cet amour par correspondance. Un soir, au quartier général, établi maintenant à Langres, les officiers se distrayaient en se racontant leurs bonnes fortunes. C'est un officier russe, mis en verve par l'excellent champagne de la région, qui remporta la palme : non seulement la belle duchesse de Sagan l'avait soigné personnellement et ramené à la santé dans son hôpital de Prague, mais elle s'était glissée dans son lit pour parachever sa guérison. En guise de preuve, le capitaine exhiba un portefeuille au petit point prétendument brodé par Wilhelmine et un billet doux supposé de sa main, qui avait déjà fait le tour de la garde de Semenovsky.

Le chancelier n'avait pas voulu prêter attention aux propos de sa femme et de ses amis, laissant entendre que Wilhelmine se consolait avec divers admirateurs, mais c'en était trop. Consumé de jalousie, blessé dans sa dignité, il lui envoya, par courrier spécial, une lettre dévastatrice, tançant sa légèreté qui donnait prise aux calomnies et lui causait tant de peine.

Outragée que Clément pût croire à ces racontars et perdre son temps à les lui rapporter, Wilhelmine répliqua par un message cinglant, sans salutations ni au début ni à la fin. Elle se déclarait écœurée par cette accusation et exigeait de voir le billet ; puisqu'il avait été lu par tout un régiment russe et par une bonne partie des armées alliées, ce ne devait pas être un objet trop précieux pour qu'on ne pût le lui montrer à titre de preuve. Cette réponse parvint à Metternich au moment le plus critique d'une semaine de crise, et alors qu'il aurait eu besoin de toute sa concentration. Mais il fut si bouleversé qu'après s'être retourné dans son lit la moitié de la nuit, il se leva et se mit à écrire pour demander pardon à la jeune femme : sa vie, disait-il, était liée à l'histoire du monde et à ses relations avec elle, ces dernières étant « plus difficiles à arranger que celles de l'Europe ».

En l'absence de l'empereur, les nouvelles se faisant rares à Paris, les Tuileries étaient la meilleure source d'informations, et chaque soir, après avoir dîné à cinq heures précises avec la duchesse, Talleyrand se rendait au palais en tant que membre du conseil provisoire de régence. Marie-Louise maintenait une façade de vie de cour et de réceptions officielles. Lors d'une somptueuse fête donnée par la reine de Naples en visite à Paris — la belle Caroline, sœur de Napoléon —, la duchesse parut en robe de tulle blanc, avec une large ceinture semée de violettes ; dans ses cheveux, des feuilles de laurier en diamants retenaient des guirlandes de violettes, et des améthystes brillaient à son cou. À cette occasion, sa fille Dorothée fit sa rentrée dans le monde après la naissance de son second fils. Aucun des milliers d'invités réunis dans le théâtre des Tuileries transformé en salle de bal ne semblait se douter que trois armées — celles de la Russie, de la Prusse et de l'Autriche — marchaient sur Paris et que les combats alternaient avec les négociations de paix.

Comme presque tout le monde, la duchesse et Talleyrand vivaient aussi normalement que possible. Charles Maurice raffolait des enfants, et Anne-Dorothée le rencontrait souvent chez sa fille, rue Grange-Batelière, où il venait voir le dernier-né de la famille Talleyrand-Périgord, Alexandre Edmond, qui portait le nom de son parrain, le tsar ; son frère aîné, Napoléon Louis, qui avait presque trois ans, était le filleul de l'empereur. Il n'y avait plus de lait pour la petite Dorothée-Charlotte — la troisième Dorothée de la lignée —, âgée de deux ans, ni pour ses frères, et il n'y avait plus de crème pour les adultes, car l'armée avait réquisitionné les vaches de la propriété de Charles Maurice à Saint-Brice. Quand les dames se plaignaient, Talleyrand leur prédisait que la situation allait sans doute empirer. L'armée avait également réquisitionné les chevaux de la duchesse, ne lui en laissant qu'un seul, mais Talleyrand, au titre de vice-Grand Électeur et eu égard à sa boiterie, put en conserver deux.

Quand parvint dans la capitale la rumeur d'un grave échec de Napoléon à Troyes, Talleyrand, pour la première fois depuis quinze ans, annula sa traditionnelle réception du mardi. Mais il continuait de penser qu'il ne fallait pas se hâter de quitter Paris. Navigateur expert, il attendait de savoir dans quelle direction tourneraient le vent et le courant et se gardait prudemment de tout engagement. Comme l'avait dit l'un des membres de son sérail, de la part de Charles Maurice, « on pouvait s'attendre à tout, sauf à une faute de goût ».

Néanmoins, pour manœuvrer, il lui fallait avoir les coudées franches, sans se préoccuper de la sécurité de sa famille. Quatre jours après que Caulaincourt, son ami intime, eut entrepris des négociations avec les Alliés à Châtillon — mission que Talleyrand avait refusée —, Charles Maurice envoya à la duchesse Anne-Dorothée une charmante image de la Vierge, avec ces recommandations : « Placez au-dessus de votre lit et portez avec vous quand vous voyagez le petit tableau que je vous envoie. C'est un préservatif contre la mauvaise fortune... Je vous embrasse et vous aime de toute mon âme, dans les temps durs comme dans les temps doux. Je vous presse contre mon cœur. » Le lendemain matin, il la fit monter en voiture ; elle partait pour Rosny, le château d'Edmond dominant la Seine, au nord-ouest de Paris. Elle y retrouva sa fille Dorothée déjà installée avec ses trois enfants, ses nurses et ses femmes de chambre. Catherine, la femme de Charles Maurice et plusieurs vieux amis la suivirent de près ; ils emmenaient une malle pleine de vêtements de Talleyrand : si les événements se précipitaient et qu'il dût quitter Paris à l'improviste, il ne s'emcombrerait pas de bagages.

La duchesse et sa fille trouvèrent moins difficile que par le passé de vivre sous le même toit. Entre elles s'était établie une passerelle fragile de sentiments communs d'attachement et d'admiration pour Talleyrand, qui atténuait le fossé séparant depuis longtemps la mère et la fille. Anne-Dorothée s'était réjouie de l'amitié qui avait grandi entre l'oncle et sa nièce pendant son dernier et long séjour à Löbichau. Charles Maurice ne lui avait-il pas écrit : « Quand on n'a pas ce que l'on aime, il faut aimer ce que l'on a » ? Elle ne ressentait nulle jalousie. D'ailleurs, à ses yeux, Dorothée restait encore une enfant.

Le général prussien Blücher se trouvait à vingt-quatre heures de Paris quand l'empereur, par un mouvement tournant inattendu et presque à un contre cinq, écrasa plusieurs détachements alliés. Il fut ivre d'espoir ; à l'un de ses compagnons qui tentait de le modérer, il répliqua, avec la verdeur du langage des casernes : « Le lion n'est pas encore mort, il est trop tôt pour pisser dessus. » Joueur consommé, Napoléon en profita pour faire monter les enchères dans les pourparlers que Caulaincourt menait à Châtillon. Mais ce ne fut qu'une brève éclaircie dans un ciel noir d'orage. Et les plus folles rumeurs commencèrent à circuler.

Talleyrand adjura la duchesse de ne croire que ce que lui-même lui écrirait et lui promit de la prévenir en temps utile de tout danger. Elle vivait dans l'attente de ses lettres quotidiennes, qui restaient calmes, bien que Charles Maurice fût profondément atteint par les désastres de la campagne de France : « Il faudrait être bien peu français, écrivit-il, pour ne pas souffrir horriblement de tous les maux et de toute l'humiliation qu'éprouve notre malheureux pays. » Certaines lettres lui arrivaient par la poste régulière, bihebdomadaire, d'autres étaient confiées à un secrétaire qui, à cheval, assurait la liaison entre les deux résidences.

C'est ce dernier messager qui fut chargé de relater de vive voix à la duchesse (tout écrit étant dangereux) la visite inattendue chez Talleyrand du ministre de la Police. Bien après minuit, sans se faire annoncer, éludant les domestiques, Savary avait monté l'escalier à pas de loup et poussé brusquement la porte de la pièce où Talleyrand conversait avec des amis, dans l'espoir de les surprendre en plein complot. Cet incident décida la duchesse. Que faisait-elle, retirée à la campagne dans cette maison pleine de femmes et d'enfants, alors que son cher Charles Maurice se trouvait en danger à Paris ? Alors que la capitale était le centre des événements ? Elle partit sur-le-champ.

Talleyrand fut très heureux de la revoir et infiniment touché qu'elle voulût partager avec lui ces jours difficiles. « Ah, ma chère, lui écrivit-il dans un de ses billets, je trouve tout supportable quand je suis près de vous... Dans les temps d'inquiétude, on a besoin d'être auprès des personnes que l'on aime, et vous, chère amie, êtes le premier et le plus doux intérêt de ma vie. »

Le manque de nouvelles exactes pesait à Talleyrand au point qu'il établit un code secret de communication avec Caulaincourt, pour se tenir informé des négociations de Châtillon. Napoléon n'avait pas de serviteur plus fidèle que son ancien ambassadeur à Saint-Pétersbourg, mais celui-ci accepta de transmettre des renseignements confidentiels à Charles Maurice, dans l'espoir qu'il l'aiderait à convaincre l'empereur d'accepter la paix.

Il était non moins essentiel de connaître l'état d'esprit des Alliés, s'ils l'emportaient. Laisseraient-ils le pays choisir lui-même sa forme de gouvernement ? Avec qui traiteraient-ils ? Talleyrand venait de recevoir un article, passé en fraude, du *Times* de Londres, annonçant que le comte d'Artois, frère de Louis XVIII, avait quitté la capitale anglaise et se trouvait quelque part sur le Continent. Une restauration des Bourbons était-elle possible ? Ou Metternich favoriserait-il l'installation d'une régence en faveur du roi de Rome, fils de Napoléon et petit-fils de l'empereur François d'Autriche — ce qui assurerait au chancelier une position prédominante ? Personnellement, Talleyrand écartait cette solution comme dangereuse, car Napoléon, dans l'ombre, ne cesserait de guetter sa chance.

Et que souhaitait le tsar ? Avant Noël, Alexandre Ier avait eu l'intention de placer sur le trône de France le prince Bernadotte de Suède, l'un des anciens maréchaux de Napoléon. Mais maintenant ? Même la duchesse l'ignorait. Les dernières lettres qui avaient réussi à lui parvenir d'Europe orientale disaient que le tsar avait pris la manie de lire la Bible et qu'il quittait de plus en plus souvent ses conseils de cabinet pour consulter les Saintes Écritures.

Il était dangereux pour Talleyrand d'être à la merci de rumeurs contradictoires. Un ancien partenaire de whist, le comte de Dalberg, ministre de Bade, lui suggéra le moyen d'obtenir des réponses de première main. Dalberg fut invité à l'hôtel Saint-Florentin le soir qui suivit le retour d'Anne-Dorothée à Paris, pour mettre l'opération au point. C'était un diplomate de très vieille noblesse, dont l'arbre généalogique remontait jusqu'à un cousin de la Vierge Marie. La duchesse observa son visage d'oiseau ravagé de tics, tandis qu'il exposait son plan. Des têtes tomberaient s'il échouait : c'était une chose de parler de trahison, et une autre d'entrer en contact direct avec l'ennemi. Mais une relation commune, le baron de Vitrolles, connu aussi de la duchesse, royaliste acharné, était disposé à prendre le risque de traverser les lignes ennemies pour parvenir jusqu'au quartier général allié. Comment accréditer Vitrolles auprès du comte Stadion, délégué de l'Autriche à Châtillon ? Dalberg proposa de lui donner le nom de deux Viennoises (coup d'œil discret en direction de la duchesse), dont il avait naguère partagé les faveurs avec Stadion — alors prédécesseur de Metternich aux Affaires étrangères — ; ces noms seraient écrits à l'encre sympathique sur un minuscule papier capable de tenir dans un boîtier de montre. Dalberg confierait également à Vitrolles le sceau de cornaline aux armes de sa famille, qui pendait présentement à sa chaîne de montre : ces deux indices permettraient au diplomate autrichien de Châtillon de reconnaître en Vitrolles un émissaire de Dalberg.

Talleyrand réfléchit en silence, tapant lentement de sa canne la monture de fer de sa chaussure. Anne-Dorothée se leva pour remplir leurs verres de kummel. La conversation reprit.

Et par quel moyen Dalberg pensait-il accréditer Vitrolles auprès des Russes ? demanda Talleyrand. Cela, répondit le ministre de Bade, ne devait pas poser de problème, car Nesselrode, le ministre des Affaires étrangères de Russie, était un sien cousin — et un ami de Talleyrand. Celui-ci voulut alors savoir si Nesselrode saurait reconnaître l'écriture de Dalberg ? Sur la réponse affirmative de ce dernier, Charles Maurice proposa de lui écrire un billet.

Anne-Dorothée sonna. Un valet parut, débarrassa de ses bibelots précieux une petite table en bois de rose et y déposa de quoi écrire. A demi accoudé sur la cheminée pour soulager sa jambe malade, Talleyrand dicta alors à Dalberg — qui écrivait sur un petit morceau de papier à lettre bordé de gris — le célèbre message dont, des années plus tard, Nesselrode déclara qu'il avait décidé la marche des Alliés sur Paris : « L'homme qui vous remettra ceci est de toute confiance. Écoutez-le et reconnaissez-moi. Il est temps d'être clair. Vous marchez avec des béquilles ; servez-vous donc de vos jambes et veuillez ce que vous pouvez. » Cela signifiait que la route de la capitale était libre et la ville sans défense ; l'ennemi pouvait entrer.

En assistant à cette scène, la duchesse se rappela la fable du singe qui ne veut pas se brûler la patte pour tirer les marrons du feu, alors que le chat peut fort bien le faire pour lui. Apparemment, seul le ministre de Bade avait accrédité le baron de Vitrolles auprès des représentants de la Russie et de l'Autriche. Rien dans l'affaire n'impliquait Talleyrand. Il n'avait même pas rencontré Vitrolles.

Restait un dernier problème. Et si Dalberg n'arrivait pas à convaincre le baron, émissaire supposé, que Talleyrand le soutenait de façon occulte ?

« Attendez, dit la duchesse. C'est moi qui parlerai au baron. Je le connais depuis l'époque où il vivait en émigré, pendant la Révolution, près de Löbichau. »

Charles Maurice, ainsi, serait à l'abri de toute incrimination. Dalberg se leva et prit congé. Une horloge, au loin, sonna trois heures.

Le monde de Napoléon s'écroulait. Chaque jour, Talleyrand faisait quelque visite : au ministère de la Police, à la préfecture de Police, à la direction générale des Postes, au ministère des Affaires étrangères, usant de ses prérogatives de membre du conseil de régence pour se faire montrer les rapports officiels, tout en recueillant des renseignements officieux fort utiles. A la mi-mars, les Anglais entrèrent dans Bordeaux, et la ville se proclama en faveur de la cause royaliste. Deux jours plus tard, Charles Maurice informa la duchesse que les pourparlers de paix du congrès de Châtillon avaient échoué. Les événements se bousculaient.

Le moment approchait où Dorothée devrait reprendre au palais son tour de service de dame d'honneur. Mais Talleyrand, soucieux de la sécurité de sa nièce, lui défendit de quitter Rosny et commença à répandre le bruit qu'elle était malade, de façon à fournir une excuse plausible à son absence prochaine aux Tuileries.

Le samedi 26 mars, la menace de l'invasion planait sur Paris. Les amis de Talleyrand, venus savourer une glace dans son arrière-loge de la Comédie-Française, pendant l'entracte du *Barbier de Séville*, de Beaumarchais, avaient été retardés en chemin par des foules de paysans poussant leur bétail, qui cherchaient refuge dans les faubourgs de la capitale.

Pour Talleyrand, il était essentiel que l'impératrice quittât Paris avant l'entrée des Alliés. Sinon, il prévoyait que le tsar, dans son rôle favori de chevalier errant, déposerait galamment son épée aux pieds de Marie-Louise en la proclamant régente — et la France ne serait pas réellement débarrassée de Napoléon. Aussi Talleyrand recourut-il à un subterfuge. En revenant du théâtre, il s'arrêta chez une dame de ses amies, membre du sérail, pour lui remettre une lettre prétendument reçue du frère de cette dame, qui combattait dans une unité royaliste aux côtés des Alliés. Le ton de la lettre était farouche : « Nous arrivons résolus à purger la France des assassins de la famille royale », etc. Charles Maurice dit à cette amie qu'elle rendrait un grand service à la cause royaliste en portant cette lettre au ministre de la Police : son contenu incendiaire ne manquerait pas d'impressionner Savary, qui courrait prévenir l'impératrice, laquelle alerterait à son tour Joseph Bonaparte, frère de Napoléon, pour le moment roi d'Espagne et porte-parole de l'empereur au conseil de régence. Et l'on s'empresserait ainsi de mettre Marie-Louise en sûreté. Talleyrand connaissait son monde.

Charles Maurice et la duchesse poursuivirent leur chemin. Il neigeait doucement, mais il ne faisait pas froid. La voiture, précédée d'un valet porteur d'une torche, s'engagea dans l'étroite rue du faubourg Poissonnière et s'arrêta devant le portail de l'hôtel d'Anne-

Dorothée ; Talleyrand en descendit pour lui tendre la main. Anne-Dorothée, à la lueur des flambeaux, observa son visage de plâtre, aux yeux impénétrables sous leurs lourdes paupières. Inutile de poser à ce masque la question qui l'obsédait : « Qui a écrit cette lettre ? » Elle se rappela les propos qu'il avait tenus un jour en sa présence devant les dames de son sérail : « Quelle opinion croyez-vous que la postérité aura de moi ? » Sans attendre de réponse, il avait poursuivi : « On dit toujours de moi ou trop de mal ou trop de bien. Je jouis des honneurs de l'exagération... Je veux que pendant des siècles on continue à discuter ce que j'ai été, ce que j'ai pensé et ce que j'ai voulu. »

Le dimanche, les maréchaux Mortier et Marmont se battirent avec acharnement dans les environs de Paris, mais, le même soir, les théâtres furent combles. La cour était d'excellente humeur. Marie-Louise fit ouvrir l'enveloppe contenant les cartes à jouer, et elle invita Talleyrand à sa table de whist.

Le lendemain, le lundi 28 mars, dans la soirée, un conseil de crise se réunit aux Tuileries pour décider si l'impératrice devait ou non quitter la capitale menacée. A son retour, bien après minuit, Talleyrand s'arrêta chez la duchesse pour lui faire son rapport. La séance s'était ouverte par la lecture, donnée par Joseph Bonaparte, d'une lettre de l'empereur : « Ne quittez pas mon fils, disait Napoléon, et rappelez-vous que je préférerais le savoir dans la Seine plutôt que dans les mains des ennemis de la France. Le sort d'Astyanax, prisonnier des Grecs, m'a toujours paru le sort le plus malheureux de l'Histoire. » Lorsque le conseil passa au vote sur la décision à prendre, Talleyrand se prononça fermement en faveur du maintien de la présence de l'impératrice à Paris. La duchesse n'y comprenait plus rien. Elle croyait que Charles Maurice souhaitait ardemment le départ de Marie-Louise. En effet. Mais le subtil diplomate, qui avait coutume de dire que « la parole a été donnée à l'homme pour déguiser sa pensée », savait, expliqua-t-il à Anne-Dorothée, que « l'impératrice se défiait de moi, et que si je conseillais le départ, elle resterait. J'ai été pour qu'elle restât afin qu'elle partît. »

De bonne heure le mardi, la duchesse reçut de Talleyrand un billet l'avertissant qu'il devait être présent au départ de l'impératrice. La neige s'était changée en pluie quand arriva un deuxième billet : Marie-Louise et le roi de Rome étaient partis pour Blois.

Un troisième lui recommanda de laisser Dorothée à Rosny et lui rappela qu'elle était attendue pour le dîner.

Les boulevards étaient tellement encombrés de réfugiés qui affluaient dans Paris qu'il fut difficile à la duchesse d'arriver à l'heure à l'hôtel Saint-Florentin. Il y avait de nombreux convives, comme d'habitude, et, avant même la fin du dîner, le grand salon du premier étage se remplit de visiteurs anxieux de savoir quel parti prendre. Talleyrand allait-il rejoindre l'impératrice à Blois ? Devaient-ils, eux aussi, partir ? Les Russes allaient-ils mettre Paris à sac, comme les Français l'avaient fait à Moscou ?

Le mercredi matin, le bruit courut en ville que les maréchaux Mortier et Marmont contenaient une attaque russo-prussienne, le dos aux murs de Paris. On entendait les canons tonner. En prenant son café au lait matinal, Anne-Dorothée feuilleta *Le Moniteur*. Pas un mot des combats ; on apprenait en première page que la reine d'Angleterre était enrhumée.

Des visiteurs arrivèrent alors qu'elle terminait sa toilette. Sur les grands boulevards, des badauds occupaient les chaises, en attendant de voir passer les colonnes envoyées en renfort aux combattants. Parmi les amis de la duchesse qui n'avaient pas l'intention de partir, certains avaient engagé des maçons et des menuisiers, afin d'aménager des cachettes spéciales pour leurs valeurs ; d'autres se faisaient coudre des diamants dans les doublures de leurs vêtements.

En fin d'après-midi, Talleyrand parut. Une trêve venait d'être signée avec le tsar. La ville était encerclée, et les Alliés se trouvaient déjà à la porte de Clichy et à la barrière du Trône. Si l'on voulait épargner à la capitale les horreurs de la curée, le moment était venu de négocier. Charles Maurice avait fait son choix : il restait à Paris et prenait le parti de Louis XVIII, sans savoir si les Bourbons voyaient en lui un ami ou un ennemi.

La duchesse fut atterrée. Pour un grand dignitaire de l'Empire, ne pas suivre l'impératrice régente équivalait à une trahison. Et l'on ne savait jamais, avec Napoléon... Il avait des retours fulgurants, il pourrait en avoir encore. Mais Talleyrand avait échafaudé une ingénieuse mise en scène, qui lui permettait de rester, sans encourir aucun blâme ultérieur.

Une fois de plus — la duchesse s'en serait doutée —, une femme allait jouer le rôle principal. Vers six heures du soir, Charles Maurice et sa complice, Mme de Rémusat, cousine du préfet de Police Pasquier, se rendirent chez ce dernier. Sur le seuil du bureau, Talleyrand s'effaça : « Passez, Madame, vous êtes l'instrument du destin. » Il la laissa prendre la parole : M. de Talleyrand se trouvait partagé entre deux devoirs. D'une part, il avait l'obligation de rejoindre l'impératrice et le conseil de régence. De l'autre, s'il quittait Paris, qui resterait dans la capitale pour traiter avec les souverains étrangers et servir d'intermédiaire ? Qui d'autre les connaissait, eux, les généraux et leurs diplomates, et ferait à leurs yeux figure d'interlocuteur valable ?

Le préfet Pasquier approuva sa cousine, mais il ne voyait pas en quoi il pouvait être utile à M. de Talleyrand. « Il vient vous demander conseil », dit Mme de Rémusat. Le préfet leva un regard interrogateur sur le prince de Bénévent qui, pour la première fois de sa vie, bredouilla quelques phrases « entortillées ». Mme de Rémusat, compatissante, prit le relais : elle lui avait suggéré de faire semblant de partir, mais le préfet pourrait donner des ordres pour qu'il fût arrêté à une porte de Paris et contraint de rebrousser chemin. Le préfet refusa : il n'entrait pas dans ses attributions de se prêter à cette pantomime. Mais il proposa à sa cousine une solution plus simple. « M. de Rémusat, votre mari, dit-il, a un commandement dans la garde nationale, et il est assurément préposé à la garde de quelque barrière. Que M. de Talleyrand se présente à celle-là pour sortir. » Et M. de Rémusat, alerté, ferait le nécessaire avec ses gardes nationaux.

On suivit cet excellent conseil. Talleyrand, précédé de son secrétaire, quitta en grand branle-bas l'hôtel Saint-Florentin — pour y revenir quelques heures plus tard, en clamant bien haut son indignation. Il écrivit aussitôt à l'impératrice : que Sa Majesté imagine sa stupeur, on lui avait refusé l'autorisation de quitter Paris !

Jusque-là, tout allait bien, et Charles Maurice, dans un bref billet, en informa son « Cher Ange ». Maintenant, comment allait-il faire savoir au tsar qu'il était toujours à Paris, sans être accusé de communiquer avec l'ennemi ?

Peu avant minuit, Talleyrand se rendit à l'hôtel Perrégaux, rue Paradis, résidence de Marmont, sous le prétexte affiché de s'enquérir si ses chances de rejoindre l'impératrice à Blois s'étaient améliorées. Comme il l'avait prévu, il trouva chez Marmont les deux émissaires du tsar, venus pour signer, avec le maréchal, la capitulation ; ils furent étonnés que Talleyrand fût encore à Paris. Talleyrand ne se montra pas moins surpris de les rencontrer, et, au colonel Orlov, aide de camp d'Alexandre Ier, il adressa ces mots : « Monsieur, veuillez bien vous charger de porter aux pieds de Sa Majesté l'empereur de Russie l'expression du profond respect du prince de Bénévent. »

Le tsar reçut le message de Talleyrand et il le comprit, car le baron de Vitrolles, précédemment, avait mené à bien sa mission. Le lendemain matin, le jeudi 31 mars, dès six heures du matin, Talleyrand terminait sa toilette (lui qui ne se levait jamais avant onze heures !) lorsque se fit annoncer le comte von Nesselrode, ministre des Affaires étrangères de Russie ; il venait prévenir le vice-Grand Électeur que le tsar le verrait après l'entrée solennelle des Alliés dans la capitale.

En début d'après-midi, d'un balcon de l'hôtel Saint-Florentin, la duchesse de Courlande vit les troupes étrangères arriver par la rue de Rivoli (encore inachevée) jusqu'à la place de la Concorde. Les uniformes rouges, blancs, bleus, verts, défilèrent, panaches et drapeaux flottant au vent, entrecoupés de fanfares militaires. Le ciel s'était dégagé, et les pavés lavés de pluie brillaient sous un soleil de printemps. Les Parisiens en habits de fête étaient sortis pour voir défiler les premiers conquérants qui envahissaient leur ville depuis des siècles, et ils acclamèrent le beau tsar Alexandre et le roi de Prusse Frédéric-Guillaume III, qui s'avançaient escortés d'immenses Cosaques. (L'empereur François d'Autriche et Metternich se trouvaient encore bloqués par des mouvements de troupes du côté de Dijon.) Alexandre portait un bicorne vert empanaché de plumes de coq, un uniforme blanc soutaché d'or, et d'or aussi étaient ses étriers ; la duchesse reconnut la jument grise que Napoléon lui avait donnée dans des jours meilleurs, lors de la conférence d'Erfurt.

La parade terminée, le tsar se dirigea vers l'hôtel Saint-Florentin, qui bordait en partie la place. Quelques heures plus tôt, un informateur anonyme avait prévenu son chef d'état-major que le palais de l'Élysée — où le tsar devait s'installer — était miné. Alexandre Ier accepta donc l'opportune invitation de Talleyrand à demeurer sous son toit. Tous les historiens ne reconnaissent pas en Talleyrand l'auteur de cette rumeur alarmante, mais il faut admettre qu'elle servait bien ses desseins : Alexandre avait une position prédominante parmi les Alliés, et Charles Maurice pouvait ainsi éconduire les visiteurs qu'il jugeait indésirables. Mieux valait ne rien laisser au hasard. Il comptait aussi sur la duchesse pour persuader Alexandre que les décisions qu'il prenait étaient les bonnes.

Le tsar se montra cordial : « Monsieur de Talleyrand, dit-il, vous avez ma confiance et celle de mes alliés. Nous n'avons rien voulu arrêter avant que de vous avoir entendu. Vous connaissez la France, ses besoins et ses désirs. »

Anne-Dorothée apporta ce soir-là des soins particuliers à sa toilette. Elle se prélassait dans un bain chaud, le visage couvert d'un masque à base de pâte d'amandes et d'extrait de concombres — recette donnée par l'ex-impératrice Joséphine —, lorsqu'un grand vacarme retentit dans la cour de son hôtel. La femme de chambre envoyée aux nouvelles revint les yeux brillants : un détachement de Cosaques — en pantalons bouffants et hauts bonnets, un fouet autour du cou —, avec leurs petits chevaux, avait pris position chez elle sur l'ordre du tsar, afin de lui former une garde d'honneur et de la protéger aussi longtemps que les Russes seraient à Paris. La duchesse sourit, admirant la prévenance d'Alexandre à l'égard de sa sujette. Cela augurait bien du rôle qu'elle pourrait jouer en faveur de son cher Charles Maurice.

Le bruit s'était répandu que les souverains alliés assisteraient le soir à la représentation de l'Opéra, et la rue de Louvois était un véritable fleuve de bleu et de blanc. Tous les royalistes qui avaient réussi, par quelque moyen, à se procurer une place étaient présents. Le hall embaumait les lis : les femmes en portaient dans leurs cheveux, en bouquets, en guirlandes ; les hommes arboraient une cocarde blanche à leurs chapeaux. La duchesse arriva de bonne heure, pour une fois, et prit place, avec son amie la comtesse Tyszkiewicz, dans la loge de Talleyrand, avant que le tsar et le roi de Prusse ne fissent leur apparition pour le deuxième lever de rideau. Charles Maurice était assis derrière les souverains, mais il ne dut pas voir grand-chose de la représentation. Chaque fois qu'Anne-Dorothée regardait la loge impériale, juste en face de la sienne, elle voyait le tsar parler à l'oreille de Talleyrand, et celui-ci dépêchait un des nombreux aides de camp, debout à l'arrière de la loge, aussitôt disparus, aussitôt remplacés.

Talleyrand avait fait changer le programme. Il eût été mal venu de présenter *Le Triomphe de Trajan*, de Persuis et Lesueur, qui comportait la marche célèbre composée en l'honneur de la retentissante victoire de Napoléon sur la Prusse. Au moment où les spectateurs quittaient la salle, de jeunes fous royalistes escaladèrent les colonnes d'un des côtés de la scène et firent tomber avec fracas les insignes napoléoniens qui couronnaient le rideau de velours.

Quand Anne-Dorothée et la comtesse Tyszkiewicz parvinrent rue Saint-Florentin, l'hôtel de Talleyrand était illuminé de la cave au grenier. Dans les antichambres du rez-de-chaussée bourdonnait une foule polyglotte. Il y avait tant de monde sur le grand escalier d'honneur à la précieuse rampe de fer forgé et sur les paliers décorés de tableaux et de statues que la duchesse, bousculée, faillit heurter l'un des gigantesques gardes russes qui faisaient la haie sur les degrés, puisque le tsar résidait là. Talleyrand s'était déjà enfermé dans son bureau avec Alexandre Ier et Frédéric-Guillaume III, et, dans les moindres recoins et embrasures du salon de l'Aigle — dont le plafond s'ornait, aux quatre angles, d'un grand aigle doré soutenant un médaillon —, d'importants personnages, alliés et français, discutaient avec animation.

Le lendemain matin, le vendredi 1er avril, Anne-Dorothée procédait encore à ses soins de beauté — cette fois, des compresses de camomille, sureau et tilleul trempées dans du lait chaud —, quand on lui annonça la visite imprévue du grand-duc Constantin, frère du tsar. La duchesse n'avait pas reçu son habituel billet matinal de Charles Maurice, et elle avait hâte d'avoir des détails sur la proclamation, rédigée en majeure partie par Talleyrand, qu'on avait fait placarder dès l'aube sur les murs de Paris. Le grand-duc en avait un exemplaire ; on y lisait : « Les Alliés ne traiteront plus avec Napoléon Bonaparte ni avec aucun membre de sa famille... Ils respecteront l'intégrité de l'ancienne France, telle qu'elle a existé sous ses rois légitimes... Ils invitent le Sénat à désigner sur-le-champ un gouvernement provisoire qui puisse pourvoir aux besoins de l'administration et préparer la Constitution qui conviendra au peuple français. » En tant que vice-Grand Électeur, Talleyrand, habilité à convoquer le Sénat, avait organisé une séance pour l'après-midi. Charles Maurice, se dit la duchesse, n'avait convoqué que les sénateurs dont il était sûr. Elle disparut derrière un paravent et poursuivit la conversation, tandis qu'on l'aidait à revêtir un de ces costumes d'une simplicité élégante qui étaient de mise pour les visites du matin. Elle revint dans la pièce en boutonnant les manches d'une robe de lainage gris rehaussé de passementerie noire. Une de ses femmes la vaporisa d'extrait de muguet, tandis qu'une autre arrangeait le voile de sa toque. Le grand-duc Constantin prit congé, et la duchesse s'en fut à l'hôtel Saint-Florentin présenter ses respects au tsar.

L'après-midi, à la séance du Sénat qui se réunit au palais du

Luxembourg sous la présidence de Talleyrand, n'assistèrent que soixante-trois sénateurs sur cent quarante et un. Ceux-ci, adroitement manœuvrés, « après avoir délibéré », nommèrent le prince de Bénévent chef d'un gouvernement provisoire de cinq membres, parmi lesquels le baron de Dalberg, ministre de Bade et conseiller d'État, les autres étant des amis dévoués. Charles Maurice les installa aussitôt chez lui, dans trois des six pièces de l'entresol, le premier étage étant réservé à Alexandre Ier. En vingt-quatre heures, il avait réussi à devenir l'homme le plus puissant de France et à faire de sa demeure le centre nerveux de l'Europe.

Certains sénateurs, en proie à des scrupules patriotiques, se firent excuser de ne point paraître à la réception donnée par le tsar pour le Sénat, avant le dîner auquel les avait conviés Talleyrand. Si, comme on le raconte, le prince de Bénévent les fit cyniquement remplacer par quarante figurants, revêtus du costume chamarré d'or et doublé de soie jaune des sénateurs d'Empire, ils jouèrent suffisamment bien leur rôle pour donner le change à Sa Majesté Impériale.

Ce soir-là, la duchesse de Courlande eut un entretien prolongé avec Alexandre Ier, dans une embrasure du salon de l'Aigle bruissant d'invités. A la fin de ce tête-à-tête, son amie Marie-Thérèse Tyszkiewicz s'approcha : « Tout Paris, lui dit-elle, est convaincu que c'est vous qui avez organisé le séjour de votre tsar à l'hôtel Saint-Florentin. » Anne-Dorothée ne la contredit pas.

Le samedi matin, le roi Frédéric-Guillaume III vint rendre visite à la duchesse dans son hôtel du faubourg Poissonnière. A midi, Anne-Dorothée reçut son premier billet de Charles Maurice depuis l'entrée des Alliés à Paris : il souhaitait que sa nièce Dorothée revînt de Rosny; elle passerait par Aubergenville, et, à minuit, un détachement de Cosaques l'attendrait au relais de poste de Saint-Germain, pour l'escorter à travers les divers barrages et jusque dans Paris. Dorothée serait un ornement supplémentaire des soirées de l'hôtel Saint-Florentin, et Talleyrand ne voulait rien négliger de ce qui pourrait faire plaisir au tsar; Sa Majesté était versatile, et il était essentiel de la maintenir dans ses bienveillantes dispositions.

Pour Talleyrand, le retour des Bourbons se fondait sur le principe de la légitimité, et tout le reste n'était qu'intrigue; seul Louis XVIII, souverain légitime et s'identifiant à la loi, détenait l'autorité morale nécessaire pour faire accepter un traité de paix au pays vaincu, pour lui assurer la stabilité et le maintenir à son rang.

Mais le tsar doutait encore du désir des Français de rétablir un roi sur le trône, et, si le Sénat avait docilement prononcé la déchéance de Napoléon, celui-ci, qui se trouvait à Fontainebleau avec 60 000 soldats fidèles, n'était décidé ni à abandonner la lutte ni à abdiquer. Il fallait donc détacher ses hommes de lui.

Le dimanche, parvint ponctuellement à la duchesse le billet matinal de Charles Maurice : il priait sa « chère amie » de le prévenir, dès que Dorothée serait arrivée ; et il les attendait toutes les deux pour le dîner.

Le lundi, un autre message, écrit en pattes de mouche familières sur papier bleu parfumé d'ambre, annonça triomphalement : « Le maréchal de Marmont vient de capituler. C'est l'effet de nos proclamations et papiers. Il ne veut plus servir pour Bonaparte contre la patrie. » Cela signifiait que l'armée abandonnait l'empereur. Après une nuit de discussions avec le tsar, Talleyrand l'avait convaincu qu'une régence en faveur du roi de Rome n'était pas viable. Anne-Dorothée dut pousser un soupir de soulagement. Charles Maurice avait gagné. L'heure était venue d'aller faire chercher le comte d'Artois, frère et représentant de Louis XVIII.

Ce soir-là, dans le salon de l'Aigle, un bonapartiste indigné vitupéra la défection de Marmont, le déshonneur du drapeau et les effets de ce qu'on avait l'impertinence d'appeler l'« initiative de la défaite ». Talleyrand l'interrompit d'un ton suave : « Mon Dieu ! cela ne prouve qu'une chose... c'est que sa montre avançait, car tout le monde était à l'heure. »

Anne-Dorothée l'entendit et sourit. La tension se relâchait. Charles Maurice faisait de nouveau des mots... Elle aussi avait de bonnes nouvelles : le tsar voyait d'un œil favorable un mariage qui unirait les maisons des Romanov et des Bourbons — un problème qu'elle avait discuté avec Alexandre Ier à la requête de Charles Maurice.

Quarante-huit heures plus tard, Napoléon signait une reddition sans condition. Le Sénat vota rapidement une « charte constitutionnelle » appelant Louis XVIII sur le trône, et, le vendredi 8 avril, Charles Maurice écrivait à Anne-Dorothée : « J'aspire au moment où j'aurai quelques heures de liberté, et j'irai, si vous le permettez, chère amie, les passer avec vous que j'aime de tout mon cœur. »

Cette année-là, les pâques catholiques romaines et grecques orthodoxes tombaient le même jour. Du balcon de l'hôtel Saint-Florentin, la duchesse et sa fille assistèrent à la messe célébrée place de la

Concorde, où un autel avait été érigé à la demande du tsar. Le temps était frais, et la lumière, limpide, malgré quelques petits nuages blancs qui voguaient dans le ciel. Anne-Dorothée n'était pas pratiquante, mais, à la vue de cette foule innombrable, de différentes confessions, qui remerciait Dieu à genoux de la fin du carnage, elle ne put se défendre d'être émue. Et une grande fierté l'envahit à la pensée du rôle déterminant qu'avait joué Charles Maurice dans le retour de la paix; elle aussi l'avait aidé, en intervenant auprès du tsar. Elle avait en Talleyrand une confiance aveugle, et jamais elle ne se soucia d'analyser si l'action qu'il menait était motivée par le désir de défendre les intérêts de la France et la cause de la paix en Europe, ou bien — comme nombre d'historiens le prétendent encore — pour servir ses propres intérêts et se venger des insultes de l'empereur.

La circulation, bloquée dans la région de Dijon par les mouvements de troupes, finit par se rétablir; Metternich, le chancelier de Prusse et lord Castlereagh, ministre des Affaires étrangères de Grande-Bretagne, se hâtèrent de gagner l'hôtel Saint-Florentin pour mettre la dernière main à l'acte d'abdication de Napoléon. Metternich constata qu'en son absence Alexandre Ier avait occupé la place qu'il avait jusque-là réussi à lui dénier, celle de chef des Alliés.

Le jeûne du carême du tsar ayant pris fin, Talleyrand le convia, lui, le roi de Prusse, l'empereur François d'Autriche et différents hauts dignitaires à ce qu'il appela, par euphémisme, un « dîner de famille ». Comme il n'était pas question que Catherine de Talleyrand fût présente, Talleyrand invita son frère Archambaud, beau-père de Dorothée, afin que celle-ci présidât la table — chargée d'un fabuleux service en vermeil —, en face de son oncle Charles Maurice. Ce qu'elle fit avec grâce et dignité.

Et la duchesse? La duchesse était placée à côté de Metternich, qu'elle avait connu à Berlin. Elle accepta d'aller choisir des chapeaux pour son épouse et pour sa fille. Elle était, bien entendu, au courant de sa liaison avec Wilhelmine et fut heureuse d'avoir des nouvelles de son aînée, de Jeanne et Pauline. Puis ils se mirent à parler du lieu d'exil où l'on se proposait d'envoyer Napoléon :

« M. de Talleyrand, dit le chancelier, trouve comme moi que l'île d'Elbe est trop proche du Continent, où il a apporté tant de troubles. Quelqu'un a même proposé l'Amérique, mais... »

Clément eut une expression résignée et jeta un regard dans la direction du tsar : Alexandre Ier s'y opposait formellement.

« En Amérique ! s'exclama la duchesse. Le président James Madison et sa femme en auraient une attaque ! »

Elle éclata d'un rire léger, que Metternich connaissait bien, puis se tut, prêtant l'oreille à un extrait de l'*Iphigénie* de Gluck, que jouaient les musiciens. Talleyrand avait bien recommandé à son maître de musique de ne choisir que de la musique douce et apaisante, rien qui pût exiger de l'attention ou faire dévier l'intérêt des invités de la conversation.

Il n'était pas concevable que le comte d'Artois, frère de Louis XVIII, pût revenir à Paris après vingt-cinq ans d'exil et trouver le gouvernement provisoire de la France installé au-dessous des appartements d'un souverain étranger et, qui plus est, dans la maison d'un prêtre marié, ancien évêque d'Autun, ancien chef du clergé constitutionnel sous la Révolution. Le tsar quitta donc l'hôtel Saint-Florentin pour le palais de l'Élysée ; il emmenait avec lui Carême, le nouveau et célèbre chef cuisinier que Talleyrand se faisait un plaisir de lui prêter.

Au titre de président du gouvernement provisoire, Talleyrand alla accueillir « Monsieur », frère du roi, à la barrière de Bondy. Ce même mardi soir, la duchesse et sa fille assistèrent au *Te Deum* solennel de Notre-Dame. Tandis que « Monsieur » s'endormait dans les anciens appartements de Marie-Louise, aux Tuileries, Napoléon tentait de se suicider à Fontainebleau. Il avala de l'acide prussique, qu'il portait dans un sachet autour du cou depuis six ans. Mais les sels avaient perdu leur efficacité, et l'empereur déchu dut s'embarquer pour l'île d'Elbe seul, sans Marie-Louise et sans le roi de Rome, car François d'Autriche avait interdit à sa fille de suivre son mari.

Talleyrand envoya ces nouvelles à la duchesse et poursuivit son billet sur un mode plus personnel :

> Vous m'avez un peu grondé hier. Je ne le méritais pas, mais cela m'a fait plaisir. J'aime de la personne que j'aime un peu de sensibilité... Laissez-moi de temps en temps gronder pour satisfaire les petites impatiences que l'on me donne souvent dans la journée.

Anne-Dorothée s'émut de cette confidence. Les émigrés royalistes de retour en France ressassaient leurs ressentiments. Ils n'avaient « rien oublié ni rien appris » et ne cessaient de compliquer la tâche herculéenne de Charles Maurice. Elle avait remarqué depuis quelque temps combien était tiré son visage blême par les soucis et le manque de sommeil. Il devrait prendre davantage soin de sa santé, ou la laisser veiller sur lui. La tendresse et l'affection dont il l'entourait contrastait avec le caractère orageux et passionné de ses précédentes liaisons — avec Batowski ou avec Armfelt. À l'automne de sa vie, ces relations d'amitié amoureuse lui convenaient infiniment mieux : Anne-Dorothée avait cinquante-trois ans.

Elle ne comprenait pas comment Charles Maurice arrivait à remplir tous les devoirs de sa charge, sans jamais cependant la négliger, elle, ni oublier ses responsabilités de chef de famille. Il trouva le temps de signer son accord pour le mariage de sa fille adoptive Charlotte, maintenant âgée de seize ans, avec son neveu Alexandre de Périgord, fils de son plus jeune frère. Il lui assurait ainsi légalement le nom auquel elle avait peut-être droit de par sa naissance et laissait dans la famille la dot substantielle qu'il lui constituait. Il donna un dîner en son honneur. À l'instant même où le roi, ayant traversé la Manche, débarqua à Calais, et avant que Louis XVIII eût choisi les membres de sa maison, Talleyrand sollicita pour Edmond le titre de premier aide de camp de Sa Majesté, et, pour Mme Edmond de Périgord, « celui de dame du Palais, dont sa conduite et sa piété la rendent digne ». (Le roi étant veuf et sans enfants, le rôle de maîtresse de maison officielle serait tenu auprès de lui par sa nièce, Madame Royale, duchesse d'Angoulême.) Par retour de courrier, Edmond fut promu général de brigade, mais ni alors ni jamais il ne fut fait mention de Dorothée. Le souverain en exil l'appelait « ma petite Italienne », quand il la faisait sauter sur ses genoux à Mitau ; il est probable cependant qu'il ne voulut pas, à la cour des Bourbons, d'une ancienne dame d'honneur de Marie-Louise.

Talleyrand ne savait trop quel genre d'accueil lui serait réservé quand il se rendit à Compiègne au-devant du souverain, dont les crises de goutte ralentissaient le voyage. Il avait pris la précaution de faire secrètement déménager et brûler toute correspondance compromettante entre lui-même et Napoléon, qui pouvait se trouver dans l'ancien cabinet des archives impériales du Louvre.

Louis XVIII se montra aimable — relativement. Passant adroitement sous silence la Révolution et tout ce qui était advenu depuis, il flatta Talleyrand sur son point le plus sensible, l'ancienneté de la noblesse des Périgord. Mais la duchesse décela une plus juste indication des sentiments véritables de Sa Majesté dans le fait que Talleyrand dut faire antichambre pendant trois heures avant d'être reçu en audience. Cela augurait mal de la collaboration future des deux personnages.

Le 3 mai, jour de l'entrée solennelle du roi dans Paris, Anne-Dorothée fut réveillée de bonne heure par les tambours qui battaient le rappel de la garde nationale. Les mesures de sécurité furent sévères : sur le parcours du cortège royal, on dut enlever tous les pots et jardinières des fenêtres et balcons, et la circulation des véhicules privés fut interdite. Les rues étaient superbement décorées d'étendards blancs fleurdelisés, frangés de bleu. A l'instant où le roi pénétra dans la capitale, Mme Blanchard, une intrépide aéronaute, prit le départ dans son ballon ; celui-ci commença par s'accrocher dans une statue d'Henri IV, puis il s'éleva dans les airs, relâchant un vol de colombes, symbole d'une paix désirée.

Le lendemain après-midi, Anne-Dorothée et Marie-Thérèse Tyszkiewicz assistèrent au défilé, le long des quais, des forces alliées, sous la conduite du grand-duc Constantin, frère du tsar. Par déférence envers Louis XVIII, invité d'honneur podagre, les souverains étrangers ne prirent pas la tête de leurs troupes et se montrèrent seulement à une fenêtre du Louvre. Le Bourbon obèse fut assis dans un solide fauteuil, devant l'empereur d'Autriche et le roi de Prusse à la triste figure, tandis que le tsar, debout au premier rang, faisait les honneurs. Mais ce fut Wellington qui attira tous les regards. Après avoir terminé une glorieuse campagne en Espagne contre les forces napoléoniennes, puis franchi les Pyrénées et gagné la dernière bataille de la guerre devant Toulouse, il surprit le haut commandement en arrivant à temps pour conduire dans Paris le contingent britannique. Tout le monde haussa le cou pour voir ce nouveau héros allié.

Le soir, la haute société partagea son temps entre l'hôtel de Talleyrand, celui de la duchesse de Courlande et l'ambassade d'Angleterre. À l'hôtel Saint-Florentin, Catherine de Talleyrand, plus volumineuse que jamais et, sur injonction de son mari, aussi muette que possible, trônait dans le salon de l'Aigle, les pieds posés sur un coussin brodé aux armes des Périgord : elle rappelait ainsi à tous son statut d'épouse, quelles que fussent les faveurs réservées à la duchesse de Courlande — ou à sa fille. Une foule cosmopolite s'empressa chez Anne-Dorothée, tandis qu'au bal donné par l'ambassade d'Angleterre, on fêtait Wellington. La duchesse crut de son devoir de faire la connaissance de ce glorieux général, et elle s'arrangea pour paraître à l'ambassade au petit matin. Mais elle y trouva encore une longue file d'invités qui attendaient de serrer la main de Wellington et de le féliciter de son élévation, datant de quelques heures, au titre de duc.

Au milieu de toute cette agitation politique et mondaine, la petite Dorothée-Charlotte — la fille de Dorothée — se trouva atteinte d'une rougeole aiguë. Son père Edmond étant presque constamment retenu hors de Paris par son service, Talleyrand, si submergé d'occupations qu'il fût, passa tous les jours prendre des nouvelles de sa filleule, rue Grange-Batelière. La duchesse trouvait que Charles Maurice s'imposait ainsi inutilement une fatigue supplémentaire, car la petite malade de deux ans semblait avoir surmonté la crise et recevait les meilleurs soins possibles.

Mais, au bout d'une semaine, l'enfant eut une rechute, et son état s'aggrava. Son grand-oncle envoya son médecin personnel veiller nuit et jour à son chevet, avec mission de le tenir au courant. Le rapport du médecin fut alarmant : il s'inquiétait autant de la santé de la jeune mère que de celle de la petite fille. Dorothée, encore mal remise de sa grossesse et de son accouchement difficiles, n'était pas assez forte pour supporter l'épreuve de la maladie de son enfant. Dans un billet plus matinal que d'habitude, Talleyrand écrivit à la duchesse qu'elle devait prendre Dorothée chez elle et ne pas la laisser retourner dans son foyer, car sa sollicitude n'avait d'autre effet que de ruiner sa propre santé.

Le soir même, la petite Dorothée-Charlotte mourut. Et Dorothée, inconsolable, se replia sur son chagrin.

CHAPITRE 10

Wilhelmine et Metternich
Printemps-été 1814

WILHELMINE ÉTAIT EN PROIE à des tourments de conscience, car elle ne voulait pas que Clément se méprît. Lui ne supportait pas l'idée de la partager et la désirait toute à lui ; elle, elle n'était pas sûre de souhaiter une rupture définitive avec le prince zu Windischgrätz. Quant à ses « quatre Nelson anglais », comme elle appelait les quatre jeunes attachés de l'ambassade britannique qui papillonnaient autour d'elle et alimentaient les bavardages de Vienne, elle n'en prenait aucun au sérieux. Elle aurait voulu que le chancelier l'aimât comme une femme, avec ses doutes et ses faiblesses, non comme une déesse placée sur un piédestal, dans un sanctuaire.

L'éloignement et les vingt jours nécessaires à un échange de lettres ne favorisaient pas un rapprochement entre eux, mais ils finirent par faire la paix. Wilhelmine parvint à tutoyer Clément avec naturel dans sa correspondance, et elle lui envoya une boucle de ses cheveux. Pendant de longues décennies, Metternich conserva cette boucle et ses lettres dans une boîte noire, posée sur un rayonnage de son bureau du ministère de la Ballhausplatz.

Clément, de Paris, lui envoya des nouvelles toutes fraîches de sa famille. La duchesse, assurait-il, était étonnante pour son âge, et l'on ne serait nullement surpris de tomber amoureux d'elle. Dorothée, qu'il n'avait pas revue depuis l'époque où elle était enfant à Berlin, ne lui parut pas jolie. Elle avait trop de poitrine pour son goût : « Elle a trop, écrivit-il, de ce dont tu n'as pas trop peu », et il ajouta : « Vos deux nez sont respectables, mais je respecte bien plus le tien. Mon Dieu ! qu'est-ce que je n'aime pas en toi ? »

Clément pressa Wilhelmine de venir le rejoindre à Paris. Elle lui répondit qu'elle ne pouvait se décider tout de suite à accepter son invitation, même si elle trouvait l'argent du voyage. L'hôpital qu'elle avait fondé à Sagan quelques années auparavant pour soigner les combattants allemands blessés, continuait à fonctionner et lui coûtait fort cher, malgré ses revenus considérables. Par ailleurs, il lui faudrait renouveler sa garde-robe pour le congrès qui se tiendrait bientôt à Vienne. Clément voudrait-il demander à la duchesse de commander pour elle plusieurs robes de cour, robes de bal, etc., et pourrait-il lui avancer l'argent nécessaire si la duchesse — qui n'était pas encore libérée de ses difficultés financières — ne pouvait régler ces achats ?

Quand Wilhelmine accepta enfin de venir, ce fut en grande partie parce qu'elle savait Alfred à Paris, bien qu'elle n'eût pas reçu de ses nouvelles récemment. Le chancelier la prévint que les routes n'étaient pas sûres pour des voyageuses sans escorte. Comme Gentz ne pouvait s'absenter, Wilhelmine s'attacha les services de Frederick Lamb, l'un des attachés britanniques, toujours dans son sillage. Le jeune homme accompagna Wilhelmine et Pauline — Jeanne devait les suivre sous peu — jusqu'à Munich, et, neuf jours plus tard, elles arrivèrent chez leur mère — rue du faubourg Poissonnière où elles devaient résider —, le 15 mai 1814, dans l'après-midi du quarante et unième anniversaire de Metternich, comme Wilhelmine l'avait promis.

Mais leur réunion fut loin d'être aussi idyllique que la jeune femme l'avait espéré. Car l'officieux Gentz, entre-temps, avait jugé bon d'envoyer au chancelier la copie d'un rapport de la police secrète autrichienne, concernant la liaison présumée de Wilhelmine avec le jeune Anglais qui avait fait une partie du voyage avec elle et Pauline. Quand Metternich, furieux, lui répéta cette accusation, Wilhelmine répliqua qu'un gentil flirt était le droit — « et même le devoir » — de toute femme. Quant à lui, tout Paris racontait qu'il avait renoué avec une ancienne maîtresse, la femme d'un général de Napoléon. Qu'avait-il à répondre ?

Mais il y avait sept mois qu'ils ne s'étaient vus, depuis Prague. Après une si longue séparation, les retrouvailles font des miracles. Clément écrivit à sa femme que M. de Talleyrand monopolisait les princesses de Courlande, qu'elles ne juraient que par lui, mais que leur réunion de famille avait été attristée par la mort de la petite Dorothée-Charlotte et la douleur de sa mère. Il prétendit qu'il ne les avait vues que trois fois. Pauline et Jeanne, peut-être. Mais il rencontrait Wilhelmine presque tous les jours, chaque fois qu'il pouvait s'échapper de ses interminables réunions.

En cette mi-mai, Paris était en beauté. Wilhelmine en fit la découverte dans les yeux de Clément, qui aimait cette ville. Assis devant des glaces, à la terrasse de l'élégant café Tortoni, à l'angle de la rue Taitbout, ils regardaient passer les Parisiennes vêtues à la dernière mode d'audacieuses robes à motifs énormes, avec de gros nœuds, et des bouquets de fleurs sur leurs réticules. Les jeunes lions flânaient en strictes redingotes et pantalons à sous-pieds, qui commençaient à remplacer les culottes collantes.

Wilhelmine et Clément visitèrent à loisir les galeries du Louvre, emplies des incroyables trésors artistiques que Napoléon avait pillés dans les pays occupés ; ils se promenèrent le long des quais, sous l'ombrage en berceau des marronniers ; ils entrèrent dans les magasins d'antiquités, à la recherche de pièces rares pour les appartements de la chancellerie et pour la villa de Metternich à Rennweg : tout devait être redécoré pour le congrès. Comme en témoignent les collections de pendules astronomiques et d'instruments scientifiques réunis dans son cabinet de travail, les choix de Clément étaient guidés plus par la curiosité que par l'amour de l'art. Mais Wilhelmine avait un goût raffiné, et il ne manquait pas de la consulter pour les achats qu'il expédiait par fourgons entiers : meubles de style Empire tardif du célèbre ébéniste Jacob, objets d'or et d'argent de l'orfèvre Biennais, porcelaines, bronzes de Thomire, chenets de Caffieri, tentures et soieries de Lyon.

Wilhelmine l'accompagna aussi chez le couturier Leroy, qui gardait un mannequin aux mesures de la princesse de Metternich depuis l'époque où Clément avait été ambassadeur à Paris ; elle l'aida à choisir trois malles de vêtements, dont une élégante redingote, copie de celle que portait Marie-Louise le jour où Metternich était venu la voir à Rambouillet. Pour se donner bonne conscience — Clément écrivait à sa femme Laure que sa présence était beaucoup plus utile à Vienne, pour les préparatifs du congrès, qu'à Paris... —, il ajouta quelques robes signées Victorine, la nouvelle couturière en vogue. Il n'oublia pas les étoffes, qui permettraient de copier, pour sa fille aînée, quelques toilettes de sa mère.

Avant l'arrivée de Wilhelmine, Clément avait déjà accumulé à son intention toutes sortes de colifichets : des boucles d'escarpins endiamantées du Petit Dunkerque ; un éventail d'ivoire incrusté de brillants de chez Friese et Devilliers ; un singe mécanique qui jouait du violon, réplique de l'automate offert par le tsar à Joséphine, lors de sa visite à Malmaison, la semaine précédente. Et, lorsqu'ils sortaient ensemble pour faire des achats, Metternich lui offrait souvent les mêmes cadeaux qu'à sa femme ou à sa fille.

Ils terminaient presque toujours à l'hôtel Saint-Florentin leurs soirées, qui se clôturaient par un bal, car Alexandre Ier aimait danser. « Au moins une chose qu'il faisait bien », grommelait Metternich. Entre lui et le tsar, les relations devenaient tendues, et le chancelier s'inquiétait des difficultés que soulevaient les sautes d'humeur impériales dans les pourparlers concernant le traité de paix avec la France. Pendant les longs mois de leur séparation, Wilhelmine avait regretté ses entretiens familiers sur la politique avec le chancelier, et lui, de son côté, s'était senti privé de ne pouvoir agiter ses problèmes devant elle. A présent qu'ils commentaient de nouveau ensemble les événements de chaque jour, il admirait l'acuité de son intelligence et la justesse de ses réactions. Wilhelmine écoutait bien et s'exprimait avec une clarté qui le ravissait.

Aux yeux du faubourg Saint-Germain, ce n'était plus la vraie saison de Paris. Les familles aristocratiques allaient bientôt se disperser dans leurs châteaux de province, humides et glacés l'hiver, que le beau temps commençait à rendre habitables ; elles recevaient peu, mais les milieux diplomatiques restaient très animés. En raison des étroites relations de la duchesse de Courlande avec Talleyrand et avec le tsar, ses trois filles étaient normalement assurées d'être bien accueillies partout.

Wilhelmine, cependant, deux fois divorcée, ne devait pas oublier de sitôt sa mésaventure à l'ambassade d'Angleterre. Lors d'un dîner, l'épouse du ministre britannique des Affaires étrangères voulut savoir qui était la ravissante blonde assise un peu plus loin, celle qui était arrivée avec le chancelier d'Autriche. Lorsque son voisin, le prince Louis de Rohan-Guémenée, lui répondit d'un ton négligent : « Oh ! c'est mon ex-femme », la dame faillit se trouver mal. A Vienne, la tolérance des membres de la haute société à l'égard de leurs pairs avait épargné à Wilhelmine bien des embarras ; à Paris, elle découvrait des cercles « vieille France » plus rigoristes, où sa présence n'était pas souhaitée, et, pour la première fois, on lui faisait sentir qu'elle se trouvait en situation fausse.

Un autre nuage assombrissait le ciel de Wilhelmine : Alfred. Il n'était pas à Paris, comme elle l'avait escompté — et pour une bonne raison. Les dernières lettres que la jeune femme avait adressées au chancelier avant de quitter Vienne montraient qu'elle n'avait toujours pas rompu définitivement avec le prince zu Windischgrätz. Clément ne souhaitait nullement que Wilhelmine rencontrât son bel Autrichien, couvert de décorations hautement méritées — il était devenu l'un des officiers de cavalerie les plus en vue des armées alliées —, avant de s'être lui-même assuré de l'attachement total de sa tendre amie. Il avait donc fait expédier Windischgrätz à Turin, au titre d'émissaire personnel de l'empereur François d'Autriche auprès du roi de Sardaigne. Wilhelmine comprit-elle que Clément avait organisé le départ d'Alfred ? Lui posa-t-elle même la question ? On l'ignore.

En tout cas, elle accepta de suivre le chancelier en Angleterre, où devaient se tenir des consultations alliées sur le prochain congrès de Vienne, dès que serait signé le traité de Paris. Clément crut donc que ses affaires de cœur étaient en aussi bonne voie que ses affaires diplomatiques. Avant de quitter Paris, il se rendit chez le grand joaillier Chaumet, sous les arcades du Palais-Royal, afin d'y choisir un cadeau pour Wilhelmine : ce fut un exquis bracelet d'or ciselé ; à l'intérieur, il fit graver la date où Wilhelmine s'était donnée à lui.

Lorsqu'on vint le livrer à la jeune femme, celle-ci eut beaucoup de mal à déchiffrer le petit billet qui l'accompagnait. Clément, usant par jeu de l'écriture inversée lisible dans un miroir, avait composé le questionnaire suivant :

Demandes
Me donner *un gage de volonté*
à Londres
Porter toujours mon bracelet.
Quitter celui d'A. [Alfred]
tout à fait.
Le quitter pour le remettre.
Me dire quand nos rapports se
trouveront tout à fait rétablis.
Porter le petit médaillon que
je t'ai donné.

Réponses
Que m'as-tu répondu ?
Beaucoup de bonnes choses !
Me dis-tu Oui
Non

Mercredi 1er juin 1814

Avant que Wilhelmine pût répondre à ce formulaire, il lui fallait avoir des nouvelles d'Alfred. Elle lui écrivit en lui proposant de reprendre sa liberté. C'est lui qui devait décider, pour lui-même et pour elle. La jeune femme n'avait pas le courage de rompre pour toujours avec Windischgrätz, alors que Clément ne lui promettait rien d'autre qu'une liaison durable.

La traversée de la Manche, retardée par des vents contraires, prit plus longtemps que d'habitude. Aussitôt débarquées, Wilhelmine et ses sœurs Pauline et Jeanne se mirent en route pour Londres. Mais la soirée était déjà fort avancée quand Metternich, s'étant difficilement libéré d'une réception officielle, put enfin venir la saluer. Il avait très noble allure dans son uniforme de gala, chamarré d'or et constellé de plaques et de décorations ; sa haute taille, l'élégance de ses proportions, la finesse de ses attaches étaient mises en valeur par l'habit ajusté, la culotte blanche collante, les bas de soie et les escarpins de satin noir. Wilhelmine se dit une fois de plus qu'il était sûrement le plus bel homme de la chrétienté.

Le chancelier, comme les Anglais, restait éberlué devant le comportement de la grande-duchesse Catherine, sœur préférée d'Alexandre Ier, qui l'appelait familièrement « Cathou ». Elle lui ressemblait, mais sans être belle. A vingt-six ans, elle venait de perdre son mari, le duc d'Oldenburg. Elle avait précédé le tsar à Londres de trois grandes semaines, en principe pour préparer l'arrivée de son frère, plus vraisemblablement pour passer en revue les candidats éventuels au mariage. La grande-duchesse Catherine étant une visiteuse de marque, on rapportait publiquement ses moindres faits et gestes, et Metternich n'était pas le dernier à les observer, car il y voyait des indices révélateurs sur les relations anglo-russes. Il fit la joie de Wilhelmine en lui racontant, au fur et à mesure des incidents, comment « Cathou », donnant libre cours à son tempérament slave, avait réussi à offenser pratiquement toutes les personnes qu'elle rencontrait, et jusqu'au prince régent de Grande-Bretagne.

Celui-ci, à l'arrivée de la grande-duchesse, s'était dérangé pour la saluer, et Catherine l'avait laissé interminablement faire antichambre. Le même soir, elle était invitée à dîner par le régent chez lui, à Carlton House. A peine le trio de musiciens italiens avait-il accordé ses instruments qu'elle s'écria : « Arrêtez ! La musique me fait vomir ! » On conçoit que le prince en fut choqué, et il ne revint jamais sur sa première impression de la grande-duchesse.

La présence d'Alexandre, continua Metternich, n'améliora en rien les relations officielles de Londres avec les Romanov. Le tsar arriva dans la ville incognito, tout en sachant parfaitement que des milliers de personnes avaient acheté des places pour assister, des tribunes, à son entrée solennelle. La grande-duchesse était descendue au Pulteney Hotel, à Piccadilly, et elle persuada son frère d'y venir habiter avec elle, plutôt qu'au palais Saint-James, où un appartement avait été spécialement rénové et aménagé pour recevoir Sa Majesté Impériale. La situation s'envenima quand Alexandre, au lieu de se rendre à Carlton House où il était attendu, resta dîner avec sa sœur. Beaucoup plus tard dans la soirée, Alexandre daigna faire une apparition chez le régent. Celui-ci, alors, lui présenta sa maîtresse. Le tsar la salua froidement, sans dire mot. Sachant le tsar sourd d'une oreille, le régent, d'une voix forte, lui répéta le nom de la dame. De nouveau, Alexandre s'inclina en silence et feignit de s'absorber, à travers son lorgnon, dans la contemplation d'une ravissante jeune personne qu'il avait remarquée à l'autre bout du salon. Indigné, le régent se retira, sa rondelette marquise au bras. Alexandre suivit du regard l'ample arrière-train qui s'éloignait, et, s'adressant à haute et intelligible voix à l'ambassadrice de Russie, il laissa tomber : « Comme elle a l'air vieille ! » Depuis lors, le prince régent et le tsar ne pouvaient se supporter et ne prenaient pas la peine de cacher leur antipathie.

Alexandre aurait pu mettre à profit sa popularité d'adversaire de Napoléon, ce « vieux Boney » exécré des Anglais. Mais, au lieu de suivre les conseils avisés de son ministre des Affaires étrangères, il préféra adopter le parti de « Cathou », qui continuait ses esclandres. Par leur conduite insupportable, le frère et la sœur s'aliénèrent bien des personnes influentes, dont la patience et la bienveillance à l'égard du tsar n'étaient pas inépuisables. Ces incroyables maladresses impériales présageaient des changements d'attitude politique au sein des Alliés, et Metternich les suivait avec intérêt, car il n'était pas disposé à voir l'Europe passer des serres de l'Aigle napoléonien aux griffes de l'Ours russe. Exploitant la situation avec adresse, il aviva subtilement la méfiance traditionnelle de l'Angleterre à l'endroit de la Russie et eut ainsi l'occasion inespérée de resserrer les liens entre la Grande-Bretagne et l'Autriche. Car Londres, comme Vienne, considérait qu'un équilibre des puissances européennes constituait la meilleure garantie de la paix.

Avant de quitter Wilhelmine, le soir de son arrivée, Clément lui rappela que la vieille reine résidait à Windsor, auprès de George III, le roi dément, et qu'il n'existait donc pas de cour à proprement parler. Pour figurer sur les listes d'invitation aux fêtes et réceptions données en l'honneur des souverains étrangers, les princesses de Courlande devraient être présentées à la reine au cours d'un des « salons » — ou réceptions — qu'elle tenait lors de ses rares visites dans la capitale. Pour cela, elles devaient sans tarder rendre visite à Mme von Merveldt, ambassadrice d'Autriche, qui les prendrait « sous son aile ». Ce ne serait, ajouta-t-il, ni facile ni rapide, car jamais la haute société britannique, scandalisée par la conduite du régent envers son épouse la princesse Caroline, n'avait montré plus d'ostracisme aux personnes divorcées.

En raison de son passé conjugal hautement irrégulier — et aussi du jeu diplomatique complexe et tortueux que menait le chancelier —, le séjour de Wilhelmine à Londres faillit être un fiasco du début à la fin. Au lieu de passer avec Clément de longues heures d'intimité qui auraient pu l'aider à vaincre ses hésitations, elle ne se vit accorder que des bribes du temps du chancelier, entre deux conférences, entre deux visites, avant un dîner ou après un bal. Lorsqu'il arrivait à la voir plus longuement, c'était généralement très tard et jamais dans le monde, circonstance nouvelle pour tous les deux. Clément avait jusqu'alors tant choyé la jeune femme qu'elle s'estimait lésée, et même négligée, s'il ne la voyait tous les jours. Or, le chancelier devait se rendre, tous les après-midi et tous les soirs, à un minimum de trois ou quatre invitations, où Wilhelmine trouvait qu'elle aurait dû l'accompagner. Mais l'ambassadrice d'Autriche, qui détenait la clef de sa présentation à la reine, s'arrangeait pour n'être jamais chez elle quand les trois princesses de Courlande lui rendaient visite ; sans doute craignait-elle de compromettre la situation de son mari à la cour.

Wilhelmine resta donc dans les coulisses, tandis que Metternich, comme les autres hauts dignitaires alliés, recueillait, sur le devant de la scène, sa part d'hommages et d'adulation. « Les Anglaises, écrivit-il à sa femme, sont d'une rare beauté, mais habillées à faire peur... Je n'ai pu aller à une réception sans que trois ou quatre cents dames demandent à m'être présentées. » Les passants reconnaissaient sa voiture, quand elle s'arrêtait devant Carlton House, et s'attroupaient pour serrer la main du chancelier autrichien. Metternich remplit ses fonctions à merveille. Au prince régent, futur George IV, il conféra non seulement l'ordre de la Toison d'or en diamants, la plus haute distinction de l'empire d'Autriche, mais aussi le commandement honoraire du régiment de Hussards qui arborait le plus époustouflant uniforme de l'armée autrichienne. Rien n'était mieux fait pour se concilier un prince qui avait autant la passion des costumes. L'attribution d'un commandement militaire, fréquente sur le Continent, ne s'était encore jamais faite en Angleterre et exigea quantité de paperasses administratives, mais ce ne fut pas peine perdue. Les tailleurs se mirent au travail sur l'heure, et le prince solidement corseté mais aux anges, put bientôt se pavaner dans son flambant uniforme de feld-maréchal.

Metternich eût souhaité être aussi sûr du cœur de Wilhelmine que de sa réussite diplomatique. Elle n'avait toujours pas signé le « gage de volonté » qu'il lui avait envoyé avec le bracelet d'or, et l'on sentait monter la mauvaise humeur dans ses billets : « Nous vous attendons pour dîner, cher Clément, bien que je n'y croie guère, car vous vous trouverez certainement quelque autre obligation au cours de la journée. » Lui, de son côté, semblait un peu grisé par ses succès : « Je passerai, écrivait-il sans vergogne, ma soirée à un grand *raout* chez le prince régent et puis chez lady Jersey. Me voilà complètement heureux ! Partagez mon bonheur, mon amie, mais ne l'irritez pas. »

Triste, Wilhelmine se laissa envahir par la nostalgie du passé et elle envoya au prince zu Windischgrätz une lettre pleine de tendres souvenirs. Encore partagée entre les deux hommes, elle répéta ce qu'elle avait écrit de Paris. Elle n'avait plus « ni force ni courage » et laissait Alfred maître de la décision à prendre.

Fort heureusement, son jeune admirateur anglais, Frederick Lamb, qui l'avait accompagnée de Vienne à Munich, apprit qu'elle se trouvait maintenant à Londres, et il harcela son père, lord Melbourne, pour qu'il reçût la duchesse de Sagan. Lord Melbourne finit par céder. Wilhelmine, au lit avec la migraine, accepta l'invitation. Pour elle, pas de meilleur remède. Elle se leva et demanda à Hannchen de farder ses joues pâlies. Après ce dîner, plusieurs grandes familles *whig* (libérales), du parti de l'opposition au prince régent, lui ouvrirent leurs portes, et commencèrent alors des jours meilleurs.

Toutefois, elle restait officiellement exclue. Lorsque les souverains étrangers et leurs ministres allèrent au théâtre de Drury Lane applaudir le grand acteur Edmund Kean dans le rôle d'Othello, les princesses de Courlande y furent aussi, mais dans une autre loge.

Lorsque les souverains se rendirent aux courses d'Ascot, elles y allèrent aussi, mais non avec eux. Lorsque les souverains descendirent la Tamise jusqu'à Woolwich dans une barque de cérémonie pour assister à une démonstration d'artillerie de l'Académie militaire, les trois sœurs firent de même, mais dans la flottille d'accompagnement. Elles se trouvaient à bord du même bateau que la duchesse de Somerset, amie de longue date de Wilhelmine et de retour d'un voyage à l'étranger. Mais ce n'était pas la même chose que de faire partie du cortège officiel, auprès de Clément. Après avoir éludé par trois fois la visite des princesses de Courlande, l'ambassadrice d'Autriche leur envoya un valet porteur de quelques lignes guindées : il n'y avait aucune possibilité de présentation, sinon après le départ des souverains. Pour le coup, Wilhelmine fut outragée ; elle n'était pas habituée à de telles insolences : elle transmit le message à Metternich en exigeant sèchement qu'il intervînt sur l'heure.

On se demande pourquoi il ne l'avait pas fait plus tôt. Dans les vingt-quatre heures parvint aux trois sœurs une invitation à venir faire la révérence devant la vieille reine, lors du dernier « salon » royal de la saison. Wilhelmine eut un vif succès ; elle enchanta le régent, qui veilla à ce que la duchesse de Sagan et ses deux sœurs fussent invitées désormais à toutes les manifestations officielles. Au dernier bal, Wellington dansa la polonaise, le premier feld-maréchal de Prusse exécuta une danse paysanne, et son vieil homologue russe, pour ne pas être en reste, se lança dans une danse cosaque, en encensant du chef, en hennissant et frappant du pied comme un cheval. Wilhelmine en rit aux larmes.

Clément la raccompagna en voiture à son hôtel après la parade militaire finale. Pour la première fois depuis son arrivée à Londres, le chancelier paraissait détendu. Toutes les questions inscrites au congrès de Vienne n'étaient peut-être pas encore résolues comme il le souhaitait, mais même le gouvernement *tory* (conservateur) se trouvait maintenant excédé par Alexandre Ier, et Metternich était en bonne voie d'atteindre son but : déposséder le tsar de la direction de la coalition alliée.

Une mauvaise surprise attendait Wilhelmine : sur son bureau, une lettre incendiaire d'Alfred. Ce n'était pas une réponse à ses deux lettres, l'une de Paris, l'autre de Londres, où elle lui laissait le choix de reprendre sa liberté, car il n'avait pas eu le temps de les recevoir. En tout cas, sa réponse, elle l'avait dès à présent.

Le prince zu Windischgrätz était revenu à Vienne, dans l'espoir d'y trouver Wilhelmine. Au lieu de cela, il fut assailli par une foule de rumeurs perfides, qui associaient le nom de la duchesse de Sagan à celui du jeune Frederick Lamb. On l'informa ensuite de son compromettant voyage jusqu'à Munich, de ses séjours à Paris et à Londres avec le prince de Metternich. C'en était trop. Alfred ne voulait plus jamais revoir Wilhelmine. La jeune femme lui répondit aussitôt pour se disculper de son inconduite prétendue à Vienne et elle souligna qu'elle était venue en France surtout parce qu'elle pensait qu'il se trouverait à Paris — et non à Turin. Confrontée à la dure réalité de perdre à jamais le prince, elle évoqua leurs jours heureux. Ils devaient se revoir au moins une fois : elle allait bientôt retourner à Vienne.

Mais en attendant de partir pour l'Autriche, elle et Clément profitèrent pleinement de leur halte à Paris. Dégagé d'obligations officielles, le chancelier se plut à dîner au restaurant — ce qu'il ne faisait jamais à Vienne — chez Véry, au Palais-Royal, par exemple, ou bien au Café des Aveugles, où jouait un orchestre de musiciens aveugles. Ils flânèrent au clair de lune le long de la Seine et eurent tout le temps de se parler d'eux-mêmes. Si Wilhelmine en était venue à envisager un troisième mariage comme une nécessité sociale, il lui fallait de toute façon exclure Alfred, qui devait fonder une famille. Parla-t-elle de mariage avec le chancelier ? Y fit-elle même allusion ? Rien ne permet de l'affirmer.

Mais, pour un homme qui ambitionnait d'être l'héritier du grand Kaunitz, le chancelier de l'impératrice Marie-Thérèse, et dont l'épouse était justement l'unique petite-fille de Kaunitz, un divorce était hors de question. En outre, l'empereur François avait le culte de la famille, de même que toute la haute aristocratie autrichienne, très stricte sur ce point, et Metternich ne pouvait se passer de ces puissants appuis. Mais il voulait aussi Wilhelmine ; il ne pouvait renoncer à elle ni la partager avec qui que ce fût. Et il lui rappela qu'il attendait toujours ses réponses à son questionnaire.

Clément repartit le premier pour Vienne. Il remmenait son chef cuisinier, qu'il avait placé en stage dans les cuisines de Talleyrand, afin de perfectionner son répertoire en vue du congrès. Wilhelmine projetait de partir avec ses sœurs et sa mère, qui allait faire sa cure annuelle à Carlsbad. Mais, au dernier moment, Wilhelmine fut retardée par une ultime séance de pose chez le grand peintre Gérard, qui finissait son portrait.

Au moment où elle passait la douane autrichienne à Lambach, on lui remit une lettre que Clément avait écrite en route, où il la remerciait de leur interlude à Paris, qui l'avait régénéré ; de telles heures pouvaient faire oublier de longues périodes d'absence et d'anxiété. « Mon amie, disait-il, je suis à vous. Mon destin n'est plus entre mes mains. Je ne regrette pas de l'avoir placé entre les vôtres. » Mais il ajoutait qu'elle devait lui être fidèle : quand elle arriverait à Vienne, il n'irait pas la voir ; il ne lui écrirait pas ; il ne ferait aucun effort pour la rencontrer ; elle devait choisir une fois pour toutes entre lui-même et Alfred. Si elle venait à lui, cela signifierait qu'elle se rendait à ses conditions.

Wilhelmine comprit. Clément mesurait l'étendue de ses responsabilités. Jamais il ne divorcerait. Il l'aimait plus qu'il n'avait jamais aimé aucune autre femme et la voulait toute à lui, corps et âme. En retour, il serait à sa dévotion. Leurs vies étaient parvenues à une bifurcation. A Wilhelmine de choisir sa route, leur route.

Metternich tint parole. A son arrivée au palais Palm, Wilhelmine ne trouva pas de lettres cachetées de son sceau, pas de fleurs pour l'accueillir. Chaque fois qu'elle entendait une voiture rouler dans la cour, elle prêtait l'oreille, espérant voir entrer un valet avec un message ou un petit présent, une « bêtise », comme disait Clément. Personne. Peut-être le chancelier ne l'attendait-il pas si tôt ? Mais le lendemain et le jour suivant, il en fut de même. Wilhelmine fit porter à la chancellerie les robes commandées à Paris pour la princesse de Metternich et qu'elle avait ramenées, parce qu'elles n'étaient pas prêtes à la date du départ de Clément. Elle y joignit quelques lignes, où elle soulignait d'un ton neutre combien sa situation présente était embarrassante. Sans effet.

Il n'y avait personne à Vienne en cette saison. Alfred se trouvait dans son domaine de Bohême ; Pauline et Jeanne faisaient une cure à Carlsbad avec la duchesse leur mère ; l'aristocratie était dispersée dans les châteaux, ou dans les stations thermales de Bohême, ou encore à Baden, qui était tout près. Beaucoup d'amis de Wilhelmine préféraient cette petite ville d'eaux ; l'épouse de Metternich y séjournait l'été, avec ses enfants, parce qu'elle n'était qu'à deux heures de route de Vienne.

Seule et désœuvrée, Wilhelmine se décida à passer elle aussi le reste de l'été à Baden. Elle traversa pour s'y rendre l'une des plus riches régions de vignobles de l'Autriche. Le lendemain matin,

Gentz, qui avait appris son arrivée — il se faisait un point d'honneur d'être le premier à tout savoir —, se présenta à son hôtel et lui fit une véritable scène : la conduite de la duchesse de Sagan vis-à-vis du chancelier était irresponsable... Comment pouvait-elle alourdir encore le fardeau de l'homme sur qui reposait déjà le destin de l'Europe ? Wilhelmine lui fit savoir qu'elle lui serait reconnaissante de se mêler de ses propres affaires. Mais le petit chevalier n'avait pas parlé en vain. La jeune femme fit régler sa note et repartit aussitôt pour Vienne, en dépit d'une soudaine pluie battante. Cette nuit-là, elle eut un sommeil agité et se réveilla plus tôt que d'habitude. Sa décision était prise. Elle fit porter au chancelier un billet lui demandant quand il pourrait la recevoir. Clément lui répondit sur-le-champ. Et Wilhelmine vola vers lui.

Metternich était trop épris de Wilhelmine pour abandonner l'espoir de l'avoir à lui. Il guetta son arrivée d'une fenêtre latérale de la chancellerie et se précipita pour l'aider à descendre de voiture, en devançant ses laquais ahuris. Par la suite, il parla de ce lundi 25 juillet, comme du « premier jour de sa vie ».

En fin d'après-midi, il l'emmena en voiture — dans le landau qu'il avait ramené de Londres —, jusqu'à sa villa à l'italienne toute proche, sur le Rennweg, où, avec sa famille, il passait le printemps et l'automne, quand les appartements de la chancellerie étaient trop humides. Le soleil couchant miroitait dans les eaux brunes, et déjà les cloches du couvent voisin appelaient les religieuses à l'office du soir. Clément fit virer ses beaux chevaux bais et s'arrêta devant la demeure. Il avait envie de montrer à Wilhelmine la salle de bal qu'il achevait de construire pour le congrès, « aussi grande qu'une maison », disait sa fille aînée. Dans ce vaste pavillon à coupole, plusieurs détails restaient à régler, et il désirait l'avis de Wilhelmine. Ensuite, dans le long crépuscule, ils se promenèrent le long des allées bordées de haies soignées, parmi des statues de divinités et d'animaux, et Clément, grand amateur de jardins, montra avec fierté ses fleurs exotiques.

Wilhelmine ne se demandait plus si elle avait pris la bonne décision en revenant à Clément. « Pris » n'était d'ailleurs pas le mot exact, car elle se persuadait que seul le Destin — symbolisé par le fait qu'Alfred était absent de Vienne — avait choisi pour elle. Près des jets d'eau, elle prononça les mots tant attendus. Oui, elle aimait Clément et elle n'appartiendrait qu'à lui. « Au moins pendant six mois ? » demanda-t-il, taquin, dans un billet écrit le soir même.

Le lendemain, Metternich emmena la jeune femme à la chancellerie, le grand palais de pierre blanche de la Ballhausplatz, afin de lui montrer les travaux en cours. Comme tous les bâtiments de Vienne, cet édifice s'était détérioré pendant les longues années de guerre. On avait refait les plafonds de stuc et la décoration des murs, et même construit des cheminées — une rareté en Autriche — dans les pièces. Le chancelier avait résolu le casse-tête des préséances en faisant ouvrir une porte spéciale pour chaque souverain dans la salle des séances, afin que ne se posât pas la question de savoir qui entrerait le premier. Cette pièce magnifique, tendue de damas vert, avec ses moulures dorées, ses boiseries sculptées et ses bustes de marbre, devait être le centre nerveux du congrès.

Lorsque Clément l'eut déposée au palais Palm, Wilhelmine voulut immédiatement mettre par écrit son engagement de fidélité, pendant qu'elle était encore sous l'empire de ces heures de bonheur. Elle chercha une feuille de papier, ne la trouva pas, déchira le bas d'une lettre inachevée et écrivit quelques lignes. Elle serait totalement sienne, Clément avait sa parole, et lui, en retour, devrait lui faire confiance. Un valet hors d'haleine remit ce message à Metternich, juste au moment où il montait en voiture pour rejoindre sa famille à Baden. Wilhelmine le suivrait, un peu plus tard.

Le printemps précédent, en fixant à Vienne le lieu du congrès, le chancelier s'en était assuré la présidence, atout majeur pour tout négociateur. Le réseau étendu de la police secrète autrichienne, qui datait de l'impératrice Marie-Thérèse, l'organisation des postes et de la censure constituaient également des cartes de poids dans la partie de poker internationale qui allait se jouer. Rien, dans l'esprit de Clément, ne devrait surpasser l'éclat du congrès de Vienne, destiné à refaire la carte de l'Europe et à célébrer la paix revenue. Résolu à restaurer l'Autriche dans sa place prééminente en Europe, il démontrerait que l'étoile des Habsbourg ne s'abîmait pas dans les flots de la banqueroute, après tant de batailles perdues, et qu'elle n'était pas ternie par les catastrophiques mariages français des archiduchesses Marie-Antoinette et Marie-Louise. Metternich, peu enclin à déléguer ses pouvoirs, se trouvait accablé de tâches innombrables. Maintenant que Wilhelmine, comme la famille de Clément, résidait à Baden — la jeune femme avait loué deux appartements dans la demeure Eichelberg —, il faisait le plus souvent possible des allers et retours entre Vienne et Baden.

Les semaines suivantes s'écoulèrent agréablement pour Wilhelmine, qui but les eaux et prit des bains par plaisir plus que par nécessité. Quand Hannchen lui amena ses trois filles adoptives alors en vacances, elle revêtit la vaste chemise de flanelle de rigueur et prit avec les enfants des leçons de natation. Elles firent souvent des déjeuners sur l'herbe dans les bois, et, une fois, leur « chère maman » les conduisit jusqu'à Rauhenstein, pour y admirer les ruines, rendues plus romantiques encore par un orage subit. En voiture découverte, elles se promenèrent aussi sur les contreforts montagneux qui dominent les panoramas changeants de la vallée Saint-Helenen. Le chancelier leur donnait rendez-vous devant l'horloge florale, près de la colonne de la Peste, sur la place de Baden ; puis il les accompagnait dans les allées ombreuses des jardins de l'établissement thermal.

Plus tard, les amis qui passaient prendre le thé sans cérémonie chez Wilhelmine, trouvaient Clément assis à ses côtés. On dînait parfois dehors, au son d'un orchestre caché dans les buissons. Ensuite, on jouait aux cartes ; le vieux jeu espagnol de l'hombre était le préféré de Wilhelmine. La nuit, on dansait au casino, et des dizaines de jeunes officiers eussent aimé la faire valser ; mais Clément aurait vu cette distraction d'un mauvais œil, aussi ne s'y montra-t-elle jamais.

A Baden, Wilhelmine rencontrait sans cesse la princesse de Metternich ; mais l'épouse du chancelier, trop heureuse d'avoir son mari près d'elle, savait, sagement, fermer les yeux.

Clément dut se rendre, pour une brève visite, au château de Persenbeug, afin de tenir conseil avec Sa Majesté François d'Autriche. De là, il écrivit à Wilhelmine :

> Je ne sais si l'empereur est amoureux de toi ou s'il compte me faire plaisir, mais une de ses premières questions a été de savoir si tu serais pour sûr à Vienne à l'époque des fêtes. Je lui ai assuré que oui. « Elle me l'a bien promis, m'a-t-il répondu, quand je l'en ai priée. Moi, je la regarde comme un des ingrédients les plus nécessaires du congrès. » Je l'aurais embrassé, si je n'avais craint de lui faire pressentir que tant d'ardeur pouvait bien avoir un motif moins politique... Nous ne parlons plus de toi que comme *Elle*.

Les gens de la haute société qui avaient passé l'été ailleurs affluèrent à Baden pour y profiter de la fin de la saison ; même en ajoutant un service de repas supplémentaire, l'unique hôtel de Baden ne put traiter tous ses clients. Le prince zu Windischgrätz et le jeune diplomate Frederick Lamb arrivèrent peu avant le départ de Metternich pour Persenbeug. Alfred n'avait pas revu Wilhelmine depuis son passage à Prague, au début de la campagne des Alliés. Il la trouva plus séduisante que jamais, regretta amèrement d'avoir rompu avec elle, et, en l'absence du chancelier, la pressa de renouer leur liaison. Mais la jeune femme, dans une longue lettre, lui répondit qu'elle n'avait plus la force de s'exposer à tant souffrir. Les mauvaises langues, néanmoins, recommencèrent à jaser.

À peine le chancelier, de retour à Baden, avait-il déboutonné sa houppelande de voyage que l'indiscret Gentz lui rapportait les derniers commérages de la ville : « Le prince zu Windischgrätz tient l'éventail de la duchesse ; le prince va lui chercher son châle... » Quelques heures plus tard, quand Clément retrouva Wilhelmine dans une soirée, au centre de son cercle habituel d'admirateurs, il avait l'expression rembrunie qu'elle détestait. Puis il se laissa convaincre qu'elle n'avait cessé de penser à lui, sauf quand elle dormait, durant toute son absence.

Pourtant, de plus en plus souvent en fin août et début septembre, Wilhelmine n'était pas seule chez elle lorsque le chancelier arrivait pour soumettre à ses commentaires des projets de lettres officielles. Ses salons étaient remplis de visiteurs, parmi lesquels, très assidus, le jeune Lamb et le persévérant Alfred.

Un général autrichien, au retour d'une mission spéciale à Saint-Pétersbourg, apporta la nouvelle que Gustave d'Armfelt, devenu comte en 1812, était mort d'une attaque à Tsarskoïe Selo, le palais d'été du tsar ; il était à cette époque gouverneur de la province russe de Finlande et ami intime d'Alexandre Ier. Pour Wilhelmine, cette disparition était opportune ; elle aurait sans doute pour effet de favoriser ses démarches en vue de se faire redonner la garde de sa fille Gustava, et Clément lui promit de nouveau d'intervenir auprès du tsar dès qu'il serait à Vienne pour accélérer une décision. Mais ces affaires étaient toujours très longues, et Wilhelmine n'avait pas encore reçu tous les papiers nécessaires de Finlande et de Russie.

Metternich avait projeté d'organiser à Baden les réunions préliminaires des délégués alliés, essentiellement pour régler le sort de la Pologne et de la Saxe — les problèmes les plus difficiles qu'ils auraient à affronter. Mais l'épouse du représentant de la Russie se trouvant enceinte et redoutant un accident, ne voulut pas se déplacer ; son mari insista pour rester auprès d'elle. Le chancelier transféra donc les conférences dans la capitale.

Pour Wilhelmine et lui, ces dernières semaines n'avaient pas été sans nuages. En proie à de fréquentes crises de jalousie, Clément avait recommencé ses lassantes dissections de leurs sentiments mutuels. Dans l'ensemble, toutefois, ce fut une période heureuse. Plus tard, dans une lettre d'adieu, il lui déclara que ces deux mois passés ensemble, après l'engagement de fidélité de Wilhelmine, avaient décidé de son destin. Sa vie était inséparable de la sienne.

Dorothée de Courlande, comtesse de Périgord, duchesse de Dino. Portrait de C. Dubufe. *Bibliothèque nationale, Paris*.

Charles Maurice de Talleyrand-Périgord.
Gravure de J.-B. Chapuy,
d'après un portrait de P.-P. Prud'hon.
Bibliothèque nationale, Paris.

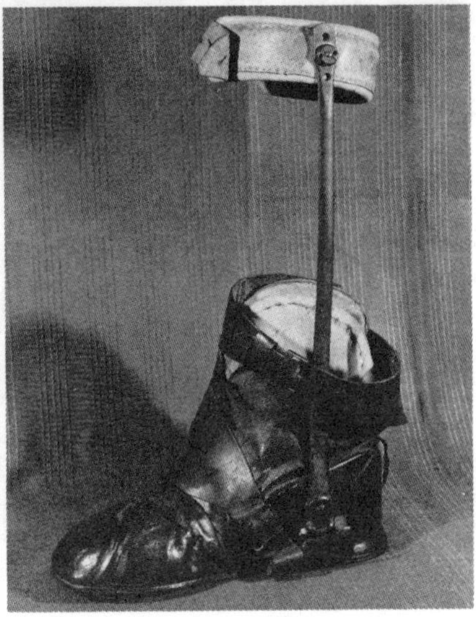

La chaussure orthopédique
de Talleyrand.
Collection du
château de Valençay.

Comte Edmond de Talleyrand-Périgord.

Comte Karl von Clam-Martinitz.

Le palais Palm, 54, Schenkenstrasse, Vienne. *Historisches Museum der Stadt Wien, Vienne.*

Le château de Nachod, Bohême. Lithographie de l'époque, de A. Hann. *Dr Maria Ullrichova.*

Le manoir Ratiborzitz, où Wilhelmine préférait résider quand elle était à Nachod. Le salon des Trois Rois, dans son état actuel. *Dr Maria Ullrichova.*

CHAPITRE 11

La duchesse, Dorothée et Talleyrand ; Wilhelmine et Metternich 1814-janvier 1815

DÈS QUE LES SOUVERAINS ÉTRANGERS et les trois princesses de Courlande eurent quitté Paris pour Londres en cet été 1814, la duchesse Anne-Dorothée, épuisée par la ronde incessante des réceptions, prit quelques jours de repos à la campagne, dans son Château-Neuf de Saint-Germain-en-Laye. Elle s'adonnait à un passe-temps qu'elle n'avait jamais le loisir de pratiquer à Paris — la composition de bouquets reproduisant des natures mortes florales des XVIe et XVIIe siècles et placés au-dessous de leurs modèles —, quand on lui annonça la visite de Charles Maurice. Le tsar était en fureur contre Louis XVIII pour diverses raisons, personnelles autant que politiques ; en outre, comme il reprochait à Talleyrand de l'avoir manœuvré pour restaurer les Bourbons, Sa Majesté Impériale avait refusé de voir Charles Maurice avant de partir pour l'Angleterre. Il était essentiel, pour ce dernier, d'amener une réconciliation avant les réunions du congrès de Vienne, à l'automne. Il apportait donc à Anne-Dorothée le projet d'une lettre destinée à Alexandre Ier, dans laquelle il mentionnait le nom de la duchesse, et qu'il voulait soumettre à son approbation.

Dans la perspective du congrès, la situation de la France vaincue était pour le moins précaire, et plus encore en raison de la versatilité du tsar. La tâche de Talleyrand — ministre des Affaires étrangères, il serait à la tête de la délégation française — s'annonçait la plus difficile de sa carrière, et, pour la première fois depuis des années, il avait renoncé à sa cure à Bourbon-l'Archambault afin de s'y préparer. Il devait son titre de prince de Bénévent à un minuscule domaine pontifical que lui avait conféré Napoléon, mais, un ministre des Bourbons ne pouvant décemment se présenter sous un titre impérial, Louis XVIII l'avait élevé à la dignité de prince héréditaire de Talleyrand. Entre lui et le souverain n'existait pas une grande sympathie, mais plutôt une compréhension et une entente totales sur la ligne à suivre, celle de la modération et de l'équilibre des puissances.

Charles Maurice avait déjà choisi les principaux membres de sa délégation. Son bras droit, le duc de Dalberg — l'ancien ministre de Bade, qui avait participé au gouvernement provisoire de Talleyrand —, était apparenté aux grandes familles qui possédaient la moitié de l'Europe centrale ; il avait derrière lui assez de siècles de sang bleu pour regarder de haut qui que ce fût, et, sa belle-mère étant la maîtresse de la garde-robe de Marie-Louise au palais de Schönbrunn, il serait informé de toutes les nouvelles venant de l'île d'Elbe.

A un autre homme de talent fut dévolu le travail diplomatique de base. Talleyrand emmenait aussi un aide de camp du comte d'Artois, frère du roi et chef du mouvement réactionnaire des ultras « plus royalistes que le roi » ; comme Talleyrand savait que le comte d'Artois — futur Charles X — le ferait surveiller à Vienne, il préféra choisir son espion lui-même. Enfin, l'équipe fut complétée par un jeune homme d'une excellente lignée et d'un physique avantageux, mondain accompli, sans grandes capacités, mais qui charmerait les dames et signerait les passeports.

L'un des problèmes qui préoccupaient encore Charles Maurice — peut-être la vraie raison de sa visite à Anne-Dorothée — était la question de savoir qui tiendrait pour lui le rôle de maîtresse de maison, car nombre de décisions du congrès se prendraient dans les salons plutôt qu'autour des tapis verts. La diplomatie, et donc le destin de l'Europe, étant entre les mains de la classe privilégiée, l'ambassade de France, pour être efficace, se devait d'être le rendez-vous de l'élite.

Il convenait en effet de faire oublier à l'aristocratie, surtout à Vienne, les préventions et les mauvais souvenirs laissés par la Révolution française et l'aventure napoléonienne. L'ambassade de France se montrerait plus Ancien Régime que toute autre. Sa maîtresse de maison devrait non seulement contribuer à restaurer la réputation de la France dans les cercles où elle avait le plus souffert, elle devrait aussi s'imposer par sa personnalité, sa beauté, sa distinction et son intelligence dans le réseau des intrigues de la politique des salons, sous-jacent aux activités du congrès.

Ce rôle, fait sur mesure pour la duchesse de Courlande, serait le couronnement de sa vie. En Europe, tout le monde — tout le « monde » qui comptait aux yeux d'Anne-Dorothée — se préparait à partir pour Vienne, et, après vingt années de guerres, les cinq ou six semaines du congrès promettaient d'être exceptionnellement brillantes. La duchesse savait aussi qu'elle pourrait servir les intérêts de Charles Maurice auprès de l'imprévisible Alexandre.

La catastrophique Catherine de Talleyrand, l'épouse de Charles Maurice, régnait toujours sur l'hôtel Saint-Florentin, et son mari restait avec elle d'une correction parfaite. Comme il disait parfois : « Une femme d'esprit compromet souvent son mari, une femme sans esprit ne compromet qu'elle-même. » Mais que viendrait faire un ancien évêque avec sa femme à Vienne, citadelle du catholicisme, ancien siège du Saint Empire romain ? Et surtout l'opulente Catherine, avec ses airs prétentieux ? Mieux vaudrait la jeter aux loups que de la donner en pâture à cette société exclusive, arrogante, étroitement unie par des liens d'amitié ou de parenté, dont les lignages ignoraient les frontières. Un autre obstacle insurmontable était la fracassante liaison que Catherine avait eue avec l'écuyer des princes d'Espagne ; le duc de San Carlos jouait maintenant un important rôle politique à Madrid, et la présence de l'épouse infidèle aux côtés de Talleyrand rejetterait celui-ci dans le rôle grotesque du mari trompé — non que Charles Maurice fût lui-même très pointilleux sur la constance conjugale.

Les irrégularités politiques, religieuses et sociales du passé de Talleyrand constituaient, à Vienne, de suffisants handicaps pour que ne s'y ajoutât pas la présence de Catherine. Mais la duchesse ne pouvait occuper la place de Mme de Talleyrand. Si Louis XVIII avait bien voulu fermer les yeux sur les relations de Charles Maurice et d'Anne-Dorothée, il n'en serait pas de même pour l'empereur François d'Autriche, homme strict s'il en fut. La duchesse n'irait donc pas à Vienne, tout rôle autre que le premier étant au-dessous d'elle. Mais les renforts courlandais ne manqueraient pas à Charles Maurice. Il aurait à sa disposition le salon de Wilhelmine, d'une grande importance politique pour un homme dans sa situation ; quant à Pauline, son mari, Friedrich von Hohenzollern-Hechingen, serait un des princes d'Allemagne du Sud présents au congrès, et son amant du moment, un feld-maréchal, devait également prendre une part éminente aux négociations.

Il se peut que l'idée de choisir la plus jeune des Courlande pour tenir la maison de Talleyrand à Vienne soit venue de la duchesse, toujours prête, elle-même ou par famille interposée, à se rendre utile à Charles Maurice. Celui-ci, à vrai dire, n'avait pas besoin d'encouragements pour « faire marcher les femmes ». La duchesse ne voyait pas une rivale possible dans sa benjamine de vingt et un ans, et Dorothée, comme ses sœurs, avait de par sa naissance et son éducation ses entrées dans les cercles de la plus haute aristocratie. Elle serait d'autant mieux acceptée qu'elle était la nièce par alliance de Talleyrand.

L'oncle restait préoccupé par l'état de la jeune femme, qui demeurait prostrée dans son chagrin depuis la mort de son enfant, à la mi-mai. Il était très attaché à Dorothée. Après l'enterrement, en dépit de ses soucis et de ses obligations, il avait tenté à maintes reprises de lui rendre visite, en vain car elle consignait sa porte à tous, même à lui. Cédant à ses instances, à contrecœur, elle avait fini par s'installer rue Saint-Florentin, mais elle se cloîtrait dans ses appartements du rez-de-chaussée et avait à peine vue ses sœurs pendant leur séjour à Paris. Peut-être le changement de vie et l'effervescence de Vienne l'arracheraient-ils à elle-même. En donnant naissance à deux fils, Dorothée avait assuré la perpétuation de la lignée des Talleyrand-Périgord; elle avait fait son devoir, et il était temps qu'elle eût quelque compensation pour son mariage malheureux.

Dorothée faisait confiance à son oncle; sa compréhension silencieuse la touchait. Sentir sa sollicitude, savoir qu'elle pouvait compter sur son appui, lui avait donné un sentiment de sécurité au cours de ces derniers mois d'épreuve. Elle dut être heureuse d'apprendre qu'elle pouvait faire quelque chose pour lui. Elle n'avait rien à perdre; la mort de sa petite Dorothée-Charlotte l'avait irrévocablement détachée de son mari. Son indifférence première envers Edmond s'était changée en aversion; de leur union ne subsistait rien d'autre qu'un contrat.

Dorothée s'était montrée une épouse modèle pendant cinq ans, mais, au plus profond de son chagrin avait germé la révolte, et, sans jeter un regard en arrière, elle saisit l'occasion qui lui était offerte de s'échapper. Son oncle, d'ailleurs, s'abstint de nommer Edmond à un poste quelconque de la légation, afin de satisfaire aux convenances, ce qu'il eût fait sans doute si Dorothée l'avait souhaité. Pour Talleyrand, il était grave aussi d'emmener sa nièce sans son mari; mais, excédé des incartades et des prodigalités de son neveu, il lui donnait ainsi à entendre, en tant que chef de la famille, qu'il prenait le parti de Dorothée.

L'un des incidents les plus mesquins de la longue carrière de Talleyrand fut la manière sournoise dont il partit à la mi-septembre pour la plus importante de ses missions. Plutôt que d'affronter une scène publique avec son imprévisible épouse, il donna secrètement rendez-vous à Dorothée à la campagne, aux environs de Paris, et Catherine n'apprit que la jeune Mme de Périgord était du voyage que lorsque les « fuyards » roulaient déjà grand train vers l'est.

Le tsar et le roi de Prusse s'étaient eux aussi mis en route. Talleyrand voulait les précéder, afin d'avoir ses troupes bien en main avant leur arrivée. Des chasseurs montés sur des chevaux rapides devançaient les voyageurs pour s'assurer que les haltes aux relais de poste seraient réduites au minimum, et ils ne s'arrêtèrent que deux fois, à Strasbourg et à Munich. Tandis que les chevaux galopaient à la limite de leurs forces sous les fouets des postillons, les pentes couvertes de sapins firent place à des bourgades médiévales nichées dans des vallées, parmi des montagnes encapuchonnées de neige. Adossé aux coussins de sa berline tendue de velours et de maroquin, Talleyrand, tout en jouant avec sa canne à pommeau d'or, eut le temps d'instruire sa nièce sur ce qui les attendait à Vienne.

Sa tâche consistait à faire rendre à la France la place qui lui revenait de droit parmi les grandes puissances, à faire entendre sa voix à leur égal et à restaurer son prestige. Il s'inquiétait aussi des ententes secrètes qui auraient pu se conclure entre les Alliés lorsqu'ils étaient à Londres. La chute de Napoléon avait libéré la moitié de l'Europe de la domination française ; Talleyrand, comme Louis XVIII, estimait que devaient désormais y prévaloir le droit des peuples formulé au XVIIIe siècle et le principe de légitimité (en vertu duquel les Bourbons avaient été rétablis sur le trône de France). C'en était fini de la loi du vainqueur, qui avait régi la politique napoléonienne et la redistribution des conquêtes.

La France demeurait la plus riche nation d'Europe, tant en hommes qu'en matériel, et sa prédominance, avant Napoléon, avait été fondée non sur sa suprématie militaire, mais sur son rayonnement culturel et sur la puissance de ses ressources. Tels étaient les arguments que Talleyrand se proposait de développer pour impressionner les congressistes. Mais, la France ayant été le cauchemar de l'Europe pendant un quart de siècle, il faudrait presque un miracle pour arriver à retourner l'opinion des grands de ce monde.

Tout en écoutant son oncle, Dorothée, imaginait son rôle. Comme sa mère la duchesse et comme sa sœur Wilhelmine, elle n'entendait pas jouer les figurantes. Elle avait la passion de l'intrigue politique dans le sang ; plus encore qu'à l'époque de ses fiançailles avec le prince Czartoryski, elle désirait prendre une part active aux événements.

Les voyageurs parcoururent neuf cents kilomètres en sept jours — un exploit inouï. En voyant au loin se profiler les clochers et les dômes de la capitale autrichienne, l'exaltation envahit Dorothée : « Vienne ! écrirait-elle plus tard dans ses *Souvenirs*, toute ma destinée était dans ce mot. »

Talleyrand avait choisi le palais Kaunitz pour abriter sa délégation, cette résidence à l'italienne avec ses trois grands corps de bâtiments étant l'une des plus belles de Vienne. Elle était sise dans la Johannesgasse, une rue étroite de la vieille ville, tout près de la cathédrale Saint-Étienne, à peu de distance de la Hofburg, de la Ballhausplatz (la chancellerie de Metternich) et de la grande artère animée qu'est la Kärntnerstrasse. Rarement habité depuis plusieurs décennies, le palais nécessitait plus de travaux d'aménagement que prévu. Les matelas étaient mangés aux vers, les tapis et les tentures aux mites, mais ce n'était que des détails d'intendance. La décoration intérieure, en exubérant style rococo viennois, contrastait avec l'austère façade de pierre grise. Dans les appartements de Dorothée abondaient les amours folâtres : quatre angelots joufflus soutenaient la pendule, d'autres les deux commodes ventrues en bois de rose, d'autres encore encerclaient les lustres de cristal.

Dorothée ne prit qu'un court repos, puis, avec son oncle, elle partit en voiture se promener sur la Leopoldstrasse ; les torches des valets qui les précédaient illuminaient au passage les livrées chamarrées des portiers, avec canne et baudrier, placés devant les palais qui bordaient la voie. Demain, tous deux commenceraient la ronde des visites protocolaires, qui durerait huit à dix jours, car il fallait voir tous les membres de la famille impériale et du corps diplomatique. Nul ne s'offenserait cependant du désir de Dorothée de se rendre sans délai chez la duchesse de Sagan ; la jeune femme avait toujours été un peu intimidée par sa sœur aînée, mais il était essentiel, pour les desseins de son oncle, qu'elle établît l'habitude de visites quotidiennes familières dans l'aile gauche du palais Palm. Du reste, elle se tiendrait sur ses gardes, songeant souvent à l'une des cyniques maximes de Talleyrand : « Méfiez-vous du premier mouvement : c'est le bon. »

Son entrée au bras de son oncle dans le salon de Wilhelmine fit sensation, comme le nota l'omniprésente police secrète autrichienne. Lentement, à cause de la boiterie du grand homme, ils traversèrent tout le salon : lui, de haute taille mais semblant si vieux — il avait maintenant soixante ans — à côté d'elle, si jeune et si petite. On voyait au premier regard que Dorothée, malgré son long nez fin caractéristique des Medem, était un oiseau trop exotique pour être de la couvée des Courlande. Avec ses cheveux de jais, ses immenses yeux sombres (héritage paternel) et même avec son pâle visage un peu moins creux, elle n'avait pas une beauté conventionnelle; mais sa tête délicate dressée sur un cou élégant accentuait la noblesse de son port, et sa grâce innée faisait oublier sa petite taille. Elle ne devait jamais perdre le léger bégaiement qui l'affectait lorsqu'elle était émue. Sa personnalité, ses manières, ses gestes formaient un ensemble ravissant.

« C'est bien de ce vieux chenapan de se faire accompagner d'un si joli leurre, chuchota quelqu'un.

— Et une princesse de Courlande peut ouvrir des portes qui se fermeraient devant l'ex-évêque d'Autun, reprit un autre invité. Regardez plutôt... »

L'explorateur Alexander von Humboldt, frère de l'ambassadeur de Prusse à Vienne, entrait dans le salon, et Wilhelmine lui désigna Dorothée; le célèbre savant se précipita pour embrasser la jeune femme avec effusion sur les deux joues. Il l'avait connue alors qu'elle était encore enfant, à Berlin.

« Voyez, il parle avec Talleyrand, maintenant. L'un des principaux chefs de la résistance prussienne contre la France qui s'entretient avec l'ancien bras droit de Napoléon! Je n'aurais jamais cru voir cela! »

Le 25 septembre, Wilhelmine fut réveillée par un coup de canon; c'était le signal que le tsar avait quitté la ville-frontière de Nikolsburg, à deux heures et demie de route de la capitale. L'empereur d'Autriche n'était allé que jusqu'à Schönbrunn pour accueillir les autres souverains, mais, ce jour-là, il s'était avancé jusqu'à la rive gauche du Danube, à la sortie du pont de Tabor. Alexandre Ier était peut-être en froid avec Metternich et mal vu par le prince régent d'Angleterre, pour les Viennois, en revanche, il incarnait le héros du jour, celui qui, rompant l'isolement séculaire de la Russie, l'avait amenée, avec ses immenses ressources militaires, à participer à la croisade européenne contre Napoléon. Sa Majesté Apostolique désirait lui rendre les honneurs qui lui étaient dus.

Wilhelmine, fatiguée par une soirée tardive, eût aimé dormir, mais, dès dix heures trente, elle était prête et ajustait son « charivari », ceinture à la mode surchargée de breloques d'or, qui faisait valoir la minceur de sa taille. Clément lui avait obtenu une place au premier rang pour assister au clou des défilés préludant au congrès : l'entrée d'Alexandre Ier dans la cour de la Hofburg. Toutes les cloches de Vienne sonnaient à la volée lorsque le cortège impérial vira majestueusement pour pénétrer dans l'enceinte du sombre palais, où se trouvaient déjà installées les têtes couronnées : quatre rois, une reine, deux empereurs et deux impératrices, deux princes héréditaires, trois grandes-duchesses et trois princes du sang. Au roulement des tambours, les soldats présentèrent les armes. Ouvraient la voie les aristocratiques gardes hongrois, montés sur des chevaux richement caparaçonnés ; leur commandant, sur une selle incrustée de turquoises, arborait un uniforme fastueux, constellé de bijoux, avec des pendants de perles à ses bottes et une aigrette de diamants crânement piquée dans sa coiffure. Puis, à cheval, parut le tsar de toutes les Russies, flanqué du roi de Prusse Frédéric-Guillaume III. Ainsi affichée, leur solidarité politique ne présageait rien de bon pour Metternich, si Alexandre se montrait aussi fantasque qu'à Londres.

Metternich dut annuler à la dernière minute son rendez-vous de l'après-midi avec Wilhelmine, car le tsar voulut le voir. Sachant qu'elle serait impatiente de connaître le résultat de cette première entrevue, le chancelier, en quittant Alexandre, écrivit un billet à la jeune femme. Tout s'était bien passé ; Clément dînerait avec le tsar à l'ambassade de Russie et l'accompagnerait ensuite à la représentation de gala du théâtre de la Kärntnertor ; ils manqueraient la majeure partie du spectacle, mais, selon le désir d'Alexandre, ils arriveraient à temps pour voir la Bigottini, la danseuse française qu'on portait aux nues, dans le ballet de *Zéphyr et Flore*. Pour finir, Clément demandait à la jeune femme de lui consacrer une minuscule pensée et de lui répondre à ce tout petit mot : « *Mein* ? » (à moi ?).

Le retour inconscient de Clément à la langue allemande — ce billet, comme toute sa correspondance et ses conversations avec Wilhelmine, était en français — trahissait la profondeur de ses sentiments, et la jeune femme, sans doute déçue par leur rendez-vous manqué, dut en être touchée.

Le lendemain soir, l'empereur et l'impératrice d'Autriche donnèrent une grande réception. Dans la salle de bal ornée de miroirs, Talleyrand se tenait assis, attendant que sa nièce revînt de danser une « tempête », aussi isolé que s'il avait la peste. La danse finie, Dorothée se fit reconduire par son cavalier, le jeune prince héritier de Prusse Frédéric-Guillaume, son ancien compagnon de jeux de Berlin. La courtoisie obligea Son Altesse à saluer Talleyrand, et les invités, jusqu'alors indécis sur la conduite à tenir envers le représentant de la France vaincue, ne craignirent plus d'être vus en conversation avec ce personnage. Par eux, Talleyrand apprit que ses pires craintes étaient justifiées. Secrètement d'accord pour conserver entre leurs mains la direction des affaires, l'Angleterre, la Russie, l'Autriche et la Prusse se rencontraient journellement à la chancellerie de la Ballhausplatz et entendaient présenter leurs décisions comme un fait accompli aux séances du congrès.

Talleyrand résolut de mettre le holà au jeu des quatre Grands. Vieux cheval de bataille, il s'ébrouait à l'odeur de la poudre. Il invita à dîner le plénipotentiaire espagnol et les émissaires de diverses petites nations. Il invita aussi le prince de Ligne, patriarche de la haute société européenne, qui ne représentait personne, mais sur qui l'on pouvait compter pour commenter, dans les salons, les raffinements d'un menu exquis ainsi que la liste des invités ; il sèmerait l'appréhension parmi les hôtes des ambassades alliées, qui se demanderaient ce que ce diable de Talleyrand était en train de manigancer. Pour compléter sa table, Dorothée, à la demande de son oncle, invita plusieurs membres des grandes familles de l'Empire, amis de longue date de sa mère. Le prince et la princesse Nicolas Esterhazy pourraient difficilement refuser, et leur présence dissiperait la fâcheuse rumeur selon laquelle pas un aristocrate autrichien ne mettrait les pieds au palais Kaunitz, en souvenir du supplice infligé par la France révolutionnaire à Marie-Antoinette, archiduchesse de la famille des Habsbourg.

Talleyrand avait recommandé à sa nièce de ne pas réserver un traitement de second ordre à des nations qui pouvaient lui paraître telles, et le dîner fut digne de têtes couronnées. Les potages, les truites, les pluviers rôtis, les brioches en couronne et autres pâtisseries — tout fut succulent. Au lieu des discussions politiques attendues, Dorothée entendit son oncle faire l'éloge du brie, qu'il proclama le « roi des fromages » ; il en avait fait venir de Paris par courrier spécial. L'ambassadeur de Grande-Bretagne, à la gauche de la jeune femme, s'extasia sur l'admirable couvert de vaisselle et d'argenterie utilisé la veille au soir chez les Metternich.

« Il paraît, dit-il, que c'est un service pour cent cinquante personnes. C'est le cadeau que Napoléon a fait au chancelier pour le remercier d'avoir négocié son mariage avec l'archiduchesse Marie-Louise.

— Bah ! Un service en vaut un autre », ironisa le prince de Ligne.

Comme le prévoyait Talleyrand, les émissaires présents s'irritaient de la façon dont les traitaient les quatre Grands. Le congrès avait été initialement organisé dans le but de prendre des décisions collégiales, sur un pied d'égalité pour tous les participants, et non d'enregistrer les volontés du Grand Sanhédrin. Comme la France était le seul pays du congrès qui ne revendiquait rien, ses frontières ayant été fixées par le récent traité de Paris, les délégués mécontents se regroupèrent tout naturellement autour de Talleyrand, qu'ils prirent pour chef de file. Il put annoncer à Louis XVIII que le plan médité par l'Angleterre pour isoler la France était voué à l'échec. Les quatre Grands pouvaient prétendre ignorer la nation vaincue, mais non le pays qui se faisait le champion du reste de l'Europe.

Au moment d'entrer en action, Talleyrand fit fermer les écoutilles de son bâtiment domestique. Instruit par des années d'expérience de la police secrète napoléonienne, il avait amené tout son personnel de Paris, y compris pâtissiers, sauciers et marmitons. Quand il apprit que la police autrichienne cherchait à placer un espion parmi ses éplucheurs de légumes, il pria, avec les précautions oratoires requises, son irascible chef, le grand Carême, d'attendre un remplaçant de Paris. Il n'avait pas envie d'avoir ses corbeilles à papier fouillées ni les cendres des poêles passées au tamis. De toute façon, son conseiller d'ambassade laisserait traîner assez de lettres d'amour, selon son habitude, pour provoquer une douzaine de scandales, occuper la police secrète et divertir l'empereur François. (Malgré ces précautions, la police de Vienne réussit à mettre à sa solde trois domestiques du palais Kaunitz, ainsi qu'un fonctionnaire subalterne de la délégation.) Par ailleurs, Talleyrand fit placer des informateurs dans la plupart des ambassades et recommanda à ses collaborateurs d'accueillir cordialement tous ceux qui avaient à se plaindre des quatre Grands — les Saxons, les Wurtembourgeois, sans parler des citoyens dépossédés de Nassau et d'autres petites principautés allemandes —, et qui ne demandaient pas mieux que de fournir des renseignements.

Quelques jours après ce grand dîner, Dorothée pénétra un matin dans la chambre de son oncle, qu'elle trouva assis dans son lit et portant encore sa coiffure de nuit, que décrit un contemporain : « ... une espèce de tiare en percale, serrée d'un ruban de couleur pâle, ... couverte de béguins et de serre-tête qui descendaient aux sourcils ». La jeune femme fut fort étonnée de l'entendre donner des ordres pour qu'on passât outre au sacro-saint cérémonial de son lever.

C'était un spectacle célèbre. Il commençait à onze heures, et l'on y discutait librement d'affaires de plus ou moins grande importance, sans nul souci des oreilles des nombreux domestiques qui s'affairaient autour du grand homme. Sous la surveillance de Courtiade, son premier valet, portant perruque poudrée et bas de soie noirs, « on lui présentait une cuvette d'argent, où il plongeait des frottoirs pour se débarbouiller le visage... Parmi tous ces soins de toilette... l'un des plus remarquables était la consommation d'un ou deux grands verres d'eau tiède, qu'il aspirait par le nez et rejetait, plus ou moins, comme l'éléphant par sa trompe ». On lui baignait aussi les pieds dans un seau d'eau de Barèges malodorante, et « il produisait à tous les regards les griffes qui lui tenaient lieu de pieds, avec un cynisme et une indifférence » qui surprenaient les assistants. Deux valets, en tablier et habit gris de perruquier « se mettaient en devoir de le peigner, de le friser, de le pommader » et terminaient leur œuvre en la pulvérisant d'une poudre parfumée à l'ambre gris.

« Pendant toutes ces exhibitions, les visites se succédaient. » Talleyrand saluait les arrivants d'un signe de tête et buvait quelques tasses de camomille, qui lui tenaient lieu de déjeuner. Sur une grande table s'entassaient des journaux français et anglais. « On les prenait, on les lisait, on en dissertait. Talleyrand, au milieu de ses ablutions, laissait tomber tantôt une maxime, tantôt une raillerie. » Commençaient alors les manœuvres compliquées de l'habillage, qui duraient environ une heure : « Il se levait assez péniblement, laissait tomber ses deux ou trois robes de chambre, et aussitôt on lui passait dextrement une chemise. Le premier valet de chambre lui roulait autour du cou plusieurs cravates de mousseline blanche...

Comme il n'aimait ni se presser ni changer ses habitudes, on citait bien peu d'occasions où sous la République, l'Empire ou la Restauration, il eût regardé les circonstances comme assez graves pour rien déranger à ce cérémonial. »

Tel pourtant devait être le cas ce matin-là, et Dorothée mourait d'envie de savoir le motif de cette dérogation au rituel, mais elle avait appris à ne point poser de questions oiseuses. Des mains d'un valet, elle prit une tasse de porcelaine remplie de café au lait, la tendit à son oncle et s'assit en silence au bord du somptueux lit de style Marie-Thérèse. De lourds rinceaux d'argent soulignaient l'ouverture de l'alcôve, les panneaux jaune citron des murs, les encadrements des portes et des hautes fenêtres.

Après avoir signé plusieurs dépêches qu'attendait respectueusement un aide de camp, Talleyrand déclara qu'il lui fallait s'habiller sur l'heure, car il venait de recevoir une note invitant le représentant de la France — ainsi que celui de l'Espagne — à une réunion des quatre Grands, qui se tiendrait à onze heures à la chancellerie de la Ballhausplatz. Sa tactique tendant à assurer une position de force à la France vaincue semblait réussir. La Bavière d'abord, puis d'autres petits États d'Allemagne s'étaient rassemblés autour de lui en apprenant qu'il se faisait le champion de leur cause. Les quatre Grands, maintenant, demandaient à le voir.

Pendant ce temps, accompagnée de ses sœurs, Dorothée traversa le Danube sur le Schlagbrücke, le pont peint de jaune et de noir aux couleurs autrichiennes, pour aller visiter la crypte impériale des Habsbourg, dans l'église des Capucins, mais elle s'arrangea pour être rentrée au palais Kaunitz avant le retour de son oncle. Celui-ci savoura son succès en lui racontant comment, dès le début de son entrevue avec les Alliés, il les avait mis sur la défensive, sans jamais laisser à Metternich l'occasion de reprendre l'initiative. Le chevalier von Gentz, qui était présent, ne devait jamais oublier comment, au cours d'une scène magistralement menée, le sexagénaire Talleyrand avait torpillé les plans de Metternich, de vingt ans son cadet. Mais, plus importante encore aux yeux du vieux renard, était sa découverte de la fragilité de l'entente alliée. Les quatre Grands avaient plié sous l'offensive de Talleyrand et renoncé à imposer leurs diktats au congrès.

L'empereur François d'Autriche donna de nouveau une réception, après laquelle Wilhelmine accueillit ses amis chez elle. Clément y passa la nuit, et, à midi le lendemain, il était encore au palais Palm, tandis que ses importants visiteurs arpentaient les antichambres de la chancellerie en s'étonnant que le maître des lieux ne fût point visible à une heure si tardive.

Au sortir de la Hofburg, le tsar Alexandre s'était lui aussi rendu au palais Palm, mais, arrivé au premier étage, au lieu de suivre dans l'aile gauche les invités de Wilhelmine, il avait tourné à droite, vers les appartements de sa cousine Katya, princesse Bagration. (Le palais était suffisamment vaste pour abriter trois ou quatre familles sans que jamais elles ne se rencontrent.) Alexandre passa-t-il le temps à questionner sa cousine sur la liaison de Metternich et de la duchesse de Sagan — comme crut le savoir la police secrète — ou à quelque autre occupation ? C'est cette dernière hypothèse que retinrent les chères amies de Wilhelmine, qui se précipitèrent dans ses salons le lendemain soir, empressées à la faire enrager.

« Tout le monde, distilla l'une, est parti de chez la princesse à l'aube, mais Sa Majesté Impériale ne l'a quittée qu'à sept heures du matin.

— Honni soit qui mal y pense », lança une voix du fond du salon.

Surprise d'abord, Wilhelmine fit front :

« Vraiment ? Si longtemps que cela ? La pauvre ! Il n'y a rien de pire en vérité qu'un homme impuissant — si ce n'est une femme maladroite. »

Son prestige de maîtresse de maison n'avait pas trop souffert de l'absence du tsar à son souper ni du fait qu'elle n'avait pas réussi à piéger son premier tête-à-tête à Vienne, mais son amour-propre de femme était atteint. Car la princesse Bagration venait de remporter brillamment la première manche de sa lutte avec la duchesse de Sagan en accaparant le plus illustre des participants du congrès de Vienne.

Wilhelmine et l'« Ange nu » — on appelait ainsi la blonde veuve de l'héroïque général Bagration, en raison de ses décolletés audacieux — se partageaient non seulement l'honneur de présider au salon politique le plus en vue de la capitale, mais également le premier étage du palais Palm — et Metternich. Une fillette de douze ans, impudemment prénommée Clémentine, attestait que l'intrigante Katya avait précédé Wilhelmine dans le cœur du chancelier. Mais, comme la princesse était née sur les marches du trône des tsars et qu'elle rassemblait autour d'elle l'importante colonie russe de Vienne, Metternich se devait de ménager une source de renseignements aussi précieuse sur la cour des Romanov. C'est pourquoi ces derniers mois, à Baden, il avait recommencé à rendre visite à la princesse Bagration.

Celle-ci trouvait intolérable que Clément, président du congrès, fût amoureux de Wilhelmine, sa rivale en mondanités. Décidée à se venger de l'inconstant, elle prit à tâche d'aiguillonner ses adversaires qui voulaient le faire démissionner, tout en manœuvrant pour le séparer de Wilhelmine. Le tsar, elle le sentait, n'était plus dans les meilleurs termes avec le chancelier et s'irritait de ce que Wilhelmine, princesse russe à ses yeux, fût la maîtresse du chancelier. Katya attisa délibérément le déplaisir impérial, dans l'espoir d'amener les deux amants à la rupture.

Perfidement, elle renforça la méfiance d'Alexandre envers la duchesse de Sagan — qui ne manquait pas, disait-elle, de rapporter au chancelier le moindre de ses propos —, de sorte que le tsar évita de fréquenter l'aile gauche du palais Palm. Cela embarrassa fort Wilhelmine. D'une part, son salon constituait pour le chancelier un relais discret indispensable, où il pouvait mener des discussions officieuses avec nombre de visiteurs de marque ou de délégués formant le cercle de ses parents ou de ses amis — dont le prince de Talleyrand; d'autre part, toujours habitée par le désir de se faire rendre la garde de sa fille Vava, elle ne voulait en rien compromettre ses cordiales relations avec le tsar qui, normalement, aurait dû être aussi de ses habitués.

Cet imbroglio de visées politiques et de rivalités de boudoir, qui mettait aux prises deux belles étrangères ainsi que le tsar et le chancelier, valut à Wilhelmine et à Katya les plus copieux rapports de la police secrète autrichienne — juste après ceux qui concernaient les têtes couronnées. Amateur de scandales, l'empereur François en faisait ses délices au petit déjeuner. La présence assidue de Metternich chez la duchesse de Sagan fit attribuer le nom de « camp autrichien » à l'aile gauche du palais Palm, par opposition au « camp russe » de l'aile droite, présidé par Katya.

À l'affût de toutes les rumeurs, Talleyrand fréquentait les deux, sans parti pris; il lui convenait d'ailleurs que la bavarde Katya se fît l'écho de tout ce qu'il avait envie de faire savoir.

Pour compliquer encore l'intrigue, le prince zu Windischgrätz reparut en scène, en vue de reconquérir les bonnes grâces de Wilhelmine. Entre la jeune femme et Metternich, le climat tourna à l'orage, et ils eurent des scènes violentes. Lorsque Clément, pourtant assailli d'obligations multiples, arrivait à s'échapper de la chancellerie pour se rendre à pied jusqu'au palais Palm et y retrouver Wilhelmine à onze heures du matin — « son heure » —, ce devenait presque un exploit que de fendre la foule des visiteurs qui encombrait son boudoir rose et blanc. Il ne pouvait plus discuter avec elle en privé des dernières nouvelles ni l'informer de son emploi du temps, et il trébuchait constamment sur Alfred zu Windischgrätz ou sur Frederick Lamb, inévitables et importuns comme des caniches.

Le 5 octobre, quatre jours exactement après les douze heures que Clément avait passées au palais Palm — « le jour du plus grand bonheur de ma vie », avait-il écrit —, Windischgrätz donna un petit dîner en l'honneur de Talleyrand et de Dorothée. Wilhelmine, radieuse, le présida, mais un incident (on ignore lequel) révéla qu'Alfred avait regagné ses faveurs. La chose s'ébruita, et, sous les reproches d'infidélité d'un Clément outragé, Wilhelmine éclata en larmes.

Sur le front diplomatique, le chancelier ne rencontrait pas moins d'écueils. L'ouverture officielle du congrès, initialement prévue le 1er octobre, était sans cesse différée, les quatre Grands désirant d'un commun accord (pour une fois) régler entre eux et à leur avantage le problème polono-saxon, au lieu de livrer ce casse-tête aux trois cents délégués du congrès, qui, tous, auraient des intérêts à faire valoir. La pierre d'achoppement principale était l'inflexible position d'Alexandre Ier : il projetait d'utiliser le terrain conquis aux dépens de la Saxe — dont le roi vaincu avait commis la faute de rester aux côtés de Napoléon, alors que tous les autres membres de la Confédération du Rhin changeaient de camp — pour marchander, d'une part, l'accord du roi de Prusse à sa mainmise sur le grand-duché de Varsovie (dépendant alors de la Saxe, et où campaient déjà 200 000 soldats russes), et, d'autre part, l'acquisition des vastes provinces polonaises précédemment attribuées à la Prusse. De leur côté, l'Autriche et l'Angleterre, soucieuses d'empêcher le tsar de reconstituer un royaume de Pologne vassal de la Russie, s'évertuaient à gagner la Prusse à leurs vues.

Le dimanche, Berlin, exploitant sa situation, fit monter les enchères et réclama la totalité de la Saxe, avec ses deux millions et demi d'habitants, et, en plus, la ville de Mayence. Ce soir-là, Metternich, dans la salle de bal du palais, regardait évoluer Wilhelmine et d'autres beautés du congrès, qui interprétaient un quadrille des quatre éléments. Son esprit, absorbé par les exigences exorbitantes de la Prusse, fut ramené à la réalité par les applaudissements qui saluaient le sextuor de la Terre, dont les figures coulées avaient été réglées par le maître de ballet de l'Opéra. La duchesse de Sagan, en velours brun et parée de diamants, la tête couronnée d'une corbeille de fruits en pierres précieuses, lui parut incontestablement la plus jolie femme de la soirée.

Clément le savait, cela flattait Wilhelmine, au point de constituer une grande partie de l'attrait qu'il exerçait sur elle, de savoir que l'homme du jour, le chancelier d'Autriche, aimait la consulter, et il eût voulu discuter avec elle des conditions inouïes demandées par la Prusse. La danse se terminait, et il se mêla, avec Dorothée, à la foule qui venait complimenter les interprètes.

Un peu plus tard, Dorothée retrouva son oncle dans la galerie adjacente, comme ils en étaient convenus. Ils étaient arrivés au bal séparément, Charles Maurice ayant été convoqué par le tsar. Talleyrand jouait au whist avec sa partenaire habituelle, l'impératrice d'Autriche Maria-Ludovica, qui paraissait plus exténuée que jamais ; une de ses terribles quintes de toux interrompit d'ailleurs la partie. Talleyrand se leva et prit le bras de sa nièce pour se rendre dans l'un des grands salons où étaient dressés les buffets. Il n'y avait des tables et des chaises que pour les dames ; les hommes restaient debout. Talleyrand aperçut lord Castlereagh, ministre des Affaires étrangères de Grande-Bretagne, et il s'excusa auprès de Dorothée, afin d'aller l'entretenir de sa conversation avec le tsar. Elle avait été sans protocole, mais dénuée d'aménité : Alexandre Ier accusait Talleyrand de se prendre pour le ministre de Louis XIV, le Roi Soleil, au lieu d'être simplement le ministre de Louis XVIII, un souverain qui devait son trône au tsar. Et, sur le problème de la Saxe, il restait inébranlable.

Le flot des invités qui s'engouffraient dans la chancellerie pour la coutumière réception du lundi empêcha Metternich d'avoir un mot en particulier avec Wilhelmine. La voir partir ensuite, bavarde et rieuse, au bras d'Alfred, lui fut intolérable. Au moment précis où il avait besoin de toute sa concentration d'esprit et d'un sang-froid total pour tenir tête à la Prusse et à la Russie, il était bouleversé à la pensée de perdre la femme qu'il chérissait. Au lieu d'aller se coucher, après que les laquais eurent descendu les grands lustres de cristal et éteint les chandelles, il s'assit, abattu, à son bureau pour écrire à Wilhelmine. Son amour-propre lui interdisait d'admettre qu'elle pût lui préférer Alfred et qu'elle l'eût trompé. Aussi choisit-il de sauvegarder sa dignité en se retirant de lui-même, afin de préserver l'honneur de Wilhelmine : « Ton honneur, lui dit-il, m'est cent fois plus cher que ta vie. » Mais il ne put se résoudre à une rupture totale, et, en assurant à la jeune femme qu'il resterait à jamais son ami, il laissa la porte ouverte à une réconciliation. À l'instant où il apposait sa signature, une horloge, quelque part, sonna... l'heure, la demie ou le quart ? Il avait perdu la notion du temps.

Enfant gâtée, Wilhelmine n'avait jamais su résister à la tentation, ou, selon l'expression de Clément, « faire preuve de volonté ». Windischgrätz ne semble pas avoir eu grand mal à la reconquérir. Sans doute exerçait-il sur la jeune femme l'attirance contradictoire d'une sensualité virile et d'un charme juvénile qui touchait en elle une corde maternelle. Mais il n'ignorait pas qu'il était incapable de combler sa soif de participer au jeu politique.

Pour Wilhelmine, céder à Alfred ne signifiait nullement qu'elle aimât moins Clément. Ces choses-là n'avaient pas une telle importance à ses yeux. Simplement, Windischgrätz la désirait, et il devait être un meilleur amant.

Le lundi 11, Metternich vint au palais Palm, porteur de sa lettre de renonciation. Wilhelmine, le prenant à part, lui demanda s'il ne pourrait maintenant présenter au tsar la question de la garde de sa fille Vava : sachant qu'Alexandre ne tenait pas en place, elle craignait qu'il ne partît dès que la controverse polono-saxonne serait résolue. Leur entretien fut interrompu par l'arrivée des invités au déjeuner. Sans un mot, Clément tendit à Wilhelmine la lettre qui le déchirait et regagna la chancellerie.

Avant la fin du jour, Wilhelmine l'informa par un billet que son homme d'affaires, par hasard, venait juste d'arriver de Prague ; il avait réuni tous les documents nécessaires à la garde de Vava et s'était fait accompagner d'un intendant dévoué, prêt, s'il le fallait, à poursuivre les démarches jusqu'à Saint-Pétersbourg. Clément trouverait-il le temps de recevoir les deux hommes ? La jeune femme était tellement obsédée par la pensée de sa fille que l'on voit, d'après un autre billet qu'elle envoya le lendemain matin, qu'elle n'avait pas encore trouvé le temps même de parcourir la lettre désespérée de Clément.

Trois jours encore s'écoulèrent avant qu'elle ne pût prendre sur elle d'y répondre point par point, comme il l'en suppliait. Oui, reconnaissait-elle, ses sentiments pour Alfred avaient repris le dessus. Oui, elle avait manqué à sa parole donnée. Elle n'avait pu s'en empêcher, avouait-elle, et les feuillets tachés de larmes attestaient le trouble de son cœur. Elle espérait que Clément la jugerait avec indulgence. Après le congrès, elle se retirerait, seule, à Ratiborzitz et essayerait de voir clair en elle-même. Elle terminait par ces mots :

> Adieu, cher Clément — pardonnez-moi le mal que je vous ai fait. Dieu sait que c'est en dépit de moi-même et croyez que personne ne vous est plus sincèrement attaché et dévoué que moi.

Sa lettre parvint à Clément le samedi, à l'heure du petit déjeuner. Le chancelier passa la majeure partie de la journée à réexaminer en détail le complexe problème polono-saxon, mais son esprit vagabondait. À maintes reprises, il laissa une phrase en suspens et interrogea Gentz d'un ton désolé : « Que nous arrive-t-il, à la duchesse et à moi ? » Chaque fois, le chevalier ouvrait sa tabatière, prisait une pincée de tabac, éternuait, sortait de sa manche son mouchoir parfumé, s'essuyait le nez, polissait ses lunettes noires et se résignait à écouter une fois de plus le chancelier analyser ses difficultés sentimentales. Lorsque Metternich lui demanda de se charger de mettre au point le voyage en Russie de l'intendant de Courlande, Gentz se rebiffa. Comment le chancelier d'Autriche pouvait-il perdre en de telles broutilles son temps précieux, sans parler du sien ? (Secrétaire du congrès de Vienne, Gentz en était, administrativement, le deuxième personnage le plus important.) Mais n'y avait-il pas une chance, se répétait Clément, que si Vava retrouvait les bras de sa mère, lui-même pût retrouver ceux de la duchesse ?

Par la suite, à la fin d'une nouvelle et vaine discussion avec le tsar au sujet de l'Europe centrale, Metternich évoqua la question de la fille de Wilhelmine. Puis il se hâta de gagner le palais Palm, pour annoncer que le tsar ne s'opposerait pas en principe au retour de Vava près de sa mère. Toutefois, il estimait qu'il fallait respecter les sentiments de la fillette, et, la dernière fois que Sa Majesté Impériale l'avait vue, elle avait déclaré préférer demeurer avec sa mère adoptive. Metternich jugeait donc essentiel que l'intendant de Wilhelmine se rendît en Finlande, comme prévu, afin de s'entretenir directement avec Vava.

Ce même samedi après-midi, au retour d'une longue promenade sur le Prater, rempli d'odeurs d'automne et de bribes d'airs de valse, Dorothée trouva un message qui l'attendait : son oncle désirait la voir le plus tôt possible. Gentz s'était plaint à Talleyrand du manque d'autorité de Metternich, le chancelier s'intéressant plus à la duchesse de Sagan qu'à la réponse que devait donner l'Autriche aux exigences russo-prussiennes. Talleyrand le crut sans peine, car lui-même, la veille au soir, il avait essayé de parler au chancelier de la nécessité de sauvegarder la Saxe, mais il l'avait trouvé si occupé à montrer à Wilhelmine des gravures dont elle pût s'inspirer pour le prochain bal costumé des Metternich qu'il n'avait pas eu l'occasion de placer un mot. Talleyrand s'inquiétait. Le chancelier envisageait-il d'offrir à la Prusse, sur un plateau d'argent, le moyen de disputer éventuellement à l'Autriche sa suprématie parmi les États allemands ? Le prévoyant Talleyrand se souciait davantage de la menace future qu'une Prusse agrandie ferait peser sur la stabilité de l'Europe que d'un royaume de Pologne reconstitué sous l'égide du tsar. C'est pourquoi, à midi, il avait prié Wilhelmine d'organiser pour le soir même un dîner de famille avec Metternich. L'oncle et sa nièce étaient attendus au palais Palm.

Le mardi de la semaine suivante, le 18 octobre, le premier anniversaire de la bataille de Leipzig fut célébré par un grand défilé militaire sur le Prater et par un bal chez les Metternich. Wilhelmine désirant être placée à une table faisant face à celle des souverains, Clément lui envoya les plans de la salle, en lui disant de marquer la table choisie ; à sa lettre, il joignit trois invitations supplémentaires (sur quinze cents invités, trois de plus ne faisaient pas grande différence), parce que la jeune femme voulait faire sortir ses trois filles adoptives de l'Institut des Dames nobles de Mme de Brévillier, les jugeant assez grandes pour assister au spectacle.

La presse était si grande que le trajet de vingt-cinq minutes en voiture jusqu'à Rennweg prit près de deux heures. Quand Wilhelmine arriva, le chancelier, son épouse et les hauts dignitaires de la cour d'Autriche étaient déjà rassemblés sous un dais en forme de tente pour accueillir les hôtes de marque. En gravissant les marches, Wilhelmine reconnut, sur les livrées neuves des chasseurs, les boutons et les tresses qu'elle avait achetés pour Clément à Londres.

En ouverture de la fête, au-dessus de l'allée s'éleva un ballon qui, lâchant des feux d'artifice, inscrivit dans le ciel les armes du tsar, du roi de Prusse et de l'empereur d'Autriche. De grands pots à feu, que les Turcs appellent *machal*, illuminaient les jardins. Wilhelmine assista à un ballet donné dans des parterres en contrebas, écouta une chorale sous un berceau de roses tardives et contempla un tableau vivant devant le temple de Minerve. Puis une file de danseurs — les dames avaient été priées d'apparaître en toilettes bleu et blanc, couleurs symboliques de la paix, avec des feuilles de chêne et d'olivier dans leurs cheveux — inaugura la nouvelle salle de bal, serpentant autour du vaste cercle de colonnes au rythme de la traditionnelle polonaise.

Mais les hommes d'État n'oubliaient pas les problèmes du congrès, et la jeune femme remarqua que le tsar et le chancelier de Prusse se retiraient dans un salon écarté. Pendant ce temps, Talleyrand jouait au whist avec l'impératrice Maria-Ludovica, plus que jamais consumée par la phtisie, et dont les bras amaigris semblaient avoir peine à supporter le poids des bijoux des Habsbourg. Alexandre Ier reparut et rencontra Metternich, qui causait avec un groupe de ministres étrangers. « Vous autres diplomates, lança-t-il d'un ton agressif, vous prenez des décisions, et c'est nous, les militaires, qui devons aller au feu nous faire mutiler pour vous ! » Il se détourna brusquement vers Wilhelmine et ajouta, glacial : « Je trouve que c'est déroger, Madame, pour une duchesse, de se montrer avec un gratte-papier. » Cette réflexion insultante, proférée intentionnellement à haute et intelligible voix, bouleversa Wilhelmine. Si le tsar était dans de telles dispositions envers Clément, le chancelier ne semblait pas la personne la mieux indiquée pour intercéder en faveur de la petite Vava.

Au cours des deux jours qui suivirent — alors que Metternich, qui retardait encore l'explosion de sa réponse définitive à la Prusse, trouvait le temps de discuter, avec Gentz et l'homme d'affaires de Wilhelmine, les modalités du voyage imminent de son intendant en Russie —, la duchesse décida de changer de tactique : c'était à elle, personnellement, de faire une démarche auprès du tsar. Et sans tarder, car le temps pressait.

Pour le bal du jeudi, donné en l'honneur du tsar et de la tsarine,

Wilhelmine revêtit une toilette rouge (sa couleur préférée), une création de Leroy, et ne porta d'autre bijou qu'une émeraude en poire, pendant d'un cercle d'or enserrant son front. Ce joyau des Biron avait été remonté, à Paris, par Mellerio, le joaillier de l'empereur. La jeune femme se trouvait dans le grand salon, avec Metternich et plusieurs amis, quand elle vit Alexandre approcher. Saisissant l'occasion, elle plongea dans une révérence.

« Sire, dit-elle, consentiriez-vous à m'accorder une audience ? J'ai une faveur à demander à Votre Majesté.

— Ma chère Wilhelmine, répondit le tsar en lui tendant la main pour la relever, il ne saurait être question d'une audience entre nous. Je viendrai vous voir. Votre heure sera la mienne. Voulez-vous que nous disions demain matin, à onze heures ? »

Clément blêmit. Rien n'aurait pu le blesser davantage que d'entendre Wilhelmine solliciter une faveur de son adversaire. Et, le comble, Alexandre, bien informé par la princesse Bagration, avait choisi précisément l'heure que le chancelier considérait toujours comme « la sienne ». Ulcéré, il tourna les talons et demanda sa voiture. Wilhelmine comprit qu'elle avait commis envers lui une impardonnable offense de trahison. Mais, trop heureuse sans doute de la chaleureuse attitude du tsar, elle ne s'attarda pas à réfléchir à l'heure fixée pour le rendez-vous.

Le vendredi, un jour humide et froid, le poêle de faïence répandait une douce chaleur dans son salon, où une table pour deux avait été dressée. Par les soins de Moreau, le décorateur français préféré de l'impératrice Maria-Ludovica, l'appartement entier de la duchesse de Sagan était tendu d'un damas de soie pâle, seyant à sa blondeur. Ces nuances délicates mettaient aussi en valeur des céramiques anciennes d'Iznik, exposées dans une grande vitrine, et dont les larges motifs aux couleurs vives correspondaient mieux au goût occidental que beaucoup d'autres pièces provenant des collections de son père. Tandis qu'un valet faisait mousser et servait un chocolat à l'espagnole, un autre présenta d'odorantes pâtisseries viennoises juste sorties du four.

Alexandre couronna copieusement sa tasse de crème fraîche. Il était de charmante humeur et s'engagea à voir lui-même Vava dès son retour en Russie, afin d'arranger les choses. On évoqua également les difficultés financières de la duchesse de Courlande : le tsar allait s'en occuper sur-le-champ. Cela, il l'avait déjà promis à Paris, à Anne-Dorothée, et l'avait aussitôt oublié ; mais, cette fois, il allait prier Nesselrode, son ministre des Affaires étrangères, de venir régler les détails de l'affaire. Puis il prit congé.

Wilhelmine jeta une mante sur sa robe du matin et s'empressa d'aller raconter l'entrevue à ses sœurs ; elle écrivit aussi quelques lignes à Clément pour l'informer des promesses du tsar. Les commérages allaient bientôt multiplier les versions de ce tête-à-tête de deux heures et demie, mais jamais l'omniprésente police secrète autrichienne ne devait deviner l'existence de la fille naturelle de la duchesse de Sagan.

Metternich différa encore d'un jour sa résolution, et ce ne fut que le samedi matin qu'il se décida à envoyer à Wilhelmine la lettre douloureuse qu'il lui avait écrite, tard dans la nuit, après avoir brusquement quitté le bal le jeudi soir. Cette lettre refermait définitivement la porte laissée entrouverte par son précédent message :

> Vous m'avez causé tant de peine que l'univers entier ne saurait jamais la compenser... Vous avez compromis mon existence au moment où l'avenir de ma vie est lié à des questions qui décideront de l'avenir de générations entières. *Mon amie*, je vous pardonne tout... Je prononce ma propre sentence. Notre liaison n'existe plus.

Wilhelmine n'en fut pas surprise. Peut-être était-ce mieux ainsi. Peut-être Clément avait-il raison : elle n'avait pas assez de volonté pour renoncer à Alfred. Si elle avait su tenir sa promesse et ne plus revoir son jeune amant, peut-être aurait-elle été capable d'aimer Clément comme il le désirait. Qui sait ?

Lorsque le chancelier la retrouva dans un bal, le même soir, il lui demanda si elle avait reçu sa lettre. Elle fit signe que oui. L'avait-elle lue ? En entier ? Quand pouvait-il espérer une réponse ? Pour vivre en paix avec lui-même, il voulait savoir quels avaient été ses torts.

Wilhelmine fut si émue que ce fut elle, cette fois, qui quitta précipitamment le bal. Sa camériste Hannchen l'attendait, comme d'habitude, pour la dévêtir, mais, au lieu d'aller se coucher, la jeune femme passa sa robe de chambre, alla dans le salon et s'assit au grand bureau de Riesner qui lui venait de son père. Elle releva ses manches élimées aux coudes et pensa à Clément. C'est lui qui lui avait acheté cette robe, dans une ville d'étape, lors de la marche victorieuse des Alliés sur Paris, et il avait pris grand soin de choisir une étoffe qui s'userait vite, sachant que Wilhelmine aimait porter chez elle de vieux vêtements familiers où elle se sentait à l'aise. Les cadeaux qu'il faisait à Wilhelmine, il voulait qu'ils deviennent — comme lui-même — partie intégrante de sa vie.

Hannchen remplaça les chandelles avant de se retirer, laissant la jeune femme seule, dans le palais silencieux, où elle n'entendait que le grincement de sa plume. Fait significatif, elle qui se souciait rarement de dater ses lettres, elle écrivit : « Nuit du 22 au 23 octobre. » Irritée des incessants interrogatoires de Clément, elle aussi voulait en finir. N'avait-elle pas déjà répondu en détail à sa lettre précédente, non moins angoissée ? Puisqu'il lui fallait encore des explications, elle reprendrait l'histoire de leur liaison depuis le début. Elle lui dit qu'elle regrettait de n'avoir pu lui apporter l'amour qu'il désirait :

> Dans le mariage, l'amitié soutenue par le devoir est sans doute suffisante. Dans une liaison, il faut trouver quelque chose pour faire taire le devoir. J'ai fait tout ce qui était en mon pouvoir... Mais, au-delà de l'enthousiasme de l'amitié, tout restait calme en moi. Cette infortune même aurait pu être surmontée — si, au lieu de tant de passion, j'avais trouvé en vous plus d'art.

Tout en écrivant, Wilhelmine s'attendrit, et elle conclut avec affection :

> Mon cher Clément, que Dieu vous protège. J'aurais été trop heureuse, peut-être, d'avoir pu être le moyen par lequel Il vous eût récompensé de tant de vertus et de tant de chagrins... Laissez, je vous en prie, votre meilleure amie vous dire à quel point elle vous chérit !

Pour une femme qui ambitionnait d'être au centre de la scène politique européenne, le moment était mal choisi de rompre définitivement avec Metternich. Seul le chancelier d'Autriche, le président du congrès de Vienne, pouvait offrir à Wilhelmine de si vastes possibilités de se mêler aux affaires de son temps et d'influer sur les événements de la seule manière qui lui était accessible — indirectement. Il semble bien qu'à ses yeux un autre intérêt ait alors revêtu plus d'importance. D'après une partie de sa correspondance et à la lumière des faits qui marquèrent ensuite sa vie, Wilhelmine était lasse d'être une femme seule. Et elle savait que Clément ne l'épouserait jamais.

Cela aurait pu suffire à justifier sa rupture avec Metternich. Mais pourquoi, après quatre années d'une liaison intermittente avec Alfred zu Windischgrätz, la jeune femme, à ce moment, renoua-t-elle avec lui ? Avait-il sur elle une telle emprise, ou bien, comme le suggère un biographe, le prince — ainsi que les sœurs de Wilhelmine, qui étaient de ses amies avant même que leur aînée eût fait sa connaissance — avait-il laissé entendre qu'il y avait finalement une possibilité de mariage entre lui et la duchesse de Sagan ?

Ce samedi 22 octobre, où le chancelier fit parvenir à Wilhelmine sa lettre définitive, fut aussi le jour où il rédigea sa réponse aux exigences démesurées formulées par la Prusse, en échange de son soutien contre la politique polono-saxonne du tsar. Metternich avait médité son mémorandum depuis près de deux semaines, mais son pouvoir de concentration se trouvait incontestablement compromis par sa rupture avec la duchesse de Sagan. Faisant fi de son instinct et à l'encontre de l'opinion de l'aristocratie (qui se cristallisait lentement sur la thèse contraire), le chancelier se rangea aux côtés de l'Angleterre et se résigna à sacrifier la Saxe — avec certaines stipulations importantes.

Le dimanche, Alexandre Ier réaffirma sa position à Talleyrand et au ministre britannique des Affaires étrangères : il n'en démordrait pas d'un pouce.

Le lundi matin, ce fut au tour de Metternich d'affronter le tsar. La séance dura deux heures et fut orageuse : Alexandre perdit son sang-froid et s'en prit si violemment au chancelier que celui-ci crut que Sa Majesté allait le jeter par la fenêtre.

Ce soir-là, à la réception habituelle du lundi chez les Metternich, les invités furent frappés par la fatigue du chancelier et les cernes de ses yeux. Ils en donnèrent leurs propres explications. La rupture de Clément et de Wilhelmine s'était déjà ébruitée. Compte tenu de l'entrevue tumultueuse qu'il avait eue dans la journée avec Alexandre Ier et du précédent tête-à-tête de ce dernier avec Wilhelmine, ils établirent une relation de cause à effet et en conclurent que la duchesse de Sagan était devenue la maîtresse du tsar. Clément lui-même se demandait si, en échange de son appui dans l'affaire de Vava, Sa Majesté n'avait pas exigé la rupture de leur liaison ; quand il voulut s'approcher d'elle pour lui en parler, elle se déroba.

Il obtint cependant d'aller la voir le lendemain matin au palais

Palm, et Wilhelmine put le rassurer : non, le tsar n'avait posé aucune condition à son offre d'intervention; elle y avait veillé. Elle continuait à compter sur l'amitié de Clément et le lui rappela ensuite dans un billet; sur ce plan, elle savait être fidèle :

> Mon cœur demeure entièrement le même à votre égard — tout a changé en vous, mais rien en moi.

Le grand sujet qui dominait les conversations des salons, à l'égal du brûlant problème de la Pologne et de la Saxe, était le carrousel qui devait se dérouler à l'École d'équitation espagnole. Cette fête, évocation nostalgique des temps de la chevalerie, serait la dernière manifestation mondaine de l'année, car l'avent approchait. Comme le disait le spirituel prince de Ligne, « le congrès danse, mais il ne marche pas », et la plupart des délégués aspiraient à un répit dans les festivités, de façon à pouvoir enfin se réunir et travailler.

Participerait à ce carrousel l'élite de la Hongrie, de la Bohême et de l'Autriche — avec la seule exception des deux sœurs de Courlande : Wilhelmine estimait qu'être choisie lui revenait de droit, mais Dorothée, que n'avait pas encore gâtée l'adulation, fut aux anges. Des semaines de préparatifs et de répétitions s'imposaient; elles furent la moitié du plaisir. Le fait que Dorothée eût été choisie, écrivit Talleyrand à Anne-Dorothée, ne contribuait pas peu au prestige de l'ambassade de France, et il pria la duchesse de Courlande de veiller à ce que *Le Moniteur* fît un compte rendu approprié de cette flatteuse affaire.

Le soir du spectacle, les soldats de la garde hongroise du palais, superbes sous leurs hauts bonnets en peau de tigre, renforcés par des escadrons de police montée, ne réussirent pas à contenir la foule des curieux, qui, bien avant l'heure prévue et en dépit du froid, se rassembla pour tenter d'apercevoir les invités, à leur descente de voiture, devant l'École d'équitation espagnole. Dans l'immense quadrilatère baroque de ce manège, construit en 1730 par Johann Fisher von Erlach le Jeune, les galeries, tapissées de miroirs, ruisselaient des lumières multipliées de milliers de chandelles. L'un des longs côtés était réservé à la noblesse austro-hongroise, l'autre, aux dignitaires étrangers et aux militaires de hauts grades. Le chef du protocole, soucieux de l'effet produit, avait placé les plus jolies femmes au premier rang des balcons drapés de velours rouge. Derrière leurs décolletés plongeants et endiamantés, surgissait une masse d'uniformes de gala constellés de plaques, relevés, çà et là, d'une robe pourpre de cardinal, d'un turban de pacha ou d'un cafetan exotique.

À huit heures précises, les hérauts d'armes firent retentir une sonnerie de trompettes. L'orchestre, composé des musiciens les plus renommés de Vienne, attaqua une musique de fête du XVIIe siècle. Entrèrent alors, voilées de la tête aux pieds, Dorothée, Wilhelmine et les autres « reines d'amour » ; elles firent le tour du manège, avant de prendre place tout au fond. Une seconde fanfare annonça, à l'autre extrémité, l'arrivée des souverains. Les jeunes femmes se levèrent pour les saluer, et, rejetant leurs voiles d'un seul geste, elles se révélèrent, scintillantes des feux multicolores de leurs joyaux. Certaines parures, les plus précieuses de l'Europe centrale, n'avaient pas vu le jour depuis des décennies, et il faudrait de l'héroïsme aux jeunes femmes pour les restituer ensuite à leurs légitimes propriétaires.

Le carrousel commençait. Montés sur des chevaux hongrois magnifiquement caparaçonnés, les paladins des dames — celui de Dorothée étant le fils du Grand Écuyer de la cour, et celui de Wilhelmine, le prince zu Windischgrätz — firent leur entrée, portant au bras l'écharpe porte-bonheur donnée par leurs dames respectives. Talleyrand dut sourire en voyant le champion de sa nièce, dont le père était l'un des plus hauts dignitaires des Habsbourg, arborer une écharpe rouge semée de fleurs de lis, encouragement subtil à un éventuel accord entre l'Autriche et la France des Bourbons. Les chevaliers, armés de longues lances appuyées contre un genou, étaient précédés de leur page, déployant leur bannière personnelle, et de leur écuyer, porteur de leur écu.

L'art de l'équitation restait encore l'un des plus prisés, et Dorothée, excellente cavalière comme tous les membres de sa famille, apprécia en spécialiste les évolutions du carrousel. Ébranlant le sol sous leurs galops et dans des nuages de sciure, les jeunes gens traversèrent des anneaux de leur lance, jetèrent des javelots sur des têtes de Turcs enturbannées plantées sur des piquets, coupèrent en deux d'un coup de cimeterre des pommes suspendues à des rubans. Le final fut une démonstration de dressage, dans laquelle excellèrent les lippizans des écuries impériales.

Lors du banquet qui suivit à la Hofburg, les héros du carrousel furent placés à une table d'honneur, à la droite de l'estrade des têtes couronnées. Des ménestrels circulaient, chantant des lais d'amour courtois. Vint enfin le moment d'ouvrir le bal, par un quadrille aussi longuement répété que discuté. Quarante-huit danseurs se trouvaient divisés en quatre groupes de douze, chaque groupe ayant adopté le même costume du XVIIe siècle du pays qu'il représentait. Wilhelmine et Alfred étaient en vert, comme les autres danseurs figurant l'Autriche; les Polonais étaient en rouge; les Hongrois, en bleu, et les Français, en noir. Le partenaire de Dorothée portait un habit ajusté de velours noir, surchargé de boutons et de brandebourgs, relevé de larges manchettes de satin blanc; noire aussi était la culotte rentrée dans des bottes cavalières jaunes à éperons dorés, et noirs ses gants brodés d'or et son chapeau orné d'une boucle de diamants. Quant à Dorothée, son énorme jupe de velours noir, retenue par des agrafes de rubis et de diamants, s'ouvrait sur une sous-jupe de satin blanc, de même que les manches à crevés de sa tunique laissaient voir son corsage de satin blanc; une petite toque noire semée de diamants complétait sa tenue. Les danseurs se livrèrent à des pas et des figures compliqués, imités de ceux qu'imposait la musique de Lully.

Le carrousel avait eu tant de succès qu'on le redonna deux fois, devant des salles combles. Cette fête marqua un succès de plus dans les efforts que déployait Talleyrand en vue de faire reprendre à la France son rôle de centre universel de culture, et il ne put que se féliciter de s'être fait accompagner à Vienne par le peintre Jean-Baptiste Isabey, nommé par ses soins directeur artistique de la délégation.

Au cours de l'hiver, l'autorité de la France — nation humiliée et tenue à l'écart au début du congrès — se renforça lorsqu'on vit Talleyrand prendre fermement le parti du vieux roi de Saxe. C'est vers Talleyrand, non vers Metternich, que se retourna l'aristocratie, devenue nettement plus chaleureuse à son égard, en vertu d'un de ces incessants changements d'opinion occasionnés par le litige politique en cours. Car le souci premier du ministre français était d'éviter une expansion de la Prusse — ce qui, à ses yeux, compromettrait gravement l'équilibre des puissances en Europe —, alors que c'était surtout l'urgence de régler la question polonaise qui influençait l'attitude de Metternich.

Désormais, le palais Kaunitz n'accueillait plus uniquement des délégués de nations mineures et des personnalités autrichiennes de second rang. Le renversement de la situation se concrétisa le jour où le chevalier von Gentz confessa en public qu'il avait, le même soir, assisté à deux dîners : l'invitation de Talleyrand lui était parvenue trop tard pour qu'il pût décliner la première, mais, comme on dînait tôt chez Talleyrand, Gentz, avec le secours d'une poudre stomachique, satisfit à sa double obligation. Car, à Vienne, seul le palais Kaunitz offrait à la fois une cuisine aussi exquise et une conversation aussi raffinée.

L'humeur du chef de Talleyrand, le célèbre Carême, s'améliora notablement, bien qu'aucune tête couronnée ne fût encore venue honorer ses merveilles culinaires, en lui donnant l'occasion de consacrer par son nom un plat ou une sauce de son invention. À écouter Talleyrand et son maître queux analyser chaque jour le menu du dîner, on aurait pu croire que Carême avait manqué une seconde vocation : il était un diplomate-né. Il détenait l'art de souligner l'importance et la popularité des délégués et même les péripéties des négociations du congrès par des chefs-d'œuvre appropriés. Plus question pour lui de servir un « pudding à la Nesselrode » (dédié au ministre russe des Affaires étrangères) ou une « charlotte à la russe », créations datant de l'époque où le tsar était l'hôte de l'hôtel Saint-Florentin, et les relations franco-russes, au beau fixe. À Vienne, le même plat, avec une légère variante, se baptisait d'un nom autrichien, tel que « bombe à la Metternich » ou « tarte à la Clam-Martinitz ». En ce dernier cas, Carême montra qu'il ne dédaignait pas de jouer les Cupidon, car il connaissait l'inclination de Dorothée pour l'élégant comte Karl von Clam-Martinitz.

Le prince Czartoryski, l'ancien fiancé de Dorothée, était arrivé à Vienne presque en même temps qu'elle. La nation polonaise étant coutumière de relever la tête après avoir été foulée aux pieds, nul ne pouvait sous-estimer l'influence du prince Adam, qui se trouvait être de nouveau le principal conseiller polonais du tsar. Dorothée l'invita donc aussitôt au palais Kaunitz, afin qu'il pût s'entretenir en privé avec son oncle, sans éveiller les suspicions quant aux desseins du « vieux Talley ». Comme les deux ex-fiancés ne s'étaient pas revus depuis le séjour à Mitau du prince Adam, à l'époque de la conférence de Tilsit — la seule occasion, d'ailleurs, où ils avaient été ensemble —, on peut penser qu'ils reparlèrent du passé. Et l'on peut aussi imaginer les sentiments de Dorothée en découvrant que Czartoryski n'avait jamais été fiancé et que sa mère avait usé de subterfuge pour l'obliger à épouser Edmond de Périgord. Sans cette machination, elle aurait donc pu être maintenant princesse Czartoryska. Mais à quoi bon pleurer sur l'irréparable ?

D'ailleurs, Dorothée avait désormais un autre but dans la vie : servir son oncle. Et Talleyrand était hostile à la reconstitution du royaume de Pologne, cause à laquelle le prince Adam se consacrait tout entier. (Czartoryski devait finir par épouser la jeune cousine que sa mère lui destinait.)

Cette cruelle révélation, s'ajoutant aux meurtrissures d'un mariage malheureux et au choc éprouvé à la mort de sa petite fille, incita Dorothée à profiter des plaisirs que la vie pouvait lui offrir. Dans le climat de Vienne, qui n'était qu'un réseau d'intrigues amoureuses, et avec l'exemple de ses trois sœurs, il est même étonnant qu'elle n'ait pas pris un amant plus tôt. Car, ainsi que l'avait deviné le perspicace Talleyrand, la sensualité, chez elle, se cachait sous la candeur.

Ce fut Gentz, avec son âme d'entremetteur, qui lui présenta le beau comte Karl, issu d'une puissante famille de Bohême, et dont la mère était une proche amie de Wilhelmine. Le jeune homme, aide de camp préféré du commandant en chef des armées autrichiennes, faisait partie, au congrès, de la garde d'honneur du tsar. Il possédait en outre les plus séduisants favoris imaginables, d'un beau brun, et qui lui barraient les joues presque jusqu'au nez. Le comte avait admiré Dorothée au carrousel et résolu de faire la conquête de l'élégante comtesse de Périgord, dont le père avait été souverain, mécène et tireur hors ligne, et dont la richissime mère comptait parmi les beautés d'Europe : cette victoire ne pourrait que rehausser le lustre d'une carrière déjà fort distinguée pour un jeune militaire qui n'était que d'un an l'aîné de Dorothée.

Le comte Karl entreprit sa cour avec l'impétuosité qui avait fait son renom dans l'armée. Mais, à la vanité, succéda très vite un sentiment sincère, et il devint un hôte assidu du palais Kaunitz. De l'amour, le cynique oncle Charles Maurice avait beau dire qu'il n'était qu'« une réalité au royaume de l'imagination », Dorothée ne l'éprouvait nullement comme une illusion, et elle succomba aux ardeurs de Karl.

Il était à sa dévotion. Dorothée avait-elle promis une promenade à Carlos, le petit chien de Talleyrand? Le comte, dans son léger cabriolet, emmenait la jeune femme, emmitouflée de fourrure, et le king-charles jusqu'à une prairie déserte, voisine du parc du Prater, où le chien passait un après-midi d'ivresse à débusquer les cerfs, et le jeune couple, à se promener dans la campagne parsemée de plaques de neige. Dorothée désirait-elle visiter l'atelier du peintre

Isabey, près du café Jüngling, dans la Leopoldstadt ? Karl lui faisait traverser le Danube et la conduisait chez l'artiste, qui avait déjà couvert ses murs d'esquisses préliminaires pour les portraits des personnalités du congrès. Souhaitait-elle goûter la cuisine traditionnelle autrichienne ? Karl l'invitait à déjeuner à l'enseigne de la Kaiserin von Österreich, célèbre pour sa soupe aux pâtes et ses escalopes panées, ou même, dès le petit déjeuner, chez le populaire Papperl. Si un montreur de lanterne magique croisait leur chemin, il payait l'homme pour qu'il déchargeât sa machine et fît voir son spectacle à Dorothée, dressée sur la pointe des pieds.

Emportées par la vitalité du jeune officier, les réserves de Dorothées s'envolaient comme plumes au vent. Une nouvelle Dorothée naissait, qui se livrait à la vie avec d'autant plus d'abandon que son affectivité était depuis très longtemps en dormance. Une fois en possession, elle aussi, d'un amant, elle se sentit plus à l'aise avec ses sœurs aînées, et le jeune couple venait fréquemment compléter les dîners intimes de Wilhelmine. Pauline avait toujours son feld-maréchal, et Jeanne, un épais Mynheer hollandais, qui s'affalait d'un fauteuil dans un autre, tel « un masque oublié du bal de la veille », selon l'expression imagée d'une âme charitable. Jeanne faisait du charme à Metternich pour qu'il favorisât la nomination de son ami à l'ambassade de Hollande à Vienne, mais son protégé n'avait guère d'autre recommandation pour occuper ce poste éminent que sa dextérité, récemment acquise, à se visser un monocle dans l'orbite.

Auprès de Wilhelmine se tenaient habituellement soit le prince zu Windischgrätz, soit lord Stewart, ambassadeur d'Angleterre à Vienne, admirateur sérieux de la duchesse depuis qu'il l'avait connue à Prague. Si ces deux sigisbées se trouvaient absents ou en disgrâce, Gentz, qui faisait à Jeanne une cour éperdue et platonique, s'empressait à prendre la relève.

Le congrès, n'ayant toujours pas été réuni, continuait à s'amuser. Comme le tsar, souffrant, dut s'aliter une quinzaine de jours — rançon des excès de sa vie nocturne et de ses aventures féminines, selon le diagnostic de la police secrète autrichienne —, la question polono-saxonne demeura en suspens au-dessus des têtes des délégués. Les membres de la jeunesse dorée, dont Dorothée et Clam-Martinitz, poursuivirent leurs promenades à cheval matinales dans l'air glacé de l'hiver et profitèrent de quelques jours de beau temps pour organiser des chasses à courre supplémentaires. Wilhelmine donna son bal annuel pour son personnel, et, avec Dorothée et leurs amies, du haut d'une galerie, derrière un rideau, elles observèrent les ébats et réjouissances des domestiques.

À un bal d'enfants organisé par la princesse Maria Esterhazy — auquel assistèrent Dorothée, Wilhelmine et ses trois filles adoptives —, Katya Bagration parut avec sa fille naturelle Clémentine, et l'épouse de Clément amena la benjamine des Metternich. Même là surgirent d'épineuses questions de protocole : une jeune altesse jeta les hauts cris, parce que le tsar invita une mignonne fillette de moindre rang à ouvrir le bal avec lui en dansant la traditionnelle polonaise. Alexandre, ayant reconnu son faux pas, fit danser d'abord la jeune offensée, puis toutes les petites filles présentes. Il relevait de maladie, et c'était sa première sortie autorisée par la Faculté. Dorothée se hâta de rapporter à son oncle que Sa Majesté Impériale semblait complètement remise; la nouvelle était d'importance, puisqu'elle signifiait que les négociations du problème polono-saxon allaient pouvoir reprendre. Talleyrand ne manquerait pas de mentionner le fait dans sa dépêche du soir. Il attendait le retour de Dorothée pour la terminer.

Dorothée avait commencé par recopier de temps à autre certaines pages pour son oncle, par souci de discrétion et parce qu'il détestait écrire personnellement de longues lettres. Cet exercice occasionnel de secrétariat était devenu une habitude. Par les mains de Dorothée passait maintenant toute la correspondance de Talleyrand avec Louis XVIII, et l'oncle comptait sur ces fréquentes séances de travail avec la jeune femme pour donner leur forme définitive à ses brouillons de mémorandums, établis d'après ses notes. Comme le roi de France se piquait d'être un lettré, Talleyrand soignait particulièrement son style. Enveloppé dans une robe de chambre de velours pourpre doublé de martre, il faisait les cent pas lentement, en traînant la jambe sur le tapis d'Aubusson, lisant, relisant, corrigeant et complétant ses textes, tandis que s'égrenait le tic-tac de la pendule logée dans les flancs d'une Vénus en bronze, posée sur le cartonnier d'acajou qui surmontait son bureau. Ce n'était que lorsqu'ils avaient fini de « faire la guerre aux mots », selon l'expression de Talleyrand, et que chaque phrase avait été mûrement pesée, raturée, amendée et nuancée, que Dorothée pouvait poser sa plume, fermer l'encrier et courir en hâte se préparer pour quelque soirée, par exemple pour les tableaux vivants de la Hofburg, divertissement spécialement apprécié de l'impératrice Maria-Ludovica.

La série en cours, qui reconstituait des toiles de peintres de l'époque, exposées alors à Vienne, semblait un passe-temps convenable en cette période de l'avent, où s'imposait une certaine retenue dans les festivités officielles. Wilhelmine assumait le premier rôle, celui de Marie de Bourgogne, parée pour la circonstance de l'ordre de la Toison d'or emprunté à Clément. Celui-ci lui avait fait également envoyer une croix et une chaîne du XVe siècle, qu'il jugeait plus authentiques, puisque jamais une femme n'avait reçu la Toison d'or. Ce détail importait peu à Wilhelmine. Dorothée ne tenait qu'un rôle secondaire, mais son oncle, fier d'elle, écrivit à la duchesse de Courlande :

> Dorothée fait bien tout ce qu'elle essaie de faire... Elle joue aussi bien que Mlle Mars...

Ensuite, lorsque commença la musique, le prince de Ligne fit remarquer qu'il était peu approprié de danser la valse dans des costumes du temps jadis, et il regretta les grâces du menuet. S'apercevant que beaucoup de jeunes invités ne l'avaient jamais vu danser, il choisit Dorothée pour partenaire et guida ses pas dans les figures cérémonieuses de sa jeunesse.

Peu de temps après, le prince de Ligne prit froid sur les remparts en attendant un rendez-vous galant. Il mourut juste avant son quatre-vingtième anniversaire. Puisque le congrès avait épuisé toutes les formes de distractions, il eut l'élégance de rompre l'ennui des délégués en leur donnant le grand spectacle des funérailles d'un feld-maréchal.

Les affaires sérieuses ne reprendraient qu'après les fêtes de fin d'année. Dorothée proposa à son oncle de célébrer Noël comme elle le faisait dans son adolescence, à Berlin. Elle tint plusieurs longues conférences avec le majordome, et, bientôt, de chaudes odeurs de pâtisseries envahirent le palais, se mêlant à un parfum de sapin, jusque dans les salons et le bureau de Talleyrand, décorés de branchages, de guirlandes et de couronnes nouées de rubans. Le comte Karl et Dorothée se rendirent jusqu'au pied du Kahlenberg afin de trouver, parmi les sapins mouchetés de neige, deux arbres qui conviendraient, l'un au vaste hall d'entrée, l'autre à son boudoir. Comme c'était la première fois qu'on voyait des arbres de Noël à Vienne, elle surveilla personnellement l'installation du plus grand sous la rampe incurvée de l'escalier d'honneur et sa décoration de festons multicolores et de bougies.

La veille de Noël, Dorothée et son oncle donnèrent une grande fête pour le personnel de l'ambassade et de la maisonnée ; à la fin, les invités, tout en chantant, se rassemblèrent autour du sapin, et Dorothée remit à chacun un cadeau, niché parmi les branches. Toujours selon la tradition allemande — en France, on n'échangeait des étrennes qu'au Jour de l'an —, Dorothée présenta son cadeau à son oncle dès qu'ils furent seuls. Talleyrand, elle le savait, consultait souvent l'heure lorsque les conférences traînaient en longueur. Elle lui avait donc commandé à Paris une montre de Breguet, et Isabey avait placé dans le boîtier une miniature la représentant : ainsi, chaque fois qu'il ouvrirait sa montre, l'oncle Charles Maurice verrait Dorothée lui sourire. En échange, Dorothée reçut un châle de cachemire aussi grand, aussi fin et d'un dessin aussi délicat que le plus beau de ceux dont Marie-Louise faisait naguère parade aux Tuileries, ainsi que deux sujets en porcelaine de Meissen (la *Poissonnière* et le *Marchand de chansons*), pour enrichir sa collection des « petits métiers de Paris » du XVIIIe siècle.

Moins d'une semaine plus tard, Talleyrand fut réveillé à l'aube par les tambours d'alarme des pompiers de Vienne. Il allait se rendormir, quand son valet fit irruption dans sa chambre. L'ambassade de Russie, le palais du comte Andreas Razoumovski (l'un des plus somptueux de Vienne et dont la construction avait duré vingt ans) était en feu, et la comtesse Dorothée, qui y avait été invitée la veille avec le comte Karl, n'était pas rentrée. Talleyrand s'habilla en toute hâte et, dans son léger phaéton, voulut s'y rendre immédiatement. Mais les rues étroites se trouvaient déjà encombrées d'une foule de curieux, fascinés par la lueur qui rougeoyait au loin. La voiture avançait avec une lenteur insupportable, et Talleyrand eut tout le temps de se remémorer l'incendie catastrophique qui avait ravagé l'ambassade d'Autriche à Paris, la nuit de la réception donnée en l'honneur du récent mariage de Napoléon et de Marie-Louise. Lui-même et la duchesse Anne-Dorothée avaient failli être pris au piège, et des dizaines de personnes de la haute société avaient péri dans les flammes. Charles Maurice ne se pardonnerait jamais s'il arrivait malheur à Dorothée.

Quand il parvint enfin au voisinage du palais de la Landstrasse, l'édifice, sous l'effet d'un vent violent, ressemblait à un volcan incandescent vomissant des gerbes d'étincelles. Le feu, qui avait pris dans les canalisations posées sous les planchers et dans les murs — un système moderne de chauffage central qui faisait l'admiration de Vienne —, échappait à tous les efforts déployés pour le maîtriser. Par les fenêtres, on jetait sans discernement tout ce qu'on pouvait sauver : aussi bien des culottes et des chemises du comte que des toiles de Titien, Raphaël, Rubens, Van Dyck ou Claude Lorrain; de précieux manuscrits byzantins et médiévaux; des statues antiques... Tout cela s'abîmait dans l'épaisse boue formée par l'eau déversée, la neige fondante et le piétinement de la foule — et les pillards étaient prompts à s'en emparer. Expert incontesté en matière d'incendies, l'empereur François d'Autriche arriva sur les lieux, un manteau de martre passé sur sa chemise de nuit, et un bonnet de velours sur ses cheveux ébouriffés; il donna l'ordre d'appeler plusieurs bataillons d'infanterie à la rescousse. Le tsar Alexandre parut à son tour. Mais où était Dorothée?

La grande toiture centrale en cuivre, portée au rouge, éclata et s'effondra dans un coup de tonnerre. À la lueur des hautes flammes jaillissant vers le ciel, Talleyrand découvrit enfin sa nièce, qui regardait de loin le désastre avec le comte Karl et un groupe d'amis. Il les rejoignit juste au moment où, dans un fracas assourdissant, une autre toiture s'écroulait : « C'est la galerie des scènes de genre hollandaises! s'écria Dorothée, frissonnante; c'est là que nous avons soupé! » Fut-ce à ce moment, où il avait craint si fort de la perdre, que Talleyrand comprit à quel point sa nièce lui était devenue très particulièrement chère?

La jeune femme avait passé une nuit blanche, mais, le soir même, elle put néanmoins se rendre avec Karl von Clam-Martinitz au palais Palm pour le dîner de la Saint-Sylvestre. Avant son départ pour une autre réception, sa sœur Wilhelmine, la prenant à part, lui montra le bracelet d'or que le joaillier, selon les instructions de Metternich, lui avait fait livrer au premier coup de minuit, au moment où tous les invités, une coupe de champagne à la main, saluaient la nouvelle année. Quatre grandes pierres étaient serties dans le bijou : un diamant, symbole de l'amour; une émeraude et une améthyste, pierres bénéfiques respectives de Clément et de Wilhelmine; enfin un rubis emblème de fidélité. Au dos de chaque pierre était gravé un G en caractère gothique, et, au revers du bracelet, un 15, le chiffre de l'année nouvelle.

Ce que Dorothée ne vit pas, c'est la lettre de Clément, en allemand pour une fois, qui accompagnait le cadeau. Elle expliquait la signification des pierres — il avait commandé ce bracelet à l'automne, avant leur rupture, et ce gage d'amour se transmuait en gage d'amitié — et ajoutait que les quatre G représentaient la phrase qu'il avait espéré lui dire en attachant lui-même le bijou à son poignet : « *Gott gebe Gnade, Glück, Geheiden !* » (Que Dieu te donne protection, bonheur et prospérité.) Wilhelmine devait porter ce bracelet constamment, sinon, elle devait le lui retourner. « Son âme, disait-il, lui demeurait indéfectiblement attachée par le même dévouement et le même amour. » Pauvre Clément ! Il eût mieux valu, pour lui comme pour elle, que la rupture fût totale et qu'ils ne se revissent jamais. C'était impossible : ils se rencontraient dans le monde presque tous les jours. Clément n'était pas complètement guéri, mais ses pires moments de souffrance et d'amertume avaient pris fin. Dans son journal, Gentz nota que le chancelier était redevenu maître de soi et qu'il avait reconquis son rôle prééminent. Mais ses relations avec le tsar ne cessaient de s'envenimer. Ils avaient eu, le 11 décembre, leur entretien le plus explosif : Metternich avait pratiquement traité le tsar de menteur, et Alexandre annonça qu'il allait provoquer Metternich en duel. L'empereur François dut s'interposer. Depuis, le tsar refusait d'avoir quoi que ce fût à faire avec le chancelier, et, lorsqu'ils se croisaient, le regard de Sa Majesté Impériale passait au travers de Metternich comme s'il n'existait pas. La princesse Bagration et les membres du clan russe reçurent l'ordre de recevoir le lundi, de façon que le tsar eût l'excuse de ne plus paraître aux lundis traditionnels des Metternich, et Alexandre fit tout son possible pour éclipser le chancelier dans le domaine mondain.

Lorsque Dorothée et le comte Karl arrivèrent à leur bal de la Saint-Sylvestre, les musiciens avaient déjà attaqué la première danse, et le tsar conduisait la polonaise, à laquelle les deux retardataires se joignirent. La longue farandole, serpentant à travers galeries et salons, fit irruption jusque dans la salle de jeu, où se trouvait Talleyrand, qui leva la tête avec agacement. Les joueurs de whist étaient installés à l'écart, de façon à n'être pas dérangés par la musique, et cette intrusion ne pouvait être attribuée qu'à la malignité du tsar. Celui-ci s'irritait du rapprochement croissant de Talleyrand et de Metternich, ainsi que des efforts déployés par le représentant de la France pour contrecarrer ses plans visant la Pologne.

Talleyrand finit par quitter sa table de jeu. Le ministre britannique des Affaires étrangères le prit alors à part pour se plaindre de la menace de guerre brandie par le chancelier de Prusse, au cas où les exigences de Berlin touchant la Saxe ne seraient pas intégralement satisfaites. Lord Castlereagh ajouta d'un ton furieux que l'Angleterre n'avait pas l'intention d'obéir à de telles injonctions. Ce moment, Talleyrand l'attendait depuis longtemps : il avait toujours été en faveur d'une alliance avec l'Angleterre comme avec l'Autriche. Suavement, il émit l'idée d'un pacte défensif entre la France, l'Autriche et la Grande-Bretagne.

Il s'ensuivit qu'un accord tripartite secret — chacun devant venir en aide aux autres en cas d'attaque — se conclut quelques jours plus tard. En exploitant habilement les discordes résultant des prétentions exorbitantes de la Russie et de la Prusse, Talleyrand avait réussi à briser la coalition des Alliés contre la France et à transformer son pays, mis au ban des nations, en un membre à part entière de cette nouvelle alliance, formée pour défendre l'équilibre des puissances dans une Europe libre et stable.

Pour être diplomate, on n'en est pas moins homme, et il est permis de penser que les péripéties angoissées de la liaison de Metternich avec la duchesse de Sagan, aboutissant à une rupture douloureuse, à la fin d'octobre et au début de novembre 1814, furent une bénédiction pour Talleyrand. En un moment où le chancelier aurait dû être en pleine possession de toutes ses facultés intellectuelles et de toutes ses ressources physiques, il avait été obsédé de jalousies, de doutes sur lui-même, de frustrations, et, après des journées épuisantes de conférences et d'entretiens, il passait des nuits sans sommeil à écrire à Wilhelmine d'interminables lettres de dissection sentimentale. Comment son jugement n'en aurait-il pas été affecté ?

L'ultimatum du chancelier de Prusse avait joué un rôle décisif. Si Metternich l'avait rejeté de but en blanc et exigé sans tergiverser la sauvegarde d'une partie de la Saxe, le congrès serait sorti de l'impasse bien des semaines auparavant. En prolongeant le blocage de la situation — l'une des plus graves erreurs qu'il commît jamais —, le chancelier offrit à Talleyrand à la fois l'occasion et le moyen de tramer son accord tripartite secret.

Le soir du 3 janvier, après avoir jeté les bases du pacte, Talleyrand, aidé de Dorothée, rédigea la dépêche informant Louis XVIII de sa victoire diplomatique. On ignore s'il commanda du champagne au lieu de son habituel verre de madère, car, assurément, l'événement méritait d'être célébré. Par une ironie du sort, il se trouva que ce fut Wilhelmine, la plus francophobe de la famille Courlande, qui facilita indirectement le succès du représentant de la France.

Une fois de plus se confirmait le mot de Talleyrand : « La politique, c'est les femmes. »

CHAPITRE 12

Dorothée et Talleyrand
janvier-juin 1815

LA NEIGE TOMBA EN ABONDANCE au cours de la première semaine de 1815, et les Viennois y virent le symbole d'une page blanche, d'un nouveau départ pour l'année qui commençait. Dans les rues, les voitures circulaient avec des glissements soyeux, car on avait remplacé leurs roues par des patins. Le temps était limpide et froid; le Graben et les autres places publiques rassemblaient une foule de promeneurs cosmopolites, qui venaient respirer l'air piquant de l'hiver.

Grâce en partie à Dorothée, l'ambassade de France comptait maintenant parmi les hauts lieux de Vienne, manifestant à tous, selon le vœu de Talleyrand, que la France était aussi riche et puissante que jamais. Le palais Kaunitz, avec son atmosphère d'Ancien Régime évocatrice de tous les raffinements, rayonnait d'un charme qui éclipsait aussi bien la magnificence de la Hofburg de l'empereur François que la splendeur orientale du palais Razoumovski, où le tsar avait donné ses réceptions officielles avant l'incendie. Talleyrand et sa nièce formaient le couple le plus célèbre de la capitale, d'autant qu'un « certain parfum de scandale » et la disparité de leurs âges rendaient les insinuations plus émoustillantes. Bien que la liaison de Dorothée avec le comte von Clam-Martinitz fût un fait admis par la haute société et apparemment encouragé par l'oncle Charles Maurice, des personnes soi-disant bien informées prétendaient que ce n'était là qu'une façade. Les rapports de la police secrète notaient : « Avec ces scandaleuses princesses de Courlande, on ne sait jamais. » Et Gentz — dépité à cette époque que Jeanne l'eût définitivement éconduit — ne désignait les quatre sœurs dans son journal intime que sous le nom de « ces p... de Courlande ».

Après le ralentissement des fêtes imposé par la période de l'avent, par les funérailles du prince de Ligne et par la crise polono-saxonne, la ronde des festivités reprit pour les délégués du congrès, dans une atmosphère chaque jour plus lourde d'ennui et de satiété. Le comité d'organisation des fêtes de l'impératrice se trouvait aussi à court d'imagination que le ministre des Finances de l'empereur, de trésorerie. L'homme de la rue, blasé, que n'étonnait plus depuis longtemps le spectacle de tant de têtes couronnées se promenant familièrement sur les remparts, s'inquiétait davantage des impôts qu'il devrait payer pour couvrir les 50 000 guldens par jour que coûtait l'hébergement des congressistes.

Vienne étant la capitale européenne de la musique, en raison du nombre exceptionnel de ses compositeurs de talent et de ses généreux mécènes, des concerts d'une ampleur inouïe y furent donnés. Un soir, Dorothée assista à un récital de cent pianos, sous la direction d'Antonio Salieri, premier maître de chapelle de la cour d'Autriche. Par ailleurs, un médecin américain d'origine allemande, le Dr Justice Bollman, — seul visiteur d'outre-Atlantique présent au congrès —, se vit fort recherché par les maîtresses de maison pour ses histoires de fantômes. Il devint aussi de très bon ton d'être parmi les privilégiés invités aux petits dîners du chevalier von Gentz, bien que son appartement fût si exigu que, même les portes enlevées, on y pouvait à peine circuler, et que les domestiques devaient poser les plats sur la table au lieu de les passer.

Chez Wilhelmine également, on se bousculait. Comme les salons étaient pratiquement les seuls endroits où l'on pouvait traiter des affaires du congrès, les dirigeants des petites principautés et les personnalités étrangères en quête d'introductions se pressaient au palais Palm, autour de l'influente duchesse de Sagan. Elle avait une cour d'hommes éminents, qui estimaient hautement son intelligence et son jugement. En conséquence de leur accord tripartite secret et sur les instances de Metternich, le chancelier, Talleyrand et lord Castlereagh, le ministre britannique, se rencontraient régulièrement dans l'aile gauche du palais Palm, pour discuter de leurs projets et de leurs décisions. Après le départ de tous les invités, lord Stewart demeurait auprès de Wilhelmine, afin de lui tenir plus intime compagnie.

Le 21 janvier, vingt-deuxième anniversaire de la mort de Louis XVI sur l'échafaud, le corps du roi et celui de la reine Marie-Antoinette, qu'on venait de découvrir à Paris dans une fosse commune, furent inhumés en grande cérémonie dans la crypte des Bourbons, à la basilique Saint-Denis. Talleyrand ne laissa pas passer une telle occasion de célébrer le principe de légitimité — qu'il cherchait d'ailleurs à faire prévaloir dans le règlement du destin de la Saxe et de la Pologne. Ce jour-là, il organisa à Vienne une messe à la mémoire des souverains martyrs. En témoignage de sympathie, l'empereur François offrit d'en assumer les frais et interdit toute distraction dans la ville pendant vingt-quatre heures. Rien ne fut épargné pour que cette solennité fût empreinte d'une grandeur digne de la couronne de France. Le peintre Isabey, aidé du décorateur de l'impératrice Maria-Ludovica, fit entièrement tendre la nef de la cathédrale Saint-Étienne de draperies noires lourdement brodées d'argent. Le chef d'orchestre de Talleyrand composa une musique de circonstance, ainsi qu'un *requiem* purement vocal, exécuté par deux cent cinquante choristes. Pour s'assurer de la présence de ceux qu'il désirait impressionner le plus, Talleyrand limita l'auditoire par des invitations et réserva des places d'honneur au roi de Prusse, au tsar et à la tsarine. Il ne voulait pas que la signification qu'il entendait donner à cette cérémonie échappe aux souverains ni qu'ils oublient que le roi de Saxe, victime désignée de leur cupidité, était un cousin de Louis XVI.

Il fut brusquement décidé que la course de traîneaux impériale, différée plusieurs fois à cause d'une suite de dégels, aurait lieu le lendemain. Trente-deux traîneaux décorés de velours émeraude brodé et frangé d'or vinrent s'aligner sur la Josefsplatz ; dans l'attente des invités, les chevaux, caparaçonnés de peaux de tigre et autres précieuses fourrures, les crinières tressées de rubans, piaffaient en encensant de leurs têtes piquées de plumes d'autruche. Vers deux heures de l'après-midi, après l'habituel moment de désordre, un important détachement de cavalerie prit la tête du cortège, emmené par un traîneau à six chevaux transportant des joueurs de trompette et de tambour. Suivaient les souverains, puis vingt-quatre pages en costume médiéval, puis un escadron de la garde impériale, et enfin les invités, parmi lesquels Talleyrand et sa nièce. Fermait la marche le traîneau d'un autre groupe de musiciens habillés à la turque.

La cavalcade avança au pas le long des rues sinueuses, de façon que la foule, massée sur les remparts, eût tout le loisir de profiter du spectacle. Une fois franchi le Danube, on lâcha la bride aux chevaux, qui s'élancèrent sur les chemins de campagne, dans un grand tintement de clochettes. Après avoir contourné les nobles jardins de Schönbrunn — on aperçut un instant, au loin, la petite silhouette de l'Aiglon, qui faisait des glissades —, les invités assistèrent à une démonstration de patinage sur le grand lac, puis ils entrèrent dans le château pour dîner. Ensuite, la troupe de l'Opéra impérial donna une version allemande de *Cendrillon*. Dissimulée dans une loge spécialement aménagée, l'ex-impératrice Marie-Louise regarda la représentation sans être vue.

Lorsque les invités rentrèrent à Vienne, ils trouvèrent les rues illuminées de milliers de lanternes de verre, récemment installées, qui faisaient l'orgueil de l'empereur François, bien qu'elles fussent remplies d'un nauséabond mélange d'huile de lin et de saindoux. Le vent tourna, et la température baissa brusquement. Dorothée, qui avait oublié combien les hivers peuvent être froids en Europe centrale, arriva transie au palais Kaunitz. Elle jeta son manteau au premier valet rencontré et se précipita dans le bureau de son oncle. Là, elle retroussa vivement sa jupe et ses nombreux jupons et présenta sans façon ses arrières à la chaleur du poêle. Il n'y avait dans la pièce que des laquais (mais ils ne comptaient pas) et son oncle Charles Maurice — qui n'était que son oncle, en dépit des rumeurs.

La jolie comtesse Flora Wrbna, cousine préférée de Metternich, se trouvait dans le traîneau du tsar. Presque aussi gelée que Dorothée, elle entama une discussion avec Alexandre sur le nombre de vêtements que portaient les hommes et les femmes. Le tsar prétendit qu'il en portait autant que la comtesse, mais que lui s'habillait infiniment plus vite. La jeune femme releva le défi. Quelques jours plus tard, au palais de la noble famille hongroise des Zichy, on organisa un concours dans les règles. Flora et le tsar se présentèrent en costume de ville et firent vérifier leurs dessous pour établir qu'on ne pourrait les accuser de tricherie. A onze heures et une demi-minute très exactement, Alexandre, qui avait soigneusement répété son numéro dans la matinée, reparut avec un sourire suffisant. On entendit des rires étouffés. Surpris, il pirouetta sur ses talons et découvrit Flora, qui s'éventait nonchalamment, vêtue d'un costume de cour du temps de Louis XV, avec mouche, perruque poudrée, talons hauts et même un bouquet. D'autres invités entrèrent, habillés eux aussi dans le style de la vieille France, et la soirée se termina par un bal costumé.

L'arrivée, le 4 février, du duc de Wellington — en remplacement du ministre britannique des Affaires étrangères — fut comme une bouffée d'air frais qui ranima les mondanités moribondes. Talleyrand s'assura l'avantage de présenter à Vienne l'illustre général, à l'occasion d'un grand dîner au palais Kaunitz. D'une élégance suprême dans son habit de velours prune scintillant des ordres reçus des souverains qui étaient ses hôtes, le prince de Talleyrand incarnait le prestige retrouvé de la France. Il était assis entre l'impératrice d'Autriche, de plus en plus évanescente sous le fardeau de ses bijoux, et la tsarine de Russie, une morne blonde aux joues fardées selon une mode qui n'avait plus cours qu'à Saint-Pétersbourg. En face de lui, en robe de brocart blanc de Leroy, avec les rangs de perles des Courlande qui ornaient ses bras, son cou et sa chevelure de jais, Dorothée offrait une image ravissante ; au-dessus de son éventail neigeux de plumes d'autruche, elle se penchait vers le tsar pour lui parler dans sa bonne oreille.

Son service de dame d'honneur à la cour de Napoléon avait parachevé la formation mondaine de cette jeune femme, que sa nature et sa naissance destinaient à faire les honneurs d'un palais. Mais, encore traitée comme la benjamine de la famille, elle dut éprouver un certain plaisir à montrer son aisance devant Pauline et Jeanne, et surtout devant Wilhelmine, jusqu'alors considérée, par ses sœurs et par la société viennoise, comme l'une des maîtresses de maison les plus accomplies de la saison. Le tsar lui-même ne put s'empêcher de rire en admirant avec quel esprit elle savait manœuvrer une conversation qui prenait un tour dangereux. L'orchestre de Talleyrand jouait discrètement du Haydn et du Mozart ; Beethoven, qui venait de diriger la première audition de sa *Septième Symphonie* au théâtre du Kärntnertor, était encore un musicien trop controversé pour une telle soirée. Des laquais en livrée aubergine et perruque blanche faisaient passer une succession sans fin de mets exquis préparés par Carême — qui regrettait pourtant le mois de janvier, époque où, selon lui, les marchés de Vienne proposaient les produits les plus variés et de la meilleure qualité.

Talleyrand ne laissait jamais un dîner durer plus d'une heure. Déjà, dans l'enfilade des grands salons transformés en serres d'œillets et d'azalées blancs, les diplomates, les délégués du congrès et l'aristocratie attendaient l'arrivée des soixante invités du dîner. Le peintre Isabey circulait parmi les groupes et prenait des croquis ; Wellington, sachant que son profil aigu faisait la joie des caricaturistes, demanda à être dessiné de face. Trois célèbres danseuses françaises, dont Talleyrand avait exigé la présence à Vienne pendant le congrès, se produisirent en intermède. Un bal clôtura la soirée, et il était fort tard lorsqu'on exécuta les figures compassées et désuètes de *Mon grand-père*, le final traditionnel.

Le 8 février, le lendemain du mardi gras, était l'anniversaire de Wilhelmine. Clément lui fit parvenir son cadeau — une paire de petits vases faits de différentes sortes de laves, destinés à rejoindre les autres objets qu'il lui avait donnés pour son bureau —, accompagné d'un billet très matinal, afin d'être le premier à lui souhaiter son anniversaire. Wilhelmine le remercia aussitôt et l'invita à venir la voir dans l'après-midi. Mais il refusa : autrefois, il supportait mal de la trouver entourée d'amis ; maintenant, le tête-à-tête lui était trop pénible. Les quatre sœurs célébrèrent la fête au cours d'un dîner qu'Alfred zu Windischgrätz donna en l'honneur de Wilhelmine. À une époque où l'espérance de vie était brève, Dorothée et les amies de sa génération considéraient déjà la duchesse de Sagan comme une femme mûre, à trente-quatre ans. Toute rayonnante de sa jeunesse, du bonheur de son premier amour et du triomphe de son dernier grand dîner, Dorothée repoussait insensiblement Wilhelmine du centre de la scène et se révélait une des nouvelles reines de la haute société.

Tandis qu'on portait des toasts à la duchesse de Sagan au palais Windischgrätz, à la chancellerie de Vienne, des verres se levaient pour célébrer la résolution du problème polono-saxon. L'arrivée de Wellington avait remis en marche les rouages grippés du congrès. La Grande-Bretagne, la France et l'Autriche étant d'accord, les obstacles fondirent comme neige au soleil. Le tsar garderait la quasi-totalité du duché de Varsovie, qui formerait un nouveau royaume de Pologne, soumis à des principes constitutionnels formulés par Adam Czartoryski, et le roi de Saxe Frédéric-Auguste Ier se voyait amputé de plus de la moitié de son territoire. Talleyrand avait réussi à faire respecter le principe de légitimité, mais le vieux roi de Saxe, toujours prisonnier à Berlin, dut contresigner son immolation, dans l'intérêt de la paix générale.

Jamais les quarante jours d'abstinence précédant Pâques n'avaient semblé plus nécessaires au salut que cette année-là, après les six semaines de réjouissances traditionnelles du Fasching, ou carnaval. Dorothée désira entendre le poète Zacharias Werner, libertin luthérien converti en prêtre catholique, dont les sermons hebdomadaires d'une éloquence enflammée sur le péché de la chair faisaient frémir toute la capitale. Accompagnée du comte Karl, elle se rendit donc à la cathédrale Saint-Étienne. Les jeunes gens eurent du mal à trouver de la place, car, des heures à l'avance, les dames de l'aristocratie avaient envoyé leurs haïdouks et négrillons marquer leurs chaises avec des missels et des coussins. Dans la pénombre glaciale des hautes voûtes, Werner, échevelé, le visage creux et parcheminé, les vêtements sales, les souliers attachés sur les pieds avec des ficelles, se lança dans une diatribe dévastatrice contre les mœurs de son auditoire. « Repentez-vous, pécheurs ! s'écria-t-il avec une exaltation croissante. Prenez garde à ce petit morceau de chair, à cette abomination, à cet appendice maudit du corps humain, par lequel tous les maux fondent sur le monde ! » Il se fit un silence horrifié, et les dames cherchèrent leur flacon de sels dans leur réticule. « Dois-je vous nommer par son nom ce petit morceau de chair ? tonna le moderne Savonarole ; dois-je vous le montrer ? » poursuivit-il en se reculant du rebord de la chaire. Pétrifié, l'auditoire retint son souffle. Un sourire ironique passa sur la face en sueur du fanatique. « Mes frères et mes sœurs, annonça-t-il d'une voix théâtrale, contemplez la source de tous nos péchés ! » Et il tira la langue.

Quelque peu libérés de leurs obligations mondaines par le carême et soulagés de savoir réglé le problème polono-saxon, les délégués, chacun de son côté, s'employèrent à mettre au point, avec pot de colle et ciseaux, un projet qui leur tenait à cœur. La fin du congrès était en vue.

Les lettres de Talleyrand à la duchesse étaient remplies des succès de « notre Dorothée », et celles qu'Anne-Dorothée lui écrivait insistaient sur l'agitation croissante qui régnait en France, où Louis XVIII faisait de moins en moins figure de Roi Soleil et semblait de plus en plus une lanterne de papier portée à bout de bras par un étranger. Dans le même temps, le consul de France à Livourne ne cessait d'envoyer des rapports sur les activités suspectes de l'ex-empereur Napoléon à l'île d'Elbe. Mais Alexandre Ier refusait d'envisager son transfert ailleurs.

Le matin du mardi 7 mars, Dorothée, assise au pied du lit à baldaquin de son oncle, lui parlait, tout en caressant Carlos, de sa dernière répétition en costumes d'*Une vieille histoire d'amour*, une pièce d'August von Kotzebue. La conversation fut interrompue par un coup frappé à la porte. Un valet entra, porteur d'un billet arrivé à l'instant de la chancellerie.

« C'est sans doute pour m'annoncer l'heure de la réunion du congrès, dit Talleyrand en tendant l'enveloppe à sa nièce pour qu'elle l'ouvre.

— « Napoléon s'est évadé de l'île d'Elbe ! » lut-elle d'un coup d'œil. Oh, mon oncle, et ma répétition ?

— Elle aura lieu, bien entendu, répondit-il rassurant.

— Et la représentation de ce soir ? insista-t-elle, consternée à la pensée que tous ses efforts n'auraient servi à rien.

— La vie continue, même si le ciel nous tombe sur la tête. »

Quelque chose, dans la voix de son oncle, laissa Dorothée interdite. Elle comprit d'un coup l'énormité de la nouvelle et la puérilité de sa réaction.

« Oh, mon oncle ! dit-elle, angoissée, que va-t-il se passer ? »

Talleyrand hocha la tête. Si seulement il le savait ! Il avait commis une erreur capitale : les avertissements n'avaient pas manqué, mais il n'avait pas voulu y croire.

« Quelle audace ! dit-il avec admiration. L'histoire des hommes n'offre pas d'exemple d'un pareil défi. »

Talleyrand fut le premier des ministres étrangers à se présenter à la chancellerie. Metternich lui tendit la dépêche de six lignes envoyée par le consul général d'Autriche à Gênes, annonçant que l'ex-empereur des Français avait disparu à bord de l'*Inconstant*, avec un millier d'hommes. Dans ses *Mémoires*, le chancelier relate la conversation laconique qui s'ensuivit :

TALLEYRAND : Savez-vous où va Napoléon ?
METTERNICH : La dépêche n'en dit rien.
TALLEYRAND : Il va débarquer quelque part sur la côte italienne et se jeter sur la Suisse.
METTERNICH : Il ira droit à Paris.

Le chancelier avait déjà prévenu l'empereur François, vu le roi de Prusse, puis le tsar, ses différends personnels avec Alexandre oubliés devant l'urgence de la situation. Quand tous furent réunis, ils décidèrent rapidement de reprendre les opérations militaires. Des courriers spéciaux furent envoyés en hâte au commandant en chef de la coalition et aux divers commandements alliés qui se trouvaient dispersés. Mais la sensationnelle nouvelle ne fut pas ébruitée. On n'en informa même pas Gentz, secrétaire du congrès ; souffrant de rhumatismes, il passa paisiblement sa matinée à se baigner dans les eaux thermales des Bains de Diane.

Ce même soir, les souverains étaient assemblés dans la grande salle de bal de la Hofburg, où l'on avait dressé une scène de théâtre provisoire, entourée de caisses d'orangers en fleur. Une harpe et une flûte jouaient l'ouverture, quand un aide de camp se présenta et vint parler à l'oreille d'Alexandre. Celui-ci se leva aussitôt et sortit avec le messager. Les domestiques finissaient d'éteindre les torchères et le rideau de scène s'ouvrait lentement, quand le tsar reparut. Il murmura quelques mots à l'oreille de la comtesse assise à sa gauche ; la jeune femme se tourna à son tour vers son voisin, pour lui chuchoter quelque chose ; il fit de même à l'oreille de sa voisine, et ainsi de suite, de sorte que la nouvelle se déploya dans son ampleur, comme les voiles du navire qui emportait Napoléon loin de l'île d'Elbe. Le printemps était hâtif cette année-là, et l'Aigle revenait, comme il l'avait prédit, avec les violettes.

D'un geste convulsif, la tsarine agrippa son collier, qui se cassa, et les invités, presque heureux de cette diversion, se mirent à chercher sous les chaises les perles grosses comme des billes. « Ne vous donnez pas tout ce mal, protesta Sa Majesté Impériale, elles n'en valent pas la peine. »

La pièce commençait. Les jeunes vedettes, Dorothée et Marie de Metternich — la préférée du chancelier, âgée de dix-sept ans, qui faisait ses débuts dans le monde — sentirent leur auditoire distrait. Elles tentèrent vaillamment de reconquérir son attention, mais personne ne s'intéressa à la pièce, ni aux tableaux vivants, ni au ballet qui suivirent. Ensuite, les invités entourèrent Talleyrand, pour exprimer leur commisération. On ne considérait pas l'évasion de Napoléon comme une menace, mais tout le monde fut d'accord pour affirmer que l'ex-empereur, une fois repris, devrait être exilé en un lieu beaucoup plus lointain, d'où il lui serait impossible de troubler de nouveau la tranquillité de l'Europe.

En joueur consommé, Talleyrand, impassible, fit comme s'il avait en mains un flush royal et manifesta toute la soirée son aplomb coutumier. Dorothée s'efforça de l'imiter, mais fut moins convaincante. De retour au palais Kaunitz, elle trouva difficilement le sommeil : cette même lune qui filtrait à travers ses volets entrouverts éclairait aussi Napoléon. Mais où ?

Elle devait l'apprendre moins d'une semaine plus tard. Elle se trouvait avec son oncle à la réception du lundi chez les Metternich, quand arriva un courrier envoyé par le roi de Sardaigne ; il était couvert de poussière et épuisé par son passage à travers les Alpes.

Son message, « Napoléon a débarqué à Cannes », transforma de nouveau Talleyrand en paria aux yeux des personnes présentes. L'orchestre essaya de ranimer l'entrain de quelques couples, mais nul n'avait plus envie de danser. Jusqu'à ce moment, les congressistes, comme les Viennois, avaient escompté, en l'absence de nouvelles du fugitif, que l'ex-empereur serait capturé et éliminé en moins de deux semaines. Tout d'un coup, les souvenirs encore vivaces de ces vint-cinq dernières années — les capitales envahies, les industries paralysées, les champs de bataille jonchés de cadavres — revinrent à l'esprit de tous les invités, qui se fractionnèrent en petits groupes angoissés pour commenter l'événement.

Le roi de Prusse fit un signe au duc de Wellington, et tous deux quittèrent le salon, suivis de près par le tsar et l'empereur François. Leur sortie précipitée créa un tel malaise que les salons se vidèrent peu à peu. Talleyrand, resté auprès de Metternich, eut une formule : « Napoléon n'a pas voulu finir par une tragédie, il finira par une farce. » Mais le chancelier s'excusa à son tour pour aller rejoindre son souverain, laissant Dorothée et Talleyrand seuls. *Sic transit gloria mundi*. Un poncif, mais combien vrai. Dorothée prit le bras de son oncle, comme pour lui signifier qu'ils affronteraient cette épreuve ensemble. Eux aussi quittèrent la pièce, au pas lent de Talleyrand, qui traînait la jambe droite.

Les jours suivants, Talleyrand s'employa fiévreusement à convaincre les signataires du traité de Paris de mettre Napoléon hors la loi : « Comme ennemi et perturbateur du repos du monde, dit-il, il s'est livré à la vindicte publique. » Il leur fallait aussi reconnaître que la France, sous le gouvernement légitime de Louis XVIII, était la première victime du monstre corse. C'était le seul moyen de placer l'évasion de l'ex-empereur dans sa juste perspective et de sauver la France du démembrement, quand Napoléon serait de nouveau écrasé par les Alliés. Avec le plus grand soin, il prépara une déclaration, dite du 13 mars 1815, dans laquelle les souverains d'Europe reconnaissaient la France entièrement innocente de « cette dernière tentative d'un délire criminel et impuissant » et s'engageaient à porter secours à la nation française si elle était attaquée. Restait à faire signer ce document par les puissances alliées. Dorothée et les secrétaires de la légation accompagnèrent anxieusement Talleyrand jusqu'à sa voiture.

« Attendez-moi, leur dit-il, et, pour ne pas retarder d'un instant votre impatience, guettez mon retour des fenêtres de l'hôtel. Si j'ai triomphé, vous me verrez, par la portière de ma voiture, vous montrer le traité d'où dépendra le sort de la France et de l'Europe. »

Quelques heures plus tard, du palais Kaunitz, on vit revenir la voiture de Talleyrand : par la portière, une main brandissait un document constellé de cachets rouges et noirs. Le prince exultait : « Je ne crois pas, dit-il, qu'il ait jamais paru une pièce semblable... L'histoire ne fournit pas d'exemple d'un pareil repoussement par tout le genre humain. »

Mais son euphorie fut de courte durée. Les rumeurs affluaient, mais toutes mauvaises. Craignant que Napoléon ne tentât de faire enlever l'Aiglon du palais de Schönbrunn, l'empereur François fit installer son petit-fils en sûreté à la Hofburg et congédia la gouvernante française de l'enfant. En remerciements de ses services, il lui fit toutefois remettre un cadeau : une parure de saphirs. Cette parure, appartenant à Wilhelmine, avait été vendue par la discrète entremise de Metternich, qui savait la duchesse de Sagan momentanément à court de fonds. Elle n'était pas seule dans ce cas. Si le congrès devait encore se prolonger quelque temps, Wilhelmine et la majeure partie de l'aristocratie se retrouveraient en prison pour dettes. La princesse Bagration était si démunie que son chef devait régler les factures d'approvisionnement et que ses créanciers la firent assigner à résidence, de peur qu'elle ne quittât la ville sans les payer, avant de recevoir ses fonds de Russie. Elle ne pouvait espérer l'aide d'Alexandre, de nature avaricieuse, même s'il s'agissait de sa chère cousine.

Les dépêches annonçaient les défections en masse de régiments français ; des officiers destitués, furieux de ne point recevoir leur pension, se ralliaient aux couleurs impériales. Des villes, mécontentes de l'incurie du nouveau régime et de l'attitude vindicative des ultras, basculaient l'une après l'autre dans le camp napoléonien, à mesure que l'Aigle « volait de clocher en clocher » vers le nord. Ceux qui étaient récemment venus à l'île d'Elbe rendre visite à l'ex-empereur n'avaient peut-être vu qu'un homme vieillissant, au gilet trop étroit pour sa corpulence, au visage bouffi et jaunâtre et dont le cheveu se faisait rare, mais, aux yeux des fidèles qui lui ouvraient la voie de la capitale, il apparaissait, dans une aura de surhomme, comme un héros grand, jeune et magnifique.

Wellington, avant de partir prendre à l'ouest le commandement des armées alliées, passa sa dernière soirée à Vienne dans l'aile gauche du palais Palm, avec Talleyrand et Metternich. La plus jeune des filles adoptives de Wilhelmine ne pouvait détacher son regard du resplendissant uniforme rouge qu'elle n'avait jamais vu le duc porter auparavant. D'une main timide, elle caressa ses épaulettes d'or, mais son nouvel ami anglais ne semblait pas, ce soir-là, d'humeur à jouer. Il fut le premier à se retirer, embrassa les dames et leur donna à toutes rendez-vous à Paris. Comme tant d'autres, il avait succombé au charme de Wilhelmine ; en dernier adieu, le lendemain matin, il lui envoya une pièce d'or commémorative, frappée à son effigie.

Bien qu'il fût la cheville ouvrière de la coalition alliée reformée, Metternich trouva le temps d'aider Karl et Dorothée à préparer un poisson d'avril à l'intention de Gentz. Le matin du 1er avril, les deux jeunes gens grimpèrent l'escalier étroit et branlant qui conduisait à l'appartement du chevalier, dans la Seilergasse. Pardessus l'épaule du valet qui leur ouvrit, ils aperçurent Gentz, à demi vêtu et l'air hagard. Le chevalier fut si soulagé de reconnaître Clam-Martinitz qu'il ne songea pas à s'étonner de la présence de Dorothée à cette heure indue. Il resserra les plis de sa robe de chambre autour de son corps d'oiseau et protégea de la main sa calvitie, en les faisant entrer dans son petit salon, encombré de bagages à moitié faits. Son départ semblait imminent. D'une main tremblante, il tendit à Karl un exemplaire du journal *Wiener Zeitung*.

« Mon cher comte ! s'écria-t-il, que dites-vous de cela. Lisez, lisez à haute voix ! »

Il saisit un gobelet, y versa une de ses poudres, ajouta de l'eau, remua la mixture et eut besoin de ses deux mains pour le porter à ses lèvres, tandis que le jeune homme lisait :

> Récompense de 10000 ducats à quiconque livrera le célèbre publiciste Friedrich von Gentz, mort ou vif, ou même apportera la preuve de son assassinat.
>
> Napoléon

Gentz, ses amis le savaient, souffrait d'insomnies depuis des jours à la pensée que l'ex-empereur, une fois revenu au pouvoir, pourrait se venger du secrétaire du congrès, qui avait dressé sur les instances de Talleyrand la déclaration mettant Napoléon hors la loi. Cette condamnation retentissante justifiait les pires craintes du chevalier. Devant l'effroi du petit personnage, agité de tics à la vue du faux journal fabriqué avec la complicité de Metternich, Dorothée, qui n'arrivait plus à garder son sérieux, étouffa de rire et révéla toute la machination.

N'étant pas femme à céder à la panique, la duchesse de Courlande n'avait pas quitté Paris avant que les Bourbons eux-mêmes fussent prêts à le faire — alors que Napoléon n'était plus qu'à quelques heures de la capitale. Elle se dirigea droit sur le palais Kaunitz, où elle arriva le vendredi saint, vers minuit. Si les réceptions officielles avaient cessé depuis le retour de Napoléon, la vie mondaine gardait une certaine activité. Il y avait désormais à Vienne cinq Courlande, cinq « Grâces », qui rayonnaient d'esprit et de charme. L'aristocratie ne parlait plus de la duchesse de Sagan et de ses sœurs, ou de la comtesse Edmond et de ses sœurs, mais de la duchesse de Courlande et de ses filles. Même lorsque ses trois aînées s'amusaient à faire leur numéro de « sœurs », habillées et coiffées de la même façon, et se tenant ensemble pour produire un triple effet de séduction, Anne-Dorothée, à l'âge de cinquante-quatre ans, était loin de passer inaperçue. En la revoyant, si suprêmement élégante dans ses toilettes de Paris, le prince Louis de Rohan, son ancien gendre, fit remarquer qu'elle éclipsait toutes les dames présentes, y compris son ex-épouse Wilhelmine.

Certes, un tel exploit demandait de plus en plus de temps et de soins. Anne-Dorothée avait depuis longtemps fait transformer ses rangs de perles en un haut collier de chien, afin de masquer les rides révélatrices de son cou. À Vienne, sa femme de chambre passa encore plus d'heures à traiter son visage et les autres parties menacées de son corps avec une nouvelle gelée miraculeuse à base d'herbes, de mousse et de miel. Ses relations avec Charles Maurice avaient, en apparence, retrouvé leur intimité, mais, à Paris déjà, des rumeurs lui avaient appris que l'oncle se montrait envers sa nièce plus attentif qu'il n'était nécessaire. Et le mot lancé à l'étourdie par Wilhelmine, « le grand homme, du moins, ne sort pas de la famille », entendu par hasard peu après son arrivée, restait gravé dans son esprit. Que sous-entendait au juste Wilhelmine ? Anne-Dorothée possédait un sens trop délié des nuances de l'amour pour ne pas avoir remarqué un certain changement dans l'attitude de Talleyrand à l'égard de sa benjamine. Peut-être était-ce dans la façon dont il lui prenait le coude pour l'aider à s'asseoir, peut-être était-ce dans le timbre de sa voix quand il s'adressait à elle.

Ce n'était pas en tant que mère qu'Anne-Dorothée s'offusquait à la pensée d'une possible conquête de Dorothée par Talleyrand.

Charles Maurice avait déjà dépassé les *mille e tre* de Don Juan ; elle s'étonnait simplement que, par une ironie du sort, l'élue fût justement Dorothée. Wilhelmine, il est vrai, lui avait autrefois volé le baron d'Armfelt. Mais Wilhelmine était l'un de ses « enfants du devoir » — comme elle désignait les trois filles qu'elle avait données au duc Pierre —, alors que Dorothée, la fille du comte Batowski, était l'enfant de l'amour. On pouvait d'ailleurs comprendre que la jeune femme eût réveillé en Talleyrand le démon de midi passé : à Vienne, entourée d'admirateurs et avec Karl von Clam-Martinitz dans son sillage, elle s'épanouissait comme une rose au soleil.

En réalité, quel que fût l'intérêt témoigné par Talleyrand, Dorothée n'avait d'yeux que pour Karl. Comme la duchesse estimait que son bien le plus précieux, à l'automne de sa vie, était ses relations avec Charles Maurice, elle pouvait fort bien rester aveugle à ce qu'elle ne voulait pas voir.

Les sentiments personnels de Talleyrand à l'égard de la duchesse et de sa plus jeune fille représentent une énigme bien digne de ce sphinx d'homme. Sa vie publique, en revanche, était un livre ouvert. En quatre mois à peine, il avait réussi à ramener la France vaincue sur un pied d'égalité avec les quatre grandes puissances, mais, maintenant, l'Autriche, la Prusse, l'Angleterre et la Russie se réunissaient de nouveau sans lui. Entouré d'un océan de méfiance, il demeurait dans un isolement qui s'aggravait à mesure que parvenaient — transmises par le nouveau système du sémaphore, quand le temps le permettait — des nouvelles de Paris. Le gouvernement qu'il continuait de représenter n'existait plus qu'en la personne d'un Bourbon sexagénaire, ventripotent et podagre, qui s'était enfui sans troupes ni prestige aux Pays-Bas. Pour ajouter encore aux préoccupations de Talleyrand, Napoléon s'était empressé de lui confisquer tous ses biens et propriétés en France, et les banquiers de Vienne lui refusaient tout crédit. Cependant, lorsque Napoléon dépêcha à Vienne le comte de Montrond, ami de longue date de Talleyrand, pour tenter de convaincre ce dernier, en y mettant le prix, de rentrer dans le bercail impérial, l'émissaire revint bredouille au bout de trois semaines. Talleyrand ne voyait plus en l'ex-empereur qu'un aventurier, dont le second règne exploserait et s'abîmerait comme un météore.

Talleyrand, pour qui la pauvreté était pire que la mort, ressentit cruellement ses embarras financiers, jusqu'au jour où la Grande-Bretagne lui offrit des subsides suffisants pour demeurer au palais

Kaunitz, à condition de s'imposer des restrictions draconiennes. Il renvoya donc en France son chef Carême et tout le personnel de la légation, ne conservant que son valet Courtiade, un secrétaire et deux employés. Pour compléter sa maigre maisonnée, il embaucha sur place quelques domestiques : peu importait désormais qu'ils fussent des espions à la solde de la police secrète autrichienne.

Peu futile par nature, Dorothée, depuis son arrivée à Vienne, avait travaillé en trop étroite collaboration avec son oncle et trop profondément participé à ses succès mondains ou diplomatiques pour ne pas être affectée du tour imprévisible des événements et de la précarité de la situation de Talleyrand. Mais, d'autre part, elle avait résolu que rien ne devrait gâcher le peu de temps qu'il lui restait à passer avec Karl, avant que celui-ci ne rejoignît son poste aux armées. Par ces belles journées de mai, le jeune couple, en passant par le Prater en fleurs, allait faire de fréquentes promenades en voiture jusqu'à Freudenau, Nussdorf, Mödling ou Laxenburg. Ils allaient parfois passer la nuit à Semmering, dans une charmante auberge que Wilhelmine et lord Stewart avaient découverte, non loin de la maison d'invités de Reichenau — que lord Stewart, pour faire une surprise à Wilhelmine, avait fait rénover en vue de ses propres escapades avec la duchesse de Sagan.

Avec Alfred zu Windischgrätz, Wilhelmine avait définitivement rompu ; elle l'avait remplacé par l'ambassadeur de Grande-Bretagne, qui offrait l'avantage supplémentaire d'être veuf. Il était aussi totalement étranger aux complications métaphysiques de Metternich — dont Wilhelmine appréciait de nouveau la compagnie, exempte maintenant d'angoisses sentimentales. Près de sept mois avaient passé depuis la lettre de rupture datée de la « nuit du 22 au 23 octobre ». Avec le temps, l'amour de Clément s'était transmué en amitié ; il passait voir Wilhelmine au palais Palm presque chaque jour — d'un cœur aussi paisible qu'avant leur liaison —, pour discuter avec elle des événements et lui apporter les dernières nouvelles de France.

La plupart des cent mille étrangers venus pour le congrès repartaient chez eux, et l'été précoce dispersait la haute société plus tôt que d'habitude. La famille Metternich — le perroquet Polly compris — abrégea son séjour de printemps coutumier à la villa de Rennweg, et s'installa à Baden quelques jours avant que le chancelier ne partît lui-même, avec l'empereur François et les autres souverains alliés, rejoindre le quartier général.

Pour lord Stewart et le comte Karl aussi vint le moment du

départ. Les armées européennes, de nouveau en marche vers l'ouest, se déployaient en un immense croissant des Alpes à la mer du Nord. À Vienne, des processions de jeunes enfants, avec bannières et drapeaux, se rendaient tous les jours dans les différentes églises de la ville, afin de prier pour la victoire.

Le 3 juin, Dorothée partit, sous le prétexte d'aller régler des affaires concernant ses domaines de Prusse, mais, en réalité, pour se rapprocher le plus possible de Clam-Martinitz. Navire sans boussole, Dorothée ne savait plus exactement où se trouvait son port d'attache. Son mari Edmond ne figurait plus dans ses projets. Ses deux jeunes fils, son unique obligation, étaient en France, où régnait le chaos ; Karl servait dans l'armée autrichienne ; son oncle se préparait à rejoindre le roi de France en exil.

Talleyrand avait espéré dissuader sa nièce de suivre son amant. Il admettait sa liaison, mais considérait ce voyage comme une folie. Était-il amoureux de Dorothée, comme le craignait la duchesse de Courlande ? On l'ignore. Une chose est certaine : la jeune femme qu'il avait emmenée à Vienne pour la distraire autant que pour le servir, était devenue, quand elle quitta la ville, une amie de confiance, une conseillère dont le jugement intuitif et lucide sur les personnalités et sur les événements lui serait de plus en plus indispensable jusqu'à la fin de sa vie.

Lorsque la duchesse partit à son tour faire sa cure annuelle à Carlsbad, où elle devait retrouver sa sœur Élisa, ses trois filles aînées poussèrent un soupir de soulagement. La duchesse, naguère si indépendante et assurée, était comme un enfant qui espère qu'en parlant suffisamment d'une chose redoutée, il l'empêchera d'arriver. Wilhelmine se plaignait de ce que sa mère n'eût d'autre sujet de conversation que « ce vieil infirme qui se met en tête de faire l'idiot à soixante et un ans ».

Le 9 juin 1815, Talleyrand signa avec les autres délégués l'acte final du congrès de Vienne, qui ne se réunit en séance plénière que cette seule et unique fois. Et Talleyrand, lui aussi, se mit en route vers l'ouest.

CHAPITRE 13

Dorothée, Talleyrand et la duchesse
1815-1821

LE 18 JUIN, NAPOLÉON FUT ÉCRASÉ à Waterloo par Wellington et Blücher, avant même l'arrivée des troupes russes. Sur place, alors que les souverains alliés étaient encore à leur quartier général de Heilbronn, le duc de Wellington se fit l'arbitre de la coalition. L'ex-empereur fut promptement expédié à Sainte-Hélène, île de l'Atlantique Sud, et le gros Louis XVIII — que les Parisiens surnommaient Louis-Dix-Huîtres, à cause de sa passion pour ce mollusque — fit sa rentrée dans la capitale avec l'armée britannique. Il était le souverain légitime de la France, et, à Vienne, Talleyrand avait convaincu les délégués de reconnaître le principe de légitimité. L'Angleterre pensait aussi que cette seconde Restauration était le régime qui assurerait le mieux la tranquillité de l'Europe, bien que la cause des Bourbons ne ralliât pas en France l'unanimité de l'opinion.

Talleyrand arriva le même jour à Paris, mais fort discrètement, dans une voiture sans écusson et par une autre porte. A la différence de son souverain, il évita sagement une entrée publique sous escorte étrangère. La brève campagne de 1815 avait soulevé maints problèmes épineux ; Wellington décida que le diplomate connu de toute l'Europe et qui la connaissait toute devait rester aux Affaires étrangères, tout en assurant la présidence du gouvernement. Louis XVIII s'inclina à contrecœur : il n'était plus maître chez lui. Il ne considérait nullement indispensable la présence de Talleyrand, et entendait avec irritation des ennemis du prince lui répéter que celui-ci se vantait « d'avoir remis une seconde fois la couronne sur la tête de Louis XVIII ».

A la demande pressante de Charles Maurice, la duchesse de Courlande se hâta de venir le rejoindre. Il espérait qu'une fois de plus elle saurait peut-être apaiser Alexandre Ier, devenu son ennemi déclaré. Napoléon, en effet, de retour aux Tuileries, avait découvert une copie de l'accord tripartite secret de janvier — en grande partie l'œuvre de Talleyrand et dirigé contre la Russie — et il s'était empressé de la transmettre au tsar.

Lors de sa première soirée à l'hôtel Saint-Florentin, Anne-Dorothée, se remémorant la confiscation des biens de Talleyrand, inspecta les lieux avec intérêt. A part une épaisse couche de poussière, rien n'avait changé, et même la grande coupe de malachite où Talleyrand brûlait de l'ambre était à sa place, et encore remplie de cendres.

Il n'en allait pas de même pour Paris. La ville était de nouveau occupée par les souverains alliés et leurs états-majors, mais, cette fois, les Champs-Élysées se trouvaient envahis de tentes blanches destinées aux troupes britanniques, qui campaient aussi sur le parvis de Notre-Dame. Les appartements de Marie-Louise à Saint-Cloud, au décor si féminin, abritaient le maréchal Blücher et ses nombreux chiens, et les musiciens de son régiment de chasseurs pêchaient insolemment à la ligne dans le lac du château. Quant à Louis XVIII, il menaça d'aller s'asseoir sur le pont d'Iéna et de se faire sauter avec lui, si les Prussiens persistaient à vouloir le détruire, parce qu'il portait le nom d'une de leurs plus humiliantes défaites devant Napoléon.

Sur le plan des affaires, il semblait y avoir aussi peu de changements qu'à l'hôtel Saint-Florentin : Talleyrand était de nouveau le maître et confronté à une tâche écrasante. Il devait, d'une part, calmer les passions politiques exacerbées par les Cent-Jours, encore plus envenimées par les intrigues des ultras et la présence des troupes d'occupation ; il lui fallait, d'autre part, obtenir des Alliés des conditions de paix qui sauvegarderaient l'intégrité et l'honneur de la France, et libérer le pays le plus rapidement possible des armées étrangères.

Après son abdication, Napoléon avait dit que, si les Bourbons étaient avisés, ils feraient bien de se contenter de changer les draps de son lit et de continuer à employer les gens qu'il avait formés. Bien entendu, il n'en fut rien. Instruite par les événements, Sa Majesté consentait à reconnaître certaines erreurs responsables du retour de Napoléon, mais son frère et héritier le comte d'Artois demeurait le chef de file de l'agitation des royalistes réactionnaires. Les ultras, qui avaient de nouveau leur quartier général chez Monsieur, au pavillon de Marsan, accusaient la faiblesse de Louis XVIII envers les survivants de l'Empire — à commencer par Talleyrand — d'avoir précipité le récent désastre.

Dorothée revint à Paris peu après la duchesse de Courlande et se réinstalla avec ses deux jeunes fils dans ses anciens appartements, au rez-de-chaussée de l'hôtel Saint-Florentin. Karl von Clam-Martinitz devait bientôt arriver, et elle n'avait nullement l'intention de reprendre la vie conjugale avec le comte Edmond. Malheureusement, une catholique ne pouvait divorcer (Dorothée s'était convertie quelques années auparavant), et il était très difficile à une femme d'obtenir une séparation légale.

Le soir de son arrivée, il y eut réception. Lorsque les portes du salon de l'Aigle s'ouvrirent et que l'huissier annonça : « Sa Grâce, le duc de Wellington », Dorothée, cédant à un élan d'enthousiasme rare chez elle en public et insoucieuse de la réaction glaciale des invités français, se précipita pour être la première à l'accueillir en s'écriant : « Mon sauveur ! » Rares étaient les membres de l'aristocratie qui regrettaient la chute de Napoléon, mais tous jugèrent qu'il existait un abîme entre la simple politesse et l'excès de cette démonstration à l'égard du commandant en chef des armées étrangères.

L'intransigeance de certains ultras fit monter le ton des propos, et Talleyrand crut bon d'intervenir :

« Mais, messieurs, vous voulez ramener l'Ancien Régime ; ce n'est pas possible !

— Monseigneur, riposta quelqu'un, qui pourrait songer à vous refaire évêque d'Autun ? Ce serait folie ! »

Pour la première fois de sa vie, semble-t-il, Talleyrand n'eut pas le dernier mot.

Paris redevint la mecque du Continent, et l'on vit toute l'Europe défiler sur les boulevards. A l'invitation de lord Stewart, Wilhelmine se mit en route afin de le rejoindre ; elle emmena l'aînée de ses filles adoptives et choisit pour elle le plus beau trajet, par Salzbourg et le col de l'Arlberg. La duchesse de Courlande les accueillit chez elle.

Le tsar, lui aussi, revint dans la capitale. Anne-Dorothée, malgré son vif désir de rétablir Charles Maurice dans les bonnes grâces d'Alexandre Ier, l'entrevit à peine, cette fois. Sa Majesté Impériale avait redécouvert la religion, et, ses moments de liberté, elle les passait chez la baronne Julie de Krüdener, la mystique de Riga. Anne-Dorothée, dans sa jeunesse, n'avait peut-être pas eu l'occasion de rencontrer cette grande blonde élancée, qui était presque exactement sa contemporaine en même temps que sa proche voisine sur les côtes de la Baltique; mais elle fit assurément sa connaissance à Berlin, à l'époque où elle tenait salon au 7 Unter den Linden. Là, Julie de Krüdener avait créé une forte sensation, non seulement en se vantant d'être la vivante réplique de la Vénus Médicis (au cours d'un voyage à Florence, elle avait comparé leurs mensurations), mais aussi en publiant un roman à grand succès, *Valérie*, inspiré de ses multiples et scandaleuses liaisons. Depuis lors, Mme de Krüdener avait eu la révélation de la lumière et s'était convertie au piétisme. Grâce à un accident ingénieusement mis en scène, elle s'était fait présenter au tsar, à Heilbronn. Subjugué par le vague mysticisme de Julie — mélange d'exaltation sincère et de charlatanisme —, Alexandre avait invité à Paris la prophétesse de la Baltique, qui reconnaissait en lui l'« Élu de Dieu », destiné à régénérer le monde. Ce nouveau titre de guide moral de l'Europe venait à point pour Alexandre, jaloux des succès mondains et des lauriers militaires de Wellington. Sa Majesté fit ouvrir une porte dans un mur du palais de l'Élysée, afin de pouvoir, nuitamment, se glisser dans l'adjacent hôtel Montchenu, où la sibylle poursuivait ses vaticinations.

Tout Paris se pressait aux « sabbats de sorcières célestes » de Mme de Krüdener. Dans les rues avoisinant son appartement, la circulation était bloquée par la masse des attelages en stationnement. Chez elle, les diverses pièces en enfilade, d'une austère nudité, ne montraient ni tapis, ni tableaux, ni miroirs. Mais, dans la pénombre, on reconnaissait nombre de grands de ce monde, y compris, souvent, le roi de Prusse, fort mal à l'aise sur une chaise de paille campagnarde. Seuls quelques chuchotements interrompaient le silence religieux. Avec un sens très sûr du spectacle, Julie, dans la pièce la plus éloignée de l'entrée, restait allongée, immobile, sur un divan qui courait le long du mur. Elle s'adossait à des coussins de velours cramoisi, qui faisaient ressortir la blancheur de sa robe flottante et sa tête aux boucles blondes striées d'argent. Elle avait le regard perdu dans le vide. Puis, se levant avec lenteur, elle faisait un pas en avant, agitait un peu les bras et disait d'une voix grave, marquée d'un lourd accent : « A genoux, vous tous, pécheurs que vous êtes, et implorez le pardon du Dieu des Cieux. » Là-dessus, tout le monde — y compris le tsar, qu'on distinguait aux côtés de la baronne, y compris les valets qui passaient des plateaux — se prosternait. Julie, les bras au ciel, la tête rejetée en arrière, priait avec d'ardentes paroles.

Metternich avait vu chose plus étrange encore. Il raconta à Wilhelmine que, juste avant qu'elle n'arrive à Paris, invité à dîner à l'Élysée, il avait trouvé la table dressée pour quatre : le tsar, Mme de Krüdener, lui-même... et Notre-Seigneur Jésus-Christ.

Cette religiosité n'empêchait pas Alexandre Ier d'adopter, comme les autres chefs de la coalition, une attitude beaucoup plus dure envers la France que l'année précédente, où il avait suffi de deux mois pour conclure le premier traité de Paris. Les Alliés voulaient se faire payer chèrement la seconde restauration de Louis XVIII, et, bien que les pourparlers se tinssent entre à peu près les mêmes négociateurs qu'au congrès de Vienne — et Talleyrand les connaissait bien tous —, au bout de huit semaines, ils n'avaient pas avancé.

Anne-Dorothée n'avait jamais vu Charles Maurice aussi accablé. Il n'était pas un homme de dossiers, et ceux des affaires intérieures qui arrivaient sur son bureau de Premier ministre s'empilaient au point de tomber par terre, sans qu'il prît le temps de s'en occuper. Louis XVIII, à juste titre, s'impatientait. De tous les ministères, seul celui des Affaires étrangères fonctionnait convenablement, pour la raison que les ministres des Affaires étrangères de Grande-Bretagne et de Russie, ainsi que Wellington et Metternich, dînaient régulièrement à l'hôtel Saint-Florentin.

Des collègues de longue date de Talleyrand le trouvaient changé. Était-ce l'âge ? se demandait-on. Un éminent diplomate fit allusion à la cause probable de son état dans des lettres et dans un mémorandum, mais seul Fouché, ministre de la Police, osa formuler l'observation évidente que Talleyrand avait l'esprit ailleurs. Au moment même où les élections venaient d'envoyer au Parlement une majorité de députés ultras, la « chambre introuvable », où le roi lui refusait son appui, où le tsar lui faisait sentir sa puissante hostilité, quelle préoccupation pouvait donc détourner ce sexagénaire averti de sa double et écrasante responsabilité de Premier ministre et de ministre des Affaires étrangères ? La plupart des contemporains en conclurent que, par l'effet d'un de ces impondérables qui gouvernent le cœur humain, le prince de Talleyrand était amoureux de sa nièce.

La duchesse eut tout le temps de s'adapter à cette situation. Comme l'attestait le sérail, Charles Maurice ne rompait jamais complètement une liaison. Anne-Dorothée mûrissante découvrait avec mélancolie ce que Mme de Metternich savait depuis longtemps : quand on n'a plus le choix, il faut bien partager. Restait encore le faible espoir que tout cela n'était qu'un cauchemar, que la vie recommencerait comme avant le congrès de Vienne. Car il était visible que sa fille, elle, ne pensait qu'au comte Karl ; ce dernier était venu à Paris, et l'on avait pu constater à quel point il éclipsait Edmond de Périgord.

Si, à Vienne, la liaison de Dorothée passait pour un simple épisode, parmi tant d'autres, de la vie amoureuse des sœurs de Courlande, à Paris, elle fit scandale, en raison du prestige des Talleyrand. Au début du mois d'août, Edmond, que son oncle venait de faire nommer général de brigade, crut de son honneur de provoquer Clam-Martinitz en duel. Celui-ci s'en tira avec une égratignure, tandis que Périgord reçut « un grand coup de sabre à travers la figure », du nez à l'oreille. Ce soir-là, au dîner de l'hôtel Saint-Florentin, une dame dit à Talleyrand combien elle admirait sa nièce. « En effet, répondit-il, elle est charmante et fort intelligente. Il n'y a rien de jeune en elle, à part son absence d'affectation. » Plus tard, au moment de passer dans le petit salon, il répéta ce mot à Dorothée. Pour l'en remercier, la jeune femme l'embrassa sur les deux joues, ce qui fit tant de plaisir au vieil oncle qu'il fit boire à sa nièce un peu de son moka avec sa propre petite cuillère. Ce détail écœura lady Frances Shelley, qui le nota, mais sans préciser si la duchesse de Courlande était présente.

Dorothée se rendit ensuite à un grand bal, donné par le duc de Wellington dans l'ancien hôtel de Pauline Bonaparte, rue du faubourg Saint-Honoré, qu'il venait d'acheter pour y installer l'ambassade de Grande-Bretagne. L'assemblée comptait surtout des hommes, car la plupart des dames françaises refusaient de danser chez le vainqueur de Waterloo. Mais Dorothée, comme toujours, suivait sa propre loi : elle était venue pour étouffer les commentaires touchant le duel du matin, et elle valsa toute la nuit, comme si rien ne s'était passé au bois de Boulogne. Chose curieuse, un agent de la police secrète autrichienne envoya à Vienne un rapport sur la rencontre, ne désignant l'adversaire du comte Edmond que comme « un officier autrichien » ; dans les registres de la police française, le duel n'est pas signalé. Il est à présumer que Talleyrand, soucieux de l'honneur de la famille, s'arrangea pour faire supprimer toute mention de l'affaire.

Quelques jours plus tard, étant en voiture, Dorothée et Karl remarquèrent un attroupement de gens furieux, tenus en respect par un détachement de la garde nationale et de l'infanterie autrichienne. Le comte s'approcha le plus possible et descendit de voiture pour se renseigner. Il découvrit le duc de Wellington, perché au sommet de l'arc du Carrousel, cautionnant de son prestige l'enlèvement des quatre chevaux de bronze qui couronnaient l'édifice. Les Alliés exigeaient la restitution des œuvres d'art que Napoléon avait systématiquement pillées de La Haye jusqu'à Rome, et les Parisiens ressentaient cruellement la perte de ce superbe groupe antique (provenant de la place Saint-Marc de Venise) auquel ils s'étaient attachés. Lorsque Dorothée raconta la scène à son oncle, il hocha tristement la tête : « L'armée est comme le Louvre, dit-il ; dans l'un comme dans l'autre, il ne reste que les vieux cadres. »

Il n'avait pas, du moins, perdu son sens de l'à-propos. Talleyrand, pourtant (ses préoccupations personnelles mises à part) vivait une période très difficile : les clauses du traité de paix n'étaient toujours pas arrêtées, et le pays payait plus d'un million de francs par jour pour l'entretien des troupes d'occupation, lesquelles, en province, multipliaient les exactions. « Tout va si mal, si péniblement, écrivait-il à la duchesse à la fin d'août 1815, qu'il faut croire que cela ne peut durer ainsi. »

Le début de l'automne fut la saison des revues militaires. Sur la place de la Concorde, on vit Wellington à cheval, sabre au clair, recevoir le salut de l'infanterie britannique défilant crânement. La semaine suivante, ce fut Alexandre qui parada pendant deux jours dans la plaine des Vertus, près de Châlons-sur-Marne, où campaient quelque deux cent mille Russes. Talleyrand prétendit qu'Alexandre se faisait les muscles en vue d'imposer ses vues dans les discussions du traité et qu'il montait ce spectacle pour rehausser son importance. Dorothée était invitée, ainsi que Wilhelmine, laquelle, nullement honorée, se sentait plutôt en service commandé et se plaignit de devoir partager une petite chambre avec sa sœur : la place manquait pour loger même les hôtes de marque comme elles deux.

Les deux sœurs figuraient dans le groupe choisi de cavaliers qui escortaient Frédéric-Guillaume III, le tsar et l'état-major russe, alors qu'ils suivaient les manœuvres. Anne-Dorothée et les dames de sa génération observaient le spectacle assises dans des fauteuils, sous un vélum qui les protégeaient de l'ardent soleil. Le dimanche 11 septembre, jour de la fête d'Alexandre, les troupes se déployèrent autour de sept grands autels, où la messe fut chantée simultanément. Le tsar conduisit ensuite l'« ambassadrice des Cieux », Mme de Krüdener, avec ses acolytes, d'un autel à l'autre, pour consacrer ses armées au Seigneur.

Vint le jour où le commandant en chef des armées d'Autriche dut retourner à Vienne, emmenant le comte Karl, son aide de camp préféré. Dorothée songea à le suivre. Non seulement son amant lui manquait, mais elle était en butte à des attaques de divers côtés. Cette fois, en effet, les Alliés se comportaient en conquérants à Paris; les soldats prussiens étaient les pires de tous : ils avaient une revanche à prendre, et on les laissait faire. Dorothée, née et élevée à Berlin, maîtresse d'un officier autrichien, se trouvait la cible de remarques venimeuses. En outre, beaucoup de ses amies, anciennes dames d'honneur de la cour napoléonienne, ne lui pardonnaient pas le rôle qu'elle avait joué à Vienne, à la légation de la France bourbonienne. A tout cela s'ajoutait le scandale du duel de son mari avec le comte Karl, le faubourg Saint-Germain ayant ouvertement pris parti pour Edmond, dont l'indifférence envers Dorothée s'était changée en animosité. D'un côté la retenaient ses obligations familiales et ses enfants, de l'autre l'attirait Clam-Martinitz. Indécise et tourmentée, elle restait allongée sur une chaise longue, sa « vinaigrette » (un petit poisson articulé rempli de romarin et de rue) à portée de la main.

La comtesse Tyszkiewicz, la plus dévouée peut-être de toutes les dames du sérail, voyant l'abattement de Charles Maurice, ne cessait d'accourir de son appartement du 7 de la rue Saint-Florentin pour étouffer son idole de sa sollicitude, quitte à faire les frais de sa mauvaise humeur. Un jour qu'elle demandait à Talleyrand, pour la dixième fois : « Comment allez-vous ? » il regarda fixement l'œil de verre de la pauvre Marie-Thérèse et lui répondit, agacé : « Comme vous voyez, Madame. »

Le prince était dans cet état d'esprit lorsque les négociations avec les Alliés touchèrent à leur fin. Le ministre des Transports, témoin plus digne de foi que le malveillant Fouché, fut à son tour stupéfié par l'étrange apathie de Talleyrand. S'il avait fait un effort pour se réconcilier avec le tsar, opposé à tout démembrement important de la France, il se serait acquis une voix déterminante pour faire prévaloir la modération de l'Angleterre et de l'Autriche contre l'esprit de vengeance de la Prusse. Plus que quiconque, Talleyrand était doué pour surmonter ce genre d'obstacle, mais, trop préoccupé pour user de son irrésistible charme, de tout l'été, il n'eut qu'un seul geste amical envers Alexandre Ier, celui de lui prêter son chef Carême pour la durée du séjour de Sa Majesté à Paris. De même que Metternich s'était trouvé obsédé par Wilhelmine à un moment crucial du congrès de Vienne, Talleyrand souffrait alors d'une lassitude mentale si étrangère à sa nature que ses collègues, incrédules, n'y trouvèrent d'autre explication qu'un amour de vieillesse, non payé de retour.

Les termes des Alliés furent durs et humiliants. Talleyrand, qui s'entendait de plus en plus mal avec le roi, tout en livrant un combat sans espoir contre les ultras, ne se sentit pas tenu de prendre sur lui la honte d'un traité impopulaire et donna sa démission le 24 septembre. S'estimant indispensable, il comptait que Louis XVIII le supplierait de rester. Mais il fut joué. Le roi reçut cette nouvelle sans mot dire, regardant le plafond d'un air d'indifférence qui eût fait honneur à Talleyrand lui-même. Puis il laissa tomber : « Eh bien, je prendrai un nouveau ministère. »

En apprenant que le souverain lui donnait pour successeur le duc de Richelieu, qui avait été gouverneur d'Odessa pendant vingt ans au nom du tsar, Talleyrand ironisa : « Bon choix, assurément : c'est l'homme de France qui connaît le mieux la Crimée. » En tout cas, le duc, protégé d'Alexandre Ier, conclut rapidement le traité si longtemps différé.

Avant de quitter Paris, Wilhelmine fit quelques courses de dernière heure. (Elle chercha, pour l'impératrice Maria-Ludovica, des bas de soie d'un modèle que la souveraine avait envoyé à son époux, et que l'empereur François transmit à son tour à Metternich.) Elle fit des adieux affectueux à Alfred zu Windischgrätz, qui, à Paris, la poursuivait de ses assiduités ; mais le prince appartenait au passé, tout comme Metternich. Puis, toujours accompagnée de sa fille adoptive, elle se mit en route vers Milan, pour retrouver lord Stewart, l'ambassadeur de Grande-Bretagne, qui l'y avait précédée. Pauline y était déjà, afin d'assister avec eux aux fêtes célébrant la restauration de la domination autrichienne en Italie du Nord.

Karl von Clam-Martinitz s'y trouvait aussi, pour préparer la visite imminente de l'empereur François. Quant à Dorothée, elle était également sur le point de partir pour Milan — avec l'approbation de son oncle. Sachant que Talleyrand, chef de la famille, s'opposerait à ce qu'on lui enlevât ses deux jeunes fils, elle s'éloignait d'eux, fût-ce temporairement, d'un cœur plus léger.

On sait peu de chose sur la vie de Dorothée, pendant les quelques mois qui suivirent, sinon que, le premier de l'an 1816, elle se trouvait à Vienne avec le comte Karl. Talleyrand ne pouvait admettre que sa nièce, devenue partie intégrante de sa vie, en eût disparu définitivement, et il savait que le seul moyen de la ramener à Paris était de faire appel à sa conscience et à son sens des responsabilités. Il envoya vers l'est un flot incessant de lettres et d'intermédiaires, et il eut même recours à Gentz. L'astucieux petit chevalier se fit un devoir de rencontrer fréquemment Dorothée et de plaider la cause de Talleyrand. La veille du jour où le comte Karl dut quitter Vienne pour rejoindre l'état-major autrichien à Milan, lui-même et Dorothée prirent le thé, puis dînèrent chez Gentz.

On ne sait quelle raison exacte décida Dorothée à revenir à Paris. Des membres de la famille Clam-Martinitz dirent que Karl, dans les dernières semaines de sa liaison avec la jeune femme, était déjà fort épris de lady Selina Meade, une beauté irlandaise qu'il devait épouser par la suite. Mais une série de lettres que Karl écrivit à Dorothée pour l'adjurer de revenir sur sa décision — quand, de retour d'Italie, il découvrit qu'elle avait quitté Vienne — démentent cette explication.

L'élément déterminant fut peut-être l'arrivée à Vienne de Wilhelmine à la mi-février. Il n'existe aucune trace des conversations entre les deux sœurs, mais on sait que Talleyrand enrôla Wilhelmine pour l'aider à faire rentrer la brebis au bercail. Auparavant, Dorothée avait été trop jeune pour comprendre le drame de la vie de la duchesse de Sagan : le rôle limité auquel la réduisait la société de son temps, malgré sa grande intelligence. Après les festivités de Milan, elle avait disparu avec lord Stewart dans des villes de montagne d'Italie, où se prolongea leur idylle. La voir revenir de plus en plus déçue et insatisfaite frappa l'esprit de Dorothée. Le gâchis des capacités de son aînée, le vide de son existence en dépit d'une indépendance si hautement revendiquée lui furent peut-être un avertissement de ce qu'elle-même pourrait devenir dans dix ou quinze ans.

Plusieurs jours passèrent. Dorothée eut encore un entretien confidentiel avec Gentz, puis elle donna un bal d'adieu. Le lendemain matin, le chevalier arriva chez elle avec une brassée des dernières revues et une boîte de dragées — un faible de la famille Courlande —, et il lui souhaita bon voyage. Ce fut une décision lucide, fondée sur l'évaluation de la vie que chacun des deux hommes pouvait lui offrir. D'un côté, il y avait le comte Karl, jeune, beau, plus mûr qu'Edmond, mais coupé dans la même étoffe, avec un monde limité aux batailles et aux bals ; de l'autre, Talleyrand, la plus forte et la plus complexe tête politique de l'Europe, de trente-neuf ans l'aîné de Dorothée, mais qui pour cette raison même présentait à ses yeux un attrait supplémentaire. Karl faisait partie de l'univers à jamais évanoui du congrès de Vienne. Talleyrand représentait des responsabilités, la prise en charge de ses enfants. Et Dorothée était incapable d'être irresponsable, bien que sa vie dût connaître encore plusieurs interludes où l'ardent tempérament slave des Courlande reprendrait le dessus.

En raison d'un sens d'accomplissement qu'elle cherchait à donner à son existence, Dorothée ne pouvait avoir de liaison permanente sans que l'esprit y eût sa part. Dans son amour d'adolescente pour Adam Czartoryski, elle avait ambitionné de régner sur un homme célèbre et influent. Ce n'était pas, présentement, le cas de Talleyrand. Certes, on parlait de lui dans toute l'Europe, et il demeurait un homme d'État et un diplomate hors pair, mais Louis XVIII le tenait à l'écart, en disgrâce totale, et rien n'indiquait qu'il pût, dans l'immédiat, revenir au pouvoir. De toute façon, Dorothée ne s'imaginait pas qu'elle pourrait être son égérie. Mais il y avait entre eux de puissantes affinités intellectuelles et une compréhension réciproque totale. Ce dernier fait provenait peut-être, inconsciemment, de semblables cicatrices laissées en chacun d'eux par une enfance sans tendresse et du même dévorant orgueil dont ils masquaient un sentiment d'infériorité : l'oncle, à cause de son pied bot ; la nièce, à cause de sa naissance illégitime. Bien que Dorothée, dans ses mémoires, parle toujours du duc Pierre Biron comme de son père, il est difficile de croire qu'elle ne connaissait pas la vérité depuis ses premières années, alors que ses grandes sœurs, pour la taquiner, l'appelaient « Mlle Batowska ». Passait encore d'être la bâtarde d'un souverain régnant, mais il était moins acceptable d'être le fruit des amours de la duchesse de Courlande avec un comte polonais réfugié. Aussi Dorothée préférait-elle chasser ce fait de son esprit.

L'insistance presque suppliante de Talleyrand à réclamer son retour — si peu en accord avec la force de caractère et la réserve habituelle de son oncle — dut émouvoir Dorothée. Elle y vit la confirmation de ce que lui répétait Gentz : son oncle avait besoin d'elle ; elle y trouva aussi ce sentiment de sécurité, ce sens donné à la vie lorsqu'on se sait indispensable. Jusqu'alors, elle avait été trop absorbée par Karl pour analyser ce que son oncle éprouvait à son égard. Et, même si elle avait pris la peine de réfléchir au changement subtil intervenu dans leurs confiantes et affectueuses relations des débuts du congrès de Vienne, elle l'aurait probablement attribué à la réapparition de sa mère et à la reprise de sa liaison avec Talleyrand.

Le temps avait un peu atténué l'animosité ancienne de Dorothée envers la duchesse, et son attachement pour Karl avait temporairement contenu sa révolte, lorsque le prince Czartoryski lui avait révélé le rôle exact de sa mère dans leurs fiançailles rompues. Même voilée, l'hostilité demeurait pourtant. La jeune femme pouvait accepter que son oncle prît un vif plaisir à la compagnie de la duchesse, mais, de retour à l'hôtel Saint-Florentin, elle ne tolérerait pas que sa mère, ou quiconque, tînt désormais le premier rôle dans la vie de Talleyrand.

Ses fils appartenaient avant tout à la maison des Talleyrand-Périgord, dont ils étaient les héritiers. Il était parfaitement normal qu'ils vinssent résider avec leur mère sous le toit du chef de la famille, bien que leur père Edmond, dont Dorothée n'était légalement séparée ni de corps ni de biens — considération importante aux yeux du très catholique faubourg Saint-Germain —, habitât toujours l'ancien domicile conjugal, rue Grange-Batelière, foyer naturel de sa femme et de ses fils.

La taille considérable de l'hôtel Saint-Florentin permettait à Talleyrand, soucieux de ménager les préjugés de la haute société, de faire croire qu'il s'agissait d'une demeure familiale multiple. Y vivaient déjà le ménage de sa fille adoptive (devenue baronne Alexandre de Périgord et qui attendait un enfant) ; le musicien attitré de Talleyrand, avec sa femme et ses enfants ; le chef de son secrétariat, avec son épouse.

Lorsque les décorateurs vinrent retendre, au rez-de-chaussée, les appartements de Dorothée, en papiers peints indiens et en damas blanc, la duchesse se remémora qu'elle ne devait pas demander l'impossible. Plutôt que de renoncer à Talleyrand, elle l'accepta aux conditions qu'il lui fixait — comme, d'ailleurs, il l'avait prévu — et se vit plus aimée que jamais. On ne peut lire les innombrables billets que lui adressait Charles Maurice, en lui multipliant ses protestations de tendresse, ni se rappeler ses constantes attentions sans être persuadé de la sincérité du grand homme. Seulement, son amour pour elle n'était plus exclusif.

Talleyrand avait assez de tact pour maintenir un paisible *modus vivendi* entre Dorothée et sa mère, qui ne partageaient pas le même toit, mais, l'hôtel Saint-Florentin eût-il été aussi vaste que le château de Versailles, il n'aurait jamais réussi à faire cohabiter Dorothée et Catherine de Talleyrand. Nulle entente n'était possible entre ces deux femmes.

Au moment du retour à Paris de Charles Maurice, après Waterloo, son épouse se trouvait encore à Londres, où elle avait fui pendant les Cent-Jours. Aussi demanda-t-il au marquis d'Osmond, son représentant auprès de la cour de Saint-James, de convaincre Mme de Talleyrand, moyennant une somme appréciable, de rester où elle était, ou de partager son temps, s'il lui arrivait de traverser la Manche, entre Bruxelles et Pont-de-Sains, la propriété que Talleyrand possédait dans les Ardennes. Mais, au cours des mois qui suivirent, Catherine commença à s'agiter et fit savoir, au début de l'été, que la « purée de pois » de Londres était néfaste à sa santé. Il semble que Talleyrand ait fait suivre cette lettre à sa nièce, en séjour alors au château de Rosny avec ses enfants. Lisant entre les lignes, Dorothée soupçonna que la plantureuse et rougeaude Mme de Talleyrand méditait de reparaître un beau matin à l'hôtel Saint-Florentin, ce qui ne causerait que de l'embarras et des ennuis à tout le monde, et surtout à son oncle. Jugeant venue l'heure de l'exécution, elle lui conseilla froidement :

> Il n'y a de convenable pour elle et pour vous que de la faire rester en Angleterre — à supposer que l'Europe doive continuer à posséder ce trésor. Comme l'argent est le vrai mobile de toutes les actions de Mme de T., il faut toujours vis-à-vis d'elle partir de ce point de vue, et j'ose vous donner d'après cela un conseil qui vous épargnera une correspondance pénible et qui vous répugne... Le voici. Envoyez-lui de suite... M. Perrey [le secrétaire de Talleyrand] avec une espèce de lettre de créance. Qu'il soit chargé par vous d'annoncer à Mme de T. qu'elle ne touchera pas un seul sou de la rente que vous lui faites que lorsqu'elle sera en Angleterre et que, hors de là, elle n'obtiendra pas un denier. Que M. Perrey l'accompagne jusqu'à Calais ou Ostende

et ne revienne qu'après l'avoir vue s'embarquer... Mon conseil est très bon, je vous jure, et vous auriez tort de ne pas le suivre.

A l'insu de Dorothée, Talleyrand ne suivit pas ces instructions draconiennes. Il versa, sans conditions, une forte pension à Catherine qui, cette fois, comprit et ne franchit plus jamais le seuil de l'hôtel Saint-Florentin.

La vie, chez Talleyrand, demeurait aussi brillante que par le passé ; la table, sous la direction de Carême, y était toujours la meilleure d'Europe, et les hôtes de marque passant par Paris ne manquaient jamais de venir signer le registre des invités. Mais Dorothée s'aperçut que son oncle était moins résigné qu'il ne voulait le paraître à son éloignement des affaires. Il y avait pris, depuis un quart de siècle, une part trop importante et trop active pour ne pas souffrir de sa présente inactivité. Malgré son cynisme, il ne pouvait croire que Louis XVIII, qu'il avait placé deux fois sur le trône de France, fût aussi peu reconnaissant : « L'ingratitude n'est pas assez voilée », écrivit-il par litote. Le roi l'avait nommé grand chambellan — le même titre honorifique qu'il avait reçu de Napoléon à la fin de l'Empire —, jugeant plus commode d'effacer de sa mémoire ses pénibles années d'exil. Dorothée en savait quelque chose : Sa Majesté avait complètement oublié le temps où elle faisait sauter la petite fille sur ses genoux à Mitau.

Talleyrand s'occupait avec ostentation de ses affaires personnelles, qu'il avait beaucoup négligées, et il dictait ses *Mémoires* à son secrétaire. Mais il restait attentif aux événements et voyait non sans plaisir les échecs de ses adversaires. « En politique, disait-il, l'important n'est pas d'avoir raison, mais de réussir. » Lorsque Chateaubriand, avec qui il n'était d'accord sur rien, se plaignit d'un début de surdité, Talleyrand expliqua à sa nièce : « Quand M. de Chateaubriand n'entend plus parler de lui, il croit qu'il devient sourd. »

Avec les beaux jours, le monde, de nouveau, se dispersa. Anne-Dorothée partit pour le Château-Neuf à Saint-Germain ; Talleyrand, sa nièce et ses petits-neveux, avec une suite nombreuse, voyagèrent pendant deux jours pour se rendre à Valençay, la vaste propriété de Charles Maurice dans le Berry. A leur approche, les grilles imposantes du château s'ouvrirent ; le cortège de voitures franchit le pont-levis jeté sur des douves profondes, qui n'étaient plus remplies que d'arbres et de buissons, traversa une première et immense cour, passa sous une herse et déboucha enfin dans la cour d'honneur. La domesticité était alignée devant la porte du superbe édifice Renaissance, pour accueillir un maître de maison qu'elle n'avait pas vu depuis huit ans — depuis que Napoléon avait demandé à Talleyrand d'héberger les infants d'Espagne prisonniers (l'un d'eux régnait maintenant sous le nom de Ferdinand VII). Des relations quasi féodales existaient encore entre le village et la demeure de cent pièces avec ses deux mille hectares de terres, et Talleyrand entendait compenser sa longue négligence. Beaucoup d'appartements de maîtres étaient dévastés. Dans une seule pièce, on trouva plus de cinquante pièges à loup cloués aux précieuses boiseries des murs ; dans une autre, le parquet était pourri, parce que les deux princes espagnols y avaient pratiqué l'hydroculture de certains légumes de leur pays qui leur manquaient. Sur les rayons de la bibliothèque, Dorothée découvrit les restes calcinés d'un autodafé auquel s'étaient livrés les princes captifs, scandalisés par la présence impie des œuvres mises à l'index par l'Église de Voltaire et de Jean-Jacques Rousseau.

Le premier soin de Talleyrand fut d'attribuer la chambre d'honneur du château, ou chambre du roi, à l'usage exclusif de la duchesse de Courlande. Celle-ci ne tarda pas à arriver à Valençay. Le ministre de la Police pria le préfet de l'Indre de surveiller les hôtes du château, qu'il soupçonnait de comploter contre la royauté. Le préfet, qui voulut surprendre Talleyrand par une visite à l'improviste, tomba sur un paisible tableau de famille : le prince, dans sa bibliothèque, classait et rangeait des piles de livres venus de Paris, avec l'aide de la duchesse et de Dorothée. Cependant, Talleyrand, même à la campagne, restait très grand seigneur, et la vie à Valençay fut aussi fastueuse qu'à l'hôtel Saint-Florentin.

Anne-Dorothée dut partir : après sa cure à Carlsbad, elle se rendrait à Löbichau, afin de revoir sa famille et de s'occuper de son domaine. Charles Maurice l'installa dans sa berline et lui remit une bourriche de ce pâté de faisan du Périgord qu'elle aimait tant. Au premier relais de poste, elle trouva une lettre, où il lui assurait : « Je vais m'occuper de votre chambre, faire ôter le tapis, nettoyer toutes choses pour qu'au mois d'octobre vous soyez passablement bien... Je ne sais rien de comparable au bonheur de passer ces jours avec vous. » Et il ajoutait qu'il la voyait partir avec beaucoup de peine pour ce long voyage et espérait que, dans l'avenir, elle pourrait s'organiser pour que ce ne fût plus nécessaire.

L'affectueuse insistance de Talleyrand ramena plusieurs fois la duchesse à Paris, mais l'âge et la mauvaise santé lui rendirent, malgré son attachement à Charles Maurice, ces interminables allées et venues de plus en plus pénibles. Ses anciens différends avec Wilhelmine, Pauline et Jeanne avaient depuis longtemps fait place au plaisir sincère qu'elle prenait aux réunions de famille. Aussi ses trois filles, ainsi que sa sœur Élisa (toujours suivie du poète Tiedge), passaient-elles tous les ans l'été auprès d'Anne-Dorothée. Les réceptions qu'elle donnait à Löbichau pour cinquante à cent invités de milieux divers et choisis en raison de leurs talents, devinrent célèbres et recherchées — en particulier, ses représentations théâtrales d'amateurs —, au point que la duchesse dut faire construire une annexe pour accueillir le surplus de ses amis.

Au printemps 1820, Miss Mary Berry, un bas-bleu britannique de passage à Paris, se trouva invitée à l'hôtel Saint-Florentin. Tout en remuant son thé, elle jeta un coup d'œil lourd de sous-entendus au grand portrait de Dorothée à l'aquarelle, qui, dans le salon de l'Aigle, sur le manteau de la cheminée, avait remplacé le charmant dessin que Prud'hon avait fait de Catherine de Talleyrand. Le prince n'avait rien perdu de son charme célèbre, et son esprit brillait des mêmes feux quand il voulait s'en donner la peine, mais, ce jour-là, il s'enveloppait d'un silence hautain. L'Anglaise, vexée que le maître de maison ne se mît pas en frais pour elle, trouva choquante la conduite de cet ex-évêque, qui traitait si mal son épouse afin de vivre avec la femme de son neveu, qui était aussi la plus jeune fille de son ancienne maîtresse. Les yeux fixés sur Dorothée, qui présidait à la table, elle siffla à l'oreille de la comtesse Tyszkiewicz :

« Je vois que la comtesse Edmond règne ici en maîtresse, dans tous les sens attachés à ce terme.

— Ignorez-vous, corrigea la fidèle Marie-Thérèse (en l'absence de la duchesse, Talleyrand, respectueux des convenances, l'avait instituée chaperon en résidence permanente auprès de sa nièce), que la comtesse de Périgord est devenue duchesse de Dino ? »

Le roi de Naples, en effet, reconnaissant à Talleyrand de son appui passé, lui avait fait cadeau d'un nouveau titre de duc, attaché à un îlot minuscule de la côte de Calabre, uniquement peuplé de garennes, séparé de la terre ferme par un bras de mer où foisonnaient les anchois. Mais le titre et le revenu étaient bons à prendre, et Ferdinand de Naples avait autorisé Talleyrand à les transférer à son neveu Edmond, donc à Dorothée.

« Joli cadeau pour le trousseau d'une adultère », commenta acidement la demoiselle anglaise.

Peu après, Edmond de Périgord stupéfia le faubourg Saint-Germain par une réconciliation ostentatoire avec Dorothée, sans qu'on pût en déduire toutefois un renouveau de leur union, et il vint cohabiter avec elle à l'hôtel Saint-Florentin. Comme il avait déjà réussi à dissiper sa fortune personnelle, Dorothée fit prononcer une séparation de biens, pour préserver ses propres avoirs et l'héritage de ses enfants. L'oncle Charles Maurice paya les immenses dettes de son neveu et obtint sa promotion au rang de grand officier de la Légion d'honneur.

Au cours de l'automne, Adélaïde de Souza, membre important du sérail — ex-comtesse de Flahaut, elle avait donné à Charles Maurice, en 1785, un fils illégitime, Auguste de Flahaut —, se trouvant à Valençay, écrivit à ses amies restées à Paris que « Mme Dorothée était devenue une vraie mystique ». Selon elle, le pauvre Edmond était le témoin pitoyable d'une grossesse magique survenue par l'opération du Saint-Esprit ; il craignait que son oncle ne le forçât de rester au lit quand Dorothée accoucherait ; il les voyait tous si disposés à croire au miracle qu'il s'attendait presque à ce qu'on le priât d'allaiter l'enfant.

Comme Talleyrand, la duchesse mesurait l'importance du respect des convenances, et elle revint encore une fois de Löbichau pour assister à l'heureux événement. Elle se félicitait maintenant que l'une des princesses de Courlande fût la consolation des dernières années de Charles Maurice ; de la même génération que Talleyrand, elle avait la certitude qu'aucune femme plus jeune ne pourrait jamais avoir avec lui autant d'affinités. Si profond que fût l'attachement du grand homme pour Dorothée, la fille ne remplacerait jamais la mère.

La petite Pauline de Périgord naquit le 29 décembre 1820. Il n'a jamais été établi de qui elle était la fille, mais une tradition de famille prétend que son père était un homme politique du nom de Piscatory. Quoi qu'il en soit, Talleyrand la traita comme son enfant. Edmond la reconnut, mais, dans la même année, une séparation légale fut prononcée entre les deux époux, et il sortit à jamais de la vie de Dorothée.

ÉPILOGUE

LA DUCHESSE DE COURLANDE mourut à Löbichau au cours de l'été qui suivit la naissance de Pauline. L'affection qu'elle-même et Dorothée éprouvaient pour Charles Maurice ainsi que l'immense tendresse qu'il leur vouait à toutes les deux avaient créé tardivement des liens entre la mère et la fille. Dorothée s'affligea sincèrement de cette disparition.

Talleyrand en ressentit une profonde douleur. Il n'avait jamais pensé que ce serait lui qui survivrait. Des années plus tard, lorsque Dorothée lui montra un portrait de la duchesse qu'il n'avait jamais vu auparavant, il le contempla longuement, les larmes aux yeux, et murmura : « Je ne crois pas qu'il y ait eu sur terre une femme plus digne d'être adorée. »

Aucun nom de femme autre que celui de Dorothée ne fut désormais associé à celui de Talleyrand. La jeune duchesse de Dino se consacra totalement au service et au bonheur de son oncle, avec un dévouement qui ne se démentit jamais. Si des liens plus intimes existèrent entre eux, ils n'eurent qu'une part secondaire dans leurs relations.

Tenu en disgrâce pendant les quatorze années qui suivirent, Talleyrand devint une force d'opposition redoutée des gouvernements de Louis XVIII et de Charles X. Il chercha à maintes reprises à reprendre la direction des affaires, soutenu dans ses efforts par la fidèle Dorothée. Les événements allaient démontrer que sa carrière n'était pas terminée.

Sans Talleyrand, le duc d'Orléans ne serait jamais monté sur le trône de France à la faveur de la révolution de 1830. Devenu le « roi des Français », Louis-Philippe nomma Talleyrand ambassadeur à la cour de Saint-James, où la duchesse de Dino tint un rôle brillant. Lorsque Wilhelmine vint voir Dorothée en Angleterre, ses grâces parurent provinciales en comparaison de l'aisance et du brio cosmopolite de sa jeune sœur. L'intelligence supérieure de Dorothée et son pénétrant esprit d'analyse la mettaient au-dessus même des femmes les plus admirées de Paris et de Londres, et elle exerçait sur la politique une influence plus directe que sa mère ou Wilhelmine n'en avaient jamais eu l'occasion.

Invoquant son grand âge, Talleyrand donna sa démission à Louis-Philippe en novembre 1834. Il passa en grande partie les quatre dernières années de sa vie dans la paix de sa somptueuse « tanière » de Valençay. Dorothée, plus d'une fois (comme Charles Maurice le prévoyait), ne resta pas insensible aux sollicitations d'hommes de son âge, et le monde chuchota quelques noms. Mais elle ne s'engagea jamais sérieusement dans ces discrètes aventures, qui ne relâchèrent nullement ses liens avec son oncle.

Talleyrand mourut le 17 mai 1838, âgé de quatre-vingt-quatre ans, à l'hôtel Saint-Florentin. Lorsque Dorothée eut marié ses trois enfants — les deux fils d'Edmond et Pauline, le rayon de soleil de la vieillesse de Talleyrand — et assuré leur avenir, elle avait elle-même quarante-sept ans. S'étant toujours sentie une étrangère à Paris et plus prussienne que française ou slave, elle prit la route de l'Europe centrale.

Wilhelmine, désireuse d'éviter Vienne et le monde où elle avait jadis tenu un rôle si éclatant, se retira dans ses terres. Lord Stewart disparut de son existence, et elle n'obtint jamais la garde de sa fille Vava. Elle se résigna à devenir la comtesse Karl von Schulenburg. Le mariage étant la seule carrière ouverte aux femmes, que Wilhelmine se contentât d'un simple commandant de l'armée autrichienne équivalait, aux yeux du monde, à reconnaître l'échec de sa vie ; ses filles adoptives le perçurent si bien qu'elles sanglotèrent sans retenue pendant toute la cérémonie.

Le troisième mariage de la duchesse de Sagan ne dura guère plus longtemps que les deux premiers. Wilhelmine finit par s'établir à Vienne, pour y vivre paisiblement avec ses sœurs. Metternich gouverna l'Autriche — et une grande partie de l'Europe centrale — pendant près d'un demi-siècle ; il venait régulièrement voir Wilhelmine, échangeait avec elle les nouvelles et recherchait ses avis éclairés. Elle mourut à Vienne, près de vingt ans après sa mère, à l'âge de cinquante-huit ans. On ignore si Metternich assista à ses obsèques, mais, peu de temps après, Mme de Metternich acheta pour son mari, dans une vente publique, le bureau sur lequel Wilhelmine lui avait écrit tant de billets. Clément lui survécut vingt ans, jusqu'en 1859. Jeanne résuma d'une phrase le drame de sa sœur aînée, à qui le destin n'avait jamais permis l'exercice plénier de ses remarquables capacités : « Avec tous les dons que le Ciel lui avait prodigués, fut-elle jamais heureuse ? Je ne l'affirmerai pas, et ce doute me fait peine. »

Pauline mourut quelques années plus tard, et Jeanne ne disparut qu'en 1876, à l'âge de quatre-vingt-treize ans.

Bien qu'elle nous soit connue sous le nom de duchesse de Dino, Dorothée acheta le duché de Sagan aux héritiers de Wilhelmine. Elle suivit de près la marche de son nouveau domaine, et, en tant que duchesse régnante — Sagan était un fief de la couronne —, elle siégea aux États de Prusse. À part un voyage occasionnel à Paris, Dorothée partagea désormais son temps entre Sagan et Berlin. Dans cette dernière ville, ses relations intimes avec la cour lui assuraient un statut privilégié. Grâce à l'aide de son amie la plus proche, la princesse héritière de Prusse, elle maria sa petite-fille, Marie de Castellane (la fille de Pauline) avec un rejeton de la famille royale, qui était lui-même le petit-fils de sa marraine, la reine Louise de Prusse. Cette union aurait comblé la duchesse de Courlande, jadis liée par une amitié indéfectible à la reine Louise.

Au début de l'été 1861, Dorothée fut surprise par un violent orage sur la route de Günthersdorf à Sagan. Les chevaux s'emballèrent, et la voiture versa dans le fossé. Souffrant d'un choc brutal et de contusions, Dorothée, en rampant, se dégagea des débris. Pendant une heure et demie, le temps que les chevaux fussent rattrapés et ramenés, elle resta exposée à une pluie battante et à une averse de grêlons « gros comme des boules de billard », ainsi qu'elle l'écrivit par la suite à une amie. Elle était en proie à une forte fièvre lorsqu'on la ramena chez elle, et les médecins, pendant quelques jours, désespérèrent de la sauver. Elle ne s'en remit jamais complètement.

Elle se trouva trop malade pour assister au couronnement de la princesse héritière, devenue reine de Prusse. Elle mourut peu après, le 19 septembre 1862, à l'âge de soixante-neuf ans. De toutes les princesses de Courlande, ce fut elle qui ressembla le plus à sa mère, et dont la vie fut la plus heureuse et la plus accomplie.

BIBLIOGRAPHIE

On trouvera ci-après une liste des plus importants ouvrages consultés.

Il n'existe pas d'études sur la famille de Courlande en général, mais plusieurs livres ont été consacrés à quelques-uns de ses membres.

SUR ANNE-DOROTHÉE CHARLOTTE, DUCHESSE DE COURLANDE

Arrigon, Louis Jules : *Une amie de Talleyrand, la duchesse de Courlande*. Paris, Flammarion, 1945.

Günther, Elbin *Macht in zarten Händen — Dorothea Herzogin von Kurland* : Munich, Ehrenwirth Verlag, 1968.

Tiedge, Christoph August : *Anna Charlotte Dorothea, letzte Herzogin von Kurland*. Leipzig, 1822.

SUR WILHELMINE, DUCHESSE DE SAGAN

Brühl, Clemens : *Die Sagan : Das Leben des Herzogin Wilhelmine von Sagan, Prinzessin von Kurland*. Berlin, Steuben Verlag, Paul G. Esser, 1941.

McGuigan, Dorothy Guies : *Metternich and the Duchess*. New York, Double Day, 1975.

SUR DOROTHÉE, DUCHESSE DE DINO

Bernardy, Françoise de : *le Dernier Amour de Talleyrand, la duchesse de Dino*. Paris, Hachette, 1956.

Brandes, Georg : *Hertugindin af Dino og Fyrsten af Talleyrand*. Kjöbenhavn Gyldendal, Nordisk Vorlag, 1923.

Bunsen, Maria von : *Talleyrands Nichte, die Herzogin von Sagan*. Stuttgart, 1935.

Feckes, Elizabeth : *Dorothea, Herzogin von Dino und Sagan*. Krefeld, J.B. Kleinsche Druckerei, 1917.

Ziegler, Philip. *The Duchess of Dino*. New York; John Day, 1963.

Seuls des fragments de quelques lettres de la duchesse de Courlande nous sont parvenus. La correspondance de Wilhelmine de Sagan avec Metternich a été publiée par le Dr Maria Ullrichova, dans son livre : *Clemens von Metternich-Wilhelmine von Sagan : Ein Briefwechsel 1813-1815* (Graz-Cologne, Hermann Böhlaus Nachf Verlag, 1966), et dans le livre de D. G. McGuigan, cité ci-dessus, qui a puisé largement dans des correspondances inédites des Archives nationales de Prague (correspondance de la famille Metternich ; correspondance Metternich-Sagan) et des Archives d'État de Pilsen (archives de la famille Windischgrätz). Les différents recueils publiés de lettres de Dorothée de Périgord sont ici hors du sujet, mais ses *Souvenirs* (Paris, Calmann-Lévy, 1908) couvrent sa vie jusqu'à son mariage.

Les lettres de Talleyrand à la duchesse de Courlande ont été publiées par G. Palewski, de l'Institut, dans : *le Miroir de Talleyrand : Lettres inédites à la duchesse de Courlande pendant le congrès de Vienne* (Paris, Librairie académique Perrin, 1976). Elles sont complétées par celles qu'a publiées G. Lacour-Gayet dans : *Talleyrand* (4 vol., Paris, Payot, 1928-1934), ouvrage indispensable pour la période de ses relations avec les Courlande. Il va de soi qu'on consultera avec fruit les *Mémoires* de Talleyrand et les *Mémoires* de Metternich.

Certaines scènes, comme le lever de Talleyrand et le sermon de Zacharias Werner à Vienne, sont relatées dans divers mémoires et écrits du temps — surtout français.

La liste des ouvrages ci-dessous sera utile au lecteur désireux de compléter ses connaissances sur les événements et les personnalités de la période considérée. Étant donné le caractère des relations de Talleyrand avec la duchesse de Courlande et avec la duchesse de Dino, sa fille, certains détails figurent dans les biographies anecdotiques de Talleyrand, lesquelles sont citées aussi bien que les études plus classiques sur l'illustre homme d'État. Sur le congrès de Vienne, voir surtout les livres de sir Harold Nicholson et d'Albert Sorel. La découverte de la correspondance de Metternich avec la duchesse de Sagan étant assez récente, les biographies de Metternich ne sont pas à jour, à l'exception du livre d'Antoine Béthouart.

Abrantès, Laure Junot, duchesse d' : *Mémoires.* 18 vol., Paris, Ladvocat, 1831-1835.

Almadingen, E.M. : *Emperor Alexander I.* New York, Vanguard, 1964.

Bain, Robert Nisbet : *The Last King of Poland.* Londres, Methuen & Co, 1909.

Bassanville, Anaïs Lebrun, comtesse de : *Les Salons d'autrefois.* Paris, J. Victorion, 1870.

Berkis, Alexander V. : *History of the Duchy of Courland.* Townson Md., P.M. Harrod, 1969.

Béthouart, Antoine : *Metternich et l'Europe.* Paris, Perrin éd., 1979.

Bibl, Viktor : *Metternich.*Leipzig et Vienne, J. Günther, 1936.

Binzer, Emilie von : *Drei Sommer in Löbichau.* Stuttgart, Verlag von Spemann, 1877.

Boigne, comtesse E. A. de : *Mémoires.* Paris, Mercure de France, 1971.

Bonsdorff, Carl V. : « Armfelt », in *Skrifter utgivna av Svenska Litteratursällskapet.* Helsingfors, 1930-1934.

Carrère, Casimir : *Talleyrand amoureux.* Paris, Éditions France-Empire, 1976.

Castelot, André : *Talleyrand ou le cynisme.* Paris, Librairie académique Perrin, 1980.

Cecil, Algernon : *Metternich.* Londres, Eyre & Spottiswoode, 1933.

Clary et Aldringen, Charles, prince de : *Trois mois à Paris lors du mariage de l'empereur Napoléon et de Marie-Louise.* Paris, Plon, 1914.

Coigny, Aimée de : *Mémoires.* Paris, Calmann-Lévy, 1902.
Colmache : *Reminiscences of Prince Talleyrand.* 2 vol., Londres, H. Colburn, 1848.
Cooper, Duff : *Talleyrand.* Londres, Jonathan Cape, 1954.
Corti, Egon Caesar : *Metternich und die Frauen.* Zurich, Vienne, Europa Verlag, 1948.
Coulmann, J. S. : *Reminiscences.* Paris, 1862, 1869.
Curtiss, Mina : *A Forgotten Empress : Anna Ivanovna and her Era, 1730-1740.* New York, Ungar, 1974.
Dard, Émile : *Napoléon et Talleyrand.* Paris, Plon, 1935.
Daudet, Ernest : *Un drame d'amour à la cour de Suède, 1784-1785.* Paris, 1913.
Dussord, Jacques : *Les Belles Amies de M. de Talleyrand.* Paris, Éditions Colbert, 1942.
Eynard, J. G. : *Journal.* Paris, Plon-Nourrit & Cie, 1914.
Ferrero Guglielmo : *Reconstruction : Talleyrand à Vienne.* Paris, Plon, 1940.
Fournier, August : *Die Geheimpolizei auf dem Wiener Kongress.* Vienne, F. Tempsky, 1913.
Freska, Fred : *A Peace Congress of Intrigue : A Vivid Intimate Account of the Congress of Vienna Composed of Personal Memoirs of its Important Participants* (trad. de Harry Hansen). New York, Century Co, 1919.
Gaebelé, Yvonne : *La Vie de la princesse de Talleyrand.* Paris, Société de l'Inde française, 1948.
Grundwald, Constantin de : *Metternich* (trad. de Dorothy Todd). Londres, Falcon Press, 1953.
Hildebrand, K. : « La Société de Berlin de 1789 à 1815 ». Paris, *Revue des Deux Mondes,* mars 1870.
Joelson, Annette : *Courtesan Princess : Catherine Grand Talleyrand.* Philadelphie, Chilton Books, 1965.
Kielmannsegge, comtesse von : *Memoiren der Gräfin Kielmannsegge über Napoléon I.* Dresde, Paul Artez Verlag, 1927.
Kraushar, Alex : *Les Bourbons en exil à Mitau et à Varsovie.* Varsovie, 1899.
La Garde-Chambonas, comte Auguste de : *Souvenirs du congrès de Vienne.* Paris, Vivien, 1901.
Loliée, Frédéric : *Du prince de Bénévent au duc de Morny : Talleyrand et la société française; Talleyrand et la société européenne.* Paris, Paul, 1910.
Longworth, Philip : *The Three Empresses.* New York, Rinehart, Winston, 1973.
Madelin, Louis : *Talleyrand.* Paris, Flammarion, 1944.
Makanawitsky, Barbara Norman : *Napoleon and Talleyrand; The Last Two Weeks.* New York, Stein & Day, 1975.
Mazade-Percin, Charles : *Un chancelier de l'Ancien Régime : le règne diplomatique de M. de Metternich.* Paris, Plon, Nourrit et Cie, 1889.
Missoffe, Michel : *Le Cœur secret de Talleyrand.* Paris, Perrin, 1956.
Nicholson, sir Harold : *The Congress of Vienna.* New York, Harcourt, Brace & Company, 1946.
Nikolai Mikhailovitch, grand-duc : *Portraits russes des XVIIIe et XIXe siècles* (trad. de M. Wrangel). Paris, Payot, 1931.
Noël, Léon : *L'Énigmatique Talleyrand.* Paris, Fayard, 1975.
Orieux, Jean : *Talleyrand.* Paris, Flammarion, 1970.
Paléologue, George Maurice : *Alexandre Ier, un tsar énigmatique.* Paris, Plon, 1934;

Romantisme et Diplomatie : Talleyrand, Metternich, Chateaubriand. Paris, Hachette.
Pichot, Amédée : *Souvenirs intimes de M. de Talleyrand.* Paris, 1870.
Rachel, Paul : *Elisa von der Recke : Tagebücher und Briefe aus ihren Wanderjahren.* 2 vol., Leipzig, Dietriche Verlagbuchhandlung, 1902.
Rémusat, Charles de : *Mémoires.* 4 vol., Paris, Plon, 1958-1962.
Rondeau, lady : *Letters from a Lady Who Resided Some Years in Russia.* 1775.
Sorel, Albert : « Talleyrand au congrès de Vienne », in *Essais d'histoire et de critique.* Paris, E. Plon & Cie, 1895.
Spiel, Hilde, éd. : *The Congress of Vienna : An Eyewitness Account* (trad. de Richard H. Weber). Philadelphie, Chilton Books, 1968.
Talleyrand intime d'après sa correspondance inédite avec la duchesse de Courlande. Paris, E. Kolb, 1891.
Tegner, Elof : *Gustav-Mauritz Armfelt.* 3 vol., Stockholm, 1887.
Thürheim, comtesse Lulu : *Mein Leben : Erinnerungen aus Österreichs Grosser Welt, 1788-1819.* 2 vol., Munich, Georg Müller, 1913.
Vivent, Jacques : *La Vie privée de Talleyrand.* Paris, Hachette, 1940.
Weil, commandant Maurice Henri : *Les dessous du congrès de Vienne.* 2 vol., Paris, Payot, 1917.
Wulffius, Gerhard : *Aus dem Leben des Herzogs Peter* (de Courlande). Sonderdruck des Baltischen Deutschtums XXI, 1974.

TABLE

SOURCES DES ILLUSTRATIONS

Dans ce domaine, les personnes que je dois remercier se classent en plusieurs catégories, et elles sont si nombreuses à m'avoir prodigué leur temps et leurs efforts que j'espère n'en oublier aucune. Parmi celles qui m'ont aidée à trouver les sources des illustrations ou qui m'ont accordé l'autorisation de les reproduire, je citerai :

Mme Monique Bagnole ; la famille Biron de Courlande ; Ehrenwirth Verlag, de Munich ; Günther Elbin ; Philippe Entremont ; M. et Mme Rudolf Firkusny ; le père John Gibb ; le prince Francis von Schwarzenberg.

Le manque d'espace m'a contrainte à une sélection difficile, et, pour m'avoir autorisée à reproduire les illustrations finalement publiées dans ce livre, j'adresse mes remerciements à :

François Bonneau, conservateur, et à l'administration du château de Valençay ; Mme Wava von Essen ; M. et Mme Gaston Palewski ; Dr Maria Ullrichova ; Philip Ziegler ; la Bibliothèque nationale de Paris ; Bildarchiv der Österreichischen Nationalbibliothek de Vienne ; le Musée national de Finlande ; Historisches Museum der Stadt Wien, Vienne ; le musée Talleyrand, château du Marais, Saint-Chéron, Essonne.

Enfin, les clichés des documents publiés m'ont été fournis par :

François Bonneau (la chaussure de Talleyrand) ; Emmanuel Pagnoud (le duc Pierre de Courlande) ; P.-O. Wellin (miniatures du Musée national de Finlande, Helsinki) ; Dr Maria Ullrichova (vues de Nachod et de Ratiborzitz) ; et le personnel des musées précédemment cités.

Cet ouvrage
composé par Charente-Photogravure
à Angoulême
a été imprimé en mars 1986
sur les presses de Pollina
à Luçon

Numéro d'édition : 9136
Numéro d'impression : 7697
Dépôt légal : avril 1986

Imprimé en France